Réflexions sur le statut du détenu au Cameroun

Michel Gabriel NGOO-DJOB LITET

Réflexions sur le statut du détenu au Cameroun

Administration pénitentiaire et innovations du Code de procédure pénale

Préface de Christophe Nyobe Nlend

L'Harmattan

5-7, rue de l'École-Polytechnique – 75005 Paris

www.editions-harmattan.fr

ISBN : 978-2-343-18327-5
EAN : 9782343183275

L'esprit tourmenté, je me suis abstenu sept années durant de publier cet ouvrage pourtant achevé.

Contraint de subir l'inconfort de cette situation, je me suis résolu *illico presto* à porter cette réflexion sur la place publique en vue de désaliéner ma conscience.

LISTE DES PRINCIPALES ABRÉVIATIONS ET ACRONYMES

Agp : Administrateur général de prison.

Al. : Alinéa.

AP : Administration pénitentiaire.

Ap. : Administrateur de prison

App. : Administrateur principal de prison.

Art. : Article.

Com.Gov. : Commissaire du gouvernement.

CPP : Code de procédure pénale.

CPC : Code pénal camerounais.

CEPER : Centre d'édition et de production pour l'enseignement et la recherche.

Cf. : Confère/ Se référer à.

Chap. : Chapitre.

CIC : Code d'instruction criminelle.

CICR : Comité international de la Croix- Rouge.

CLE : Centre de littérature évangélique.

Coll. : Collection.

CPO: *Criminal Procedure Ordinance.*

DAPEN : Direction de l'Administration pénitentiaire.

DGRE : Direction générale de la Recherche extérieure.

DGSN : Délégation générale à la Sûreté nationale.

DH : Droits de l'Homme.

Dr : Docteur.

Ed. : Éditions.

EDLK : Les Éditions le Kilimandjaro.

Eg. : Également.

ENAM : École Nationale d'Administration et de magistrature.

ENAP : École nationale de l'Administration pénitentiaire.

Ep. : Épouse.

ESSTIC : École supérieure des sciences et techniques de l'information et de la communication.

FEICOM : Fonds spécial d'équipement et d'intervention intercommunale.

FMO : Force de maintien de l'ordre.

GDS : Garde des Sceaux. (Ministre de la Justice).

IADM/PPTE : Initiative d'allègement de la dette multilatérale des Pays pauvres et très endettés.

Idem : Le même auteur.

Ibidem. : Le même ouvrage

In : Dans.

Internet : *Interconnexion Network*

JI : Juge d'instruction.

L'UCAC : L'Université catholique d'Afrique centrale.

M. : Monsieur.

Me : Maître.

Mme : Madame.

MINUSCA : Mission multidimensionnelle intégrée des Nations unies pour la stabilisation de la Centrafrique.

MINUSMA : Mission multidimensionnelle intégrée des Nations unies pour la stabilisation du Mali.

MINUSTAH : Mission des Nations unies pour la stabilisation en Haïti.

MINUJUSTH : Mission des Nations unies pour la Justice en Haïti.

MONUSCO : Mission de l'Organisation des Nations Unies pour la stabilisation en République Démocratique du Congo.

N° : Numéro.

NB : Notez bien.

O.E : Ordre d'extraction.]

ONG : Organisation non gouvernementale.

ONUCI : Opération des Nations unies en Côte d'Ivoire.

ONUSOM : Opération des Nations unies en Somalie.

Op cit : Cité ci-dessus.

OPJ : Officier de police judiciaire.

OGV : Ordre de garde à vue.

OHADA : Organisation pour l'harmonisation en Afrique du droit des affaires.

P. : Page.

PACDET I : Programme d'appui à l'amélioration des conditions de détention et au respect des DH, phase I.

PACDET II : Programme d'appui à l'amélioration des conditions de détention et au respect des DH, phase II.

P.C : Prison centrale.

PIB : Produit intérieur brut.

P. J : Police judiciaire.

P. R : Procureur de la République.

P. T : Président du Tribunal.

PP. : Pages.

PUCAC : Presse de l'Université catholique d'Afrique centrale.

PUF : Presses universitaires de France.

PV : Procès-verbal.

SDN : Société des Nations.

SIC : Société immobilière du Cameroun.

SOPECAM : Société de presse et d'éditions du Cameroun.

Ss : Sous.

Suiv. : Suivante.

T. M : Tribunal militaire.

V. : Voir.

Vol. : Volume.

VPM : Vice premier ministre.

SDPEP : Sous-direction de la production et des équipements pénitentiaires.

SPPRSD : Service de la production pénitentiaire et de la réinsertion sociale des détenus.

§ : Paragraphe.

DÉDICACE

Je dédie cet ouvrage à :

- Nos dignes et infatigables **Maîtres** qui se sont associés à nos parents, **Gabriel, Jacqueline et Thérèse Geneviève LITET**, de regrettées mémoires qui, dès la prime enfance, nous ont inculqués l'amour des livres, à travers lesquels les hommes connaissent les idées de leurs semblables et, de manière générale, le savoir qui stimule en eux l'intérêt pour la réflexion.
- Et **aux acteurs** du système de justice pénale, davantage à ceux du maillon constitué par **l'Administration pénitentiaire**. Ces derniers, le plus souvent incompris et méconnus[1], savent trouver l'entregent nécessaire qui leur permet de transcender les pesanteurs diverses qui jonchent leur quotidien professionnel. Cette catégorie de fonctionnaires, en apportant leur contribution à la sécurité des biens et des personnes dans la société d'une part, à travers la mise hors d'état de nuire dans les locaux carcéraux de certains délinquants et criminels pris dans l'étau de la justice pénale, œuvre d'autre part, et dans la limite des moyens mis à leur disposition, à apprendre à ces derniers à vivre dorénavant en harmonie avec la société en subvenant honnêtement à leurs besoins.

---

[1] L'identité sociale des personnels de l'A.P. revêt dans presque tous les pays, et notamment au Cameroun où ils sont encore appelés gardiens de prison, terme à connotation péjorative qui reflète leur lieu de travail, la prison. Après une revue des théoriciens de la carcéralité de Michel Foucault (cité par tous et partout) à Villermé en passant par Duprat et Howard ; Jean-Charles Froment consacre la première partie de l'introduction de son ouvrage, *Les Surveillants de prison*, Paris, L'Harmattan, 2003, pp. 7-8 et suiv. à la mise en exergue de l'image sociale peu reluisante que renvoie au sein de l'opinion publique cette catégorie de fonctionnaires. Dans le même sillage, près d'un demi-siècle avant lui, Georges Picca s'interrogeait fort opportunément à leur sujet en ces termes :
Humble desservant d'une liturgie judiciaire dont il partage plus les servitudes que les grandeurs, c'est en définitive sur sa fonction que se cristallise l'anti socialité du condamné. Point final de la hiérarchie répressive, la société condamne, en effet, le gardien à un tête-à-tête quotidien avec ceux qu'elle préfère pour sa part ne plus revoir. Comment s'étonner qu'une réprobation commune les unisse parfois ? Mal considéré, souvent mal payé, toujours mal préparé à sa tâche, ce personnel, au même titre que celui de la police, a souvent conscience de l'importance sociale de son rôle, mais souffre de son absence de définition. Éduquer ou surveiller ? C'est trop ou trop peu et les termes de l'alternative ne débouchent sur aucune perspective concrète. (...) Mais l'ingratitude de la tâche et l'absence de prestige de la fonction peuvent-ils laisser espérer une revalorisation des hommes ?, in *Pour une politique du crime*, Paris, Seuil, 1964, pp.92-93.

REMERCIEMENTS

« Vous n'avez qu'une vie à vivre.
Mais si vous la menez bien, il n'en faut pas plus ».

Joe E. Lewis

Tenter de décrypter un texte de droit peut d'emblée paraître comme une entreprise périlleuse pour un non-juriste de formation. Pour surmonter ce « grand » handicap, la curiosité affinée du journaliste structurée sur les techniques d'exploration et de traitement des phénomènes sociaux dont il a acquis la maîtrise, s'est conjuguée aux prérequis de l'étudiant en philosophie ayant obtenu la certitude que l'essentiel en toute circonstance est de s'interroger sans incongruité sur tout phénomène. Et, qu'à défaut de servir des réponses absolues, le mieux est de formuler des interrogations pertinentes pouvant contribuer à faire cerner la complexité et la centralité des problématiques auxquelles les hommes sont confrontés dans leur environnement et contexte particuliers. La casquette de journaliste d'une part, et celle de pénitentiaire d'autre part nous ont permis de mobiliser à notre compte l'expertise nécessaire et indispensable des professionnels et praticiens du droit, afin d'échapper à tous égards au basculement dans une rhétorique de mauvais aloi.

Toute notre gratitude va ainsi à M. Toussaint Zibi Nsoe, magistrat hors hiérarchie, ex-directeur de la Législation au ministère de la Justice et à son plus proche collaborateur, en l'occurrence, M. Jean-Marie Bongueno, magistrat hors hiérarchie, ex-sous-directeur de la Législation pénale, qui ont spontanément accepté de nous apporter leur aide déterminante ayant permis à ce projet de prendre corps. Les explications qu'ils ont données et les commentaires qu'ils ont faits des dispositions du Code de procédure pénale nous ont aidés à mieux cerner la dynamique introduite en milieu carcéral camerounais par le texte de droit objet de la présente publication. Ils ont incontestablement mis à profit l'opportunité qui leur a été offerte, par le fait d'une coïncidence prodigieuse, en se trouvant au bon endroit et au bon moment et devenant à travers cette position, sous la houlette du garde des Sceaux d'alors, du vice Premier ministre, M. Amadou Ali, la cheville ouvrière du CPP moderne dont s'est doté le Cameroun.

La synergie ainsi mise en place entre le personnel judiciaire d'une part et parajudiciaire d'autre part, renforce la conviction selon laquelle les réflexions sur les questions de droit pénal et de droit pénitentiaire requièrent la concentration des compétences transdisciplinaires, allant de la Philosophie morale et politique au Droit pénal, de la Sociologie politique à l'Anthropologie culturelle, de l'Histoire à l'Économie, sans omettre la Science politique. Car, personne n'est en mesure, comme le relevait avec dextérité le Cardinal Jean Marie Lustiger nourri sans doute par les précieuses recherches d'Edgar Morin, de traiter avec une compétence égale toutes les questions sociétales en débat.

Ensuite, que ma femme Judith et nos enfants Jean Stéphane, Élise Florine, Marilyne Théresa, Oswald Godwill, Genevielle Thérèse et Harold Clarens, ainsi que toute notre famille trouvent ici la raison de notre effacement et, parfois de notre absence par trop gênante à leurs côtés, dont ils ont souffert au moment où nous bâtissions ce mémento. Nous sommes conscients que pendant cette période, ils ont été douloureusement privés, pour le moins, de notre vivifiante chaleur paternelle. Mais, c'est le prix à payer pour emprunter avec assurance le long chemin escarpé qui conduit au *Capitole*. Tout en gardant l'espoir que cette publication parviendra à décaper les stigmates laissés par ces moments difficiles, que tous veuillent bien nous excuser d'avoir terni par notre absence nos menus moments de bonheur familial.

Que M. Jules Marcel Mandeng Nyobè, qui n'a eu de cesse d'exercer sur notre esprit une influence fécondante, simultanément dans ses rôles de frère aîné et d'ami, à travers ses conseils judicieux, le partage de ses expériences professionnelles et sociales ainsi que ses enrichissantes suggestions intellectuelles et morales ; lui qui a été notre premier lecteur, parcourant soir après soir notre tapuscrit, en méditant sur chaque paragraphe, trouve ici la marque indélébile de notre admirative reconnaissance. En tout état de cause, c'est le lieu de révéler que notre rencontre avec cette « sentinelle scrupuleuse » qui abhorre le superflu et le faux semblant, a aiguillonné notre détermination à venir à bout de l'adversité plurielle et constante qui jalonne les coins et recoins de notre environnement.

Toutes ces considérations nous motivent à faire nôtre cette pensée de Mao Tsé-toung : « S'armer de résolution, ne reculer devant aucun sacrifice et surmonter toutes les difficultés pour remporter la victoire *!* », contenue dans son *Livre Rouge*, cité par Alain Peyrefitte, in *Quand la Chine s'éveillera... le monde tremblera. (Regards sur la voie chinoise),* Paris, Fayard, 1973, p.267. Un essai qui est et sera toujours d'actualité. La pensée de cette icône de la révolution chinoise, chantre de l'indispensable réarmement moral et intellectuel des peuples, condition sine qua non pour eux de se lancer avec de meilleures chances à la conquête du monde, est en convergence avec celle de Mark H. McCormack, qui soutient que le comportement d'un individu « dépend de son quotient de fiabilité », in *Tout ce que vous n'apprendrez jamais à Harvard.(Note d'un homme de terrain)*, Paris, Rivages/Hera, 1985, p.25.

Nous manquerions du sens des civilités enfin, si nous concluions ce propos sans remercier toutes les personnes qui, de près ou de loin, à travers leurs contributions en tout genre, ont œuvré à la réalisation de ce projet.

À vous tous, nous disons, en un mot comme en mille, merci de tout cœur. Que Dieu nous garde tous sous son aisselle.

AVERTISSEMENT

« Je suis constitué de tout ce que j'ai lu ».

John Kieran

Cet ouvrage est le résultat du constat d'un manque[2] ayant fait germer une ambition. Celle de contribuer, au confluent de la campagne de vulgarisation de la loi n° 2005/007 du 27 juillet 2005 portant Code de procédure pénale - ce nouvel instrument juridique majeur dont s'est doté le Cameroun- à l'approfondissement de l'intelligibilité théorique et pratique des innovations intervenues dans un segment spécifique de la chaîne de justice pénale. Il s'agit en l'occurrence de l'A.P, dont on n'a pas suffisamment parlé lors de cette campagne de vulgarisation débutée en 2006 et qui, de l'avis même du garde des Sceaux, le vice Premier ministre, M. Amadou Ali - lors de la réunion annuelle des chefs de Cours d'appel, dans son édition d'octobre 2008 - « est loin d'être terminée ». C'est donc dire ô combien il est plaisant pour notre part de contribuer modestement à cette œuvre, car « c'est notre métier de journaliste que de « vulgariser », de servir de relais, au risque d'être incomplet et superficiel », relevait Henri Fesquet in *Le Catholicisme : religion de demain ?* Paris, Grasset, 1963, p.17.

À ce titre, la réflexion proposée dans cet ouvrage participe à cette entreprise et comprend huit chapitres solidaires et une conclusion générale, l'ensemble logiquement précédé par une introduction générale. L'introduction générale met en évidence l'objet de la réflexion et énonce la problématique. Elle soulève, d'un point de vue historique, les clivages judiciaire et pénitentiaire qui ont existé au Cameroun sous l'empire du CIC d'une part, et *The CPO* d'autre part, et qui rendaient hétérogènes dans un État unifié depuis 1972 les procédures judiciaires et pour le cas d'espèce, le travail dans les services du greffe des établissements pénitentiaires. En outre, elle tente de présenter les tenants et les aboutissants des nouvelles pratiques

---

2 Depuis plus d'un demi-siècle, la production scientifique se rapportant aux questions carcérales si elle n'est pas inexistante au Cameroun, est le moins qu'on puisse dire, réduite à la portion congrue. Cette carence s'origine de la réticence des professionnels de ce corps de métiers relativement jeune de publier. Mais, plus grave encore, du plaisir qu'ils éprouvent, en un mot comme en mille, à se dédisponibiliser face aux chercheurs et curieux s'intéressant à leur domaine d'activité, au nom de ``*l'obligation de réserve*``, l'un des sacro-saints principes déontologiques derrière lequel ils se murent tous et partout, sans discernement.

pénitentiaires introduites par le CPP entrés en application le 1er janvier 2007 ainsi que les changements d'orientation de la philosophie pénale et pénitentiaire qui les sous-tendent. Un lecteur en quête d'informations générales sur les innovations introduites dans les prestations de service du personnel de prison pourrait se contenter de cette introduction générale qui, somme toute, est quasi complète et résume les préoccupations générales de l'auteur de cet ouvrage.

Au rebours, pour les praticiens, les professionnels et les théoriciens des questions se rapportant à la justice pénale et à l'exécution effective des peines d'emprisonnement, naturellement plus intéressés par l'analyse des subtilités des interrogations qui essaiment leurs esprits et qui, davantage sont habités par le souci de sonder la pertinence de l'argumentaire développé, la lecture minutieuse et intégrale de cet ouvrage est vivement recommandée.

Eu égard à ce qui précède, nous avons pris le soin pendant notre cheminement, mû par l'irrésistible besoin d'apporter plus de clarté et de précision à notre argumentaire, de faire précéder chaque chapitre d'une introduction et de le terminer par une conclusion, toutes deux partielles. Cette contrainte heuristique se justifiant par le souci de situer d'emblée le lecteur sur l'objet de notre préoccupation à chaque séquence de la réflexion et de lui suggérer au terme de celle-ci les constats qui en découlent. Heureusement ! La recherche scientifique étant par essence une construction inachevée, nous espérons à défaut d'avoir épuisé les interrogations que se posent les personnels de prison au Cameroun depuis l'entrée en vigueur du CPP ; d'avoir contribué à apporter un éclairage sur certaines zones d'ombre dont la non-identification et la non-élucidation peuvent se montrer dangereuses pendant ou à l'occasion de l'accomplissement des missions qui leur sont confiées.

Pour tout dire, à notre sens et très modestement, la pertinence de ce travail réside dans sa capacité à offrir une bonne matrice théorique permettant d'étayer les pratiques introduites par le CPP par opposition à celles en vigueur sous l'empire du CIC. Et ce, afin d'enrichir la gouvernance des usagers du service public pénitentiaire, ses praticiens et ses professionnels actifs ou en devenir.

Tout notre espoir est donc de voir cet ouvrage être lu assidûment, afin qu'en ayant médité sur les idées qu'il développe, chaque lectrice ou lecteur contribue ici et là, à faire avancer la cause de l'Administration pénitentiaire en relation avec le statut des personnes détenues. Car, comme l'explique Gengis Khan cité par Jacques Attali, « sans vision, un homme ne peut gouverner sa vie, encore moins celle des autres », in *Demain, qui gouvernera le monde ?* Paris, Fayard (coll. Pluriel), 2010, Pp. 72-73.

PRÉFACE

« L'ignorance est un lourd fardeau.
Apprends et enseigne ce qui vaut le mieux ».

Thalès de Milet (l'un des Sept Sages grecs).

En 2005, le législateur camerounais a-t-il su trouver le juste équilibre entre les deux préoccupations majeures de la procédure pénale que sont :

- L'impératif de la répression d'une part et ;
- La nécessité de garantir les bonnes pratiques visant non seulement à préserver les droits et les libertés de l'homme, mais aussi, à le resocialiser chaque fois qu'il est en conflit avec la loi pénale d'autre part ?

Il est en effet difficile de répondre à cette question de façon péremptoire, compte tenu de la complexité du procès pénal qui va de l'interpellation du suspect jusqu'à l'exécution de la peine prononcée par une juridiction indépendante et impartiale. Il semble cependant possible, pour éclairer progressivement cette importante problématique, de s'appuyer sur les questions incontournables suivantes :

- Peut-on venir à bout du phénomène criminel rien que par la répression ?
- Parmi la gamme des sanctions prévues par le législateur pénal, l'emprisonnement est-il une panacée ?
- Le régime pénitentiaire en vigueur dans nos prisons peut-il se donner l'ambition de guérir le criminel de ses tendances antisociales ? Autrement dit, « est-il possible de refaire un homme normal dans un cadre anormal qu'est la prison » ?
- Sinon à quoi servent les prisons et quel est le sens que l'on peut donner à la peine ?
- L'administration pénitentiaire a-t-elle les moyens (humains, matériels, techniques…) nécessaires pour la mise en pratique harmonieuse des innovations dont regorge le Code de procédure pénale ?
- Comment réaliser concrètement la synergie voulue entre les personnels judiciaires et pénitentiaires ?

Toutes ces questions et bien d'autres, justifient à suffisance, l'approche adoptée par Michel Gabriel NGOO-DJOB LITET qui saisit opportunément l'avènement du Code de Procédure pénale pour s'interroger sur l'avenir de l'administration pénitentiaire au Cameroun et toucher ainsi du doigt les réalités du monde carcéral. Pour ce fonctionnaire de l'administration pénitentiaire en effet, la loi n° 2005/007 du 27 juillet 2007 portant Code de Procédure pénale a finalisé le rattachement de l'administration pénitentiaire au ministère de la Justice, faisant ainsi de l'administration pénitentiaire un maillon incontournable de la chaîne pénale.

Or, il a souvent été constaté que la cohésion et la collaboration voulues par le législateur sont mises à mal sur le terrain, du fait de l'ignorance par les acteurs de ces différents corps, de leurs réalités professionnelles réciproques. L'essayiste déplore ainsi le fait que le magistrat qui ordonne la détention provisoire ou prononce la peine d'emprisonnement ne soit pas suffisamment informé de l'organisation et du fonctionnement des services chargés de l'exécution des peines privatives de liberté ainsi que du statut de son personnel.

Grâce à une analyse attentive de la législation et avec un style ouvert, cet humaniste bien que n'étant pas juriste de formation, met en relief les problèmes de la répression dans le Code de Procédure pénale camerounais en ses aspects relatifs à l'administration pénitentiaire et contribue ainsi à l'enrichissement et aux nuances de la procédure pénale. De la modernisation de l'exécution par l'Administration pénitentiaire des mandats et des décisions de justice institués par le législateur jusqu'à l'identification des forces et faiblesses du Code de Procédure pénale en la matière, le jeune essayiste s'efforce de cerner le domaine et l'étendue de la collaboration entre l'administration pénitentiaire et la justice. Il émet à chacune des étapes des réflexions prospectives en vue de combattre efficacement la récidive en milieu carcéral camerounais, toute chose qui permettrait au service public pénitentiaire d'assurer l'entièreté de sa mission.

C'est peut-être là, un minimum, mais il sauvegarde somme toute, l'essentiel qui est de préserver en toute circonstance l'humain dans l'homme. Car il est clair de nos jours, pour paraphraser Sir A Patterson, qu'il est inutile d'infliger une peine aux méchants si la discipline qui leur est appliquée ne doit pas les améliorer. Sans doute, le livre de Michel Gabriel NGOO-DJOB LITET suscitera de fécondes réflexions chez les étudiants et chercheurs ainsi que chez les OPJ et APJ ; il aidera le travail des magistrats ainsi que celui des travailleurs sociaux et ouvrira aux fonctionnaires de l'administration pénitentiaire des horizons nouveaux. C'est dire tout l'intérêt qui s'attache à sa large diffusion.

Christophe NYOBE NLEND (Magistrat),

Chef de la Division de la Magistrature et des Greffes à l'ENAM (Yaoundé)

CONSIDÉRATIONS LIMINAIRES

« L'éducation devrait plutôt permettre aux individus de découvrir les choses par eux-mêmes. Tout ce qu'on peut espérer de l'école, c'est qu'elle donne aux élèves l'amour du savoir et le désir d'apprendre. Si vous y arrivez, vous avez gagné, sinon vous avez perdu ».

Noam Chomsky

Cadrage historique de l'A.P. et de la procédure pénale au Cameroun

Les innovations contenues dans les dispositions du Code de procédure pénale dont s'est doté le Cameroun sont nombreuses. Elles dépendent évidemment de l'angle de perception choisi par chaque professionnel, praticien et observateur, non sans tenir compte du centre d'intérêt ciblé par chacun d'eux. Judiciaire, pénitentiaire, universitaire, spécialistes des droits de l'homme, bonne gouvernance, ou mieux, gouvernance du fonctionnariat de la chaîne de justice pénale, etc. Tels sont, sans doute, les centres d'intérêt les plus saillants concernés par la modernisation dont sont porteuses les dispositions du texte de droit servant de matrice à la présente étude.

S'imbriquant comme les segments d'un engrenage, ces centres d'intérêt mériteraient d'être analysés séparément[3], dans le sillage tracé par René Descartes[4] à travers les quatre préceptes méthodologiques énoncés dans son ouvrage de référence. Issus de la pratique des mathématiques dont la logique

---

[3] Une critique dont nous partageons la pertinence de l'argumentaire a fait le reproche à la campagne de vulgarisation du CPP d'avoir utilisé une approche méthodologique peu efficace, l'approche holistique (globale) ; alors qu'une combinaison entre les approches holistique et atomistique (parcellaire) aurait conduit à de bien meilleurs résultats. La mise en commun des deux approches aurait permis tout en montrant ce qui a changé globalement, de mettre en exergue ce qui a changé singulièrement dans chaque segment du système de justice pénale : (Police judiciaire, juridictions pénales et prisons).

[4] Descartes est le fondateur du rationalisme moderne. Ses travaux ont frappé de caducité la cosmologie issue de la physique aristotélicienne et de l'animisme du Moyen Âge. Déconstruisant le principe d'inertie, il a démontré que rien ne change sans raison dans l'univers. Il est le précurseur de la science moderne qui est apparue avec la conviction selon laquelle l'opacité du monde ne peut être considérée comme définitive, mais au contraire, comme l'envers d'une ignorance dont les limites doivent être en principe sans cesse reculées.

l'avait fasciné dès le collège, les quatre principes qui ont structuré le système de pensée de ce philosophe et qui, par voie de conséquence, inspirent cette aventure intellectuelle sont énoncés par lui-même ainsi qu'il suit :

Le premier, était de ne recevoir jamais aucune chose pour vraie que je ne la connusse évidemment être telle (...). Le second, de diviser chacune des difficultés que j'examinerais, en autant de parcelles qu'il se pourrait, et qu'il serait requis pour les mieux résoudre. Le troisième, de conduire par ordre mes pensées, en commençant par les objets les plus simples et les plus aisés à connaître (...). Et le dernier, de faire partout des dénombrements si entiers et des revues si générales, que je fusse assuré de ne rien omettre.[5]

Afin de contourner la complexité et la diversité des domaines de connaissances et de compétences abordés par le CPP, nous allons nous faire le devoir de mettre en évidence les innovations touchant exclusivement au champ pénitentiaire ou ayant un impact direct sur celui-ci, notre profil intellectuel nous y aidant et notre parcours professionnel nous y obligeant. Le champ pénitentiaire est caractérisé d'une part par sa grande diversité d'acteurs et de missions, d'autre part par sa relative complexité et son unanime sensibilité et enfin, par sa quasi-inaccessibilité. S'agissant notamment des missions dévolues à l'A.P., la réalisation de ce projet pourrait contribuer à favoriser l'accès du grand nombre à la substance des innovations dont regorge le CPP en ce domaine. À cet égard, il nous échoit de convoquer le moment primordial d'exercice du doute scientifique préconisé par Descartes. À coup sûr, le doute méthodique cartésien nous conduira à construire nos évidences sur des catégories solides produites par la *raison critique, la raison historique et la raison spéculative*[6], pour reprendre une formule du Cardinal Jean-Marie Lustiger. En effet, la rigueur scientifique invoquée dans l'analyse a le mérite de provoquer la libération totale du praticien et du professionnel pénitentiaires de l'emprise des prénotions, des préjugés, des stéréotypes et des traditions, voire de la routine quotidienne présente hélas généralement et insidieusement dans tout domaine d'activité humaine. Les conséquences de cette emprise et de cette routine sont décrites avec un sens de la dérision prononcée par Ebénézer Njoh Mouellè qui s'inspire du mythe de la caverne de Platon comme :

La situation précise du prisonnier platonicien non encore sorti de sa caverne ombreuse. En aucune façon, il n'est un homme libre. Ses faits et gestes, à supposer qu'il agisse dans cette cité caverneuse, se fondent sur de vagues croyances et des opinions. C'est l'esclavage de l'analphabétisme.[7]

---

[5] René Descartes, *Le Discours de la méthode,* Paris, Garnier- Flammarion, 1966 (seconde partie), p.47.

[6] Jean-Marie Lustiger, *Le Choix de Dieu*, Paris, Éditions de Fallois, 1987, p.164.

[7] Ebénézer Njoh Mouellè, *De la médiocrité à l'excellence (Essai sur la signification humaine du développement)*, Yaoundé, CLE, 1970, p.112 (réédition 2011).

Pour toutes ces raisons, s'agissant des résultats immédiats produits par les innovations contenues dans les dispositions du CPP relevant spécifiquement du domaine pénitentiaire, objet primordial de cette exploration, il conviendrait de souligner avec saillance que ceux-ci portent, entre autres, sur les points suivants :

- la mise en harmonie des procédures judiciaires (1) ;

- la présentation uniformisée (contenu et contenant) des mandats de justice découlant de la procédure pénale adressée par les magistrats des juridictions répressives (Siège et Parquet) aux responsables des établissements pénitentiaires (2) ;

- la mise en cohérence des pratiques pénitentiaires notamment au niveau du service des greffes des pénitenciers lors du traitement des dossiers des détenus, au moment de l'incarcération, pendant la détention et à la libération (3) et, last but not the least;

- l'uniformité de la réaction pénale relativement aux phénomènes de la délinquance et de la criminalité par tous les acteurs ayant voix au chapitre notamment pendant la prise en charge pénitentiaire (4).

Sous ce rapport, il sied de souligner qu'antérieurement à l'avènement du CPP, tous les éléments sus-désignés, relevant soit de la pratique soit des actes judiciaires et pénitentiaires, s'ils n'étaient pas opposés, étaient à tout le moins différents, selon qu'on se trouvait dans la partie francophone ou anglophone du Cameroun. Ces deux parties sont regroupées et présentées historiquement en matière notamment de régulation de l'ordre social, dans le cadre de ce paragraphe, en deux entités culturelles, juridiques et pénitentiaires distinctes. La première entité culturelle dont le Code napoléonien constituait l'axe nodal se réclamait de tradition juridique roumano-germanique ; alors que la seconde, utilisant le *Common Law* comme repère axial, se réclamait de culture anglo-saxonne. La consécration du dualisme judiciaire avait engendré par un effet d'entraînement la disparité des pratiques pénitentiaires observées au Cameroun, laquelle fort heureusement, vient d'être abolie par le CPP. Venant Tchokomakoua, bien au fait de ce dualisme judiciaire, le décrit sommairement et le dénonce subtilement en ces termes :

Au moment où le Cameroun accède à l'indépendance en 1960, il hérite de deux textes différents régissant la procédure pénale : le Code d'instruction criminelle (CIC) de 1808 rendu exécutoire au Cameroun français par une ordonnance du 14 février 1938, et The Criminal Procedure

Ordinance de 1958 appliqué au Cameroun anglais et au Nigeria par l'administration coloniale britannique[8].

De l'Indépendance à l'Unification du Cameroun, la procédure pénale est régie par deux textes fondamentalement différents, du point de vue de leur philosophie, en dépit des réformes importantes et progressives que le législateur y avait apportées en vue de les ancrer à leur environnement politique et sociétal. Venant Tchokomakoua poursuit :

La période de 1960 à 1972 connaît ainsi deux systèmes différents de procédure pénale. Dans l'ex-Cameroun occidental, est appliquée une procédure pénale de type accusatoire qui privilégie le respect des droits et libertés des individus en garantissant l'égalité de l'accusateur et de l'accusé au cours du procès pénal et en organisant un duel judiciaire entre les parties en audience publique où les débats sont oraux, publics et contradictoires[9].

À l'opposé de cette procédure pénale de type accusatoire, l'ex-Cameroun oriental applique une procédure pénale de type inquisitoire. Venant Tchokomakoua tente d'expliquer et dans une moindre mesure de justifier ce choix politique.

Cette procédure pénale est secrète, écrite et non contradictoire : elle utilise des méthodes parfois très rigoureuses contre les droits et libertés des individus. Elle est utilisée pour une meilleure protection de l'ordre social surtout à cette période où les jeunes institutions de l'État cherchent à s'affirmer[10].

Dans cette dynamique, relevons encore qu'à l'instar de la Procédure pénale, l'A.P. a fonctionné de façon dualiste[11] au Cameroun, en fonction des référents culturels de chaque colonisateur en présence sur chaque portion du territoire (Cameroun français et Cameroun anglais). Ainsi, pendant qu'en sa partie orientale on appliquait l'arrêté du 8 juillet 1933[12] portant réglementation du Régime pénitentiaire au Cameroun complété par la décision du 14 septembre 1951 fixant le taux des cessions de la main-d'œuvre pénale dans les régions du territoire sous contrôle français ; en sa partie occidentale en revanche, était en vigueur un texte appliqué au Nigeria appelé *Prisons Regulations*[13] datant du 30 mai 1916.

---

[8]Dr Venant Tchokomakoua, « Évolution : Du Code d'instruction criminelle au nouveau Code » in *Les Cahiers de Mutations*, n° 038 de juillet 2006.
[9] Ibid.
[10] Ibid.
[11]Régine Ngono Bounoungou (Sr), La Réforme du système pénitentiaire camerounais : entre héritage colonial et traditions culturelles, thèse de doctorat, dirigée par Jean-Charles Froment, Université de Grenoble, 26 juin 2012.
[12] Journal officiel du Cameroun, 1933, p. 386.
[13] Laws of Nigeria and Lagos, vol. IX, pp. 1857-1915.

En 1972, l'harmonisation en un seul système carcéral des deux sous-systèmes carcéraux en vigueur pratiqués de la période coloniale jusqu'après les indépendances des deux Cameroun[14] (oriental et occidental) est amorcée ; et progressivement au fil des ans, elle rentre dans les pratiques. Si celle-ci a eu le mérite de rendre peu ou prou uniforme l'exécution des peines d'emprisonnement, il n'en demeure pas moins vrai que les pratiques judiciaires sont restées parallèles entre les deux entités géoculturelles, non sans incidence sur la vision pénale et pénitentiaire de leurs acteurs et, un tant soit peu, sur l'exécution des peines d'emprisonnement.

Globalement, soulignons qu'en analysant les innovations des dispositions du CPP impactant fondamentalement le domaine pénitentiaire, cinq types d'actes judiciaires destinés aux responsables des centres pénitentiaires font manifestement leur apparition, indépendamment de la tradition juridique dont se réclamaient autrefois leurs auteurs.

Il s'agit :

- des actes de détention provisoire (1) ;
- des actes de détention définitive ou de condamnation (2) ;
- des actes entraînant extraction des détenus devant les autorités judiciaires compétentes (3) ;
- des actes de mise en liberté provisoire (4) ;
- des actes de mise en liberté définitive (5).

Les actes judiciaires ci-dessus identifiés sont destinés désormais sans partage, aux responsables des établissements pénitentiaires, implantés indistinctement dans les régions anglophones et francophones du Cameroun[15]. À cet effet, selon la phase à laquelle est rendue la procédure

---

[14] Le Cameroun oriental accède à l'indépendance en 1960 et le Cameroun occidental en 1962.

[15]Le biculturalisme du Cameroun remonte officiellement à 1916. Le territoire qui représente l'État du Cameroun en construction depuis cette époque est placé sous mandat de la SDN, administré par la France (partie orientale) et par la Grande-Bretagne (partie occidentale), après la défaite de l'Allemagne à l'issue de la Ire Guerre Mondiale. Cette option s'était confirmée lorsque ce territoire avait été placé sous la tutelle des Nations unies en 1948 et s'est poursuivie à l'indépendance en 1960. L'unification qui était intervenue en 1972 avait mis un terme au fédéralisme institué en 1961. Du fait de l'avènement de l'État unitaire, le Cameroun a confirmé sa posture d'État biculturel, membre à part entière de la Francophonie et du Commonwealth of Nations. Lire : Franklin Eyelom, in *Le partage du Cameroun entre la France et l'Angleterre*, Paris, L'Harmattan, 2003. Il est également recommandable, pour en savoir davantage sur l'historiographie du Cameroun, de se référer à l'importante littérature disponible dont certains travaux présentent de fructueux résumés, notamment : T. Levine, in *Le Cameroun : du mandat à l'indépendance*, Dakar, Présence Africaine, 1984 ; Ruben Um Nyobe, in *Le problème national Kamerunais. Notes et introduction de J.A.Mbembe*, Paris, L'Harmattan, 1984 ; Richard-Joseph, in *Le mouvement nationaliste au Cameroun. Les origines sociales de l'UPC (1946-1958)*, Paris, Karthala, 1986 ; Théodore Ateba Yene, in

pénale, ces mesures et décisions judiciaires participent à donner corps à la réaction sociale quant à la perpétration des actes répréhensibles par des individus dont le vice est peu ou prou chevillé au pied.

Parallèlement, soulignons-le d'entrée de jeu, l'A.P. au Cameroun est une création de la colonisation occidentale, car il est admis qu'« on ne trouve nulle part dans l'Afrique du XIXe siècle d'outils pénaux comparables aux prisons »[16]. Dans cette optique, la prison s'identifie de *jure et de facto* à un service public ayant la responsabilité de gérer[17] les mesures et décisions emportant privation de liberté prises et prononcées par les autorités judiciaires compétentes, exerçant leur office dans les juridictions elles-mêmes compétentes, indépendantes et impartiales, à l'encontre des auteurs ou présumés auteurs d'actes légalement considérés comme violation du « pacte social »[18], parce qu'ils portent atteinte à l'ordre public, à la tranquillité sociale, à la sécurité des biens et des personnes, à la moralité publique et au patrimoine commun…

De fait, le CPP apparaît donc comme l'instrument juridique le plus adéquat, et surtout le plus complet, répondant au souci longtemps exprimé d'unifier définitivement les pratiques judiciaires et pénitentiaires au Cameroun. Les juridictions pénales, la police judiciaire et les centres pénitentiaires sont, entre autres, les trois particules de la chaîne pénale essentiellement chargées de « traduire en acte »[19], à travers leur meilleure

---

Cameroun. Mémoire d'un colonisé, Paris, L'Harmattan, 1988 ; Achille Mbembe, in *La naissance du maquis dans le sud-Cameroun (1920-1960)*, Paris, Karthala, 1996.

[16] Lire: Michel Gabriel Ngoo-Djob Litet, Le traitement de l'information carcérale dans la presse quotidienne camerounaise, de janvier 2003 à décembre 2004 (le cas de *Cameroon Tribune*, *Le Messager* et *Mutations*). Mémoire ESSTIC - Université de Yaoundé 2-SOA, (journalisme, division II), 2006. Concernant plus spécifiquement la naissance de la prison pénale en Afrique en général et au Cameroun en particulier, lire: Thierno Bah, « Captivité et enfermement traditionnels en Afrique occidentale », pp. 71-81, in *Enfermement, prison et châtiments en Afrique. Du 19ème siècle à nos jours.* Florence Bernault (sous la direction de), Ed. Karthala, Paris, 1999, p. 13

[17] L'exécution des ordres de garde à vue administrative (décernées par les autorités administratives) relève également de la compétence de l'A.P., mais nous en reparlerons plus loin.

[18] Thomas Hobbes, *Le Leviathan (ou du traité de la matière, de la forme et du pouvoir d'une République ecclésiastique et civile)*. Introduction, traduction et notes par F. Tricaud, Paris, Sirey, 1971. Cet essai est l'un des ouvrages de philosophie politique les plus célèbres.

[19] Il est difficilement contestable que la puissance des juridictions répressives soit incarnée par l'existence des centres pénitentiaires ou prisons. Imaginons un seul instant qu'on décide de fermer les prisons, alors il nous apparaît que l'action judiciaire pénale viendrait à perdre toute ou une bonne partie de son importance corrective et dissuasive. C'est donc comprendre la réprobation de la société lorsqu'une évasion survient dans une prison. Non seulement la société a peur pour sa sécurité, mais davantage elle se sent trahie du fait que la justice rendue n'a pas été appliquée en tout ou partie. Car, celui qu'elle a puni en le privant momentanément de liberté d'aller et venir, pour corriger ses écarts de comportement a, du fait de la négligence

articulation, le consensus social sur la répression et la prévention des comportements illicites. Mentionnons avec emphase que la venue de l'homogénéisation des actes de justice pénale consacre définitivement la fin des clivages autrefois observés au niveau des pratiques qui découlaient de la théorie et maintes fois décriées entre les juridictions et les établissements pénitentiaires implantés respectivement en territoire francophone et anglophone.

Les divergences d'approche entre les acteurs composant la chaîne pénale et issues des deux grandes entités culturelles et linguistiques existant au Cameroun reposaient essentiellement sur des traditions intellectuelle et scientifique relevées plus haut à partir desquelles ces derniers ont été formatés. Un avocat au barreau du Cameroun souligne d'ailleurs avec une pointe de dénonciation que :

Cette cohabitation textuelle a influencé les programmes de formation des juristes dans les facultés de droit, a favorisé la balkanisation de la pratique du droit pénal par les professionnels du droit, en fonction de la langue maternelle ou de la première langue officielle d'études[20].

Le présent ouvrage a donc pour ambition, en s'alimentant d'abord au magistère de la théorie et en se délectant par la suite des avis des praticiens et des professionnels du domaine, de montrer d'une part, comment la loi n°2005/007 du 27 juillet 2005 portant Code de procédure pénale au Cameroun – soulignons-le tant s'en faut --, modernise le statut des personnes prises par l'étau de la justice pénale au Cameroun ainsi que les prestations du service public pénitentiaire ; et d'autre part, de tenter une explication sur le pourquoi de cette modernisation. M. Ovale Ze fait opportunément l'écho de cette modernisation en ces termes :

Le Code de procédure pénale a prévu à cet effet un ensemble de règles à appliquer au cours de cette phase, lesquelles doivent induire des solutions aux problèmes liés à la détention et des attitudes nouvelles de la part des personnels. Il s'agit notamment de l'implication des responsables des établissements pénitentiaires dans le processus de la justice pénale et du traitement des détenus[21].

---

ou de l'incompétence de ceux chargés de le surveiller et de l'encadrer, brisé les chaînes de la sanction pour recouvrer illégalement (par défi) la liberté légalement perdue.

[20] Me Just John I. Hagbe, « Innovations : La fin du ''viens ici !'' », in *Les cahiers de Mutations*, op cit, p. 4.

[21] Cf. l'exposé-évaluation de la première année d'application du CPP au Cameroun, présenté lors de la réunion annuelle des délégués provinciaux de l'A.P. présidée par le VPM, GDS, M. Amadou Ali, à Yaoundé, 12-13 novembre 2007. Il est à noter cependant que l'appellation légale usuelle depuis 2008 est « délégués régionaux de l'A.P. » du fait de l'érection des anciennes provinces en régions administratives par décret n° 2008/376 du 12 novembre 2008 portant organisation administrative de la République du Cameroun.

Dans cette mouvance, il appert que le CPP a renforcé l'ancrage des maillons de la chaîne pénale sur l'ensemble du territoire, à savoir : la P.J., les juridictions pénales, l'A.P. et, dans une moindre mesure, les services sociaux d'assistance aux détenus et de soutien postpénal aux libérés. En effet, chacun des maillons de la chaîne pénale a, pour ainsi dire, bénéficié d'une détermination plus claire et plus précise de sa place, de sa mission, de son rôle et de son interaction avec les autres acteurs au procès pénal dont la peine d'emprisonnement et la peine alternative à l'emprisonnement constituent l'épicentre. Cette meilleure segmentation des différentes entités du processus pénal est corroborée, à juste titre, par cette analyse de Me Cécile Mireille Etoua, avocate au barreau du Cameroun, préoccupée comme nous, par le sens du détail. « Tous les juristes s'accordent sur le fait que le nouveau Code est un précieux instrument de travail dans la mesure où celui-ci précise la place de chacun des auxiliaires de justice ».

Sur un autre versant, admettons que la modernisation de l'A.P. dont certaines dispositions du CPP sont porteuses, s'ingénue à apporter un éclairage sur les actions des différents maillons de la chaîne pénale en provoquant à titre principal des interférences et des goulots d'étranglement au plan pratique. Car, un nombre important d'erreurs commises par les hommes, disait le Maréchal Lyautey, « viennent de ce qu'ils mettent la conjonction "ou" là où il faudrait mettre la conjonction "et" ».

Sous cette considération, du fait qu'à travers les dispositions du CPP l'exercice quotidien des fonctions dévolues aux personnels de l'A.P. a fait l'objet, mieux que par le passé d'un encadrement, cet ouvrage voudrait donc contribuer à prévenir par une action pédagogique, les écarts perturbateurs que l'on peut être tenté de qualifier de « réflexes conditionnés » d'antan, observables encore chez certains acteurs du système de justice pénale.

Beaucoup disent en effet avoir trouvé dans cette œuvre juridique, des avantages et des innovations de nature à modifier fondamentalement le visage de la justice pénale dans notre pays (...) Ainsi, il a pris soin de définir les termes utilisés, de décrire dans les détails les mécanismes institués et d'expliquer les conséquences juridiques des principes adoptés[22].

Bien plus, cette action pédagogique vise à réduire à la portion congrue les heurts qui surgiraient de l'application sur le terrain de la nouvelle norme entre les divers membres de la communauté pénitentiaire, constituée premièrement des magistrats[23] responsables de l'action publique et du jugement ; deuxièmement des personnels de prison, troisièmement des

---

[22]Ibid.

[23]Qu'il s'agisse du PR et ses substituts, du JI du PT..., le CPP a spécifié le cadre d'intervention de chaque acteur de la chaîne de justice pénale à chaque phase du procès pénal.

détenus, de leurs familles et de leurs relations sociales[24] ; quatrièmement, des organes[25] de la société civile[26] exerçant dans le champ carcéral et, enfin l'opinion publique[27] ou pour être plus précis, l'espace public[28] qui, de plus en plus, se montre regardant sur ce qui se passe dans ce milieu en vue de le soumettre à une critique constructive. En accord avec Me Cécile Mireille Etoua, admettons que le législateur camerounais a fait montre d'un effort de maillage harmonieux de l'arsenal normatif national à l'arsenal normatif international.

Il a voulu faciliter, le plus possible, la compréhension de la loi par les uns et les autres et faciliter son application par les professionnels en anticipant sur les risques de difficultés d'interprétation pouvant survenir (...). Par ces innovations, le législateur a permis à notre arsenal juridique de se moderniser et de se hisser au niveau des instruments juridiques internationaux auxquels le Cameroun est membre, et principalement ceux relatifs aux droits de l'homme et aux droits de l'enfant[29].

Par suite, il est juste de relever qu'avec l'appui des partenaires au développement, le gouvernement camerounais réalise depuis l'entame du millénaire, d'importants projets porteurs de changements tous azimuts et qui s'en trouvent fort heureusement consolidés par certaines dispositions du CCP. Ceux-ci s'inscrivent dans le registre du renforcement de l'État de droit, notamment dans le secteur de l'amélioration des conditions de détention et de son pendant qu'est la lutte en milieu carcéral contre la récidive criminelle. Ces projets méritent d'être définis et analysés, car la détermination des changements dans l'analyse des politiques publiques, à en croire le trio constitué de Catherine Hoeffler, Clémence Ledoux et Pauline Prat, consiste à « caractériser ce qui change au sein d'une politique, autrement dit étudier

---

[24]Dans le cadre du maintien et de la préservation des liens familiaux et amicaux entre le détenu et l'extérieur favorables à la réinsertion sociale de celui-ci, le CPP définit clairement les droits et les obligations des détenus et des visiteurs.

[25]Les associations, les ONG, les entreprises et les particuliers qui interviennent en milieu carcéral en vue de contribuer à l'amélioration des conditions de détention sont bénéficiaires du nouveau cadre de travail crée par le CPP.

[26]Lire respectivement Séverin Cécile Abega, in *Le retour de la société civile en Afrique,* Yaoundé, 2007, Presses de l'UCAC, Pp.16 et suiv. Philippe-Camille Akoa, « Société civile et amélioration des conditions carcérales », Cahier africain des droits de l'homme n° 4, p.143, 2000.

[27]Lire : Alfred Sauvy, in *L'opinion publique*, Paris, PUF (coll. QSJ ?), 1997.

[28]Thierry Pech, « Qu'est-ce que l'opinion publique ? », Champs libres, Études interdisciplinaires (Justice et opinion publique), Centre d'études et de recherches sur les contentieux, université de Toulon et du Var, Paris, L'Harmattan, 2002, pp. 09-25. On pourrait également lire avec profit dans le même document Bertrand Pauvert, « L'opinion publique et la Justice : réflexions juridiques pour un réaménagement institutionnel ». pp. 27-50.

[29]Me Cécile Mireille Etoua, « Avantages : Le principe de liberté réaffirmé », in *Les cahiers de Mutations*, op cit.

l'objet du changement, mais aussi le degré du changement et ses effets »[30]. Dans cette logique, les chefs de cours d'appel admettent que :

La réussite de cette œuvre nécessite, après l'appropriation du texte par les professionnels et une bonne vulgarisation auprès du public, un changement profond de mentalité chez les uns et les autres et une réorganisation du travail aussi bien au niveau des juridictions qu'à celui des services de police judiciaire[31].

Et, à nous d'ajouter les établissements pénitentiaires pour combler l'omission qu'ils ont faite dans l'énonciation des acteurs de la chaîne pénale. En effet, dans le cadre de l'implémentation des projets gouvernementaux porteurs de changements dans le domaine général de la protection des droits de l'homme, il va de soi que spécifiquement l'A.P. y occupe une place et y joue un rôle de premier plan. Car, les innovations du CPP dont elle bénéficie et qui contribuent à rendre ses missions visibles, lisibles et traçables, témoignent de ce que nous sommes en présence d'une politique destinée à sa modernisation, et non plus, dans celle orientée vers une réforme, comme observé antérieurement dans ce secteur d'activité au Cameroun. Dans cette lancée, s'agissant de la nuance existant entre la modernisation et la réforme, Jean-Jacques Gleizal fait observer si joliment la ligne de démarcation entre ces deux concepts :

La modernisation est une notion qu'il ne faut pas confondre avec la réforme. La réforme relève d'une démarche linéaire qui consiste à changer l'administration par décret. Au contraire, la modernisation est un processus complexe de changement qui prend en compte les dimensions sociétales et politiques de l'administration. (...) Mais du fait même de sa complexité, la modernisation est sujette à interprétations et d'une application difficile (...)[32].

Du corpus d'articles en étude

Pour l'essentiel, il importe de tirer au clair que seuls soixante (60) articles sur les sept cent quarante-sept (747) contenus dans le Code de procédure pénale vont mobiliser notre attention dans le cadre de cette réflexion. C'est exclusivement sur ces soixante (60) articles dont l'analyse a engendré les soixante-dix (70) paragraphes qui composent l'âme de cet essai que portera notre effort d'élucidation. En effet, compte tenu de la pluralité d'acteurs intervenant dans le procès pénal et son pendant éventuel qu'est l'emprisonnement, nous nous sommes évertué d'extraire de ce grand

---

[30]Laurie Boussaguet, Sophie Jacquot, Pauline Ravinet (Ss. la direction de), in *Dictionnaire des politiques publiques*, Paris, 2010 (3e édition actualisée et augmentée).
[31]Extrait du texte élaboré par les chefs de Cours d'appel lors de leur réunion semestrielle avec le GDS les 25, 26 27 et 28 octobre 2005 à Yaoundé.
[32] Jean-Jacques Gleizal, *La Police en France (*Coll. Q.S.J.), Paris, avril 1993, PUF. p. 72.

ensemble les articles ayant un ancrage direct ou indirect dans le champ carcéral. Le corpus d'articles ainsi généré sur la base de l'unité conceptuelle qui les caractérise les uns les autres, a été regroupé en huit sous-ensembles thématiques intitulés et présentés ainsi qu'il suit :

I- ***Des domaines d'actions de l'Administration pénitentiaire dans le système de justice pénale au Cameroun et les interactions de cette dernière avec les autres acteurs*** : cf. les articles 1er, 11, 12, 15, 17, 25 et 26.

II- ***Des modalités d'exécution des mandats de justice emportant privation de liberté en établissement pénitentiaire au Cameroun*** : cf. les articles 19, 27, 218, 219, 220, 221, 222, 223, 224, 347, 545, 546, 547 et 548.

III- ***La police d'audience et l'exception de juridiction : des lignes de démarcation entre l'Administration pénitentiaire et les autres corps de sécurité et de maintien de l'ordre*** : cf. les articles 303, 304 et 347.

IV- ***De la prise en main du condamné (contraint par corps) par le travail pénitentiaire au Cameroun*** : cf. les articles 557, 558, 560, 570 et 571.

V- ***De la sauvegarde des liens familiaux et amicaux des détenus au Cameroun*** : cf. les articles 238, 239, 240, 241, 242, 243 et 244.

VI- ***De la spécificité de l'incarcération des mineurs au Cameroun*** : cf. les articles 704, 705, 706, 707, 724, 725, 726, 730, 731, 732, 733 et 734.

VII- ***Du renforcement au profit des détenus de l'accompagnement du régisseur (directeur) de prison dans les procédures pénales en appel au Cameroun*** : cf. les articles 444, 445, 691, 693 et 694.

VIII- ***De la gestion des peines d'emprisonnement au Cameroun*** : cf. les articles 551, 552, 553, 554 et 555.

Du fait que les dispositions des articles ci-dessus listés touchent de plain-pied le fonctionnement des établissements pénitentiaires et engagent directement la responsabilité de ses personnels, à tous les niveaux de la hiérarchie[33] - c'est - à - dire du gardien de prison à l'administrateur général

---

[33]Le personnel de l'A.P. au Cameroun est regroupé en un corps administratif et de commandement spécialisé et homogène. Il est régi par le décret n° 2010/365 du 29 novembre 2010 portant statut spécial du corps des fonctionnaires de l'Administration pénitentiaire. Pour mémoire, ce décret a abrogé celui n° 92/054 du 27 mars 1992. À la lumière du décret relatif à l'organisation dudit corps, il y a lieu de retenir que les personnels de l'A.P. se répartissent en quatre catégories ci-après, par ordre décroissant : A, B, C et D. Cette répartition est fonction du diplôme de recrutement et non forcément du niveau d'études réel de chaque agent.

senior de prison[34], autrement dit, de l'élément d'encadrement de proximité au régisseur[35] (directeur) de prison - celles-ci mériteraient pour leur meilleure appropriation, un effort intellectuel de décantage sémantique d'un côté et ; de l'autre, une analyse logique de l'environnement sociétal et politique national, régional et international ayant influencé leur rédaction. Cet exercice intellectuel nous conduisant au final à une prospection des enjeux ainsi qu'à la mise en perspective des dispositions desdits articles.

Des cibles visées

Dans la perspective où nous sommes placé, cet ouvrage s'adresse principalement aux personnels de l'A.P. Il ambitionne d'être un guide permanent qui faciliterait la compréhension théorique et pratique des innovations intervenues dans l'exercice de leurs fonctions. Pouvant être considéré également comme un aide-mémoire, il offre l'occasion à ceux-ci d'être en mesure d'expliquer, en se servant des ressorts intellectuels puisés de la doctrine et de la pratique, la raison d'être des situations pénitentiaires mêmes les plus ambiguës qu'ils rencontrent au quotidien.

En restant dans la même veine, il est de bon droit de relever que cet ouvrage pourrait prioritairement contribuer à la formation des élèves de l'École Nationale d'Administration pénitentiaire (ENAP) de Buéa, tous cycles confondus. Nous croyons fermement qu'il pourrait leur servir de support complémentaire de cours. Car la posture didactique qui caractérise cet ouvrage offre l'opportunité à tous de l'exploiter comme un supplément d'analyse pratique et théorique d'importantes facettes des questions de droit pénal et de procédure pénale en relation avec la détention carcérale. De même, les élèves de l'ENAP y trouveraient à profusion les grandes

---

[34]Le grade le plus élevé dans la hiérarchie des grades du corps des fonctionnaires de l'A.P. au Cameroun, malheureusement non encore pourvu jusqu'à ce jour.

[35]Il faudrait entendre par cette expression pour le moins réductrice, du fait qu'elle ne reflète pas la totalité de la fonction qu'elle désigne, le directeur de la prison. En effet, cette dernière appellation est consacrée dans de nombreux pays. La gestion par le régisseur de prison – c'est ainsi qu'on le nomme hélas - des crédits de fonctionnement alloués à l'établissement pénitentiaire dont il a la charge ne représente que le 1/5 de ses attributions. Pourtant, celui-ci consacre l'essentiel de son temps à concevoir des stratégies pour assurer la sécurité périmétrique et paramétrique et à organiser des systèmes circonstantiellement modulables pour la sécurité dynamique, procédurale et statique de l'établissement pénitentiaire dont il a charge ; à gérer les ressources humaines mises à sa disposition ; à encadrer les personnes détenues du mieux que les possibilités lui permettent ; à remplir le rôle d'interface entre les personnes détenues et leurs familles, et amis ; à rechercher des partenaires publics et privés concourant à l'humanisation des conditions de détention ; à suivre les activités judiciaires pour le compte des personnes détenues ; à organiser les activités sociales, récréatives et de formation professionnelle en faveur des personnes détenues. En somme, le régisseur de prison au Cameroun (véritable chef d'orchestre) d'une institution sensible et complexe, met en œuvre au quotidien pour le compte du chef du département ministériel dont il relève (ministère de la Justice), la politique pénitentiaire définie par le président de la République.

problématiques actuelles et futures de l'administration pénitentiaire camerounaise et voire mondiale qu'ils abordent ou effleurent pendant la formation. Celles-ci se rapportent aux spécialités diverses ayant donné corps à la pluralité de métiers de l'administration pénitentiaire. Ces métiers satisfont spécifiquement les prérogatives consacrées en faveur des personnes en détention carcérale. On peut y citer : la sécurité, le renseignement et la gestion des incidents pénitentiaires (1), l'architecture et les équipements pénitentiaires (2), la santé et l'alimentation pénitentiaires (3), le droit, la sociologie et la psychologie pénitentiaires (4), le greffe pénitentiaire (5), la réinsertion professionnelle des personnes détenues et les activités de production carcérale (6), la réinsertion sociale des personnes détenues et les activités éducatives, socioculturelles et sportives en milieu carcéral (7), etc.

Les auditeurs de justice, les élèves de la section greffe d'une part et ceux de la section des Affaires sociales d'autre part de l'École Nationale d'Administration et de magistrature (ENAM) de Yaoundé ainsi que les élèves OPJ et APJ des écoles de formation de la Gendarmerie nationale et de la Sûreté nationale ne sauraient être en reste. Sans aucun doute, chacune de ces trois catégories d'acteurs de la chaîne de justice pénale trouverait dans ce mémento, une somme d'informations complémentaires, concourant à la constitution de la culture générale nécessaire et indispensable qui leur permettrait d'acquérir une bonne lisibilité de certains enseignements théoriques et pratiques dispensés pendant leur scolarité. Et partant, ce mémento donne la possibilité à ces autres catégories d'acteurs de la chaîne pénale, d'appréhender les forces et les faiblesses des pratiques professionnelles auxquelles ils feront face au long de leurs carrières soit dans les juridictions pénales pour les uns soit dans les services de la police judiciaire pour les autres en rapport avec la détention carcérale.

Au même titre, cet ouvrage a le souci d'intéresser tout Camerounais ainsi que tout citoyen du monde en conflit avec la loi pénale au Cameroun, en détention ou en passe de l'être. Il en découle la nécessité pour toute personne ayant une procédure judiciaire de nature pénale d'une part, ou celle faisant d'ores et déjà l'objet d'un mandat de détention provisoire ou d'un mandat d'incarcération d'autre part, de s'interroger sur les fondements des nouvelles relations qui les lient désormais aux juridictions pénales d'un côté, à l'Administration pénitentiaire de l'autre, ou simultanément à ces deux institutions, dans l'optique du bon déroulement du procès pénal et de son corollaire éventuel qu'est, pour le cas qui nous concerne ici, la détention carcérale[36] ou l'emprisonnement.

---

[36]Selon une approche plus technique et plus rigoureuse nourrissant les théories du droit pénitentiaire, la détention désigne l'action de détenir, de garder ou de retenir dans un établissement pénitentiaire toute personne contre qui pèsent des soupçons d'avoir commis un délit ou un crime, ou celle dont la culpabilité a été établie par un tribunal indépendant et

Qu'elle soit d'abord simplement mesure et/ou ensuite décision prononcée, la privation de liberté[37] constitue le trait d'union majeur entre les deux formes de détention qui engendrent *ipso facto* deux catégories pénales et pénitentiaires distinctes au sein de la population carcérale : les prévenus[38] d'un côté et les condamnés[39] de l'autre. Quant au citoyen ordinaire curieux des changements introduits dans le traitement par l'A.P. des personnes détenues[40], conformément aux prescriptions du CPP, la lecture de cet ouvrage ne serait pas une peine perdue. Car l'analyse proposée ici offre à chacun l'opportunité d'évaluer par lui-même, la plus-value des changements immédiats, et à terme, que le législateur a eu le souci d'introduire dans l'univers judiciaire et pénitentiaire camerounais.

Problématique et hypothèse de travail

Beaucoup de lecteurs nous questionneront sans aucun doute sur le choix de cette forme de présentation dite analytique. En effet, le commentaire, du substantif latin *commentarius* qui signifie : éclaircissement sur un texte ou un fait, interprétation et dérive du verbe *commentari* c'est-à-dire réfléchir sur un texte ou un fait, expliquer, étayer ou développer pour mieux faire saisir le sens et la signification de ce dont on parle. Cependant, il faut préciser que le

---

impartial. Ainsi, la détention revêt deux formes : elle peut être provisoire et consiste en une mesure d'incarcération, à titre préventif, c'est-à-dire avant tout jugement, ordonnée par un magistrat du parquet ou du siège d'une juridiction, contre une personne soupçonnée d'avoir commis une infraction ; elle peut en revanche être une peine criminelle ou correctionnelle prononcée par un magistrat du siège d'une juridiction indépendante et impartiale, à l'audience publique, pour sanctionner la commission d'une infraction. En effet, la détention, au sens où l'appréhende le droit pénitentiaire, est à distinguer d'autres notions renvoyant à l'idée de privation ou de restriction de la liberté d'aller et venir à l'encontre d'un individu. On peut citer en guise d'exemples dans ces cas de figure : la garde à vue judiciaire et le contrôle judiciaire ; la garde à vue administrative (détention administrative), la rétention administrative et voire la détention psychiatrique.

[37]Corollaire de la détention carcérale, la privation de liberté renvoie à l'interdiction de sortir à son gré de l'établissement pénitentiaire et même de se mouvoir dans l'enceinte de celui-ci à sa guise, ordonnée par un magistrat du parquet ou du siège d'une juridiction à l'encontre d'une personne présumée coupable ou coupable d'une infraction et faisant l'objet d'un mandat de détention provisoire ou d'un mandat d'incarcération. La privation de liberté en établissement pénitentiaire pendant une période déterminée peut également résulter d'un ordre de garde à vue administrative émis par une autorité administrative. Pour cerner davantage les nuances de ces notions, lire entre autres : Eudoxie Gallardo, in *Le statut du mineur détenu*, préface de Philippe Bonfils, Paris, L'Harmattan (bibliothèque de droit), 2008, pp.18-22.

[38] Toute personne incarcérée dans un établissement pénitentiaire parce qu'elle est soupçonnée d'avoir commis une infraction à la loi pénale et en attente d'être jugée par une juridiction indépendante et impartiale.

[39] Toute personne incarcérée dans un établissement pénitentiaire parce qu'elle est déclarée coupable d'une infraction à la loi pénale par une juridiction indépendante et impartiale.

[40]Toute personne incarcérée dans un établissement pénitentiaire sur la base d'une décision de justice rendue par une juridiction indépendante et impartiale.

commentaire, comme le relèvent avec une clarté remarquable ces deux universitaires camerounais :

Ne consiste pas seulement à exposer les idées d'un auteur à partir d'un texte donné, mais à opérer un dialogue avec cet auteur. C'est ce dialogue qui permet de saisir et de dégager toute la portée philosophique de sa pensée et d'autre part d'apprécier et d'évaluer cette pensée. Ainsi, le commentaire intègre l'explication du texte, en allant au-delà.[41]

Consentons que certains auraient préféré à la place du commentaire, le dialogue ou encore l'échange de paroles et d'arguments, à travers un jeu de questions et de réponses justifiées qui caractérisent essentiellement la réflexion philosophique. La démarche dialogique dont l'élégance a été consacrée depuis des millénaires par les philosophes[42] classiques, considérés non sans raison comme les précurseurs de la réflexion scientifique, offre incontestablement et opportunément l'occasion au spécialiste et au profane, ou à ceux déguisés comme tels, de s'élever tous deux par un élan dialectique, à la recherche de la vérité[43] qu'ils ne possèdent ni l'un ni l'autre. Fabien Eboussi Boulaga, l'un des philosophes camerounais les plus en vue, depuis les deux dernières décennies, relevait dans un sens qui coïncide, par contraste, avec la méthode qui emporte notre préférence ce qui suit :

Le dialogue, puisqu'ainsi on appelle cet exercice, est un mode de s'exprimer qui a ses contraintes. On les résume à cette double exigence élémentaire : -chacun doit parler de telle manière qu'il donne à son interlocuteur les moyens de comprendre ce qu'il veut dire, de l'accepter ou de le rejeter ;-chacun doit s'abstenir de la contradiction, viser la cohérence entre ses prémisses, ses principes entre eux, et avec leurs conclusions ou conséquences[44].

Disons-le, le commentaire contrairement au dialogue est donc la forme d'écriture qui nous a paru la plus opportune dans le cadre de ce travail. En effet, le commentaire a le mérite non seulement de faire comprendre un point de vue, mais d'inciter le grand nombre de professionnels, de praticiens et de curieux, à en faire une lecture studieuse et judicieuse des dispositions mises

---

41 Michel Kouam et Ernest-Marie Mbonda, *in Éléments de méthodologie philosophique*, Yaoundé, PUCAC, 2008.

42 Le dialogue constitue la forme d'expression par excellence du rendu de l'essentiel de l'œuvre philosophique de Platon. Il hérite de son maître Socrate, de ce modèle discursif d'analyse des phénomènes. On peut lire à ce sujet avec profit : *Le Timée, Le Cratyle, Le Phédon, La République, L'Apologie de Socrate…*

43 Un mythe Akan (Ghana) conté par Kwasi, in *Cultural readings of the Bible in Africa (Quand l'Afrique s'approprie la Bible !*) d'André Kabasele Mukeng, Jean-Claude Loba-Mkole et Dieudonné P. Aroga Bessong, Yaoundé, éd. CLE, 2007, pp. 18-19, dénonce de manière fort admirable, la prétention pour quiconque à posséder la vérité (absolue). Celle-ci ne peut dorénavant s'offrir qu'en miettes, en parcelles.

44Ibid (Préface).

en exergue. À l'évidence, cette forme d'écriture figure parmi celles des plus adéquates, du fait qu'elle débouche sur l'une des meilleures approches qu'il soit, conduisant à l'appropriation jusqu'à ses derniers linéaments des changements introduits en milieu carcéral par le CPP camerounais.

À ce titre et pour la raison invoquée plus tôt, l'articulation logique de cet ouvrage se présente ainsi qu'il suit :

- D'abord, il est servi au lecteur une présentation *in extenso* des dispositions de chaque article retenu dans le corpus en étude ;
- Ensuite, celle-ci est suivie immédiatement des commentaires de l'auteur, inspirés à la fois de la doctrine et des pratiques ainsi que des entretiens qu'il a eus avec certains praticiens et professionnels du droit pénal.

Dans cet exercice analytique, l'auteur tente :

- Premièrement d'éclairer, autant qu'il le peut, le sens des notions utilisées en insistant sur les nuances qu'elles contiennent ;
- Deuxièmement, de relever les insuffisances des dispositions du CPP se rapportant à l'Administration pénitentiaire, lesquelles laissent dans l'esprit de ceux qui ont manifestement voix au chapitre des problématiques en étude, le sentiment d'un travail inachevé et ;
- Finalement, il met en évidence des questions non ou insuffisamment prises en compte par le CPP et pour lesquelles il formule des problématiques qui le conduisent à proposer à l'attention du législateur et du décideur des pistes de solutions susceptibles de consolider les innovations qui sont observables dans le domaine en jeu.

Au demeurant, la nécessité de procéder à l'identification théorique du problème justifiant l'enfantement de cet ouvrage se fait sentir. Celui-ci pourrait simplement, mais clairement, être formulé comme suit : comment venir en appui, théoriquement et pratiquement aux personnels de l'A.P., afin qu'ils s'approprient au mieux le CPP, de façon à l'appliquer avec *maestria* pendant l'exercice de leurs fonctions et dépendamment de la position et de la place qu'ils occupent chacun, non seulement dans l'échelle hiérarchique[45] de

[45]Suivant une nomenclature calquée sur l'organisation catégorielle des personnels de l'État au Cameroun, le corps des fonctionnaires de l'A.P. comprend quatre cadres assurant respectivement les tâches dans l'ordre suivant: - le cadre des personnels assurant d'une manière générale l'exécution des tâches courantes ; -le cadre des personnels assurant d'une manière générale l'exécution des tâches spécialisées ;- le cadre des personnels assurant les fonctions d'élaboration, d'application à un haut niveau, de commandement et d'encadrement et le cadre des personnels assurant les fonctions de conception, de direction, d'évaluation, de contrôle ou de commandement. Cf. décret n° 2010/365 du 29 novembre 2010 portant statut spécial du corps des fonctionnaires de l'Administration pénitentiaire au Cameroun.

leur corps de métiers, mais également, dans la chaîne de justice pénale. En effet, quelles que soient l'expertise du législateur et la finesse d'esprit des personnels de l'A.P, la loi objet de la présente réflexion comporte des zones d'ombres qui nécessitent des éclairages pour sa meilleure appropriation.

Dès lors, voici déroulée l'hypothèse qui soutient cet exercice intellectuel. Venant à point nommé pour résoudre des problèmes qui se posent avec acuité et ceux qui pourraient simplement surgir à des degrés négligeables, cette réflexion permettrait aux personnels de l'A.P, en plus de l'arsenal de textes législatifs et réglementaires existants, d'avoir à disposition une production intellectuelle contenant des analyses théoriques et pratiques supplémentaires et /ou complémentaires concourant à étayer les fondements juridiques, sociologiques, philosophiques et politiques des questions en débat et se rapportant aux pratiques professionnelles quotidiennes qui sont les leurs.

Pour terminer, admettons que la nécessité de procéder dans le domaine qui nous intéresse, au nivellement entre *la théorie et la pratique*, entre *l'orthodoxie et l'orthopraxis*, voire entre *la matière et l'esprit*, en vue d'introduire *le réel dans l'idéel* a ici toute son importance. Car comme le disait Emmanuel Kant[46], repris à tour de rôle par Karl Marx[47] et Kwame N'Krumah[48] : « Une théorie sans pratique est vide et une pratique sans théorie est nulle ». En réalité, c'est dire que la théorie et la pratique loin de s'opposer, comme le sens commun a souvent tendance à le clamer, se prêtent plutôt une mutuelle assistance, devenant de la sorte un manteau à deux faces et parfois sans couture, ainsi que le soutient Éric Weil : « … La praxis est la théorie en acte, la théorie est la conscience que l'action prend de sa nature et de sa situation historique ».

Structuration de l'ouvrage

Les réflexions contenues dans le présent ouvrage de huit chapitres sont construites sous la forme d'une dynamique bipolaire. La structuration de l'ouvrage en deux parties complémentaires qui en résulte est soucieuse de mettre en évidence la modernisation dont est porteuse la loi n° 2005/007 du 27 juillet 2005 portant Code de procédure pénale dans chacun des deux segments fondamentaux de l'Administration pénitentiaire camerounaise. Tandis que la première partie met l'accent sur la modernisation des prestations du service public pénitentiaire en vue de renforcer ses missions et de clarifier sa position dans la chaîne de justice pénale et partant dans celle de la sécurité publique ; la seconde partie en revanche s'appesantit sur les efforts déployés en vue de l'amélioration des conditions de détention

[46]Emmanuel Kant, in *La critique de la raison pure*, Paris, Garnier Flammarion, 1987.
[47]Karl Marx, in *L'idéologie allemande*, Paris (coll. Essentiel), éd. Sociales-Messidor, 1982.
[48]Kwame N'krumah, *Le Consciencisme*, Paris, Présence africaine, 1964,

carcérale et, par ricochet, de réduction de la récidive criminelle en milieu carcéral camerounais.

La première partie intitulée *Du renforcement des prérogatives du service public pénitentiaire dans la chaîne de justice pénale en sa qualité d'instrument par excellence d'expression de la puissance publique* comprend trois chapitres. Le premier aborde les changements de terminologie des actes judiciaires introduits par la nouvelle loi, lesquels sont décernés aux prévenus et accusés par les différentes autorités judiciaires intervenant lors du procès pénal et destinés aux responsables des centres pénitentiaires appelés régisseurs de prison ; le deuxième s'intéresse aux subtilités dont est émaillée l'exécution au niveau des régisseurs de prison des mandats de justice instaurés par le CPP dans le strict respect des droits de l'homme en établissement pénitentiaire et le troisième s'évertue à objectiver les questionnements et les réponses se référant à la police d'audience et à l'exception de juridiction, par-delà toutes polémiques partisanes. Enfin, dans cette première partie des réflexions prospectives sont développées dans l'optique de contribuer à apporter des solutions aux faiblesses décelées dans le texte angulaire ayant motivé cette étude.

La deuxième partie intitulée *De la modernisation des relations entre le service public pénitentiaire et sa clientèle à travers ses offres de service dans un État de droit* comprend les cinq chapitres suivants. Le chapitre quatre met en évidence l'intérêt du travail carcéral pour tous les membres de la communauté pénitentiaire ; le chapitre cinq met en lumière quelques aspects du vécu quotidien *intra* et *extra-muros* des personnes placées sous main de justice, notamment ceux relatifs à la gestion des diverses formes de communications auxquelles ils ont droit avec le milieu extérieur ; le chapitre six objective les problèmes relatifs à la détention des mineurs, en gardant comme épicentre le souci de leur protection en vue de refréner la propension à la récidive qui les caractérise ; le chapitre sept fait ressortir le rôle saillant du régisseur de prison dans la procédure pénale, consistant en la transmission des dossiers judiciaires des détenus vers les juridictions compétentes pour connaître des recours en appel, ainsi qu'au suivi de la population carcérale en vue de connaître le comportement de chaque détenu, celle-ci étant primordiale pour amorcer toute activité préparant à sa réinsertion sociale et professionnelle ; le chapitre huit soulève enfin les questions prospectives relatives à l'administration de la peine d'emprisonnement en établissement pénitentiaire pendant la période *ante-sententielle* et celle *post-sententielle*. En outre, la seconde partie de cet ouvrage aborde également les faiblesses décelables dans le CPP à travers des réflexions prospectives destinées à combattre efficacement la récidive en milieu carcéral camerounais.

Au total, si la présente production intellectuelle parvenait à contribuer à la clarification du travail des personnels pénitentiaires au Cameroun, avec comme épicentre le statut de la personne détenue, et à la lubrification de l'engrenage que constitue d'une part le système de justice pénale et d'autre part la chaîne de sécurité publique, elle n'aurait aucunement manqué sa raison d'être. Car, à sa manière et à son niveau, non seulement, elle aura irréfutablement apporté sa pierre à l'entreprise de création d'un cadre de travail interactif viable entre les responsables qui participent à l'animation des juridictions pénales (en amont), des services de police judiciaire (au milieu) et des institutions carcérales et d'insertion post carcérale (en aval). Mais également, elle aura participé à la vulgarisation du rôle sociétal de l'A.P. camerounaise en mettant en évidence, entre autres, sa place et son importance tant dans le système de justice pénale que dans la chaîne de sécurité publique.

PREMIÈRE PARTIE

DU RENFORCEMENT DES PRÉROGATIVES DU SERVICE PUBLIC PÉNITENTIAIRE DANS LA CHAÎNE DE JUSTICE PÉNALE AU CAMEROUN

CHAPITRE I

DU CHANGEMENT DE LA TERMINOLOGIE ET DES NUANCES DES ACTES JUDICIAIRES INSTAURÉS PAR LE CPP

« Dis-moi et j'oublie. Enseigne-moi et je me souviens. Explique-moi et j'apprends ».

Proverbe chinois

Le Code de procédure pénale a instauré quatre types de mandats de justice que seules les autorités judiciaires compétentes sont habilitées à émettre d'une part et que seuls les responsables des établissements pénitentiaires, nommés régisseurs de prison, sont autorisés à recevoir et à donner suite d'autre part. Ces mandats de justice sont désignés par les expressions ci-après :

- *le mandat de détention provisoire* (1) : est décerné soit par le procureur de la République soit par le juge d'instruction soit par le juge du jugement ;
- *le mandat d'extraction* (2) : est délivré soit par le procureur de la République soit par le juge d'instruction soit par le juge du jugement ;
- *le mandat d'incarcération* (3) : est émis uniquement par le juge du jugement ;
- *l'ordonnance de mise en liberté* (4) : est produite soit par le procureur de la République soit par le juge d'instruction soit par le juge du jugement.

Il importe de relever que les mandats de justice ci-dessus énumérés et nommés instaurés par le CPP, se différencient quant au fond et à la forme, de leurs devanciers en vigueur sous l'empire du Code d'instruction criminelle qui, en avait également instauré quatre types, appelés respectivement ainsi qu'il suit :

- le mandat de dépôt (1) ;
- l'ordre d'incarcération (2) ;
- l'ordre d'extraction (3) ;
- l'ordonnance de main levée d'office de mandat de dépôt (4).

La nouvelle terminologie permettant de désigner les actes judiciaires instaurés par le CPP constitue la trame de fond des interactions somme toute revitalisées entre les responsables des établissements pénitentiaires, et *stricto sensu* les acteurs des juridictions pénales. Cette nouveauté mérite une attention particulière. Car, au-delà de la nouveauté lexicale, s'y trouve certainement enfouie au niveau doctrinal, tout un gisement de connaissances et d'idées dont il importerait de sonder la pertinence. Le résultat attendu de cette entreprise consistant à favoriser l'appropriation par tous, de la dynamique des mutations insufflées par le CPP dans le système de justice pénale camerounais en général et en particulier dans l'un de ses maillons essentiels qu'est l'Administration pénitentiaire dont toute la société attend certainement un changement de paradigmes. Le premier de ceux-ci consistant dans la définition de la tâche des autorités pénitentiaires à considérer la privation de liberté comme l'aspect essentiel de l'emprisonnement. Et pendant la mise en œuvre de l'emprisonnement, elles doivent s'abstenir de quelque façon que ce soit d'imposer des restrictions superflues aux personnes dont elles ont la charge[49].

En outre, la terminologie nouvelle consacrée par le CPP pour désigner les mandats de justice participe de la dynamique d'ouverture à la modernité de la politique pénale et pénitentiaire au sein du système de justice pénale au Cameroun. Politique soucieuse au double plan fonctionnel et structurel de déterminer la nature, la densité et l'importance des relations entre les deux catégories d'acteurs intervenant dans le processus de prise et d'exécution des mesures ou des décisions emportant privation de liberté des malfaiteurs ou ceux présumés comme tels en établissement pénitentiaire, ainsi que de rupture desdites mesures ou d'épuisement de la peine contenue dans lesdites décisions.

Au vu de ce qui précède, qu'il nous soit permis de formuler ici une invite à tous les acteurs du système de justice pénale, principalement à ceux appartenant au maillon carcéral, de s'intéresser à appréhender le fondement doctrinal et l'effet pratique du sens de chaque expression nouvelle permettant de désigner chacun des mandats de justice introduits par le CPP. Du point de vue doctrinal, la maîtrise du sens du faisceau d'expressions dont il s'agit et leurs effets pratiques sont indispensables pour la meilleure implémentation par les acteurs ciblés, des mutations introduites dans leur milieu de travail.

---

[49]Andrew Coyle, *Gérer les prisons dans le respect des Droits de l'Homme (Manuel destiné au personnel pénitentiaire)*, 2nde édition, International Center for Prison Studies, King's College London, 2009, p. 11.

La maîtrise du langage[50] de travail étant la condition *sine qua non* de la réussite de toute interaction professionnelle et sociale, comme l'ont démontré les linguistes et les sémiologues[51], l'appropriation lexicale du CPP par les personnels pénitentiaires au Cameroun revêt donc une importance indéniable. En ce sens, admettons que :

Le langage existe chez les animaux sociaux pour les besoins de la communication entre individus, notamment à l'occasion de diverses activités de groupe qui ont besoin d'être coordonnées (...). Le signe linguistique est donc l'association arbitraire, mais nécessaire (sinon il n'y aurait pas langage humain) de deux éléments de nature différente : un signifiant et un signifié (...). Ainsi compris au niveau de sa structure, le langage remplit une triple fonction : désignation du réel, communication inter-humaine, formation du sujet[52].

Maintenant, mettre en lumière au regard de la nouvelle loi, les changements de dénomination des actes judiciaires émis par les magistrats des juridictions répressives (cours et tribunaux), lesquels sont destinés aux responsables des établissements pénitentiaires pour exécution, constitue l'objectif de ce premier chapitre. Dans cet élan, notre préoccupation est de tenter d'expliquer au plan doctrinal les fondements des changements d'appellation des mandats de justice recensés tout au long dudit texte, dans le but de faciliter leur plus grande compréhension par les agents publics chargés de l'application des mesures et des sanctions conduisant à la détention carcérale. En fait, procédant par contraste avec le CIC, nous nous proposons d'éclairer les nuances dont regorgent les différents actes judiciaires énoncés par certaines dispositions du CPP et destinés aux régisseurs de prison.

Cet éclairage vise à mettre à portée de main des personnels pénitentiaires un substrat de matériaux théoriques nécessaires pour bâtir et consolider leur entendement, afin qu'ils sachent ce qu'ils sont appelés à faire, et pourquoi ils doivent le faire, dans le cadre non seulement du bon déroulement du procès pénal, mais également dans celui de la préservation de la sécurité publique. Les connaissances qu'ils auraient réussies à maintenir en éveil du fait dudit éclairage devant les conduire, en tout et partout, pendant l'exécution de la

---

[50]L'impérieuse nécessité de s'accorder sur les termes et les réalités auxquelles ils renvoient constitue en science en général, et davantage en science sociale, une exigence nodale. La difficulté ou l'impossibilité pour les chercheurs de parvenir à un accord sur ce plan ont été appelées par Gaston Bachelard : « obstacles épistémologiques ». Cf. *La formation de l'esprit scientifique* ; *Le nouvel esprit scientifique*…

[51]Lire : Julien Algirdas Greimas, in *Du sens. Essais sémiotiques*, Paris, Seuil, 1970.

[52]Gérard Donnadieu, in *Les religions au risque des sciences humaines*, éditions Parole et silence, Paris, 2006, pp. 51-52.

mesure[53] et/ou de la sanction[54] de détention carcérale, à la meilleure prise en compte du devenir de la personne détenue[55] qu'elle soit prévenue[56] ou accusée[57] et du respect équitable des exigences de son traitement pénitentiaire par rapport aux victimes s'étant constituées ou pas parties civiles, sans oublier la société tout entière qui, elle aussi attend réparation.

De toute évidence, nous posons en axiome que les idées et connaissances qui structurent les fondements théoriques des nouveaux mandats de justice introduits par le CPP nous conduisent à justifier pour le cas d'espèce, l'importance de l'Administration pénitentiaire dans l'œuvre perpétuelle de sécurisation de la société. Les personnels de l'A.P. dont le rôle est spécifié sans jactance par la doctrine et perceptible dans la pratique, ne devraient donc en aucun cas, perdre de vue qu'ils constituent l'un des bras séculiers de l'État. L'un des bras forts, pour tout dire. Car ils consacrent en aval le travail accompli en amont par la police judiciaire et, au niveau intermédiaire, par la justice pénale. À travers la bonne articulation au plan fonctionnel des trois organes sus désignés, ainsi que de tous ceux ayant une existence effective dans les champs d'activités peu ou prou connexes, la puissance publique dont l'État est revêtu, suivant une conception wébérienne, se manifeste à tous et partout.

Cette dernière est perçue comme la prétention de détenir et d'exercer le monopole de la violence physique légitime, en vue de l'accomplissement de l'une des fonctions régaliennes de l'État, qui est la défense de la communauté confrontée aux menaces plurielles. Procédant de l'abandon par l'individu-citoyen de sa liberté politique, la puissance publique est manifestée par l'obéissance civile du citoyen dont la contrepartie est la résultante des prestations qu'offre l'État à tous et à chacun, en matière de sécurité physique, économique, culturelle et sociale. Bernard Badie[58] a consacré plus de temps et de sérieux à l'étude de ce phénomène qui est peu lié à notre centre d'intérêt actuel. Dans le prolongement de cette idée,

---

[53]Toute décision prise par l'autorité judiciaire de priver un individu de liberté dans un établissement pénitentiaire en attendant que sa culpabilité soit établie lors du procès pour les faits répréhensibles qui lui sont reprochés.

[54] Toute décision prise par l'autorité judiciaire de priver un individu de liberté dans un établissement pénitentiaire à l'issue du procès ayant permis d'établir sa culpabilité pour les faits répréhensibles qui lui sont reprochés.

[55] Nous utilisons ce terme pour désigner toute personne privée de liberté dans un établissement pénitentiaire, qu'elle soit en attente de jugement ou condamnée.

[56] Ce terme est utilisé pour désigner toute personne poursuivie par une juridiction indépendante et impartiale pour avoir commis un délit.

[57]Ce terme est utilisé pour désigner toute personne poursuivie par une juridiction indépendante et impartiale pour avoir commis un crime.

[58]« Terrorisme et État », in Études polémologiques : terrorisme, pouvoirs publics et sociétés, n°49-1/89, 25 mai 1989, pp.7-19 (revue trimestrielle publiée par l'Institut français de polémologie). Cette idée est davantage développée dans son ouvrage intitulé : *Les deux États*, Paris, Fayard, 1987.

concluons à l'évidence que la prison[59] est l'instrument matériel et psychologique par excellence d'exécution de la peine[60] pénale privative de liberté, prononcée par les tribunaux en vertu de la Puissance publique, et placée sous le contrôle et la direction de l'Administration pénitentiaire.

C'est donc dans le cadre de l'exercice de la puissance publique que l'État est garant de la détention carcérale ou emprisonnement. Celle-ci relève des compétences du service public pénitentiaire dont les fonctions essentielles sont définies comme suit : *la sécurité et la correction, la rééducation et la réformation, la réinsertion et la réhabilitation* du délinquant et du criminel. Dans cette logique, convenons que la prison participe à l'incarnation et à la manifestation du « pouvoir immense et tutélaire »[61] s'élevant au-dessus des citoyens qu'Alexis de Tocqueville a décrit dans son ouvrage de référence paru en 1835, *De la démocratie en Amérique*.

I. Du domaine d'action de chaque acteur du système de justice pénale au Cameroun

I.1. Que dit la loi ?

ARTICLE 1er : La présente loi porte Code de procédure pénale.

Elle édicte les règles concernant notamment :

a) la constatation des infractions à la loi pénale ;

b) la recherche de leurs auteurs ;

---

[59]Sous l'angle de la science pénitentiaire, la prison est un établissement public placé sous l'autorité de l'Administration pénitentiaire et dans lequel on garde provisoirement en attendant de les juger, les personnes soupçonnées d'avoir commis un crime ou un délit ; où l'on prépare également à retourner dans la communauté celles qui ont été privées de liberté, à la suite d'une condamnation prononcée par un tribunal. De ce point de vue, la prison est donc un instrument de protection de la société contre les malfaiteurs présumés et d'exécution de la peine privative de liberté pour ceux dont la culpabilité a été établie et sanctionnée par une juridiction légale et indépendante ; et encore de rééducation en faveur de ceux qui voudraient bien s'amender.

[60]Le terme peine dérive du latin *poena*, qui signifie punition, châtiment, affliction, douleur physique et/ou morale engendrée par la détention ou l'emprisonnement, qui se définissent à leur tour comme la privation de liberté dans une institution pénitentiaire, intervenant comme mesure lorsqu'il s'agit des suspects d'une part ; et comme sanction lorsqu'il s'agit d'autre part des auteurs d'actes ayant provoqué la réprobation sociale, conformément aux prescriptions de la loi pénale. Au regard de cela, la garde à vue judiciaire et toutes les autres formes de rétention des infracteurs présumés ou coupables, prévues par le cadre légal en vigueur, n'ont pour effet immédiat que la restriction des libertés, du fait qu'elles s'effectuent dans des institutions qui ne sont pas pénitentiaires. D'où la fameuse distinction au plan doctrinal entre la privation et la restriction de la liberté d'aller et venir.

[61]Pour en savoir davantage sur la notion du pouvoir politique, il importe de lire Charles Debbasch et Jean-Marie Pontier, in *Introduction à la politique*, Paris, Dalloz, 1992, pp. 18 et suiv.

c) l'administration de la preuve ;
d) les attributions des organes de poursuite ;
e) l'organisation, la composition et la compétence des juridictions répressives ;
f) le prononcé de la culpabilité ou de la non-culpabilité ;
g) l'application de la sanction pénale ;
h) les voies de recours ;
i) les droits des parties ;
j) les modalités d'exécution des peines.

I.2. Commentaire

§1 : *L'on observe dès l'abord que la nouvelle loi plante le décor dès ses premières dispositions, en circonscrivant son champ d'action par rapport à tous les acteurs chargés directement de son application. Et l'Administration pénitentiaire, maillon essentiel de la chaîne, est concernée principalement dans trois alinéas, notamment (g) (h) et (j).*

Assurément ! La nouvelle loi portant CPP au Cameroun s'est efforcée, d'entrée de jeu, de préciser son cadre d'action en désignant la nature des activités de tous ses acteurs. C'est comme une introduction générale qui présente une vue panoramique de l'ensemble de l'édifice qui devra nécessairement être examiné, compartiment après compartiment, palier après palier, pour mieux identifier ses composantes et comprendre leurs rôles respectifs, en vue de l'application sans fard ni fioriture de cette loi. De cette analyse, il en découle que le domaine d'intervention de l'A.P. est mis en relief avec clarté dans les paragraphes g, h et j ci-dessus. Parallèlement, les domaines d'intervention de la PJ, du Parquet, du juge d'instruction et du tribunal également sont indiqués avec une très grande précision dans les alinéas précédents et suivants.

S'agissant des domaines d'intervention de l'A.P. au Cameroun, il en ressort que ceux-ci sont énoncés avec une clarté et une précision satisfaisante par le texte dont nous tentons d'analyser le contenu. Ils consistent en l'accomplissement de la fonction pénale et de ses déclinaisons militaire d'une part et sociale d'autre part. En ce sens, convenons avec Élisabeth Guigou[62] qui, lors d'une communication devant le Conseil des ministres français, le 8 avril 1998, relevait en substance que :

L'Administration pénitentiaire est un acteur primordial de l'action judiciaire. Elle a pour mission première de participer à l'exécution des

[62]Administration pénitentiaire, Rapport annuel d'activité, ministère de la Justice, France, 1997, lire l'avant-propos de la ministre de la Justice, garde des Sceaux.

décisions et des sentences pénales. Elle doit également favoriser la réinsertion sociale des personnes qui lui sont confiées.

Les missions de l'administration pénitentiaire en France sont clairement encadrées par la loi n^0 87-432 du 22 juin 1987 relative au service public pénitentiaire, s'en inspirant opportunément, Mme la garde des Sceaux d'alors poursuit qu'il s'agit d' « assurer la sanction tout en réservant un regard individualisé, tel est bien le rôle de la justice. Cette articulation entre la nécessaire sanction et l'impératif de réinsertion permet à la justice, dans toutes ses composantes, y compris pénitentiaire, d'assurer la sécurité publique ».

II. Définition, énonciation des mandats de justice et identification de leurs auteurs

II.1. Que dit la loi ?

ARTICLE 11 : (1) Le mandat de justice est un acte écrit par lequel un magistrat ou une juridiction ordonne :

- la comparution ou la conduite d'un individu devant lui ou elle ;
- la détention provisoire d'un inculpé, d'un prévenu, d'un accusé ou d'un témoin soupçonné de perturber la recherche des preuves ;
- l'incarcération d'un condamné ;
- la recherche d'objets ayant servi à la commission d'une infraction ou en constituant le produit.

(2) Constituent des mandats de justice : le mandat de comparution, le mandat d'amener, le mandat de détention provisoire, le mandat d'extraction, le mandat de perquisition, le mandat d'arrêt et le mandat d'incarcération.

II.2. Commentaire

§2 : *Le titre II du CPP (Des mandats de justice[63]) introduit de prime à bord un changement de vocable comparativement à l'appellation ancienne contenue dans le CIC. Ce changement suscite des interrogations du fait que*

[63] Le mandat de justice (étymologiquement : *mandatum*), désigne un ordre écrit d'un magistrat ou d'une juridiction pénale, donné à la force publique, pour contraindre une personne à faire quelque chose. Dans cette optique, il en existe quatre types principaux : - le mandat de comparution - le mandat d'amener- le mandat d'arrêt dont l'exécution relève de la compétence exclusive de la Police judiciaire et le mandat de détention provisoire dont l'exécution relève de la compétence des autorités de l'Administration pénitentiaire. Lire : M. Fontaine, R. Cavalerie, J.A. Hassenforder, M.P. Schneider, in *Dictionnaire de droit*, France, Foucher, 2004, pp.302-303.

la locution « mandat de justice » a remplacé celle de « titre de détention [64] » autrefois en usage. Il y a fondamentalement une différence entre ces deux notions. Tentons de la déceler.

En effet, il ressort de l'examen des dispositions de l'article sus-énoncé que les notions de titre de détention et de mandat de justice sont bien distinctes. Le titre de détention est une appellation générique. En clair, le titre de détention est employé pour désigner tous les actes qui visent à priver un individu de sa liberté, et de ce fait, il est plus réducteur que le mandat de justice qui l'a remplacé.

De façon plus explicite, le mandat de justice est défini par l'article 11 du CPP comme « un acte écrit par lequel un magistrat ou une juridiction ordonne la comparution, la détention, l'incarcération d'un délinquant et/ou d'un criminel présumé ; ou la recherche d'objet ayant servi à la commission d'une infraction ». À cet égard, contrairement au titre de détention autrefois en usage, le mandat de justice actuellement en vigueur se présente comme une véritable mission à rendre à la justice. Car, il est un instrument au service de la gestion des libertés individuelles dans le cadre de l'enquête de police ou de justice, dans le strict respect de l'humanité en la personne du présumé malfaiteur et dans celle de celui condamné au regard des preuves produites.

En effet, la différence entre « titre de détention » et « mandat de justice » traduit absolument une évolution dans le domaine pertinent de la justice pénale. Du seul fait que cet instrument, c'est-à-dire le mandat de justice, est utilisé par le magistrat ou la juridiction qui incarne le pouvoir indépendant et souverain de la Justice, le constat qui se dégage est qu'il s'agit d'une manifestation forte de la volonté du législateur de renforcer[65] le respect des droits de l'homme dans une société démocratique, notamment à travers l'humanisation inconditionnelle de la prise en charge par le service public pénitentiaire des personnes privées de liberté relevant de ses structures. L'humanisation sans réserve de la prise en charge des personnes détenues dans les établissements pénitentiaires est dès lors érigée en principe et

---

[64]Le titre de détention est un écrit visant à constater un acte juridique ou un acte matériel pouvant produire des effets juridiques. Il est émis exclusivement par une autorité judiciaire. Lire : Gérard Cornu, in *Vocabulaire juridique*, Paris, PUF, 2004, pp.904-905. En effet, la distinction de sens entre la nouvelle et l'ancienne notion juridique utilisée pour désigner ces actes permet de cerner l'esprit de la nouvelle orientation philosophique introduit en droit pénal au Cameroun.

[65]Rogatien Tejiozem, « La détention préventive et les droits de l'homme au Cameroun », in Jean Didier Boukongou (sous la direction de), *Humanité et liberté en Afrique centrale, tome I* PUCAC, Yaoundé, février 2009, pp. 163-173. Lire les dispositions des textes internationaux ci-après : Le pacte international relatif aux droits civils et politiques (art. 10) ; Les principes fondamentaux relatifs au traitement des détenus (ppe 1) ; L'ensemble des principes pour la protection de toutes les personnes soumises à une forme quelconque de détention ou d'emprisonnement (ppe 1) ; La charte africaine des droits de l'homme et des peuples (art. 5)

constitue un enjeu majeur n'épargnant aucun système carcéral dans le monde.

Nelson Mandela, l'un des plus célèbres détenus politiques au monde à la fin du XXe siècle et devenu par la suite chef d'État, s'est prononcé sur ce principe sacro-saint dont le respect par tous devrait contribuer à placer la gestion des établissements pénitentiaires dans un contexte éthique[66]. Car les personnes détenues sont et demeurent des êtres humains, quelles que soient les atrocités qui leur sont reprochées ou qu'elles aient commises. Et la juridiction pénale qui décide de leur privation de liberté dans un établissement pénitentiaire ne leur enlevant pas leur humanité, l'administration pénitentiaire ne doit en aucun cas et circonstance leur infliger des sanctions supplémentaires en les traitant comme des êtres vidés de toute valeur hominisante.

Les personnes détenues ou incarcérées conservent tous leurs droits en tant qu'êtres humains, à *l'exception de ceux qu'elles ont perdus en conséquence de la privation de liberté. L'autorité pénitentiaire et le personnel pénitentiaire doivent comprendre clairement les implications de ce principe*[67].

Dans ce sillage, la volonté du législateur camerounais semble selon la perception que nous en avons, induire clairement dans un cas comme dans l'autre, la prise en compte du principe de la présomption d'innocence et de l'amendement et ce faisant, se préoccuper de relever l'image que la société en général et l'A.P en particulier doivent avoir des personnes faisant l'objet soit d'un mandat de détention provisoire soit d'un jugement emportant une condamnation devenue définitive. À juste titre, si l'un doit être traité comme un coupable, l'autre doit être traité, non comme un coupable en devenir, mais plutôt, comme un innocent qui doit impérativement prouver sa non-culpabilité devant un tribunal impartial et indépendant[68].

---

[66]`` *Toute personne privée de liberté est traitée avec humanité et avec le respect de la dignité inhérente à la personne humaine* ``. (Art. 10 : Pacte international relatif aux droits civils et politiques. ``*Tous les détenus sont traités avec le respect dû à la dignité et à la valeur inhérente à l'être humain* ``. (Principe 1 : Principes fondamentaux relatifs au traitement des détenus). ``*Toute personne soumise à une forme quelconque de détention ou d'emprisonnement est traitée avec humanité et avec le respect de la dignité inhérente à la personne humaine* ``. (Principe 1 : Ensemble de principes pour la protection de toutes les personnes soumises à une forme quelconque de détention ou d'emprisonnement). ``*Tout individu a droit au respect de la dignité inhérente à la personne humaine et* à *la reconnaissance de sa personnalité juridique*``. (Art. 5 : La Charte africaine des droits de l'homme et des peuples).

[67] Andrew Coyle, op cit., p.32.

[68]Cf. Principes directeurs applicables au rôle des magistrats du parquet (1990) ; Principes fondamentaux relatifs à l'indépendance de la magistrature (résolutions n^0 40/32 du 20/11/1985 et 40/146 du 13/12/1985 de l'Assemblée générale des N.U).

En définitive, en approfondissant l'analyse, relevons que le recours à l'expression « mandat de justice » en substitution de celle « titre de détention » tiendrait en ce que celui-ci met en évidence les relations de collaboration d'une part et l'idée de la parfaite division du travail au sein de la chaîne pénale d'autre part, où le magistrat joue le rôle de régulateur principal, à côté d'autres acteurs considérés comme ses auxiliaires. À l'inverse, le « titre de détention » fait penser à un document qui véhicule la vision d'une absence d'imputabilité de la responsabilité de la prestation produite lors de la procédure pénale par ses acteurs et, par conséquent, il met en relief l'absence de l'idée de l'auxiliariat.

§3 : *On note par ailleurs la substitution de la locution « détention préventive[69] » par celle « détention provisoire[70] ». Il y a une différence importante entre ces deux concepts.*

Absolument ! Il y a une différence fondamentale entre les deux expressions. Ici comme ailleurs, la détention préventive qui a même été considérée par certains comme un pré-jugement, a toujours laissé la désagréable impression que la victime subissait l'équivalent d'une peine alors qu'elle n'avait pas encore été jugée et même, selon les cas, pouvait être acquittée après le jugement.

Le législateur camerounais a réglé ce problème à sa manière en introduisant la détention provisoire dans l'article 218 du CPP. Il a surtout d'une part affirmé le caractère exceptionnel de cette mesure, il a déterminé d'autre part avec précision et rigidité ses objectifs, et enfin, a fixé les conditions dans lesquelles elle pouvait être ordonnée.

Par cette nouvelle formulation, le législateur a voulu affirmer que la liberté étant désormais la règle ou le principe[71], elle ne pouvait plus

---

[69]La détention préventive est un état juridique de privation de liberté qui s'inscrit dans une toute autre philosophie pénale se situant aux antipodes de l'État de droit, en ce sens qu'il tend à faire de la privation de liberté la règle et la liberté l'exception. Cette philosophie pénale a prévalu sous l'empire du CIC et CPO, elle a conduit à assimiler pendant cette période les PR selon une idée largement répandue, en « machine » à émettre les mandats de dépôt, c'est-à-dire de privation de liberté.

[70]La détention provisoire renvoie à l'incarcération dans un établissement pénitentiaire en vertu d'un mandat de justice décerné contre un individu inculpé pour crime ou délit, avant le prononcé du jugement. En effet, la détention provisoire a remplacé la détention préventive, en ce sens que la détention (le fait de priver un individu de la possibilité d'aller et venir) est devenue l'exception, et la liberté (le pouvoir de se mouvoir sans entrave ni surveillance et contrôle des autorités relevant du système de justice pénale) est devenue la règle. Il s'agit là d'une grande rupture du point de vue de la philosophie pénale et pénitentiaire actuellement en vigueur.

[71]André Lalande, in *Vocabulaire technique et critique de la philosophie*, Paris, 2010 (coll. Quadrige Dicos poche), pp. 827-830. Du latin *principium*, le principe désigne du point de vue de la logique, toute proposition posée au début d'une déduction, ne se déduisant elle-même d'aucune autre dans le système considéré, et par suite mise jusqu'à nouvel ordre, en dehors de

s'accommoder du provisoire. C'est pour cela, par ailleurs aussi, qu'on n'associe plus les deux concepts de « liberté » et « provisoire ». En revanche, c'est la « détention » entendue comme privation de liberté qui est désormais associée à « provisoire » parce qu'elle devient, alors et seulement alors, l'exception[72].

L'innovation du CPP portée par l'article 218 devrait provoquer un ajustement de l'A.P par la catégorisation stricte des personnes détenues à travers les différents établissements pénitentiaires destinés à les accueillir, dans le but dès l'abord de préserver l'équité et la justice dans l'exécution de la mesure et de la sanction pénale dont elles font l'objet. À titre d'exemple, en Russie pour distinguer les délinquants primaires des grands délinquants et ceux-ci des criminels, il existe deux types d'établissements pénitentiaires. Les « colonies pénales » (1) sont réservées aux délinquants primaires, aux personnes condamnées à de courtes peines et à celles en attente de jugement ; tandis que les grands délinquants et criminels séjournent dans les « prisons » (2) proprement dites, présentant un plus haut niveau de sécurité que la catégorie précédente. Parallèlement, aux États-Unis, les *Jail/Prisons* (1) sont chargés soit de recevoir les personnes en attente de jugement et comparaissant devant des tribunaux compétents pour juger les délits soit celles condamnées à des peines de courte durée ; alors que les *Correctional institutions* (2) reçoivent uniquement les délinquants et les criminels condamnées soit aux peines moyennes soit longues ou très longues en fonction du niveau de sécurité requis par chacune de ces catégories de personnes détenues.

Cette catégorisation permet de garantir les droits reconnus à toutes ces personnes prises par l'étau de la justice pénale, à chaque étape du circuit judiciaire dont le point culminant est parfois, le détour court ou long dans

---

toute discussion. Ainsi, Lalande démontre qu'on appelle « principe » d'une science l'ensemble des propositions directrices, caractéristiques, auxquelles tout le développement ultérieur doit être subordonné. Principe et principal éveillent surtout l'idée de ce qui est premier en importance, et dans l'ordre de l'assentiment, de ce qui est « fondamental ». Poincaré dans *La valeur de la science* soutient que : « quand une loi a reçu une affirmation suffisante de l'expérience…, on peut l'ériger en principe, en adoptant des conventions telles que la proposition soit certainement vraie. Pour cela, on procède toujours de la même manière, etc. ». De cela, il y a lieu de retenir que la règle ou encore le principe représente la valeur à promouvoir tandis que l'exception renvoie à ce qui est marginal. La liberté est donc une valeur à promouvoir au sein d'une société/État de droit, tandis que la détention même provisoire constitue une exception, c'est-à-dire une situation marginale n'intervenant qu'en cas de force majeure laissée à la libre appréciation du JI et du PR, comme recommandé par le CPP.

[72]Jean Pinatel, in *Philosophie carcérale*, cité par Martine Herzog-Evans, in *La gestion du comportement du détenu (essai de droit pénitentiaire)*. Elle explique parlant du passage de la prison à châtiments corporels ayant existé auparavant, à la prison punitive engendrée par la Révolution française de 1789 ce qui suit : « La liberté, étant le bien souverain qui soulevait l'enthousiasme populaire, il était logique qu'en sa privation résidât la pénalité par excellence ».

l'univers pénitentiaire. Les droits reconnus aux délinquants et criminels, en attente de jugement ou condamnés, sont des normes acceptées par la communauté internationale sous l'égide des Nations unies et inspirées de la Déclaration universelle des droits de l'homme de 1948. Ces normes sont contenues dans des traités faisant office d'instruments[73] juridiques internationaux ou régionaux et constituent de ce fait la boussole opérationnelle du personnel de l'A.P., si tant est qu'ils contiennent des références pertinentes concernant le respect des droits de l'homme en milieu carcéral et l'humanisation des conditions de détention.

§4 : *À la lumière de cet éclairage, il coule de source à l'esprit qu'il n'est plus question d'une simple substitution de concepts.*

Assurément. Il ne s'agit donc pas ici d'une simple substitution de concepts. Nous assistons à un changement déterminant de la philosophie carcérale ou simplement de la détention carcérale, lequel changement s'inscrit en droite ligne dans la volonté de la puissance publique d'assurer la protection et la promotion des droits de la personne humaine dans la société, y compris celle privée de liberté, condition sine qua non de l'émergence d'un État de droit, qui permette le développement optimal de la démocratie et des libertés publiques et individuelles au Cameroun.

§5 : *Le CPP ne fait pas mention des actes emportant privation de liberté émis soit par les autorités administratives soit par les magistrats militaires lors des procédures judiciaires engagées contre les délinquants et criminels. Cette omission n'est pas fortuite.*

---

[73] 1- Le pacte international relatif aux droits civils et politiques (1976) ;

2- Le pacte international relatif aux droits économiques, sociaux et culturels (1976) ;

3- l'Ensemble des règles minima pour le traitement des détenus/Règles de Nelson Mandela (1957) ;

4- l'Ensemble de principes pour la protection de toutes les personnes soumises à une forme quelconque de détention ou d'emprisonnement (1988) ;

5- Les principes fondamentaux relatifs au traitement des détenus (1990) ;

6- l'Ensemble des règles minima des Nations unies concernant l'administration de la justice pour mineurs (1985) ;

7- le Code de conduite pour les responsables de l'application des lois (1979) ;

8- les principes d'éthique médicale applicables au rôle du personnel de santé, en particulier des médecins, dans la protection des prisonniers et des détenus contre la torture et autres peines ou traitements cruels, inhumains ou dégradants (1982) ;

9- Les principes de base sur le recours à la force et l'utilisation des armes à feu par les responsables de l'application des lois (1990) ;

10- la Convention pour la protection des droits de l'homme et des libertés fondamentales (1953) ;

11- la Convention européenne pour la prévention de la torture et des peines ou des traitements cruels, inhumains ou dégradants (1989) ;

12- les règles pénitentiaires européennes (1987) ;

13- la Convention américaine sur les droits de l'homme (1978) ;

14- la Charte africaine des droits de l'homme et des Peuples (1986).

C'est vrai, elle ne saurait être fortuite. Tout d'abord, situons préalablement l'administration pénitentiaire camerounaise dans la chaîne de sauvegarde de l'ordre public, en référence à ce qui se passe dans les systèmes institutionnels démocratiques, avant de faire le commentaire qu'inspire le paragraphe ci-dessus. En effet, en vertu du décret n° 2010/365 du 29 novembre 2010 portant statut spécial du corps des fonctionnaires de l'administration pénitentiaire, ce corps participe au fonctionnement de chacun des maillons de la chaîne de sauvegarde de l'ordre public, animée en l'occurrence par l'autorité administrative, l'autorité judiciaire civile, enfin et non des moindres, par l'autorité judiciaire militaire. C'est dire en clair que l'administration pénitentiaire, aux termes du décret cité plus tôt, se situe incontestablement au confluent des trois protagonistes évoqués, participant à l'animation de la chaîne de sauvegarde de l'ordre public. À ce titre, il y a donc lieu d'admettre que ce corps concourt à l'accomplissement pour le cas d'espèce de trois types de missions : mission administrative, mission de justice civile et mission de justice militaire.

Parallèlement, relevons que les ordres de garde à vue décernés dans les cas d'espèce évoqués dans le paragraphe qui précèdent obéissent à d'autres règles. Les autorités administratives[74], à savoir : le gouverneur et le préfet, à l'exception du sous-préfet, peuvent décerner les OGV pour prévenir ou réprimer dans leurs circonscriptions territoriales de compétence les atteintes à l'ordre public, à la sécurité des biens et des personnes. À cet effet, le décret du 12 novembre 2008 dispose en son article 10 que :

(1) Le gouverneur dispose :

- *des forces de police, de gendarmerie et de l'armée dans le cadre des lois et règlements fixant les modalités d'emploi de ces forces ;*
- *de tous les pouvoirs qui lui sont attribués par les lois et règlements.*

(2) Il peut, en outre, en cas d'atteinte à la sûreté intérieure ou extérieure de l'État ou à l'ordre public, accomplir personnellement, ou requérir tout agent ou toute autorité compétente d'accomplir tous les actes nécessaires à l'effet de constater les crimes et les délits, et d'en délivrer les auteurs aux tribunaux, dans les formes et délais impartis par les textes en vigueur.

En substance, il importe de souligner que l'intervention de l'autorité administrative dans la procédure judiciaire diffère suivant les cas de figure prévus par le cadre légal. Ceux-ci sont de deux ordres : le premier encadre la période de paix[75] et le second encadre la période de crise encore appelée

---

[74] Lire le décret n° 2008/377 du 12 novembre 2008 fixant les attributions des chefs des circonscriptions administratives et portant organisation et fonctionnement de leurs services.
[75] Idem.

circonstances exceptionnelles[76]. Dans l'un comme dans l'autre cas de figure, le but recherché est le même : prévenir les troubles à l'ordre public ou bien rétablir l'ordre public au cas où il aurait été troublé. Cependant dans le dernier cas, c'est-à-dire pendant les circonstances exceptionnelles, les moyens mis en œuvre ainsi que les pouvoirs dévolus à l'autorité administrative connaissent une excroissance conséquente. C'est dans l'optique de cette analyse que la loi dispose d'évidence ce qui suit :

> *(...) dans l'exercice de leurs fonctions, gouverneurs et préfets agissant sous l'autorité du procureur général peuvent effectuer les actes nécessaires à la recherche des preuves et ceci dans les formes et délais impartis par les textes en vigueur. L'article 34 de l'ordonnance n° 72/5 leur fait obligation de transmettre dans les 48 heures suivant la constatation des faits les PV au ministre chargé de la Défense et au commissaire du gouvernement près le TM*[77].

Par ailleurs, les magistrats relevant des tribunaux militaires[78] peuvent également décerner des OGV, pour mettre sous les verrous des militaires, des auteurs ou coauteurs et des complices civils ayant commis des infractions purement militaires prévues par le Code de justice militaire. Il s'agit en fait ici des infractions commises à l'aide d'armes à feu ou de guerre, et celles commises à l'intérieur des enceintes militaires ou dans une partie du territoire en proie à une crise sociale ou politique, et soumise à un régime de restriction des libertés publiques (état d'urgence, état d'exception).

Il y a lieu de mentionner que les OGV émis par les autorités administratives d'une part et, les magistrats des juridictions militaires d'autre part, doivent impérativement être transformés avant l'expiration de leur validité, à la diligence de leurs auteurs, par le PR ou le JI en mandat de détention provisoire, suivant la gravité des faits imputés aux délinquants et/ou criminels présumés. Dans l'une comme dans l'autre situation, en vertu de l'art.584 et suiv. relatifs à *l'Habeas corpus*[79], si les autorités ayant décerné les OGV ne se conforment pas aux prescriptions du CPP relatives notamment au respect inconditionnel de la durée légale de la détention, la

---

[76] Idem.

[77] Spener Yawaga, in *La police judiciaire au Cameroun*, préface du Pr. Paul-Gérard Pougoue, Yaoundé, PUA, (coll. *Vade-mecum*), 2009, p.44

[78]Lire l'ordonnance n° 72-5 du 26 août 1972 portant organisation judiciaire militaire, modifiée par les lois n °74/4 du 16 juillet 1974 ; 87/9 du 15 juillet 1987 et 90/48 du 19 décembre 1990 et 97-8 du 10 janvier 1997.

[79]Expression latine signifiant « soit maître de ton corps ». Autrement dit, la personne humaine, citoyenne et citoyen d'un État, est par conséquent sujet et objet de droit. Elle doit individuellement œuvrer par les moyens de droit, pour que cette exigence soit respectée, partout où elle se trouve.

personne détenue est en droit de saisir le président du TGI du lieu de son arrestation ou de sa détention, pour obtenir sa libération immédiate.

Le régisseur de prison doit donc être particulièrement regardant sur des cas de cette nature, qui violent fondamentalement l'esprit du CPP en maintenant en détention dans l'établissement pénitentiaire dont il a la charge, les personnes qui ne devraient légalement plus s'y trouver. En travaillant en collaboration étroite avec les autorités judiciaires civiles et militaires ainsi qu'administratives de son ressort, par le fait qu'ils portent systématiquement, entre autres, à leur connaissance, les requêtes des personnes qui se plaignent d'être détenues illégalement dans le pénitencier dont il a la charge, il contribue à son niveau et à sa manière, conformément à l'esprit du législateur traduit dans le CPP, à ériger la détention en exception et la liberté en règle.

Cette vigilance permettra également au directeur de l'établissement pénitentiaire de rendre compte régulièrement à sa hiérarchie du volume des effectifs de la population carcérale dont il a la charge ainsi que le temps mis[80] par les procédures concernant les personnes en détention provisoire avant leur condamnation ; celles relevant soit des juridictions militaires soit des juridictions civiles et même celles faisant l'objet de la garde à vue administrative. Au préalable, il devra faire part régulièrement dans une logique de cordiale collaboration avec les acteurs locaux (magistrats du Parquet et du Siège, autorités administratives du ressort dont il relève) des mandats et ordres emportant privation de liberté contre les malfaiteurs présumés ou avérés, de toutes les situations susceptibles de dégénérer en contentieux dans l'établissement pénitentiaire dont la gestion lui est confiée.

III. Champs de compétences des acteurs de l'appareil judiciaire habilités à émettre des mandats de justice destinés à ceux des appareils pénitentiaires et de la police judiciaire

III.1. Que dit la loi ?

ARTICLE 12 : (1) Le procureur de la République peut décerner :

(a) des mandats de comparution, d'amener, de perquisition et d'extraction ;

(b) des mandats de détention provisoire en cas de flagrant délit.

[80]L'effectif numérique des détenus relevant du TM est, sur le plan global, marginal au Cameroun. Toutefois, il se trouve paradoxalement que les détenus comparaissant devant ces juridictions spéciales passent plus de temps en détention sans jugement que leurs collègues comparaissant devant les juridictions de droit commun. Il me semble qu'il conviendrait, dans une logique de parallélisme de traitement des justiciables, de limiter dans le temps également les ordres de garde à vue émis par les magistrats militaires.

(2) Le juge d'instruction peut décerner le mandat de comparution, d'amener, de perquisition, d'arrêt, de détention provisoire et d'extraction.

(3) La juridiction de jugement peut décerner le mandat de comparution, d'amener, de perquisition, d'arrêt, de détention provisoire, d'incarcération et d'extraction.

ARTICLE 15 : Le mandat de détention provisoire est l'ordre donné par le procureur de la République en cas de crime ou délit flagrant, le juge d'instruction ou la juridiction de jugement, au régisseur d'une prison, de recevoir et de détenir l'inculpé ou l'accusé. Il est régi par les dispositions des articles 218 à 221.

ARTICLE 17 : Le mandat d'extraction est l'ordre donné au régisseur d'une prison, par l'une des autorités judiciaires visées à l'article 12, de faire conduire, soit devant elle, soit à l'audience, un inculpé, un prévenu, un accusé ou un condamné.

III.2. Commentaire

§6 : Au terme de l'énumération des différents mandats de justice, on constate dès l'abord que la nouvelle loi se démarque nettement de l'ancienne. Dans ce sillage, il importe de savoir sur quoi repose la différence entre le mandat de détention provisoire actuel et le mandat de dépôt d'autrefois, tous délivrés par le procureur de la République.

Les deux mandats sont certes des mesures qui tendent à la privation de liberté, mais ils ne se ressemblent pas. Les effets du mandat de dépôt n'étaient pas limités dans le temps et en cas d'abus, la responsabilité de son signataire ne pouvait être engagée. Il n'en est pas de même pour le mandat de détention provisoire dont la durée est limitée dans le temps par l'article 221[81] du CPP, dont la prorogation est soumise à condition, et le dépassement de sa durée légale peut engager la responsabilité disciplinaire de son auteur.

§7 : *Les mandats de détention provisoire actuels délivrés par le procureur de la République d'une part et par le juge d'instruction d'autre part ne sont pas en reste.*

Évidemment, les mandats de justice énumérés ci-dessus comportent des éléments communs et distincts. Cependant, il nous semble qu'il est intéressant d'élaborer un encadré présentant lesdits mandats ainsi que chaque acteur judiciaire pouvant les émettre au cours de la procédure pénale, tout en mettant en exergue ceux destinés aux acteurs pénitentiaires.

---

[81]Voir infra.

Encadré 1 : Liste exhaustive des mandats de justice émis par les autorités judiciaires pendant le procès pénal.

procureur de la République (1)	juge d'instruction (2)	juge du jugement (3)
- *Mandat de comparution ;* - *Mandat d'amener ;* - *Mandat de perquisition ;* - ***Mandat de détention provisoire ou MDP (1) ;*** - ***Mandat d'extraction ou ME (2).***	- *Mandat de comparution ;* - *Mandat d'amener ;* - *Mandat de perquisition ;* - ***Mandat d'arrêt ou MA (1) ;*** - ***Mandat de détention provisoire ou MDP (2) ;*** - ***Mandat d'extraction ou ME (3).***	- *Mandat de comparution ;* - *Mandat d'amener ;* - *Mandat de perquisition ;* - ***Mandat d'arrêt ou MA (1) ;*** - ***Mandat de détention provisoire ou MDP (2) ;*** - ***Mandat d'incarcération ou MI (3) ;*** - ***Mandat d'extraction ou ME (4).***

Source : l'auteur

Commentaire : Les mandats de justice ci-dessus sont destinés à différents acteurs de la chaîne pénale. Ainsi, seuls ceux en gras suivis d'un chiffre dans chaque case sont destinés aux responsables de l'A.P. conformément au CPP.

IV. Description du contenu informatif des mandats de justice et illustrations

IV.1. Que dit la loi ?

ARTCLE 25 : Le mandat d'incarcération est l'ordre donné au régisseur d'une prison par une juridiction de jugement, de recevoir et de détenir un condamné.

ARTICLE 26 : Tout mandat, à l'exception du mandat d'extraction, précise les noms, prénoms, date et lieu de naissance, filiation, profession et adresse de la personne concernée ; il est daté et signé par le magistrat l'ayant décerné, et est revêtu de son sceau. Le mandat d'extraction ne peut contenir que les noms et prénoms de la personne concernée, ainsi que la prison où elle est incarcérée.

IV.2. Commentaire

§8 : *Il apparaît tout aussi important d'expliquer les différences entre le mandat d'extraction actuel et l'ordre d'extraction d'autrefois, tous délivrés par le procureur de la République d'une part ; le mandat d'incarcération actuel et l'ordre d'incarcération d'antan délivrés par le tribunal d'autre part.*

Le mandat d'extraction et l'ordre d'extraction d'une part, le mandat d'incarcération et l'ordre d'incarcération d'autre part, visent chacun en ce qui le concerne, le même objet. La différence réside dans le formalisme qui accompagne ces actes. Autant la forme écrite et libre propre à chaque acte de l'administration de la Justice suffit pour un ordre d'extraction ou d'incarcération, autant il n'en est pas de même pour les mandats du même nom. En conséquence, la forme du mandat d'incarcération est déterminée par l'article 26 du CPP et est rigide, alors qu'elle est plus allégée pour le mandat d'extraction. C'est donc le lieu de conclure qu'il ne saurait y avoir entre ces documents qu'une différence de degré, mais de nature.

***§ 9 :** On observe que le procureur de la République, le juge d'instruction et le Tribunal sont habilités à décerner différents types de mandats destinés pour exécution aux responsables[82] des établissements pénitentiaires. La différence entre le mandat d'extraction et le mandat de détention provisoire délivrés par le procureur de la République, le juge d'instruction et le Tribunal ne coule pas de source.*

Quelle que soit l'autorité qui les décerne, le mandat de détention provisoire d'une part, et le mandat d'extraction d'autre part visent un seul et même but : loger un délinquant et/ou un criminel réel ou présumé dans un établissement pénitentiaire dans le premier cas, et l'en sortir dans le second cas, sous escorte, pendant une durée limitée, en vue de l'exécution d'une diligence judiciaire précise. Il convient de reconnaître que c'est dans le cadre de l'accomplissement de cette activité délicate que les personnels de l'A.P. rencontrent le plus d'ennuis professionnels avec les magistrats du Parquet et du Siège responsables de l'instruction ou de l'information,

[82]Suivant une nomenclature liée à l'organisation administrative, on distingue au Cameroun trois catégories de prisons : les prisons centrales, les prisons principales et les prisons secondaires. La première catégorie est implantée dans chaque chef-lieu de région ; la seconde et la dernière sont implantées respectivement et en principe dans les chefs-lieux de département et d'arrondissement. Tous ces établissements pénitentiaires ont à leur tête un chef appelé régisseur de prison. Il est assisté de deux chefs de service dans le cas de la première catégorie ; d'un adjoint dans le cas de la seconde et de quatre chefs de bureaux dans le cas de la dernière catégorie. Cf. le décret n° 92/052 du 27 mars 1992 portant régime pénitentiaire au Cameroun.

pouvant conduire à des poursuites judiciaires[83], du fait des évasions de détenus dont ils sont victimes et parfois complices. Celles-ci surviennent soit lors du trajet reliant la prison aux juridictions dans le meilleur des cas, et dans le pire des cas, loin de l'itinéraire reconnu, parfois lors des extractions des détenus à l'insu du parquet ou du juge d'instruction.

En effet, les sanctions encourues par les personnels déviants sont très graves, surtout lorsque les circonstances des évasions permettent d'entrevoir des soupçons de complicité entre les éléments d'escorte, le responsable ayant autorisé l'extraction irrégulière et les détenus évadés. En tout état de cause, le personnel de l'Administration pénitentiaire doit savoir que les délinquants et/ou criminels en détention provisoire doivent être placés sous un régime d'escorte serrée lors de toute extraction pour les raisons judiciaire, médicale ou sociale. De ce fait, ni les apparences ni les arguments invoqués par le détenu à escorter et même quelques rares fois, ceux émanant des supérieurs hiérarchiques ne doivent provoquer un relâchement de vigilance à l'égard du détenu. La section 2 du CPP en son article 347 dispose clairement que l'escorte du prévenu doit se faire par l'usage des menottes. Celles-ci ne doivent être démontées que dans la salle d'audience, au moment où celui-ci comparaît devant l'autorité judiciaire et, par extension, devant le médecin pendant la consultation ou le traitement.

La rigueur à observer pendant l'escorte doit également être de mise en ce qui concerne la destination annoncée au moment de l'extraction du détenu et qui figure sur l'ordre d'extraction ou l'autorisation de sortie[84]. Cette vigilance professionnelle empêcherait les personnels pénitentiaires de tomber sous le coup des manquements aux obligations de service, qualifiées

---

[83]Entre les années 2010 et 2011, on avait recensé pour le seul cas de la prison centrale de Yaoundé, une dizaine de personnels de l'A.P. qui étaient placés soit en détention provisoire, soit qui comparaissaient libres dans des procédures judiciaires liées à l'évasion en cours d'escorte d'un ou de plusieurs détenus, soit qui exécutaient une condamnation pour ce motif. Cette statistique montre à suffisance que la côte d'alerte avait été atteinte. Cette situation est-elle la résultante d'une conjoncture politico-judiciaire défavorable ou d'un retour difficile des mentalités à l'orthodoxie ? Dans tous les cas, ce dont nous sommes le plus sûr, c'est qu'il y a nécessité d'inscrire la question des sorties de détenus, sans ou sous escorte pénitentiaire, dans un programme de sensibilisation de tous les acteurs concernés. Celui-ci devrait être adossé à l'avènement d'un cadre juridique plus efficace, c'est-à-dire en conformité avec les enjeux actuels et futurs de cette problématique tant en ce qui concerne les acteurs qui participent à l'animation du service public pénitentiaire que de ceux des juridictions pénales.

[84] Le cas le plus récent ayant mis le personnel pénitentiaire dans l'embarras ainsi que le détenu escorté est survenu à Yaoundé en 2012. Il fait l'objet d'une polémique qui est loin de s'achever. Extrait pour une consultation chez le dentiste, un détenu sous escorte des éléments pénitentiaires commandés par un officier s'est retrouvé à son domicile. Le détenu, l'intendant principal de prison et les gardiens de prison interpellés par la DGRE, ont été par la suite poursuivis, ensuite condamnés à des peines privatives de liberté, puis révoqués de la fonction publique : le premier pour tentative d'évasion et les seconds pour détournement du lieu d'escorte.

en l'espèce, de détournement ou complicité de détournement de détenu de son lieu d'escorte. Cette catégorisation n'est pas à confondre à celle dite de manquement aux consignes, qualifiées dans ce cas de figure, de négligence ayant entraîné l'évasion d'un détenu ou de complicité d'évasion. Tout personnel de l'A.P., auteur avéré d'une faute relevant de l'une des quatre catégories[85] ci-après : manquements aux obligations de service, actes contraires à la discipline, manquements aux consignes et actes contraires à l'éthique professionnelle, à la morale et à l'honneur s'expose *ipso facto* à une sanction administrative (disciplinaire) ou judiciaire (pénale).

C'est donc dire sans ambages que le législateur lui-même a pris le soin d'encadrer l'escorte du détenu pour se prémunir de sa dangerosité et limiter des situations malencontreuses comme l'évasion ou le suicide qui pourraient saper sa représentation physique devant les autorités judiciaires pour répondre en toute responsabilité de ses actes. Cette précaution a une origine très ancienne[86], car elle précède de loin l'avènement de la *prison pénale*[87] dont le passé obscur est rattaché à la notion d'enfermement[88] qui, elle également, est aussi vieille que le monde. Ces précautions sécuritaires prises par le législateur suffisent pour notre part, à justifier la sévérité des autorités judiciaires, lorsque survient en cours d'escorte ou au sein du pénitencier l'évasion d'une personne détenue, fut-elle en attente de jugement ou exécutant déjà sa peine.

Dans cette dynamique, force est de reconnaître que depuis longtemps, le prévenu est perçu, tel que l'énonce une allégorie bien ancrée dans le milieu des professionnels pénitentiaires au Cameroun, comme la « cerise » du procureur de la République. Et, depuis l'avènement du CPP, le procureur de la République partage cette « cerise » avec le juge d'instruction et le juge du jugement, dépendamment des étapes de la procédure judiciaire. Toute action déplacée des personnels pénitentiaires conduisant à soustraire le malfaiteur présumé ou avéré des affres de la Justice est sévèrement sanctionnée. Car la loi impose à toute personne, l'obligation de répondre de ses actes, en se présentant physiquement devant l'autorité judiciaire, et de subir la sanction légalement prévue lorsque sa culpabilité est établie. Ainsi, tout agent de l'Administration pénitentiaire qui favorise directement ou indirectement la

---

[85]Cf. annexe C du décret n° 2010/365 du 29 novembre 2010 portant statut spécial du corps des fonctionnaires de l'A.P. (Répertoire des fautes et des sanctions disciplinaires).

[86]Selon B. Bouloc, in *Pénologie*, 1991, n°16, le recours à la privation de liberté à travers l'enfermement remonte à la haute antiquité. L'histoire nous renseigne que toutes les communautés en ont fait recours, presque pour les mêmes buts.

[87]Cette expression est attribuée à l'un des grands classiques de la théorie pénale et pénitentiaire dans le système latino-germanique, à savoir : Michel Foucault, dans son ouvrage de référence intitulé : *Surveiller et punir, naissance de la prison*, Paris, Gallimard, 1975.

[88]Lire : Le traitement de l'information carcérale dans la presse quotidienne camerounaise, de janvier 2003 à décembre 2004 : le cas de *Cameroon tribune*, *Le messager* et *Mutations*. Mémoire ESSTIC, université de Yaoundé II-Soa, division II, journalisme, 2006.

non-application de la loi, du fait de la disparition de l'auteur présumé ou avéré d'une infraction, s'expose aux sanctions disciplinaires prévues par la réglementation[89] en vigueur, sans préjudice le cas échéant, des poursuites pénales.

D'évidence, l'évasion d'une personne détenue fait partie des manquements graves aux obligations du service imputables au personnel pénitentiaire et ceux-ci l'exposent aux sanctions disciplinaires ou pénales. Car cette évasion trahit la première mission de la prison consistant à sécuriser la société et à apaiser la victime par la mise hors d'état de nuire du malfaiteur ou celui présumé comme tel. Dans une optique apparentée, Lord Justice Woolf dans la conclusion de son rapport commis à la suite de la série d'émeutes graves que les prisons anglaises avaient traversées en 1990, recommandait le maintien d'un équilibre astucieux entre la sécurité, le contrôle et la justice si l'on veut faire fonctionner un système pénitentiaire crédible et fiable. Dans son rapport commis en avril 1990 (Woolf Report) intitulé *Prison disturbances* et paru en 1991, il fit du triptyque sécurité, contrôle et justice les piliers de l'efficacité de la gestion des prisons dans son pays en les termes suivants :

Il existe trois impératifs à respecter si l'on veut que le système pénitentiaire soit stable : la sécurité, le contrôle et la justice. Dans ce contexte, « sécurité » fait référence à l'obligation du service pénitentiaire d'empêcher les détenus de s'évader. « Contrôle » fait référence à l'obligation du service pénitentiaire d'empêcher les détenus d'agir de manière perturbatrice. « Justice » fait référence à l'obligation du service pénitentiaire de traiter les détenus avec humanité et justice et de les préparer à leur reclassement dans la communauté[90].

[89]Cf. annexe C du décret cité ci-dessus. La faute commise est qualifiée de complicité d'évasion et est punie de la révocation (minimum et maximum).
[90] Andrew Coyle, op. cit., p. 64.

Tableau 1 : dénomination légale de différents mandats de justice en vigueur au Cameroun et destinés aux responsables de l'AP ainsi que la qualité des acteurs du système de justice pénale habilités à les servir.

Typologie / Acteurs	**Mandat de détention provisoire (M.D.P.)**	**Mandat d'extraction (M.E.)**	**Mandat d'incarcération (M.I.)**	**Main levée du mandat de détention provisoire (M.L.M.D.P.)**	**Ordonnance de mise en liberté (O.M.L.)**	**Total**
PR	**Oui** (uniquement en cas de flagrant délit)	**Oui** (pour enquête judiciaire)	**Non** (ne relève pas de sa compétence)	**Non** (ne relève pas de sa compétence)	**Non** (ne relève pas de sa compétence).	**02**
JI	**Oui** (à tout moment, surtout lorsque le prévenu ou l'accusé n'offrent pas de garanties suffisantes de leur représentation en justice).	**Oui** (pour information judiciaire)	**Non** (ne relève pas de sa compétence)	**Oui** (à tout moment de droit ou d'office- jusqu'à la clôture de l'information judiciaire.)	**Oui** (À la demande de l'inculpé offrant les garanties de représentations en justice et après réquisitions du PR.)	**04**
Tribunal	**Oui** (À l'audience)	**Oui** (À l'audience)	**Oui** (À l'audience)	**Non** (ne relève pas de sa compétence)	**Non** (ne relève pas de sa compétence)	**03**

Source : l'auteur.

Commentaire : Le *oui* et le *non* représentent le type de mandat de justice que chaque acteur ci-dessus désigné est habilité, dans l'exercice de ses fonctions, à émettre à chaque phase de la procédure pénale, en vertu du CPP en vigueur au Cameroun depuis le 1er janvier 2007.

Tableau 2 : dénomination légale des actes émis par l'autorité administrative et le magistrat militaire à destination des responsables des établissements pénitentiaires.

Typologie d'actes / Acteurs	**Ordre de garde à vue (OGV)** ⇨	**Mandat de détention provisoire (MDP)**	**Ordre d'extraction (OE)**	**Total**
Parquet (**Com.Gov.**)	**Oui** (pour s'assurer de la représentation du prévenu ou de l'accusé en justice ; sécuriser la société et apaiser les victimes)	**Oui** (pour poursuivre la procédure judiciaire dans les délais légaux)	**Oui** (pour l'instruction judiciaire)	**03**
Siège (**JI ; PT**)	**Oui** (à tout moment. Surtout lorsque l'inculpé, le prévenu ou l'accusé n'offrent pas de garanties suffisantes de leur représentation en justice)	**Oui** (pour information judiciaire)	**Oui** (aux fins d'information judiciaire pour le J.I et le jugement pour le P.T)	**03**
Autorités administratives : **Gouverneur, Préfet.**	**Oui** (dans le cadre du maintien de l'ordre public, en vue de s'assurer de la représentation en justice du mis en cause, de sécuriser la société et d'apaiser les victimes)	**Oui** (L'OGV peut être transformé en MDP si l'autorité administrative saisit le parquet dans les délais légaux)	Nota : Dès lors que l'OGV est transformé en MDP le prévenu ou l'accusé présumé sont totalement entre les mains de la Justice pénale régie par les règles de droit commun.	**02**

Source : l'auteur.

Commentaire : Le *oui* et le *non* représentent le type d'actes emportant privation de liberté que chaque acteur ci-dessus désigné est habilité, dans l'exercice de ses fonctions, à émettre pour engager éventuellement une procédure judiciaire conformément au CPP en vigueur au Cameroun depuis le 1er janvier 2007.

Il importe de noter que tout ordre de garde à vue délivré par un magistrat du tribunal militaire ou par une autorité administrative doit impérativement être transformé en mandat de détention provisoire par le parquet des juridictions civiles de céans, dans les délais impartis par le CPP, sous peine d'annulation. Car, le mis en cause peut, à travers la procédure de l'*Habeas corpus*, saisir le président du tribunal de grande instance de son lieu d'incarcération en vue de sa libération immédiate. Cf. art.584 et suiv.

En outre, il y a lieu de relever en substance que la lettre circulaire prise par le ministre de l'Administration territoriale et de la Décentralisation en vue de faciliter la mise en œuvre du CPP, notamment dans le volet spécifique qui le concerne, a circonscrit dans le temps la durée de la garde à vue administrative (10 jours renouvelables une fois). Cette lettre circulaire est soucieuse de traduire dans les faits la volonté des pouvoirs publics d'ériger la liberté du citoyen en principe et la détention en exception. Les autorités administratives compétentes (gouverneur et préfet exclusivement) peuvent placer en garde à vue administrative les personnes dans les conditions et circonstances précisées par la législation et la réglementation en vigueur.

Spécimen 1 : Mandat de détention provisoire émis par le PR

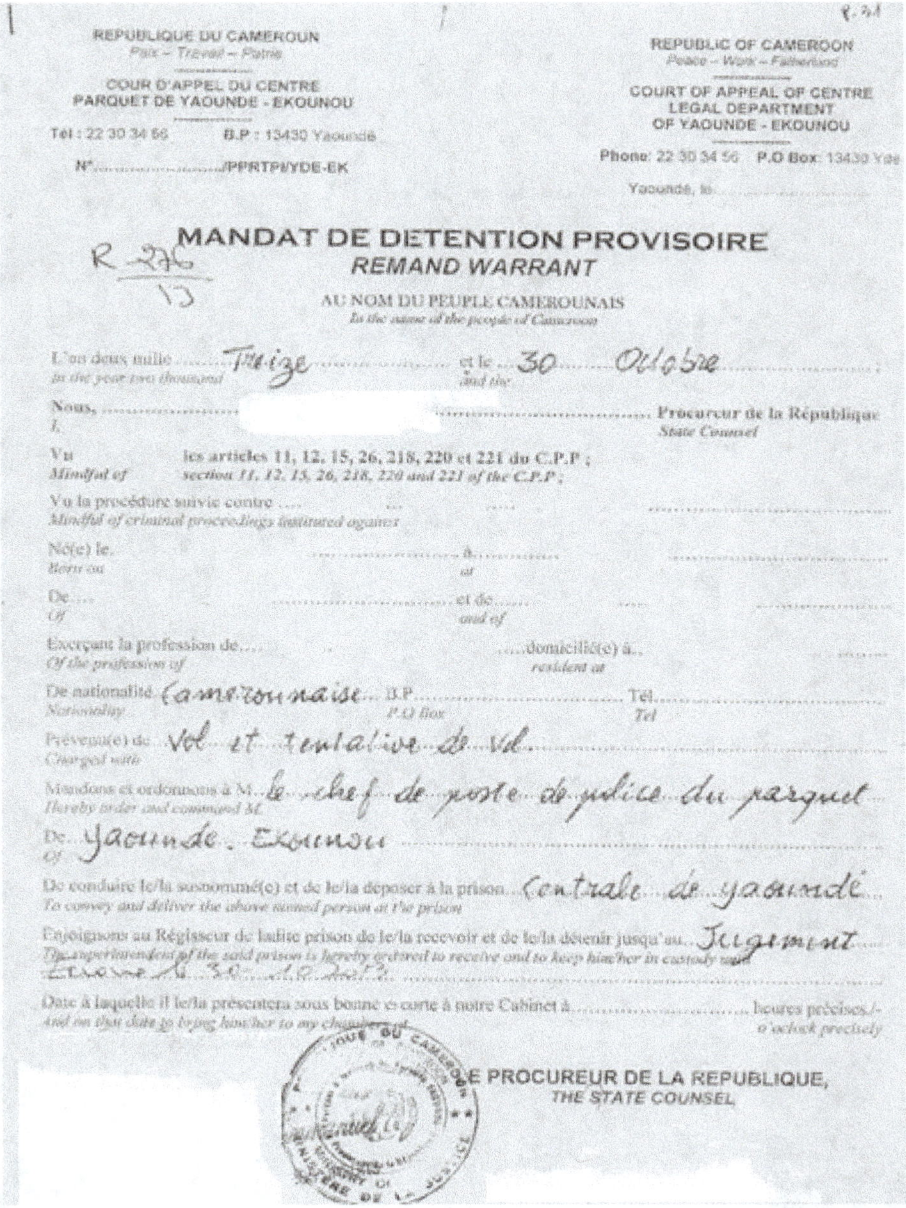
REPUBLIQUE DU CAMEROUN
Paix – Travail – Patrie

COUR D'APPEL DU CENTRE
PARQUET DE YAOUNDE - EKOUNOU

Tel : 22 30 34 56 B.P : 13430 Yaoundé

N°……………………/PPRTPI/YDE-EK

REPUBLIC OF CAMEROON
Peace – Work – Fatherland

COURT OF APPEAL OF CENTRE
LEGAL DEPARTMENT
OF YAOUNDE - EKOUNOU

Phone: 22 30 34 56 P.O Box: 13430 Yde

Yaoundé, le ……………………

R 276/13

MANDAT DE DETENTION PROVISOIRE
REMAND WARRANT

AU NOM DU PEUPLE CAMEROUNAIS
In the name of the people of Cameroon

L'an deux mille …… Treize …… et le …… 30 Octobre ……
In the year two thousand … *and the*

Nous, …………… …………… Procureur de la République
I, … *State Counsel*

Vu les articles 11, 12, 15, 26, 218, 220 et 221 du C.P.P ;
Mindful of section 11, 12, 15, 26, 218, 220 and 221 of the C.P.P ;

Vu la procédure suivie contre ……………
Mindful of criminal proceedings instituted against

Né(e) le …………… à ……………
Born on … *at*

De …………… et de ……………
Of … *and of*

Exerçant la profession de …………… domicilié(e) à ……………
Of the profession of … *resident at*

De nationalité Camerounaise B.P …………… Tél ……………
Nationality … *P.O Box* … *Tel*

Prévenu(e) de Vol et tentative de vol.
Charged with

Mandons et ordonnons à M. le chef de poste de police du parquet
Hereby order and command M.

De Yaoundé - Ekounou
Of

De conduire le/la susnommé(e) et de le/la déposer à la prison … Centrale de Yaoundé
To convey and deliver the above named person at the prison

Enjoignons au Régisseur de ladite prison de le/la recevoir et de le/la détenir jusqu'au … Jugement
The superintendent of the said prison is hereby ordered to receive and to keep him/her in custody until
Ekounou le 30-10-2013

Date à laquelle il le/la présentera sous bonne escorte à notre Cabinet à …………… heures précises./-
And on that date to bring him/her to my chambers at … *o'clock precisely*

LE PROCUREUR DE LA REPUBLIQUE,
THE STATE COUNSEL

Source : Prison centrale Yaoundé.

Spécimen 2 : Mandat de détention provisoire émis par le JI

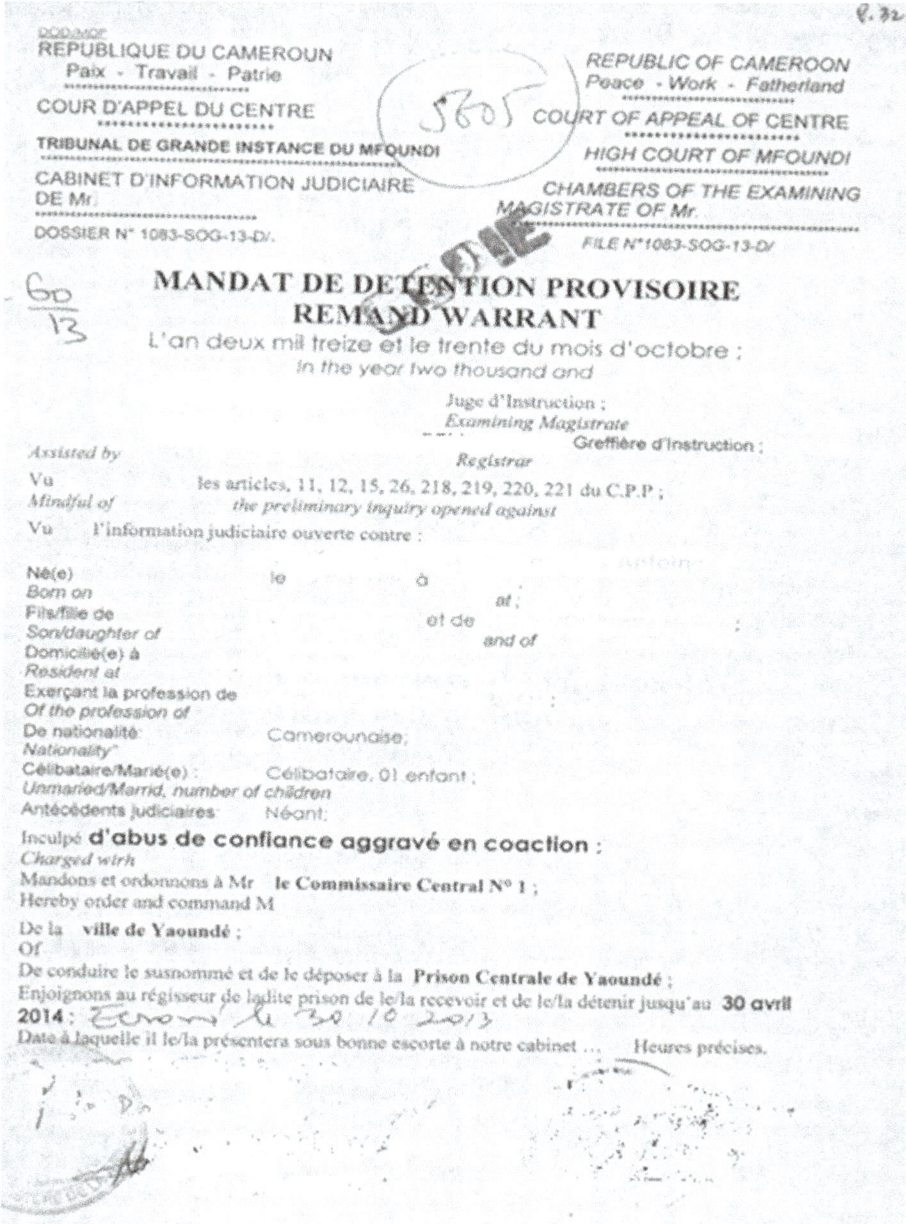

P. 32

REPUBLIQUE DU CAMEROUN
Paix - Travail - Patrie

COUR D'APPEL DU CENTRE

TRIBUNAL DE GRANDE INSTANCE DU MFOUNDI

CABINET D'INFORMATION JUDICIAIRE
DE Mr

DOSSIER N° 1083-SOG-13-D/.

REPUBLIC OF CAMEROON
Peace - Work - Fatherland

COURT OF APPEAL OF CENTRE

HIGH COURT OF MFOUNDI

CHAMBERS OF THE EXAMINING MAGISTRATE OF Mr.

FILE N°1083-SOG-13-D/

5805

COPIE

60
13

MANDAT DE DETENTION PROVISOIRE
REMAND WARRANT

L'an deux mil treize et le trente du mois d'octobre ;
In the year two thousand and

Juge d'Instruction ;
Examining Magistrate

Greffière d'Instruction ;
Assisted by *Registrar*

Vu les articles, 11, 12, 15, 26, 218, 219, 220, 221 du C.P.P ;
Mindful of the preliminary inquiry opened against

Vu l'information judiciaire ouverte contre :

Né(e) le à
Born on *at* ;

Fils/fille de et de ;
Son/daughter of *and of*

Domicilié(e) à
Resident at

Exerçant la profession de ;
Of the profession of

De nationalité Camerounaise;
Nationality

Célibataire/Marié(e) : Célibataire, 01 enfant ;
Unmaried/Marrid, number of children

Antécédents judiciaires Néant;

Inculpé **d'abus de confiance aggravé en coaction** ;
Charged with

Mandons et ordonnons à Mr **le Commissaire Central N° 1** ;
Hereby order and command M

De la **ville de Yaoundé** ;
Of

De conduire le susnommé et de le déposer à la **Prison Centrale de Yaoundé** ;

Enjoignons au régisseur de ladite prison de le/la recevoir et de le/la détenir jusqu'au **30 avril 2014** ; Écroué le 30 10 2013

Date à laquelle il le/la présentera sous bonne escorte à notre cabinet ... Heures précises.

Source : Prison centrale Yaoundé.

Spécimen 3 : Mandat d'extraction émis par le PR

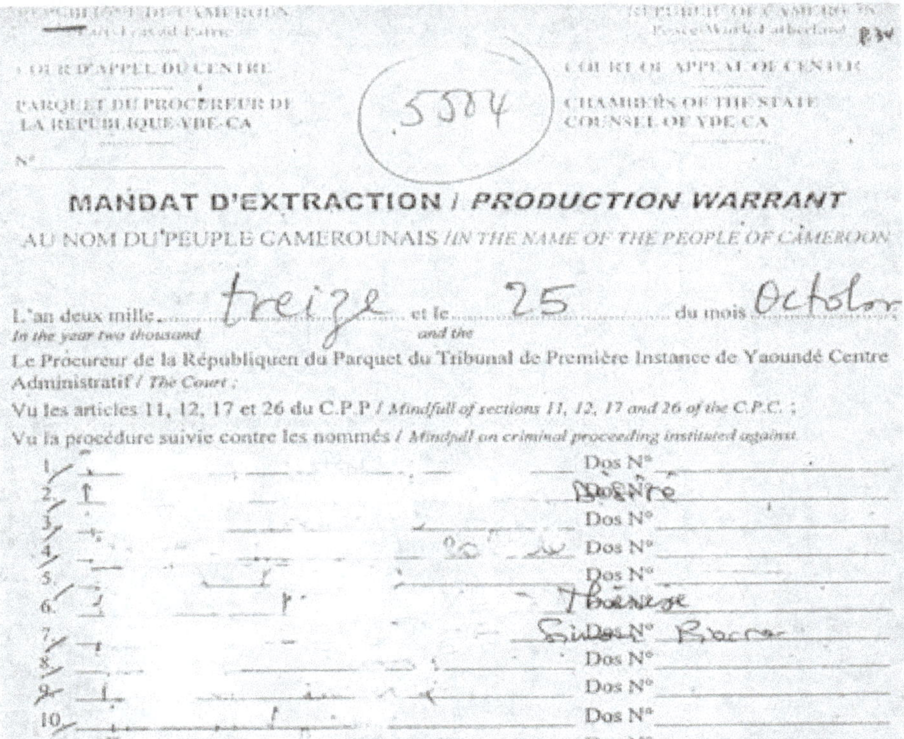

RÉPUBLIQUE DU CAMEROUN
Paix-Travail-Patrie

COUR D'APPEL DU CENTRE

PARQUET DU PROCUREUR DE LA RÉPUBLIQUE-YDE-CA

N°

REPUBLIC OF CAMEROON
Peace-Work-Fatherland

COURT OF APPEAL OF CENTER

CHAMBERS OF THE STATE COUNSEL OF YDE-CA

5584

MANDAT D'EXTRACTION / *PRODUCTION WARRANT*

AU NOM DU PEUPLE CAMEROUNAIS *IN THE NAME OF THE PEOPLE OF CAMEROON*

L'an deux mille treize et le 25 du mois Octobre
In the year two thousand *and the*

Le Procureur de la Républiquen du Parquet du Tribunal de Première Instance de Yaoundé Centre Administratif / *The Court ;*

Vu les articles 11, 12, 17 et 26 du C.P.P / *Mindfull of sections 11, 12, 17 and 26 of the C.P.C. ;*

Vu la procédure suivie contre les nommés / *Mindfull on criminal proceeding instituted against*

1. Dos N°
2.
3. Dos N°
4. Dos N°
5. Dos N°
6.
7.
8. Dos N°
9. Dos N°
10. Dos N°
11. Dos N°
12. Dos N°
13. Dos N°
14. Dos N°
15. Dos N°
16. Dos N°
17. Dos N°
18. Dos N°

Détenus à la Prison Centrale de Yaoundé / *Detained at the main Prison of Yaounde*

Ordonne au Régisseur de ladite Prison de conduire sous bonne escorte les susnommés ;
Hereby orders the superintendent of the said prison to produce them before

Le 28/10/13, à l'effet d'y être

P/ Le Procureur

RÉPUBLIQUE DU CAMEROUN – MINISTÈRE DE LA JUSTICE

Source : Prison centrale Yaoundé.

Spécimen 4 : Mandat d'extraction émis par le JI

REPUBLIQUE DU CAMEROUN **Paix – Travail – Patrie** *********** **COUR D'APPEL DU CENTRE** *********** **TRIBUNAL DE GRANDE INSTANCE DU MFOUNDI** *********** **CABINET D'INSTRUCTION DU JUGE**	**REPUBLIC OF CAMEROUN** **Peace – Work – Fatherland** ********** **COURT OF APPEAL OF CENTRE** *********** **MFOUNDI'S HIGH COURT** *********** **CHAMBERS OF THE EXAMINING MAGISTRATE**

MANDAT D'EXTRACTION

AU NOM DU PEUPLE CAMEROUNAIS

L'an deux mil treize et le trente un du mois d'octobre ;
In the year two thousand and three and the nine of august

Nous, Juge d'Instruction
Vu les articles 11, 12, 17 et 25 du Code de procédure pénale.
Mindful of sections 11, 12, 17 and 25 of the Criminal procedure Code.
Vu la procédure suivie contre :
Mindful of the criminal proceedings instituted against:

Détenus à la Prison Centrale de Kondengui-Yaoundé ;
Ordonnons au Régisseur de ladite Prison de conduire, sous bonne escorte, les susnommés devant le Juge d'Instruction du Tribunal de Grande Instance du Mfoundi, cabinet E de M. le 01 novembre 2013 à 07 heures 30 minutes.

Le Juge d'Instruction

Source : Prison centrale Yaoundé.

Spécimen 5 : Mandat d'extraction émis par le Tribunal

COUR D'APPEL DU CENTRE

TRIBUNAL DE GRANDE INSTNCE

DU MFOUNDI – YAOUNDE

REPUBLIQUE DU CAMEROUN

Paix – Travail- Patrie

YAOUNDE, LE 28 OCT 2013

PRESIDENCE

N° L.30 CAB/PTGI/MF/YDE

LETTRE CONVOCATION

Nous, ………… Magistrat ………… Président du Tribunal de Grande Instance du Mfoundi ;

Vu l'article 18 (2) b de la loi n°2006/015 du 29 Décembre 2006 portant organisation judiciaire ;

Vu les dispositions des articles 584 et suivants du Code de Procédure Pénale, notamment celles de l'article 585 (3) ;

Vu la requête en habeas corpus, ensemble la déclaration sous serment de ……… ………………………………………… ;

Assisté ( ) de Maître ……………………………………………………………………Avocat;

ENJOIGNONS

Au Régisseur de la Prison Centrale de Yaoundé

1°) de conduire à notre Cabinet sis au Palais de Justice de Yaoundé le susnommé (e) à l'audience du………………………23 Octobre 2013……………… à 11 heures ;

2°) de produire à la susdite audience, le titre d'arrestation ou de détention dudit ou desdits détenu (s) ;

Faute de comparution du ( ) susnommé ( ), il sera fait application des dispositions des articles 585 (5) et 586 (1,2) du Code de Procédure Pénal.

LE PRESIDENT DU TRIBUNAL,

Source : Prison centrale Yaoundé.

Spécimen 6 : Mandat d'incarcération pour contrainte par corps

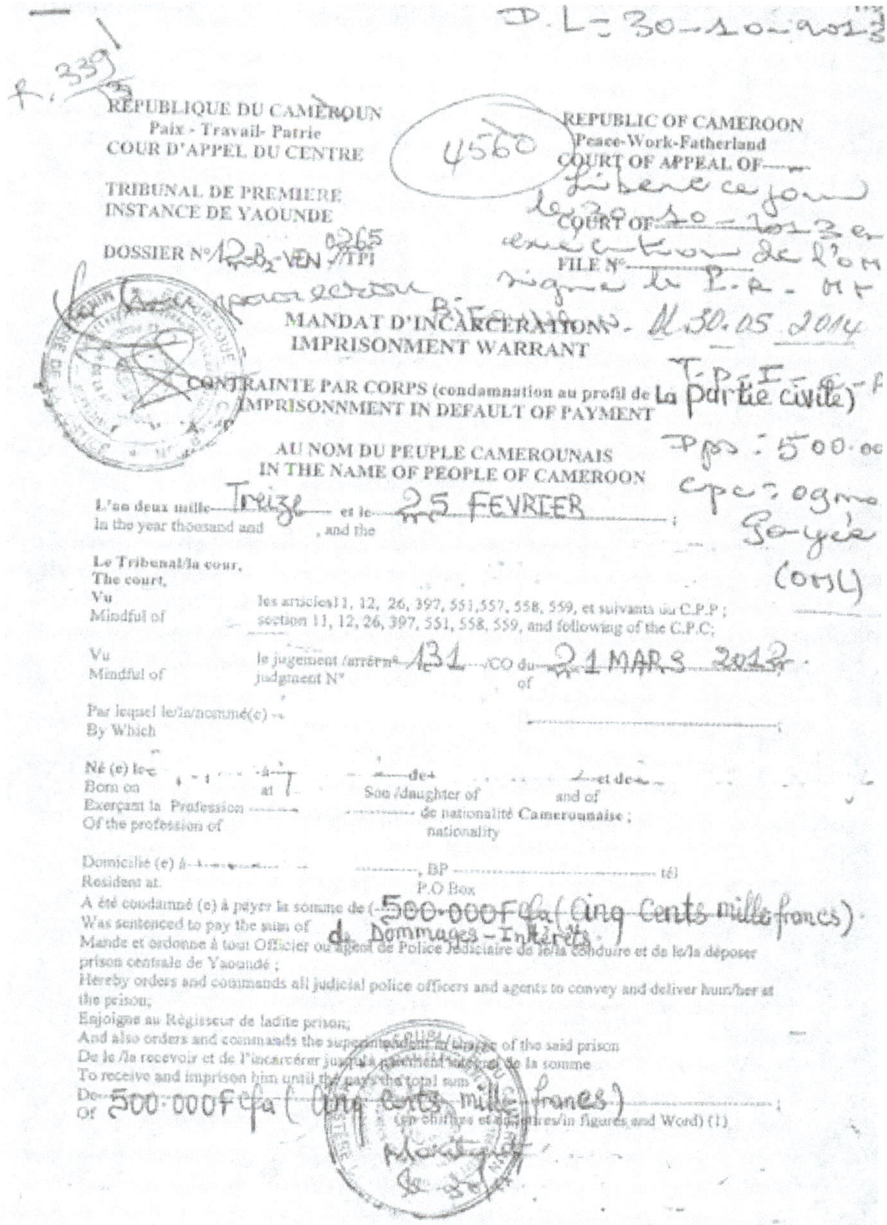

D.L = 30-10-2013

R. 339

RÉPUBLIQUE DU CAMEROUN
Paix - Travail- Patrie
COUR D'APPEL DU CENTRE

4560

REPUBLIC OF CAMEROON
Peace-Work-Fatherland
COURT OF APPEAL OF

TRIBUNAL DE PREMIERE
INSTANCE DE YAOUNDE

COURT OF

DOSSIER N° 1282-VEN 0265/TPI

FILE N°

MANDAT D'INCARCERATION
IMPRISONMENT WARRANT

CONTRAINTE PAR CORPS (condamnation au profit de la partie civile)
IMPRISONNMENT IN DEFAULT OF PAYMENT

AU NOM DU PEUPLE CAMEROUNAIS
IN THE NAME OF PEOPLE OF CAMEROON

L'an deux mille Treize et le 25 FEVRIER ;
In the year thousand and , and the

Le Tribunal/la cour,
The court,

Vu les articles 11, 12, 26, 397, 551, 557, 558, 559, et suivants du C.P.P ;
Mindful of section 11, 12, 26, 397, 551, 558, 559, and following of the C.P.C;

Vu le jugement /arrêt n° 131 /CO du 21 MARS 2012 ;
Mindful of judgment N° of

Par lequel le/la/nommé(e)
By Which

Né (e) le à de et de
Born on at Son /daughter of and of
Exerçant la Profession de nationalité Camerounaise ;
Of the profession of nationality

Domicilié (e) à , BP tél
Resident at. P.O Box

A été condamné (e) à payer la somme de 500.000 Fcfa (Cinq Cents mille francs) de Dommages-Intérêts
Was sentenced to pay the sum of

Mande et ordonne à tout Officier ou agent de Police Judiciaire de le/la conduire et de le/la déposer prison centrale de Yaoundé ;
Hereby orders and commands all judicial police officers and agents to convey and deliver him/her at the prison;
Enjoigne au Régisseur de ladite prison;
And also orders and commands the superintendent in charge of the said prison
De le /la recevoir et de l'incarcérer jusqu'à paiement intégral de la somme
To receive and imprison him until (s)he pays the total sum
De 500.000 Fcfa (Cinq Cents mille francs) ;
Of (en chiffres et en lettres/in figures and Word) (1)

Source : Prison centrale Yaoundé.

Spécimen 7 : Ordre de garde à vue décerné par le commissaire du gouvernement près le tribunal militaire

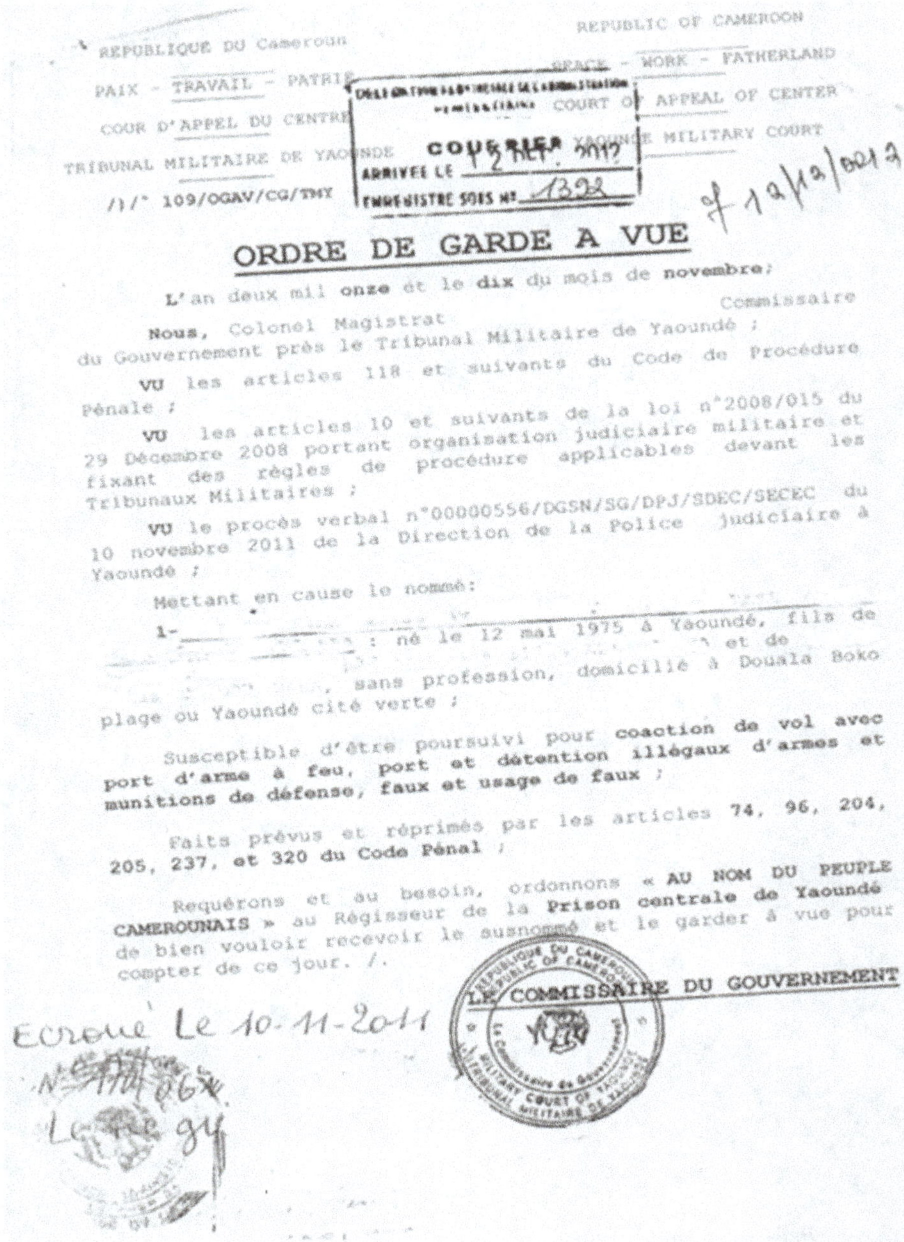

REPUBLIQUE DU Cameroun
PAIX - TRAVAIL - PATRIE
COUR D'APPEL DU CENTRE
TRIBUNAL MILITAIRE DE YAOUNDE
N° 109/OGAV/CG/TMY

REPUBLIC OF CAMEROON
PEACE - WORK - FATHERLAND
COURT OF APPEAL OF CENTER
YAOUNDE MILITARY COURT

COURRIER
ARRIVEE LE 12 DEC. 2012
ENREGISTRE SOUS N° 1322

12/12/2012

ORDRE DE GARDE A VUE

L'an deux mil **onze** et le **dix** du mois de **novembre** ;

Nous, Colonel Magistrat Commissaire du Gouvernement près le Tribunal Militaire de Yaoundé ;

VU les articles 118 et suivants du Code de Procédure Pénale ;

VU les articles 10 et suivants de la loi n°2008/015 du 29 Décembre 2008 portant organisation judiciaire militaire et fixant des règles de procédure applicables devant les Tribunaux Militaires ;

VU le procès verbal n°00000556/DGSN/SG/DPJ/SDEC/SECEC du 10 novembre 2011 de la Direction de la Police Judiciaire à Yaoundé ;

Mettant en cause le nommé:

1- [illegible] : né le 12 mai 1975 à Yaoundé, fils de [illegible] et de [illegible], sans profession, domicilié à Douala Boko plage ou Yaoundé cité verte ;

Susceptible d'être poursuivi pour **coaction de vol avec port d'arme à feu, port et détention illégaux d'armes et munitions de défense, faux et usage de faux** ;

Faits prévus et réprimés par les articles **74, 96, 204, 205, 237, et 320 du Code Pénal** ;

Requérons et au besoin, ordonnons « **AU NOM DU PEUPLE CAMEROUNAIS** » au Régisseur de la **Prison centrale de Yaoundé** de bien vouloir recevoir le susnommé et le garder à vue pour compter de ce jour. /.

LE COMMISSAIRE DU GOUVERNEMENT

Ecroué Le 10-11-2011

Source : Prison centrale Yaoundé.

Spécimen 8 : Mandat de détention provisoire décerné par le juge d'instruction près le tribunal militaire

REPUBLIQUE DU CAMEROUN
Paix – Travail – Patrie

COUR D'APPEL DU CENTRE

CABINET D'INFORMATION JUDICIAIRE

REPUBLIC OF CAMEROON
Peace – Work – Fatherland

COURT OF APPEAL OF CENTER

CHAMBERS OF THE EXAMINING MAGISTRATE

MANDAT DE DETENTION PROVISOIRE
REMAND WARRANT

L'an deux mil **treize** et le **vingt sept** du mois de **d'août** ;
Nous, **Commandant-Magistrat**, , Juge d'Instruction au tribunal militaire de Yaoundé;

Vu les articles 11, 12, 15, 26, 218, 219, 220, 221 du C.P.P ;

Vu les articles 7 et suivants de la loi n° 2008/015 du 29 décembre 2008 portant organisation judiciaire Militaire et fixant des règles de procédure applicables devant les Tribunaux Militaires

Vu l'information judiciaire ouverte contre . ;

Né (e) le à (YAOUNDE) ;
De Et de ;
De nationalité ....**Camerounaise**..

Domicilié (e) à **PK 14 DOUALA ;**
Poursuivi (e) pour : usurpation d'uniforme, titre et détention illégale d'effets militaires

Mandons et ordonnons à **Monsieur le chef d'escorte de la prison Centrale de Yaoundé**

De conduire le susnommé et de le déposer **à la Prison Centrale de YAOUNDE**.........;

Enjoignons au Régisseur de ladite Prison de la détenir jusqu'au **27 février 2014**
Date à laquelle il le présentera sous bonne et sur escorte à notre Cabinet à **08 Heures précises**

LE JUGE D'INSTRUCTION

Source : Prison centrale Yaoundé.

Spécimen 9 : Mandat d'extraction délivré par le commissaire du gouvernement près le tribunal militaire

SOUL REPUBLIQUE DU CAMEROUN Paix – travail – patrie	REPUBLIC OF CAMEROON Peace – Work – Fatherland
PRESIDENCE DE LA REPUBLIQUE	PRESIDENCY OF THE REPUBLIC
MINISTERE DE LA DEFENSE	MINISTRY OF DEFENCE
DIRECTION DE LA JUSTICE MILITAIRE	DEPARTMENT OF MILITARY JUSTICE
TRIBUNAL MILITAIRE DE YAOUNDE	YAOUNDE MILITARY COURT

MANDAT D'EXTRACTION

PRODUCTION WARRANT

AU NOM DU PEUPLE CAMEROUNAIS

IN THE NAME OF THE PEOPLE OF CAMEROON

L'an deux mil **treize** et le **vingt-quatre** du mois d'**octobre** ;

Nous, Lieutenant-colonel Magistrat ,
Commissaire du Gouvernement près le Tribunal Militaire de Yaoundé ;

Vu les articles 11, 12, 17, et 26 du C.P.P ;

Vu la procédure suivie contre :

Détenu à la **Prison Centrale de Yaoundé** ;

Ordonnons au Régisseur de ladite prison de conduire le susnommé à mon Parquet, sous bonne et sûre escorte, à l'effet d'être jugé le **29 Octobre 2013** dès **08** heures précises.

Yaoundé, le

LE COMMISSAIRE DU GOUVERNEMENT

Source : Prison centrale Yaoundé.

Spécimen 10 : Mandat d'extraction délivré par le juge d'instruction

REPUBLIQUE DU CAMEROUN
Paix - Travail - Patrie
MINISTERE DE LA DEFENSE
DIRECTION DE LA JUSTICE MILITAIRE
TRIBUNAL MILITAIRE DE YAOUNDE
CABINET D'INSTRUCTION N°2

Dossier N°s 024 et 025/CI2/13

MANDAT D'EXTRACTION
PRODUCTION WARRANT

L'an deux mil **treize** et le **vingt huit** du mois **d'octobre** ;

Nous, **Commandant-Magistrat** _, Juge d'Instruction au cabinet n°2 du Tribunal Militaire de Yaoundé ;

Vu les articles 11, 12, 17, et 26 du C.P.P ;

Vu la procédure suivie contre :

-

-

Détenus à la **Prison Centrale de Yaoundé** ;

Ordonnons au Régisseur de ladite prison de bien vouloir faire extraire et conduire sous sûre et bonne escorte les susnommés au **Cabinet d'Instruction n°2 sis au Camp de l'Unité à Yaoundé** le **30 octobre 2013** à 08 heures précises.

Reçu ce jour le 30/10/2013 au Cab n°2

LE JUGE D'INSTRUCTION

République du Cameroun / Republic of Cameroon – Le Juge d'Instruction – CABINET N°2 – Military Court Yaoundé

Source : Prison centrale Yaoundé.

Spécimen 11 : Permis permanent de visite

MINISTERE DE LA JUSTICE

PARQUET DU TRIBUNAL DE PREMIERE INSTANCE DE YAOUNDE-CENTRE ADMINISTRATIF

REPUBLIQUE DU CAMEROUN

Paix - Travail - Patrie

PERMIS DE COMMUNIQUER

Le Régisseur de la Prison Centrale de Yaoundé

Est informé que M______________________________

Est autorisé à communiquer aux heures réglementaires du__________ au__________

Avec le (la) nommé (e)______________________________

Inculpé (e) de______________________________

Est écroué à ladite Maison d'Arrêt./-

CNI N°__________ délivrée le__________ par__________

*Yaoundé, le*__________

Le Procureur de la République

Source : Cabinet du PR/TPI de Yaoundé - centre administratif.

Nota : Sa validité expire à la fin de l'information judiciaire.

V. Illustration des documents émis par les acteurs de l'appareil pénitentiaire pendant le processus pénal

Spécimen 12 : Extrait d'écrou du détenu délivré par le régisseur de prison

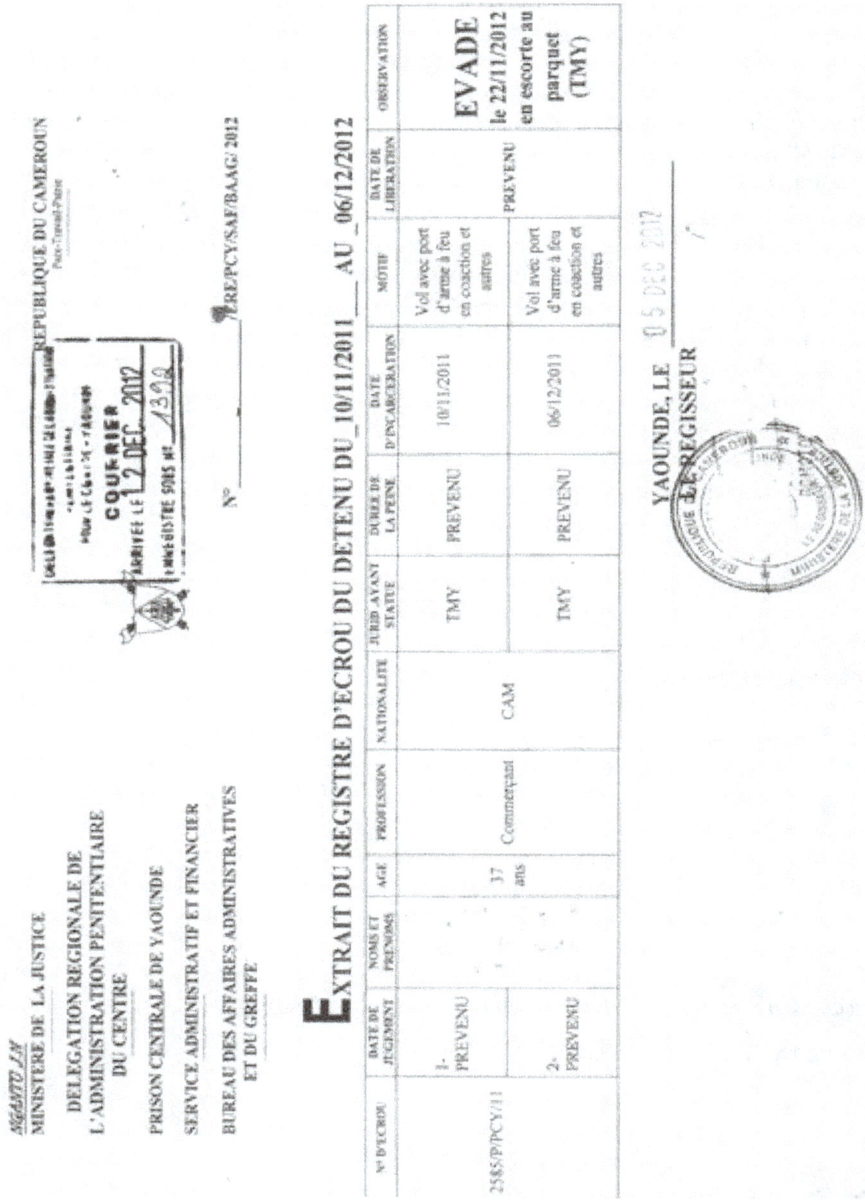

MINISTERE DE LA JUSTICE

DELEGATION REGIONALE DE L'ADMINISTRATION PENITENTIAIRE DU CENTRE

PRISON CENTRALE DE YAOUNDE

SERVICE ADMINISTRATIF ET FINANCIER

BUREAU DES AFFAIRES ADMINISTRATIVES ET DU GREFFE

REPUBLIQUE DU CAMEROUN
Paix-Travail-Patrie

COURRIER
ARRIVEE LE 12 DEC 2012
ENREGISTRE SOUS N° 1399

N° ______ /RE/PCY/SAF/BAAG/ 2012

EXTRAIT DU REGISTRE D'ECROU DU DETENU DU_10/11/2011___AU_06/12/2012

N° D'ECROU	DATE DE JUGEMENT	NOMS ET PRENOMS	AGE	PROFESSION	NATIONALITE	JURID AYANT STATUE	DUREE DE LA PEINE	DATE D'INCARCERATION	MOTIF	DATE DE LIBERATION	OBSERVATION
2585/P/PCY/11	1- PREVENU		37 ans	Commerçant	CAM	TMY	PREVENU	10/11/2011	Vol avec port d'arme à feu en coaction et autres	PREVENU	EVADE le 22/11/2012 en escorte au parquet (TMY)
	2- PREVENU					TMY	PREVENU	06/12/2011	Vol avec port d'arme à feu en coaction et autres		

YAOUNDE, LE 05 DEC 2012

LE REGISSEUR

Source : Prison centrale de Yaoundé.

Spécimen 13 : Fiche collective d'extraction des détenus établie par le régisseur de prison

Ngamba. J.N
MINISTERE DE LA JUSTICE
DELEGATION REGIONALE DE L'ADMINISTRATION PENITENTIAIRE DU CENTRE
PRISON CENTRALE DE YAOUNDE
SERVICE ADMINISTRATIF ET FINANCIER
BUREAU DES AFFAIRES ADMINISTRATIVES ET DU GREFFE

REPUBLIQUE DU CAMEROUN
Paix - Travail - Patrie

DELEGATION REGIONALE DE L'ADMINISTRATION PENITENTIAIRE DU CENTRE - YAOUNDE
COURRIER
ARRIVEE LE 12 DEC. 2012
ENREGISTRE SOUS N° 1393

22/11/2012 07:5

PARQUET DU JEUDI 22/11/2012

TGI/MFOUNDI POUR ETRE JUGES

1. [redacted]
2. [redacted]
3. [redacted]
4. [redacted]
5. [redacted]
6. [redacted]
7. [redacted]
8. [redacted]
9. [redacted]
10. [redacted]
11. [redacted]
12. [redacted]
13. [redacted]
14. [redacted]
15. [redacted]
16. [redacted]
17. [redacted]
18. [redacted]
19. [redacted]
20. [redacted]
21. [redacted]
22. [redacted]
23. [redacted]
24. [redacted]
25. [redacted]
26. [redacted]
27. [redacted]
28. [redacted]
29. [redacted]
30. [redacted]
31. [redacted]
32. [redacted]
33. [redacted]
34. [redacted]
35. [redacted]
36. [redacted]
37. [redacted]
38. [redacted]
39. [redacted]
40. [redacted]
41. [redacted]
42. [redacted]
43. [redacted]
44. [redacted]
45. [redacted]
46. [redacted]
47. [redacted]
48. [redacted]
49. [redacted]
50. [redacted]
51. [redacted]
52. [redacted]
53. [redacted]

CABINET NOAH Joseph Vincent de Paul

54. [redacted]
55. [redacted]
56. [redacted]
57. [redacted]
58. [redacted]
59. [redacted]
60. [redacted]
61. [redacted]
62. [redacted]
63. [redacted]

CABINET AISSATOU épse BELLO

64. [redacted]
65. [redacted]
66. [redacted]

CABINET MAGHAGUEMARE PASCAL

67. [redacted]
68. [redacted]
69. [redacted]
70. [redacted]
71. [redacted]
72. [redacted]

CABINET Dr Frédéric BATOUM

73. [redacted]
74. [redacted]
75. [redacted]
76. [redacted]
77. [redacted]
78. [redacted]
79. [redacted]
80. [redacted]
81. [redacted]
82. [redacted]
83. [redacted]

CABINET MBUNJA YOHANES

84. [redacted]
85. [redacted]
86. [redacted]
87. [redacted]
88. [redacted]
89. [redacted]
90. [redacted]
91. [redacted]
92. [redacted]
93. [redacted]

GREFFE DU TGI/MFOUNDI/PORTE 5

94. [redacted]
95. [redacted]
96. [redacted]
97. [redacted]
98. [redacted]
99. [redacted]
100. [redacted]
101. [redacted]
102. [redacted]
103. [redacted]
104. [redacted]
105. [redacted]
106. [redacted]
107. [redacted]
108. [redacted]
109. [redacted]

110. [redacted]
111. [redacted]
112. [redacted]
113. [redacted]
114. [redacted]
115. [redacted]
116. [redacted]
117. [redacted]
118. [redacted]
119. [redacted]
120. [redacted]
121. [redacted]
122. [redacted]

TPI/YDE/CA POUR ETRE JUGES

123. [redacted]
124. [redacted]
125. [redacted]
126. [redacted]
127. [redacted]
128. [redacted]
129. [redacted]
130. [redacted]
131. [redacted]
132. [redacted]
133. [redacted]
134. [redacted]
135. [redacted]
136. [redacted]
137. [redacted]
138. [redacted]
139. [redacted]
140. [redacted]
141. [redacted]
142. [redacted]
143. [redacted]
144. [redacted]
145. [redacted]
146. [redacted]
147. [redacted]
148. [redacted]
149. [redacted]
150. [redacted]
151. [redacted]
152. [redacted]
153. [redacted]
154. [redacted]
155. [redacted]
156. [redacted]
157. [redacted]
158. [redacted]
159. [redacted]
160. [redacted]
161. [redacted]
162. [redacted]
163. [redacted]
164. [redacted]
165. [redacted]
166. [redacted]
167. [redacted]

TPI/YDE/CA/CAB DAIROU ABBAGHI

168. [redacted]
169. [redacted]
170. [redacted]

TMY POUR ETRE JUGES

171. [redacted]
172. [redacted]
173. [redacted]
174. [redacted]
175. [redacted]
176. [redacted]
177. [redacted]
178. [redacted]
179. [redacted]

TMY/CAB/Cap-NZIE PIERROT NARCISSE

180. [redacted]
181. [redacted]
182. [redacted]
183. [redacted]
184. [redacted]
185. [redacted]
186. [redacted]
187. [redacted]

COUR D'APPEL DU CENTRE/AUD/HABEAS CORPUS

188. [redacted]

LETTRE - CONVOCATION

189. [redacted]
190. [redacted]
191. [redacted]
192. [redacted]
193. [redacted]
194. [redacted]
195. [redacted]
196. [redacted]
197. [redacted]
198. [redacted]

CBAAG
YAOUNDE, LE 22/11/2012
LE REGISSEUR

Source : Prison centrale Yaoundé.

Spécimen 14 : Avis de recherche et d'évasion émis par le régisseur de prison

NJN
MINISTERE DE LA JUSTICE

DELEGATION REGIONALE DE L'ADMINISTRATION PENITENTIAIRE DU CENTRE

PRISON CENTRALE DE YAOUNDE

SERVICE ADMINISTRATIF ET FINANCIER

BUREAU DES AFFAIRES ADMINISTRATIVES ET DU GREFFE

REPUBLIQUE DU CAMEROUN
Paix – Travail – Patrie

N°__________________/AER /REG/PCY/SAF/BAAG/

AVIS D'EVASION ET DE RECHERCHES

IL Y A LIEU DE RECHERCHER ACTIVEMENT SUR TOUTE L'ETENDUE DU TERRITOIRE DE LA REPUBLIQUE DU CAMEROUN LE DETENU LE NOMME :

Noms et Prénoms : ____________________________

Autres Nom ____________________________

Date et lieu de Naissance : _____________ A _____________

Fils de : _____________ et de _____________

Département de : _____________ Arrondissement : _____________

Nationalité : _____________ Profession : _____________

Domicilié à : ____________________________

Nom et adresse de l'employeur_____________//_____________

Pièce d'identité_____________//_____________

PHOTO

Date de l'incarcération : ____________________________

Motif de l'incarcération : ____________________________

Peine : ____________________________

Date de libération ____________________________

Juridiction ayant statué____________________________

Date de l'évasion : _____________ Circonstances de l'évasion _____________

SIGNALEMENT

Sexe _____________ Taille _____________ Envergure _____________

Langues parlées ____________________________

SIGNES PARTICULIERS

Corpulence _____________ Teint _____________ Cheveux _____________

Dentition _____________ visage _____________ Oreilles _____________

TATOUAGE ____________________________

Marques Particulières ____________________________

En cas de découverte, L'interpeller, L'appréhender et le conduire à la Prison Centrale de Yaoundé.

Ampliations

-
-
-
-
-

YAOUNDE, LE _________
LE REGISSEUR DE LA PRISON

Source : Prison centrale de Yaoundé.

Spécimen 15 : Bulletin de levée d'écrou émis par le régisseur de prison

MINISTERE DE LA JUSTICE
……………
DELEGATION REGIONALE DE L'ADMINISTRATION PENITENTIAIRE DU CENTRE
……………
PRISON CENTRALE DE YAOUNDE
……………
SERVICE ADMINISTRATIF ET FINANCIER
……………
BUREAU DES AFFAIRES ADMINISTRATIVES ET DU GREFFE
……………

REPUBLIQUE DU CAMEROUN
Paix-Travail-Patrie

Quartier (   ) Local (   )

N°__________BLE/REG/SAF/PCY/BAAG/

BULLETIN DE LEVEE D'ECROU

………………………………

LE REGISSEUR DE LA PRISON CENTRALE DE YAOUNDE CERTIFIE

QUE LE NOMME : ______________________________

NE LE ______________________ A ______________________

FILS DE ______________________ ET DE ______________________

DOMICILIE A ______________________________

DEPARTEMENT ______________________ ARRONDISSEMENT ______________________

EXERCANT LA PROFESSION DE ______________________________

PLACE SOUS MANDAT DE DETENTION PROVISOIRE LE ______________________

PAR ______________________________

POUR ______________________________

____

ENREGISTRE S/N°______________________ DU REGISTRE D'ECROU

CONDAMNE PAR LE TRIBUNAL DE ______________________ À UNE PEINE DE ______________________

____

EN SON AUDIENCE DU ______________________________

EST LIBERE CE JOUR ______________________________

____

LE SUS NOMME NOUS DECLARE VOULOIR SE RETIRER A ______________________

YAOUNDE, LE
LE REGISSEUR DE LA PRISON

Source : Prison centrale de Yaoundé.

Encadré 2 : Indication chronologique comparée entre le CIC et le CPP des actes de justice destinés notamment aux responsables des établissements pénitentiaires dès la mise en mouvement de l'action publique.

Code d'instruction criminelle (CIC)					Code de procédure pénale (CPP)			
N°	**Désignation de l'acte**	**Auteur**	**Destinataire**		**N°**	**Désignation de l'acte**	**Auteur**	**Destinataire**
01	*Mandat de dépôt (MDD)*	*PR* *PT*	*Régisseur de prison*		**01**	*Mandat de détention provisoire (MDP)*	*PR* *JI* *PT*	*Régisseur de prison*
02	*Mandat d'arrêt (MA)*	*PR*	*PJ* *Régisseur de prison*		**02**	*Mandat d'arrêt (MA)*	*PR* *JI* *PT*	*PJ* *Régisseur de prison*
03	*Ordre d'incarcération (OI)*	*Com. Gouver* *PT*	*Régisseur de prison*		**03**	*Mandat d'incarcération (MI)*	*PR* *JI* *PT* *Com. Gouv*	*Régisseur de prison*
04	*Ordre d'extraction (OE)*	*PR* *PT*	*Régisseur de prison*		**04**	*Mandat d'extraction (ME)*	*PR* *JI* *PT*	*Régisseur de prison*
05	*Ordonnance de main levée d'office de mandat de dépôt (OMLOMD)*	*PR*	*Régisseur de prison*		**05**	*Ordonnance de mise en liberté (OML)*	*PR* *JI*	*Régisseur de prison*
06	*Ordre de mise en liberté (OML)*	*PR*	*Régisseur de prison*		**06**	*Ordre de mise en liberté (OML)*	*PR* *JI* *PT*	*Régisseur de prison*
07	*Extrait de jugement (EJ)*	*PT*	*Régisseur de prison*		**07**	*Extrait de jugement (E J)*	*PT*	*Régisseur de prison*

Source : l'auteur

VI. Processus du traitement judiciaire des affaires pouvant conduire à la détention carcérale des mis en cause

Les diagrammes qui suivent pourraient davantage nous permettre de faciliter la compréhension de notre analyse selon la représentation intelligible qui se présente à nous, du processus judiciaire par lequel les malfaiteurs présumés et ceux considérés déjà comme tels doivent arriver en prison pour y être incarcérés.

Figure 1 : Cheminement du délinquant et/ou criminel avant d'arriver à la prison

(Affaire soumise à une enquête préliminaire)

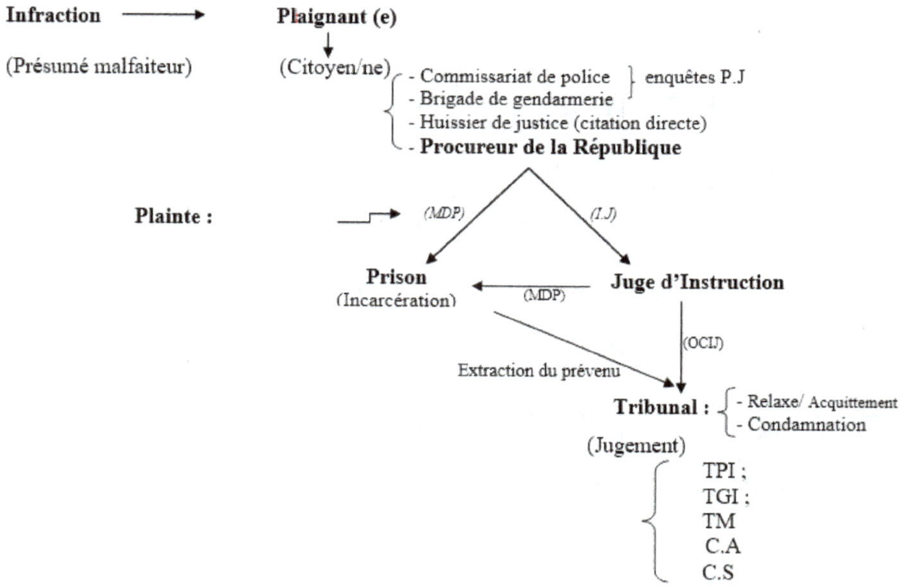

Source : l'auteur.

Légende : PJ : Police judiciaire ; MDP : Mandat de détention provisoire ; OCIJ : Ordonnance de clôture de l'information judiciaire ; IJ : Information judiciaire ; TPI : Tribunal de première instance ; TGI : Tribunal de grande instance ; TM : Tribunal militaire ; CA : Cour d'appel ; CS : Cour suprême.

Commentaire : Lorsqu'une infraction est commise, le malfaiteur mis en cause doit être dénoncé par la plainte de la/des victime (s) ou par celle de son/leurs ayants droit. La plainte est adressée aux « gardiens de la loi » les plus proches du lieu où les faits répréhensibles ont été commis. Les services administratifs chargés de la sécurité du public, autrement dit de la protection des biens et des personnes, après avoir accompli les diligences nécessaires requises, saisissent le parquet qui met en mouvement l'action publique en saisissant à son tour le juge d'instruction, au terme des diligences requises qui lui incombent. Le juge d'instruction saisit le tribunal pour le jugement qui se déroule au cours d'un procès comportant trois étapes :

l'examination in chief (1) ; *la cross-examination* (2) et la *reexamination* (3). En effet, les diligences accomplies par la PJ, le parquet, le juge d'instruction et le tribunal n'ont qu'une seule finalité : faire triompher le droit, tant chez le prévenu/l'accusé que chez l'accusation. Car, comme le dit le célèbre aphorisme « Il vaut mieux laisser un malfaiteur en liberté que de priver un innocent de la sienne ».

Figure 2 : Cheminement du délinquant et/ou criminel avant d'arriver à la prison.

(Affaire traitée en procédure de flagrant délit)

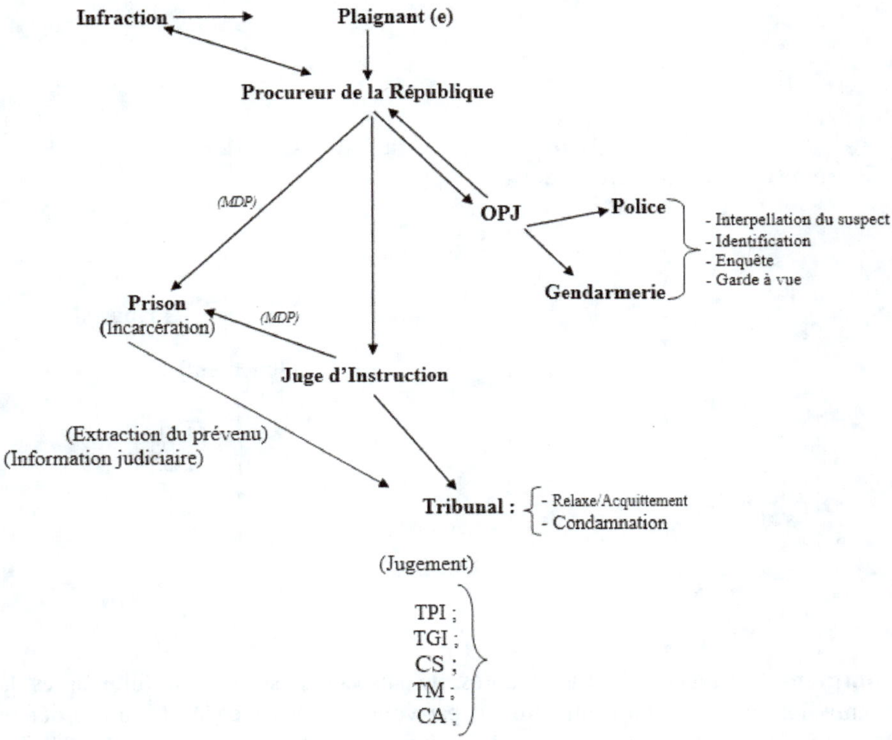

Source : l'auteur.

Commentaire : La particularité de ce cas réside sur le fait que le procureur de la République peut s'autosaisir, à la suite de la clameur publique, lorsqu'une infraction est entrain et/ou vient et/ou a été commise par un malfaiteur. Il sollicite les OPJ pour la mise aux arrêts et l'identification du/des suspects ; la mise sous scellés des éléments matériels ayant servi à la commission présumée de l'infraction, l'identification de la/des victimes et des témoins, la garde à vue des présumés auteurs et complices de l'infraction. Ces derniers peuvent être au terme des délais prescrits par la loi, placés en détention provisoire par le procureur de la République, qui saisira par la suite, le juge d'instruction qui devra poursuivre la procédure, par l'ouverture d'une information judiciaire devant conduire au jugement devant un tribunal du/des mis en cause.

Figure 3 : Cheminement du délinquant et/ou criminel avant d'arriver à la prison.

(Affaire faisant l'objet d'un mandat d'arrêt)

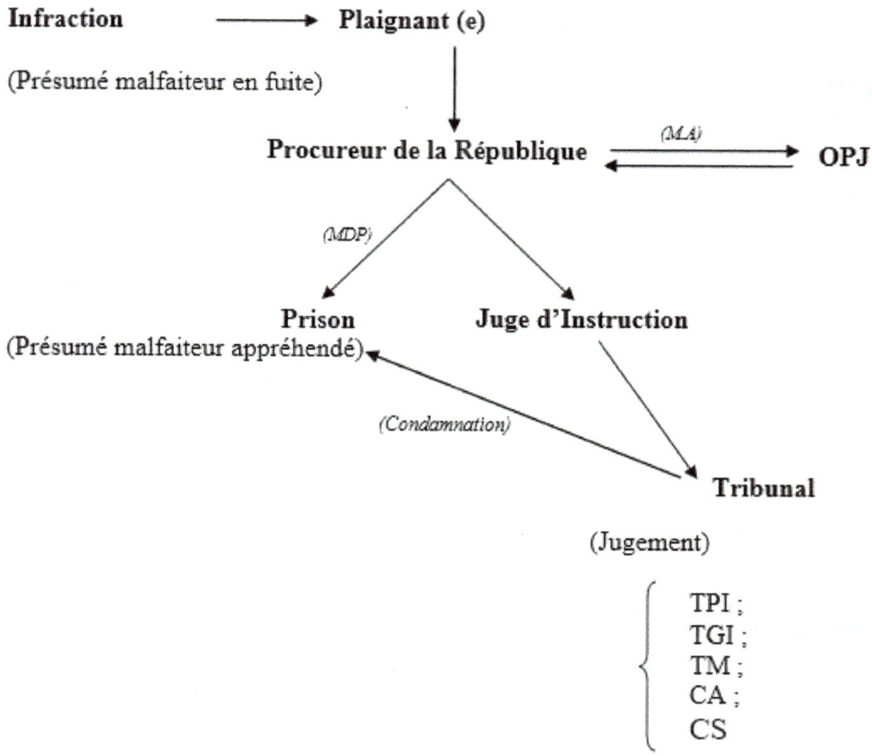

Source : l'auteur.

Commentaire : Dans le cas ci-après, le suspect s'est mis en fuite après la commission présumée de l'infraction et par voie de conséquence, il n'a pas déféré aux convocations du procureur de la République. Il peut aussi arriver qu'il ait déféré auxdites convocations pendant un bon moment et puis a pris la fuite pendant que la procédure était soit au niveau du PR soit au niveau du JI soit en jugement. Quel qu'en soit le cas, le mandat d'arrêt est émis par l'autorité compétente et adressé aux OPJ qui sont chargés de l'exécuter. Lorsque le suspect est découvert à l'issue des recherches, il peut être conduit à la prison la plus proche afin d'être mis aux arrêts. L'autorité ayant émis le mandat doit être immédiatement informée en vue d'organiser, s'il y a lieu, le transfèrement du détenu au siège de la juridiction saisie de son affaire pour relancer la procédure judiciaire d'une part, et le PR du ressort de la prison (de transit) doit d'autre part en être informé également aussitôt.

Figure 4 : Cheminement du délinquant et/ou criminel avant d'arriver à la prison.

(Affaire ayant conduit à l'émission d'un mandat de détention et/ou mandat d'incarcération à l'audience)

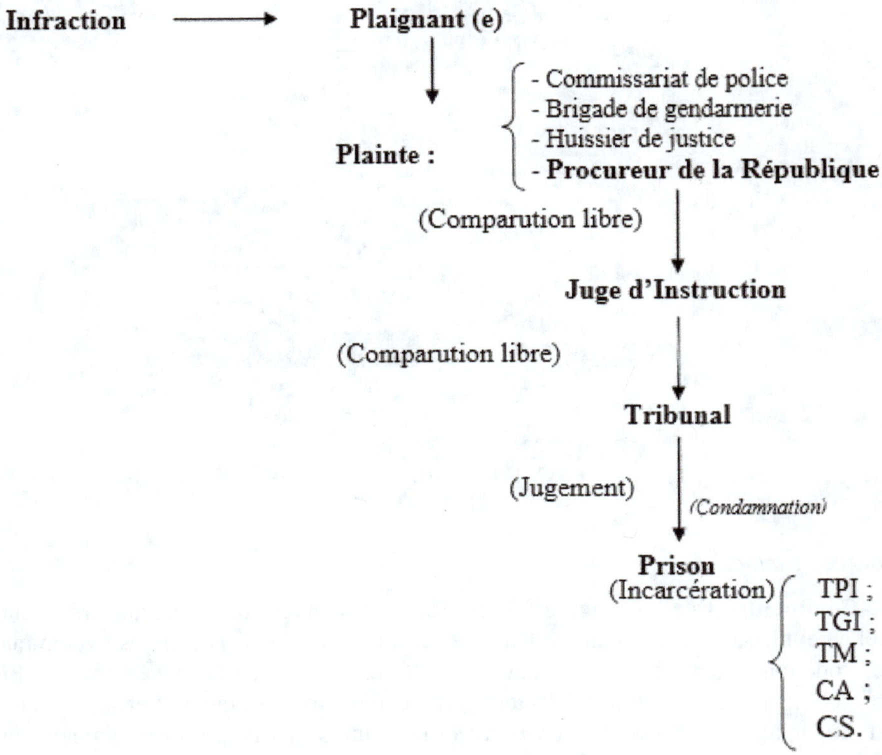

Source : l'auteur.

Commentaire : La spécificité de ce cas repose sur le fait que pendant tout le déroulement de la procédure judiciaire, le suspect comparaît libre. C'est à la dernière audience que le juge établit sa culpabilité, ordonne son arrestation et son incarcération par un mandat d'incarcération signé à l'audience publique.

En conclusion des diagrammes ci-dessus, il ressort que la détention carcérale ou l'incarcération devrait être perçue dans une certaine mesure comme la phase ultime du processus judiciaire, dont la première commence par la commission d'une infraction (délit/crime) suivie de l'identification de son auteur ;puis intervient la seconde phase marquée par l'enquête de police, couronnée par l'instruction/l'information, pouvant selon les cas, s'effectuer pendant que le prévenu ou l'accusé sont en état d'arrestation (détention provisoire) ou en liberté (poursuite libre) après qu'ils ont été inculpés par le PR/JI ; l'avant-dernière phase comporte la condamnation ou l'acquittement qui devraient intervenir à l'issue d'un procès juste et équitable, se déroulant devant une juridiction indépendante et impartiale.

Figure 5 : Représentation situationnelle et temporelle des maillons de la chaîne pénale dans leur mission de défense de la société de justice

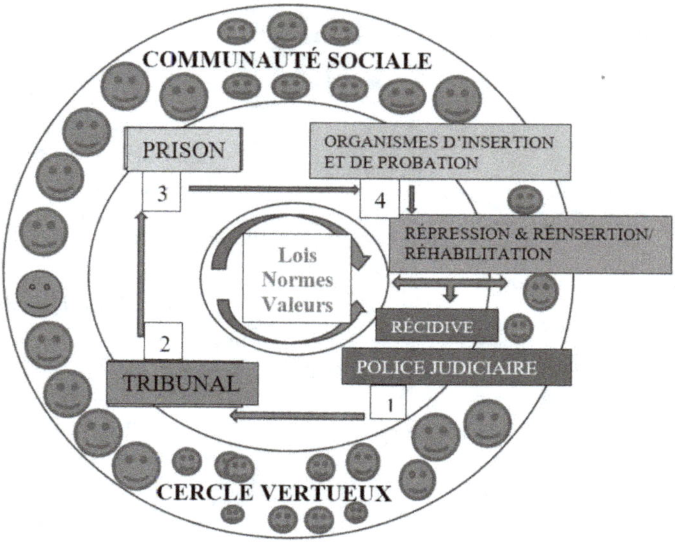

Source : l'auteur.

Commentraire : cette figure faisant office de synthèse de celles qui précèdent, met en évidence la quadrature systémique de la justice pénale, suivant as dynamique de fonctionnement circulaire ago-antagoniste. En effet, chaque entité (PJ, juridictions pénales, prisons, OIP) tout en revendiquant sa singularité et sa spéficité, est en relation d'interdépendance avec les autres, participe directemment ou indirectemment à leur efficacité et au travers desquelles elle contribue à l'accomplissement de leur mission commune qu'est la protection de la communauté sociale. C'est à juste titre que cette figure a servi d'illustration en couverture.

Nous avons tenté de passer en revue le contenu et les effets des différents mandats de détention en vigueur au Cameroun et destinés aux responsables des établissements pénitentiaires, susceptibles d'être émis par les autorités compétentes à savoir d'une part : le procureur de la République, le juge d'instruction et juge du jugement pour le compte des juridictions de droit commun et ; d'autre part, l'autorité administrative dans le cadre de la répression des troubles à l'ordre public dans son ressort de compétence et enfin le magistrat militaire. Ces mandats de détention visent à assurer la bonne administration du système de justice pénale en toutes circonstances, fondés sur les règles de droit et de justice.

Parmi ces quatre types de mandats, il en existe trois dont les effets emportent privation de liberté en établissement pénitentiaire des délinquants et/ou criminels réels ou présumés, tandis que l'autre type permet plutôt la sortie du détenu hors du pénitencier, sous bonne et sûre escorte pénitentiaire, en vue de l'accomplissement des actes de procédure pénale à la diligence du magistrat du parquet ou du siège relevant soit des juridictions civiles soit militaires. Cette analyse nous a permis avec un grand profit, de catégoriser *primo* lesdits mandats, *deuxio* d'établir clairement le distinguo entre eux et, *tertio* d'indiquer le champ dans lequel s'inscrivent les évolutions juridiques introduites par ceux-ci.

Cet effort de clarification nous a amené à passer en revue le fonctionnement de la chaîne répressive, à partir de la constatation ou de la dénonciation d'une infraction, jusqu'à la mise sous les verrous, par le franchissement du portail d'un établissement pénitentiaire, en passant obligatoirement par les étapes intermédiaires successives, en l'occurrence: l'enquête préliminaire ou judiciaire à la diligence de la PJ et/ou du PR ; l'information judiciaire à la diligence du JI ; et – la condamnation par le juge (tribunal). En balisant le champ d'intervention de chaque acteur du système de justice pénale, nous avons extrait celui de l'Administration pénitentiaire, le segment auquel cet ouvrage est spécialement consacré, dans le but de mettre en relief ses interactions avec les autres composantes du système de justice pénale.

S'agissant de l'exécution des mandats de détention, la première tâche qui incombe au maillon pénitentiaire dans le système de justice pénale, il en est ressorti que les chefs[91] d'établissement pénitentiaire doivent jouer un rôle important pour la protection des personnes contre la détention arbitraire, irrégulière ou illégale. Pour cela, ils doivent mettre en place des techniques et procédures pertinentes de veille, permettant de s'assurer que toute personne incarcérée dans l'établissement pénitentiaire dont ils ont la charge est effectivement placée sous le coup d'un mandat de détention régulier[92].

De même, ils doivent faciliter la mise en mouvement au profit des personnes détenues qui en sont victimes, des mécanismes[93] légaux et

---

[91] *Dans l'accomplissement de leur devoir, les responsables de l'application des lois doivent respecter et protéger la dignité humaine et défendre et protéger les droits fondamentaux de toute personne*. Code de conduite pour les responsables de l'application des lois, (Art. 2).

[92]Il est établi sur un modèle règlementaire, comportant toutes les mentions exigibles, émis par une autorité compétente et ayant une validité en cours.

[93]« Un amendement du code de procédure criminelle adopté en 2006 a permis de libérer environ 13.000 personnes des prisons dans l'État d'Uttar Pradesh en Inde, rapporte Express India, dans sa livraison du 20 janvier 2009. La plupart de ces détenus avaient été condamnés pour des délits pouvant bénéficier d'une liberté sous caution, comme d'emprunter les transports sans billet ou des larcins. Mais comme personne ne pouvait payer leur caution, ils restaient en prison. L'amendement prévoit qu'une personne à qui on accorde une remise en liberté sous caution qui ne parvient pas à payer la caution doit être déclarée indigente et libérée de prison sur sa caution personnelle. Le département des prisons a demandé aux 53 prisons du district de préparer des listes de détenus dont la situation tombait dans cette catégorie. Le Département, avec l'aide de l'administration du district et des procureurs, a

règlementaires permettant de mettre fin à l'exécution des mandats de détention devenus illégitimes. En guise d'exemple, un Rapport du Département d'État américain sur les droits de l'Homme aux Honduras en 2009, souligne que la loi fait obligation aux autorités pénitentiaires de libérer toute personne détenue dont l'affaire n'a pas été entendue par un juge et qui a passé en détention carcérale le temps supérieur au maximum de la peine qu'elle encourt, au regard du délit ou crime dont elle est poursuivie.

Par sa veille permanente en matière de respect par les autres acteurs placés en amont du système de justice pénale des dispositions législatives objet de la présente réflexion, l'autorité pénitentiaire camerounaise pourrait contribuer profondément et efficacement à faire disparaître également les possibilités d'exécutions extrajudiciaires, arbitraires et sommaires[94] ; les disparitions forcées[95] ainsi que les mauvais traitements[96] au plan administratif des personnes détenues. « Tous les détenus ont le droit d'être incarcérés uniquement dans des lieux de détention officiellement reconnus. La première tâche des autorités pénitentiaires est de vérifier qu'il existe un titre de détention valide pour chaque personne amenée à la prison. Ce titre doit être émis et signé par une autorité judiciaire ou autre agence compétente »[97].

La veille de l'autorité pénitentiaire est également valable pour le prévenu qui a le droit d'être renseigné sur l'autorité judiciaire qui traite son affaire et sur la date à laquelle il comparaîtra devant elle. En outre, le directeur de l'établissement pénitentiaire doit veiller par ailleurs en sorte que la représentation physique du prévenu[98] devant les autorités judiciaires soit

---

ensuite présenté des demandes aux tribunaux pour la libération des détenus. 12.780 détenus ont été libérés ».

[94] « Les pouvoirs publics veilleront à ce que les personnes privées de liberté soient détenues dans des lieux de détention reconnus officiellement comme tels et à ce que des renseignements précis sur leur arrestation et le lieu où elles se trouvent, y compris sur leur transfert, soient immédiatement communiqués à leur famille et à leur avocat ou à d'autres personnes de confiance ». (Art. 6 : Principes relatifs à la prévention efficace des exécutions extrajudiciaires, arbitraires et sommaires et aux moyens d'enquêter efficacement sur ces exécutions).

[95] « Un registre officiel de toutes les personnes privées de liberté doit être tenu à jour dans tout lieu de détention. En outre, tout État doit prendre des mesures pour tenir des registres centralisés de ce type ». (Art. 10 : Déclaration sur la protection de toutes les personnes contre les disparitions forcées).

96 « (1) Dans tout endroit où des personnes sont détenues, il faut tenir à jour un registre relié et coté indiquant pour chaque détenu : a) son identité ; les motifs de sa détention et l'autorité compétente qui l'a décidée ; le jour et l'heure de l'admission et de la sortie ; (2) Aucune personne ne peut être admise dans un établissement sans un titre de détention valable, dont les détails auront été consignés auparavant dans le registre ». (Règle 7 : Ensemble de règles minima pour le traitement des détenus).

[97] Andrew Coyle, op cit., p. 41.

[98]Toute personne privée de liberté dans un établissement pénitentiaire et faisant l'objet soit d'une enquête soit passant en jugement devant un tribunal soit en attente du jugement est

assurée à l'heure et jour indiqués et en tenue correcte. La libération du condamné à l'expiration de sa peine d'emprisonnement ou du prévenu acquitté ou relaxé par l'autorité judiciaire doit obéir aux mêmes principes de droit et de justice.

La dextérité professionnelle requise en matière de privation de liberté en établissement pénitentiaire doit amener le directeur de l'établissement pénitentiaire à prêter main-forte aux personnes détenues dont il a la charge et qui estiment être victimes d'arrestation et de détention arbitraires, afin de les encourager et de les aider à saisir les autorités compétentes pour leur libération, par le truchement de la procédure de *l'*habeas corpus. En effet, dans son acception originelle, *l'habeas corpus* désigne le mécanisme juridique permettant à l'autorité judiciaire compétente de vérifier ou de contrôler la régularité de l'arrestation ou de la détention d'un individu. Et d'ordonner sa libération immédiate, au cas où son arrestation ou sa détention sont illégales. Ce mécanisme bien affirmé de protection des droits humains (du citoyen) contre l'arbitraire ou l'excès de pouvoir des gouvernants (du roi) est apparu en 1679 en Grande-Bretagne. Dans son essence, *l'habeas corpus* consiste depuis ces temps anciens et jusqu'à nos jours, à donner ainsi le moyen à toute personne se trouvant sur le territoire des juridictions où il est appliqué et qui estime être victime d'une arrestation ou détention arbitraire, de saisir par une requête le juge compétent, afin d'obtenir sur l'heure, une ordonnance enjoignant à son geôlier de le présenter, en chair et en os (le corpus de la personne détenue), dans le but de s'assurer immédiatement du respect de la légalité de son arrestation ou de sa détention. Appliqué exclusivement au Cameroun occidental pendant les périodes sous mandat et sous tutelle, *l'habeas corpus* est incorporé en 1972 dans le droit positif camerounais et s'étend dès lors sur toute l'étendue de son territoire, à travers l'ordonnance n⁰ 72/04 du 26 août 1972 portant organisation judiciaire et les lois n⁰ 2005/007 du 27 juillet 2005 portant CPP et n⁰ 2006/015 du 29 décembre 2006, modifiées et complétées par la loi n⁰ 2011/027 du 14 décembre 2011 portant organisation judiciaire

D'évidence, il s'agit là d'une prise de conscience par les personnels du service public pénitentiaire d' importantes responsabilités qui leur incombent dans la chaîne de justice pénale de manière particulière et dans le

---

donc en détention provisoire et son statut pénitentiaire est diffèrent de celui du prisonnier qui désigne toute personne condamnée.

développement de l'État de droit de manière générale. Cette prise de conscience[99] doit être suscitée et maintenue active par l'autorité gouvernementale en charge de la gestion du système pénitentiaire camerounais, dont l'entregent se mesurera à la capacité à mettre en œuvre une stratégie pertinente accoucheuse d'un système pénitentiaire efficace et efficient, c'est-à-dire doté d'un personnel de qualité[100], qui exécute des tâches complexes et accomplit un travail important reconnu à sa juste valeur par la société au regard des résultats produits.

Parallèlement, c'est à dessein que nous avons insisté, dans cet élan discursif, sur certains éléments problématiques du Code en présence, ayant intrinsèquement un ancrage dans les préoccupations à la fois des personnels de l'A.P., des détenus, des visiteurs et du citoyen avisé. Toute chose qui concourt à donner à la première catégorie désignée, à savoir l'A.P, des moyens théoriques de se mettre rapidement et définitivement à la page, en tenant le cap des attentes des pouvoirs publics et de la société civile placées en elle, et aux deux dernières catégories, c'est-à-dire le détenu et le visiteur, l'opportunité d'acquérir une lampe pour chasser l'ombre de la nuit qui a souvent enveloppé de son épais voile leurs relations avec l'administration de la justice et celle de la prison.

Examinons à présent comment les différents mandats de justice doivent être exécutés. Parallèlement à cet examen, intéressons-nous à l'exécution susceptible de favoriser une synergie d'action entre les juridictions, les établissements pénitentiaires et le détenu. Tel est l'objet du chapitre suivant.

---

[99]« Les prisons s'acquittent de leurs responsabilités en ce qui concerne la garde des détenus et la protection de la société contre la criminalité, conformément aux autres objectifs sociaux d'un État et aux responsabilités fondamentales qui lui incombent pour promouvoir le bien-être et l'épanouissement de tous les membres de la société ». (Principe 4 : Principes fondamentaux relatifs au traitement des détenus). « L'administration pénitentiaire doit s'efforcer constamment d'éveiller et de maintenir dans l'esprit du personnel et de l'opinion publique la conviction que cette mission est un service social d'une grande importance ; à cet effet, tous les moyens appropriés pour éclairer le public devraient être utilisés » (Règle 46-2 : Ensemble des règles minima pour le traitement des détenus). « Tous les membres du personnel doivent en toute circonstance se conduire et accomplir leur tâche de telle manière que leur exemple ait une bonne influence sur les détenus et suscite leur respect ». (Règle 48 : Ensemble des règles minima pour le traitement des détenus).

[100]Préoccupé par les problématiques actuelles et futures de l'A.P tant au niveau national qu'international, familiarisé aux normes pénitentiaires nationales et internationales en vigueur et continuellement mis à niveau par rapport aux techniques, méthodes et équipements modernes de travail selon telles ou telles circonstances.

CHAPITRE II

DE L'EXÉCUTION PAR LES RÉGISSEURS (DIRECTEURS) DE PRISON DES MANDATS DE JUSTICE INSTAURÉS PAR LE CPP

« Nos actes ne sont éphémères qu'en apparence.
Leurs répercussions se prolongent parfois pendant des siècles ».

Gustave Le Bon

L'expression exécuter un mandat de justice porte intrinsèquement une forte charge en termes de prise de responsabilités de la part du magistrat qui, non seulement émet ledit mandat de justice, mais également et surtout, de la part de son collègue de l'A.P. qui doit, quel qu'en soit la circonstance, le jour et l'heure, mettre celui-ci à exécution, c'est-à-dire : le « rendre effectif », le « mettre à effet » ou encore le « conduire à bien ».

Dès lors, l'exécution des mandats de justice emportant privation temporelle ou définitive de liberté en établissement pénitentiaire incombe sans partage aux personnels de l'A.P. celle-ci ne pourrait se réaliser avec *maestria* que si les acteurs du système de justice pénale interpellés à cette phase du procès, qui sont d'une part les responsables des juridictions répressives et, d'autre part ceux des établissements pénitentiaires, activent et entretiennent la nécessaire collaboration qui leur permettrait de capitaliser leurs connaissances et leurs expériences professionnelles, afin de venir à bout des obstacles naturels et artificiels rencontrés lors de l'exécution desdits mandats. Les capacités conceptuelle et fonctionnelle proposées par le management doivent ici, être utilisées avec profit, pour parvenir à la meilleure implémentation d'un travail en équipe. Car les modèles d'organisation et de déploiement produits par cette science et dont l'intelligence créatrice humaine constitue la clé de voûte permettent de faire face aux mutations mêmes les plus inattendues. La mobilisation des ressources dont regorge le management de la part des personnels pénitentiaires camerounais pour implémenter en tout et partout le CPP s'avère donc nécessaire. Le recours à ces ressources n'épargne personne.

Dieu est démocrate ; il a distribué la capacité intellectuelle à peu près également dans le monde entier. Mais il s'attend évidemment à ce que nous organisions d'une manière efficace cette ressource que le ciel nous a donnée. C'est là le problème du management. Le management est, en fin de compte, le plus créateur de tous les arts. C'est l'art des arts ; car c'est l'art d'organiser le talent[101].

Le commentaire éclairé de Jean-Jacques Servan-Schreiber concernant le management est davantage relevé par sa tentative de justifier son utilité dans tous les domaines de la vie sociétale. Il ne se limite pas à formuler une interrogation. Il esquisse une réponse pour le moins satisfaisante :

Quel est le rôle essentiel du management ? C'est de faire face intelligemment au changement. Le management est le moyen par lequel les changements sociaux, économiques, technologiques et politiques, tous les changements humains, peuvent être organisés rationnellement et répandus dans l'ensemble du corps social[102].

La préoccupation fondamentale de ce chapitre est donc de tenter d'identifier et d'aplanir les difficultés qui pourraient résulter de l'exécution par les responsables des établissements pénitentiaires, dans le strict respect des droits de l'homme en établissement pénitentiaire, des mandats de justice servis par les magistrats des juridictions répressives. Il s'agit en réalité, pour le moins, à défaut de les enrayer, de contribuer à identifier ces obstacles, puis à éloigner les limites des erreurs ainsi que des fautes professionnelles observées à ce niveau, et sans conteste, préjudiciables à l'image et aux bons rapports entre les deux services en jeu.

En réalité, le fait est que bien avant l'entrée en application du CPP, l'exécution des mandats de justice avait souvent suscité des remous entre les deux maillons du système de justice pénale ici en présence, et sans doute, pendant l'empire du nouveau texte objet de cette étude, il nous semble qu'il les suscitera encore et toujours, ici et là.

À l'évidence, dans le souci de circonscrire l'onde de choc provoquée par de tels écarts et d'empêcher sa propagation, il nous apparaît nécessaire d'aborder de ce point de vue certaines préoccupations dont les éclairages contribueraient, un tant soit peu, à élucider quelques points susceptibles de s'ériger en difficultés pour les acteurs désignés plutôt. Toute chose qui permettrait à ces derniers d'anticiper, par la prise de solutions idoines découlant à la fois de leurs connaissances théoriques et de leur expérience, sur la survenue de problèmes qui pourraient naître de l'exécution erronée des mandats de justice.

Tout compte fait, cette entreprise ambitionne donc de préparer les acteurs du service public pénitentiaire à accéder à la parfaite maîtrise des instruments intellectuels et techniques susceptibles de les aider à assurer efficacement l'exécution des mandats de justice dans le cadre du procès

---

[101] Jean-Jacques Servan-Schreiber, in *Le défi américain*, Paris, Denoël, 1968, p.91.
[102] Ibidem.

pénal. Car, convenons-en qu'il s'agit d'un domaine très sensible où chaque erreur commise par un agent public, non seulement lui est comptable à titre personnel au plan professionnel, sans préjudice le cas échéant, de poursuite pénale ; mais également, écorne l'image du service public auquel il appartient du fait qu'il viole les droits et liberté d'un justiciable.

Et cela ne s'arrête pas là. Il importe donc que le personnel pénitentiaire et le personnel judiciaire parlent le même langage et se comprennent à demi-mot à cette étape cruciale du procès pénal, en s'appropriant les vertus du langage en général, mais mieux encore de leur langage. Car le langage, admet Gérard Donnadieu[103], existe bel et bien chez les animaux sociaux pour les besoins de la communication entre eux, notamment à l'occasion de diverses activités de groupe qui ont besoin d'être coordonnées. Ainsi compris au niveau de sa structure, le langage remplit une triple fonction : désignation du réel (transmettre des informations), communication inter-humaine (manifester son engagement vis-à-vis d'autrui) et formation du sujet (faire émerger la conscience de soi dans le groupe).

L'appropriation des attributs du langage par tous devrait contribuer à épargner le Cameroun de l'opprobre qui le frappe, lorsque son image se trouve souvent écornée auprès de la communauté internationale, par les rapports issus des activités de terrain des organes locaux et transnationaux de la société civile ainsi qu'auprès des institutions ou instances[104] du système

---

[103]Gérard Donnadieu, in *Les religions au risque des sciences humaines*, Paris, Parole et silence, pp. 51-52, 2006.

[104]Lire : Frans Viljoen & Chidi Odinkalu, *La prohibition de la torture et des mauvais traitements dans le système africain des droits de l'homme : guide pratique juridique à l'intention des victimes et de leurs défenseurs*. Collection de guides juridiques de l'OMCT, vol. 3. Directeur de la collection : Boris Wijkstrom, avec une préface d'Adama Dieng, 2006.

Dans cette mouvance, en ce qui concerne le système onusien comme le système africain, il existe de part et d'autre des groupes de travail ci-après : s'agissant du système onusien : - le Groupe de travail sur la détention arbitraire, - le Rapporteur spécial sur la torture et autre peines ou traitements cruels, inhumains ou dégradants, - le Rapporteur spécial concernant la situation des défenseurs des droits de l'Homme ; s'agissant du système africain :- le Rapporteur spécial sur les prisons et les conditions de détention en Afrique, - le Comité pour la prévention de la torture en Afrique, -le Rapporteur spécial concernant la situation des défenseurs des droits de l'Homme en Afrique.

Les moyens d'action relevant des mécanismes non conventionnels usités par l'un et l'autre système, s'expriment à travers une variété de communications appelées : - lettres d'allégation, - lettre-communication, - appels urgents, - communiqués de presse et, - visites.

S'agissant des visites dans le cadre des procédures spéciales des organes de surveillance des violations des droits des détenus, le Cameroun a reçu en 1999, Sir NiguelRodley, Rapporteur spécial des Nations unies sur la torture qui a visité les prisons centrales de Yaoundé et Douala. Son successeur M. Manfred Nowak, dans le cadre du suivi-évaluation des recommandations, a saisi le gouvernement en 2002. Cet échange a permis au Cameroun de bénéficier de l'Union européenne un financement important dénommé PACDET I et II.En 2002, le Cameroun a reçu la visite de Mme Vera Shirwa, Rapporteuse spéciale de l'Union africaine sur les conditions de détention. En 2006, la Rapporteuse spéciale sur les défenseurs

des Nations unies et de l'Union africaine spécialisées sur les questions de promotion et de protection des droits de l'homme en établissement pénitentiaire, notamment en matière de prohibition de la torture et des mauvais traitements envers les personnes détenues, de préservation de l'État de droit. La sensibilité dont fait montre le gouvernement en la matière découle sans ambages de la place, du rôle et de l'importance qu'il accorde à la prison dans la structure de l'État. Car comme l'admet Andrew Coyle, bien qu'étant des lieux de privation de liberté, les prisons sont gérées par les pouvoirs publics à l'image des écoles et des hôpitaux, dans le but de contribuer au bien public. Ainsi dit : « L'État a le devoir de protéger la société contre la criminalité tout en favorisant le bien-être de tous les membres de la société. La bonne gestion des prisons apporte une contribution importante à ces responsabilités »[105].

Bien plus, relevons précisément que l'exécution des mandats de justice dans le domaine en présence débouche en principe soit sur la privation de liberté soit sur la présentation de l'accusé ou du prévenu devant les autorités judiciaires soit sur la libération. La liberté, qui constitue un droit sacré inaliénable, est au cœur de toutes les opérations pénitentiaires. Les pouvoirs publics, en régime démocratique, veillent scrupuleusement au respect des droits et libertés du citoyen. Raison pour laquelle, par principe, la qualité et la nature des autorités habilitées à décider de la privation ou de la restriction de liberté du citoyen sont qualitativement et quantitativement limitées.

Le CPP n'en a cité que les autorités judiciaires assurant soit le rôle du parquet soit du siège au sein des juridictions pénales. À cette liste, il conviendrait d'y adjoindre d'autres autorités reconnues par d'autres textes. Il s'agit d'une part des magistrats militaires exerçant soit comme ministère public soit comme instance de jugement dans les juridictions militaires ; et d'autre part les autorités administratives dans le cadre de l'accomplissement de leurs missions de responsable en chef du maintien de l'ordre, dans les unités administratives de leur ressort de compétences.

Quoi qu'il en soit, la mesure de restriction ou la peine de privation de liberté du citoyen ne peuvent intervenir qu'exceptionnellement, en guise de prévention ou correction pour ceux dont les actes ont entravé l'exercice de la

---

des droits de l'Homme en Afrique, Me Reine Alpini-Gansou, a visité les prisons centrales de Yaoundé et de Douala au Cameroun. Le rapport qu'elle a produit à l'issue de cette visite est alarmant et dégradant. En 2011, Me Reine Alpini-Gansou, en sa qualité de Commissaire en charge de la promotion des droits de l'Homme et accompagnée de notre compatriote Mme Lucy Asuagbor, Rapporteuse spéciale sur les défenseurs des droits de l'Homme en Afrique, après avoir visité les prisons centrales de Yaoundé, de Douala et de Buéa, n'a pas résisté à qualifier ce dernier pénitencier de camp de concentration, au regard du degré avancé de délabrement et d'inadéquation par rapport aux objectifs de l'emprisonnement qui le caractérise.

[105] Andrew Coyle, op cit., p. 19.

liberté d'autrui ou la jouissance d'un droit. Bref, c'est une réponse à la menace ou au trouble à l'ordre public, à la paix et à la concorde sociale. Analysant la notion de liberté qu'il rattache à celle de droit qui lui est consubstantielle, Alan Gewirth dégage un concept intéressant qu'il nomme : *le principe de la cohérence constitutive* (PCC). Celui-ci nous permet de mieux cerner à la lumière du CPP, les fondements de la mesure privative de liberté décidée à l'encontre d'un malfaiteur ou de la sanction privative de liberté infligée à ce dernier. Lisons plutôt ce qu'il en dit:

En général, le PCC exige que chaque individu soit libre d'agir comme il l'entend, tant qu'il ne menace ou ne viole pas les droits d'autrui à la liberté (par la contrainte) ou au bien-être (en leur portant préjudice). Les critères du « préjudice » sont très précis. Au plan personnel, le préjudice consiste à retirer ou à menacer les biens fondamentaux, conservatoires ou constitutifs auxquels tout individu possède des droits de bien-être[106].

Outre l'impact analysé au niveau personnel, Alan Gewirth précise sur un autre plan que : « Sur le plan sociopolitique, le préjudice consiste à violer les lois qui assurent ces biens, y compris les biens publics dont les avantages bénéficient nécessairement à tous les membres d'une société territorialement circonscrite »[107].

Dans ce registre, il convient de souligner que la protection et la promotion des droits l'homme ont inspiré, jusque dans ses derniers linéaments, l'esprit des rédacteurs du texte objet de cette modeste analyse. Il y a été plus clairement question de consolider le respect des droits du citoyen et tout simplement du justiciable, à toutes les phases de la procédure pénale, à partir de la police judiciaire jusqu'à, selon les cas, à la détention carcérale, en passant par l'instruction, l'information, le jugement, la relaxe ou l'acquittement ou la condamnation. Car, il est établi une énième fois que la procédure judiciaire débouchant sur la détention carcérale du malfaiteur ne devrait en aucun cas, quelle que soit l'atrocité du tort que ce dernier a causé à la victime, à la communauté, conduire à la mise entre parenthèses de la dignité de la personne humaine qu'il revêt. Le respect de celle-ci consiste, pour les personnels pénitentiaires, à œuvrer en toutes circonstances et toujours en sorte que le malfaiteur réponde de ses actes devant la Justice et après l'avoir fait, qu'il paie la juste rétribution de son infamie.

C'est-à-dire, qu'il subisse la sanction et seulement la sanction prononcée par le tribunal. La sanction pénale étant dès lors dépouillée de tout relent de

---

[106]Alan Gewirth, in *Droits de l'homme, (Défense et illustrations)*, Paris, Les éditions du Cerf/Nouveaux horizons, 1987, p.17. Pour la version française uniquement, car cet ouvrage est une traduction du livre publié par The University of Chicago Press, Chicago, III, sous le titre : *Human Rights. Essays on Justifications and Applications.*

[107] Idem.

vengeance soit des victimes soit de la société, les personnels pénitentiaires chargés de son application ne doivent pas perdre de vue que :

Une prison n'est pas une démocratie ! Cela étant dit, il importe que tout le personnel sache qu'une prison n'est pas non plus un royaume privé dominé par un personnel tout-puissant. Même le premier administrateur des prisons du pays ne jouit pas d'un pouvoir absolu sur la vie des détenus. Nous sommes assujettis à un ensemble de lois et de règles d'application[108].

La vie en communauté non enfermée est soumise à des principes et règles qui garantissent sa solidité, sa stabilité et sa sécurité. La prison ne saurait être en reste, fut elle une communauté enfermée. Car la pertinence de sa raison d'être réside en son ambition d'apprendre à ceux qui ont enfreint la loi aujourd'hui à la respecter demain coute que vaille.

Si dans le « monde libre » la police peut seulement appréhender et faire inculper et condamner des gens pour des activités déclarées illicites par les autorités, il en va de même de la prison. Le système carcéral obéit à un certain nombre de lois. On peut user de mesures disciplinaires contre un prisonnier que s'il a enfreint ces lois. Tout comme une personne libre jouit de certains droits qui dictent la façon dont elle peut être arrêtée et jugée, le prisonnier se trouve protégé dans sa prison[109].

Acquérir cette haute dimension de l'esprit reste une conquête permanente. Une victoire jamais définitivement acquise. Un édifice inachevé, à la construction duquel on juge l'entregent de chaque génération d'hommes et chaque époque de l'histoire de l'humanité. C'est donc dire que cette interpellation devrait résonner dans l'esprit de chaque acteur du système de justice pénale au Cameroun, notamment ceux de l'A.P., afin de répondre à cette interrogation poignante de M. Federico Mayor, directeur général de l'UNESCO entre 1987 et 1999 formulée ainsi qu'il suit :

À l'aube du XXIe siècle, une question décisive devrait hanter la communauté internationale : nous donnons-nous les moyens - politiques, sociaux, individuels - d'appliquer les principes que nous nous sommes engagés à promouvoir ? De faire des droits de l'homme une réalité de

---

108Guide de formation de base du personnel carcéral. « Version générique » élaborée pour la République du Cameroun, le 8 octobre 1997, pp. 24-25. Ce document a été élaboré par Brendan Reynolds et Gary Hill du Service correctionnel du Canada, avec le soutien financier du Fonds canadien pour la démocratie ; le Conseil consultatif professionnel et scientifique international (CCPSI) et l'Alliance des organisations non gouvernementales pour la prévention du crime et de la justice criminelle des Nations unies, qui ont fourni les informations requises.

109 Ibid.

chaque jour, l'alpha et l'oméga de la paix, du développement et de la démocratie ?[110]

Le CPP semble avoir consacré l'essentiel de son esprit, dans le domaine de l'A.P. notamment, à cette vision. Il est judicieux de s'en servir comme d'une boussole.

I. Des modalités d'exécution du mandat d'arrêt

I.1. Que dit la loi ?

ARTICLE 19 : (1) La personne arrêtée en vertu d'un mandat d'arrêt est conduite sans délai devant le Juge d'Instruction ou le président de la juridiction qui l'a décerné, lequel peut en donner sur-le-champ mainlevée, si cette personne fournit l'une des garanties prévues à l'article 246 (g).

(2) a) Dans le cas contraire, elle est conduite immédiatement à la prison indiquée sur le mandat, sous réserve des dispositions de l'alinéa 3 du présent article.

b) Dans les quarante-huit (48) heures qui suivent l'incarcération de cette personne, il est procédé à son interrogatoire par le juge d'instruction ou, le cas échéant, dès la plus prochaine audience par la juridiction du jugement qui a décerné le mandat d'arrêt.

(3) Le juge d'instruction ou la juridiction de jugement statue sur la détention dans les conditions prévues aux articles 221 et 222.

(4) Si la personne est arrêtée hors du ressort territorial du juge d'instruction ou de la juridiction de jugement qui a délivré le mandat, elle est conduite immédiatement devant le procureur de la République du lieu de l'arrestation, lequel informe sans délai le juge d'instruction ou le président de la juridiction ayant délivré le mandat, de l'arrestation, de ses diligences et requiert le transfèrement de la personne arrêtée.

I.2. Commentaire

§10 : *Abordons à présent les problèmes qui pourraient émaner de l'exécution du mandat d'arrêt. Cet article dispose dans ses alinéas 1, 2 et 3 que le régisseur de prison doit admettre dans son établissement tout individu faisant l'objet d'un mandat d'arrêt sur présentation dudit mandat. Mais dans les quarante-huit (48) heures qui suivent, il faut que ce mandat d'arrêt soit régularisé par un mandat de détention provisoire ou d'incarcération décernée soit par le juge d'instruction soit par le président du tribunal.*

---

[110]*Les clés du XXIe siècle*, préface de Koichiro Matsuura, directeur général de l'UNESCO, Paris, Seuil (éditions UNESCO), p. 343, avril 2000 pour l'édition française. Ouvrage dirigé par Jérôme Bindé.

Attention ! L'interprétation des dispositions de cet article peut prêter à confusion à plus d'un titre.

Une lecture littérale de l'article 19 du CPP pourrait facilement conduire à une interprétation spécieuse. Nous disons bien littérale, car dans ce Code, tout est organisé pour que chacun fasse son travail et ne fasse que son travail. Considérant que le régisseur de prison ne reçoit des détenus dans l'établissement dont il a la charge qu'en vertu d'un mandat de justice légal, il ne doit les libérer qu'en vertu d'un autre mandat de justice lui aussi légal et qui, pour le cas en présence, est l'opposé du premier. Quoi de plus logique !

§11 : *S'agissant du même article, considérons, un tant soit peu, l'hypothèse selon laquelle dans les quarante-huit (48) heures qui suivent, la situation judiciaire de cet « individu » n'a pas été régularisée par le magistrat de la juridiction compétente ayant servi ledit mandat. Le régisseur de prison devrait se trouver dans l'embarras quant à procéder légalement à la mise en liberté immédiate de cet « individu » ou son maintien en détention.*

Surtout pas. Il peut arriver qu'il y ait un embarras ou un problème concernant la situation pénale d'un détenu. Le régisseur de prison gagnerait à se rapprocher du responsable de la juridiction compétente dans le cadre de la franche collaboration. Il ne doit prendre aucune initiative qui pourrait s'avérer inconvenante et déplacée. Il s'agit ici pour le régisseur de prison de faire recours à son intelligence théorique et pratique pour analyser objectivement la situation à régler, afin de la porter le plus rapidement possible à la connaissance du procureur de la République et/ou du juge d'instruction qui donneront l'orientation finale et légale qui sied à la situation pénale en présence.

§12 : *Nous avons égrainé douze (12) mentions qui doivent figurer sur tout mandat de justice, à l'exception du mandat d'extraction. Ces mentions portent entre autres sur l'identité du délinquant ou du criminel, celle du responsable de la juridiction qui délivre le mandat, celle de la prison qui doit l'accueillir... Mais, il peut arriver au chef d'un établissement pénitentiaire de constater que certains mandats n'indiquent pas avec clarté et précision toutes les mentions requises*[111].

Il existe des modèles types[112] de tous les mandats de justice que nous avons mentionnés. Ces modèles ont été conçus à la Chancellerie dans les deux langues officielles et sont les mêmes dans tout le Cameroun. Ces modèles comportent toutes les références légales et la qualité du signataire

---

[111]Voir spécimen supra.

[112] Un mandat de détention provisoire est établi sur un modèle type portant cinq mentions fondamentales à savoir : l'identité du délinquant/criminel, le motif de la détention, l'identité de l'émetteur et du destinataire, la durée de la détention.

en bas de page. Il est clair que si les parties concernées (le signataire et le destinataire du mandat) collaborent franchement, le risque que nous évoquons est nul. Les omissions et les incompréhensions figurant sur certains mandats de justice seraient rapidement corrigées, sans que le souci de vérification du destinataire s'apparente à une obstruction à l'exécution dudit mandat de justice.

À cet égard, nous ajoutons que les mentions devant figurer sur ces mandats sont d'une importance capitale, car elles permettent de s'assurer de l'identité exacte de la personne incarcérée, comme de l'authenticité de la qualité de l'auteur de l'acte qui ordonne son incarcération. Dès lors, afin d'éviter toute erreur regrettable et préjudiciable à tout citoyen et au fonctionnement de la justice, le régisseur de prison doit, tout en assurant la garde des détenus à lui confiés, procéder à toutes les vérifications tendant à compléter et à établir l'authenticité des informations énoncées au mandat de justice qui lui est destiné auprès des responsables des services compétents qui l'ont délivré.

En somme, on ne le dira jamais assez, au cas où le mandat de justice n'indiquerait pas avec clarté et précision toutes les mentions requises, le régisseur doit s'en référer au signataire de celui-ci qui, à son tour et à son niveau, a l'obligation de donner suite aux sollicitations de son collaborateur. Cela rentre dans le cadre de la saine collaboration entre les maillons d'une même chaîne que constitue le système de justice pénale.

§13 : *Le régisseur doit s'en référer au signataire du mandat de justice sans aucun doute. C'est une simple question de bon sens et de bonne collaboration. Toutefois, il subsiste toujours un problème. Dans l'intervalle de temps qui sépare le constat des anomalies et la saisine du signataire de l'acte, il est important de savoir où doivent se trouver le délinquant et/ou le criminel contre lesquels sont décernés lesdits mandats de justice et en faveur desquels le besoin de clarification de la situation s'impose.*

Une fois de plus, nous insistons sur le fait qu'une bonne collaboration règle ce genre de situations déplorables. Quand il y a un problème, il est impérieux que la liaison s'établisse aussitôt entre les deux maillons de la chaîne. Nous insistons sur le fait que le destinataire doit se rapprocher du signataire du mandat de justice litigieux, en veillant à ce que le souci de vérification ne soit assimilable ni à une suspicion d'obstruction à l'exécution dudit mandat ni à une manœuvre malveillante dissimulée, orchestrée en vue de ternir l'image ou de compromettre la compétence professionnelle de son auteur.

II. Des atténuations au principe de la compétence territoriale des centres pénitentiaires

II.1. Que dit la loi ?

ARTICLE 27 : (1) Les mandats de justice sont exécutoires sur toute l'étendue du territoire national.

(2) tout mandat demeure exécutoire sauf son retrait par le magistrat compétent.

II.2. Commentaire

§14 : *Le régisseur de prison peut, sans encourir de sanctions, recevoir dans le pénitencier dont il a charge, des délinquants et/ou criminels faisant l'objet de mandats de justice délivrés par une juridiction dont il ne dépend pas territorialement.*

Cela est possible, sous réserve de l'accord du procureur de la République. Car, il importe de le redire, ce fonctionnaire à la lourde charge de veiller sur l'exercice des libertés publiques et individuelles, conformément aux lois et règlements en vigueur. Il est le « gardien » des libertés du citoyen, consacrées par divers instruments juridiques nationaux et internationaux et, toute privation ou restriction de celles-ci de la part de ses auxiliaires doivent impérativement obtenir son approbation. Dans cette optique, le fait pour le régisseur de prison de donner suite à un mandat de justice délivré par une juridiction dont ne dépend pas territorialement le pénitencier qu'il dirige, en collaboration avec le procureur de la République dont il dépend, est légal. La sage collaboration devant être cultivée entre le Parquet et l'AP d'une part et, entre le Siège et l'AP d'autre part, permet une application sans fard ni fioriture de l'article 27 du CPP qui, sans équivoque, énonce que : « Les mandats de justice sont exécutoires sur toute l'étendue du territoire national»[113].

En effet, en portant le regard plus loin, il nous apparaît que cette situation relève de ce qu'on pourrait appeler la compétence nationale. Il convient toutefois de souligner que celle-ci rentre dans le cadre des situations

---

[113]Outre le fait qu'ils soient exécutoires sur toute l'étendue du territoire national, les mandats de justice sont exécutoires à tout moment, c'est à dire tous les jours y compris le samedi, le dimanche et les jours fériés. Cette nouvelle exigence du CPP a conduit les responsables des établissements pénitentiaires à adapter le fonctionnement de leurs services à cette nouvelle contrainte à travers la création du poste de travail désigné « officier de semaine » là où il n'existait pas, ou en donnant du grain à moudre à son préposé là où il existait déjà. L'officier de semaine prend la relève de tous les responsables de l'établissement pénitentiaire après les heures et jours réguliers de travail. Il doit agir à leur lieu et place pour faire face à toute éventualité, puis il est tenu de rendre compte à la hiérarchie le lendemain ou à l'immédiat en fonction de la question en jeu. Il tient à cet effet un registre appelé la main courante.

exceptionnelles, c'est-à-dire qui ne surviennent pas régulièrement ; parce que très espacées dans le temps. Car le principe voulant qu'on respecte la compétence territoriale des établissements pénitentiaires, le non-respect de celle-ci est une exception qui est provoquée par un « accident social »[114] dont la gestion prévenante permet aux autorités judiciaires et pénitentiaires d'avoir une marge de manœuvre étendue.

III. Justificatifs de la détention provisoire et modalités d'émission du mandat y relatif

III.1. Que dit la loi ?

CHAPITRE II

DE LA DÉTENTION PROVISOIRE

ARTICLE 218 : (1) La détention provisoire est une mesure exceptionnelle qui ne peut être ordonnée qu'en cas de délit ou de crime. Elle a pour but de préserver l'ordre public, la sécurité des personnes et des biens ou d'assurer la conservation des preuves ainsi que la représentation en justice de l'inculpé.

Toutefois, un inculpé justifiant d'un domicile connu ne peut faire l'objet d'une détention provisoire qu'en cas de crime.

(2) Le juge d'instruction peut décerner un mandat de détention provisoire à tout moment après l'inculpation, mais avant l'ordonnance de renvoi, pourvu que l'infraction soit passible d'une peine privative de liberté. Il prend tout de suite une ordonnance motivant sa décision de mise en détention provisoire. Cette ordonnance est notifiée au procureur de la République et à l'inculpé.

ARTICLE 220 : (1) Le mandat de détention provisoire est établi en un original et une copie.

(2) L'original et la copie sont transmis pour exécution au régisseur de la prison. Celui-ci retourne immédiatement au juge d'instruction l'original revêtu de la mention d'écrou et garde la copie dans le dossier pénitentiaire de l'inculpé.

---

[114]Il peut s'agir ici d'évènements imprévus (guerre, émeutes, etc.), brisant momentanément le pacte social et impliquant des acteurs de premier rang divers, exerçant leurs fonctions ou leurs activités dans une circonscription administrative donnée. Il est question de prévoir des dispositions tendant à les soustraire à l'ignominie ou à la violence de leurs administrés ou populations, rendues possibles par leur l'incarcération dans l'établissement pénitentiaire de leur localité de résidence.

III.2. Commentaire

§15 : *Au regard des dispositions de l'article 220 ci-dessus. Il ressort de cela que les autres mandats de justice destinés aux responsables des établissements pénitentiaires seront établis différemment désormais.*

Conformément à la nouvelle loi, le mandat de détention provisoire est établi en deux pièces : un (01) original et une (01) copie. Il en est également du mandat d'incarcération. Il est clair que cette exigence n'est pas valable pour les autres types de mandats de justice.

§16 : *On observe qu'un changement est intervenu à ce stade. Toute chose qui doit avoir un ou plusieurs mobiles.*

On pourrait avoir la tentation de s'interroger sur le pourquoi de ce changement. Par ailleurs, relevons que sur le plan éthique, non seulement cela est déconseillé, mais aussi il n'est pas sain de s'interroger sur les mobiles des innovations d'un texte et à plus forte raison, celles contenues dans la loi qu'est le CPP. Cela donne, à bien des égards, l'impression gênante d'une présomption de résistance à leur application. Le Code est une loi qui a déjà été votée par la représentation nationale, réunie en session ordinaire, au palais de l'Assemblée nationale et elle a été promulguée par le président de la République, conformément à la procédure en vigueur. Ce texte majeur appartient désormais à notre droit positif. Il faut en prendre acte et l'appliquer intégralement, le plus rapidement et le mieux possible.

§17 : *Il se pose à coup sûr ici la nécessité pour le régisseur de prison de retourner immédiatement les originaux*[115] *des mandats de détention provisoire et les mandats d'incarcération délivrés par le procureur de la République, le juge d'instruction et le tribunal.*

Chaque mandat de justice qui emporte privation de liberté en établissement pénitentiaire a son signataire. Le régisseur de prison, destinataire du mandat de justice, l'exécute en y apposant les mentions d'écrou, il se rassure de la présence physique effective de celui contre qui le mandat de justice est émis, garde copie au greffe de la prison et retourne l'original, au signataire de celui-ci. C'est bien ce que dit la loi et rien de plus.

§18 : *L'on peut, nolens volens, se réjouir de la venue de cette précaution qui relèverait davantage, nous semble-t-il, du souci de combattre les pertes dont étaient coutumiers les greffes du Parquet de dossiers judiciaires de certaines personnes en détention.*

---

[115] Jusqu'au 31 décembre 2006, le régisseur de prison conservait l'original du mandat de détention émis contre toute personne poursuivie par la justice pénale et retournait au magistrat auteur dudit, la copie assortie des mentions d'écrou.

Cela est possible. Mais il semble davantage que les dispositions de cet article participent du souci de renforcer la bonne administration de la justice pénale, dans le nouvel environnement judiciaire et pénitentiaire qui se bâtit au Cameroun. À titre de rappel, considérons que l'objectif ici est de mettre définitivement un terme aux situations choquantes, embarrassantes et inhumaines observées autrefois, et de façon récurrente dans certains établissements pénitentiaires et greffes des juridictions. Celles-ci se traduisaient par l'absence de toute trace écrite justifiant la présence en détention de certaines personnes. Cette situation se prolongeait par ailleurs, par l'absence au greffe de la prison des décisions d'audiences ordonnant la libération de certains prisonniers, alors que le jugement avait bel et bien été rendu par le tribunal et la peine totalement ou partiellement exécutée. Toutes ces tares conjuguées et affichées par le système de justice pénale, faisant perdre toute légalité à la détention et, par ricochet, ternissant l'image des juridictions pénales et de l'A.P.

IV. De l'importance du suivi des délais de la détention provisoire pour l'A.P.

IV.1. Que dit la loi ?

ARTICLE 219 : Outre les mentions prévues à l'article 26, le mandat de détention provisoire doit préciser la durée de sa validité conformément aux dispositions de l'article17.

ARTICLE 221 : (1) La durée de la détention provisoire est fixée par le juge d'instruction dans le mandat. Elle ne peut excéder six (6) mois. Toutefois, elle peut être prorogée par ordonnance motivée, au plus pour douze (12) mois en cas de crime et six (6) mois en cas de délit.

(2) À l'expiration du délai de validité du mandat de détention provisoire, le juge d'instruction doit, sous peine de poursuites disciplinaires, ordonner immédiatement la mise en liberté de l'inculpé, à moins qu'il ne soit détenu pour autre cause.

IV.2. Commentaire

§19 : *Il est prévu ce que devrait faire le régisseur de prison lorsqu'il constate que le délai de validité du mandat de détention provisoire délivré par le juge d'instruction concernant les détenus dont il assure la garde est parvenu à expiration.*

L'article 221 al. 2 du CPP dispose que seul le juge d'instruction est disciplinairement[116] responsable de ce genre de manquement. Mais, comme cela a été dit plus tôt, une bonne collaboration, c'est-à-dire sans tambour ni trompette, permet de régler beaucoup de problèmes de cet acabit. Le CPP, si précis qu'il soit, n'a jamais disposé qu'il soit mis fin à la nécessaire collaboration qui doit exister entre les membres de la chaîne judiciaire. Il est à rappeler dans la même veine que conformément aux dispositions de l'article sus-évoqué, la durée de la détention provisoire est de six (06) mois. Cette durée ne peut être prorogée que par une ordonnance motivée du juge d'instruction pour une durée n'excédant pas douze (12) mois, en cas de crime, et six (06) en cas de délit, soit au total dix-huit (18) mois, pour la première catégorie d'infraction et douze (12) mois, pour la seconde catégorie. À l'expiration desdits délais, cette autorité doit ordonner la mise en liberté de l'inculpé, sous peine de poursuites disciplinaires.

En d'autres termes et selon le principe du parallélisme des formes et des procédures, seul le juge d'instruction a qualité dans ce domaine. Dès lors, le rôle du régisseur de prison est d'en référer[117] au juge d'instruction compétent, lorsqu'il constate l'expiration des délais sus évoqués. En fait, les états[118] mensuels des personnes privées de liberté en milieu carcéral (prévenus et condamnés) établis par les régisseurs de prison apparaissent comme une boussole incontournable, permettant de garder un œil vigilant sur cette situation sensible qu'est le respect des délais de la détention provisoire ainsi que de la durée de la peine d'emprisonnement. Dans le cadre de la bonne collaboration esquissée par le CPP, souhaitée et recherchée de tous leurs vœux par les acteurs du système de justice pénale, les régisseurs de prison devront travailler en synergie avec les PR et les JI de céans, afin

---

[116]Le JI peut être appelé à répondre de ses manquements professionnels devant le Conseil de discipline en cas de violation des dispositions du CPP relatives à la durée de la détention provisoire en cas de crime et de délit. Et s'il venait à être déclaré coupable par sa hiérarchie, sa carrière administrative est en péril du fait de sévères sanctions disciplinaires qui s'abattraient sur lui.

[117]Certains régisseurs, pour faire efficacement face aux difficultés qui pourraient émerger du recensement des personnes faisant l'objet d'une détention provisoire, adressent maintenant au Parquet dont ils dépendent les états mensuels, et non plus trimestriels, des détentions provisoires. Ces documents devraient servir de tableau de bord au JI s'ils sont judicieusement exploités en plus de ceux tenus dans ses services.

[118]Les états des détenus dressés mensuellement par les régisseurs de prison sont destinés aux autorités judiciaires de leur ressort, aux délégués régionaux du ressort de l'établissement pénitentiaire et au ministre de la Justice, garde des Sceaux. Ces états font partie intégrante des statistiques judiciaires, que M. Tamagne, ingénieur statisticien, a définies dans son exposé présenté sur ce thème, lors de la réunion annuelle des chefs de Cours d'appel, à Yaoundé, les 6 et 9 décembre 2011, comme : « un ensemble de données chiffrées relatives aux activités judiciaire et pénitentiaire. Elles sont essentiellement de source administrative et appartiennent au groupe des statistiques sociales ».

d'éviter de se trouver en situation de conflictualité avec la loi ou de contribuer à favoriser celle-ci chez leurs partenaires.

§20 :*L'érection en établissement pénitentiaire relevant du ministère de la Justice d'anciens locaux de garde à vue appartenant au Secrétariat d'État à la défense chargé de la Gendarmerie nationale à Yaoundé et ; à la Base navale appartenant à l'Armée marine à Douala, où sont détenues certaines personnalités ayant assumé de hautes fonctions dans l'appareil administratif et gouvernemental au Cameroun, met un terme au débat ayant opposé diamétralement pendant près d'une décennie, les théoriciens et les praticiens du droit pénal et du droit pénitentiaire, quant à la détermination du régime juridique de ces enceintes.*

Ce débat a démontré toute sa pertinence. Et l'une des preuves de sa fécondité réside sur le fait que le gouvernement de la République, à travers son préposé le plus concerné par la question en jeu, a émis un acte[119] qui a retiré le contrôle et la gestion de ces locaux et leurs occupants des mains des militaires (ministère de la Défense), pour les confier à l'A.P. (ministère de la Justice). Si en théorie cela est un acquis, voire une avancée significative ; en pratique, il est cependant attendu que les personnels pénitentiaires investissent ces nouveaux établissements pénitentiaires pour y exercer leur office quotidiennement selon les règles de l'art dont ils ont acquis le secret.

Sur ce plan, le problème soulevé par les partisans du respect de la légalité du lieu de détention, suivant les prescriptions du CPP, est totalement résolu. Toutefois, le seul bémol qui subsiste encore, est que ces deux prisons sont implantées dans des domaines militaires. Sur le plan de l'image sociale et politique desdites institutions, c'est une tâche. Mais, comparativement à la situation antérieure, cela devrait être reconnu moins grave. Car « de deux maux, il faut choisir le moindre », dit l'adage.

Par ailleurs, à travers un regard critique de professionnel du droit pénitentiaire, il apparaît que la qualification administrative de ces deux prisons nouvellement créées trahit l'esprit et la lettre du décret n° 92/052 du 27 mars 1992 portant régime pénitentiaire au Cameroun, qui avait pris le soin de dresser la nomenclature des centres pénitentiaires au Cameroun, tant au plan fonctionnel qu'organique. Cet instrument juridique basique de l'A.P. au Cameroun a défini la nature des activités, ainsi que l'organisation de chaque établissement pénitentiaire pour résoudre les problèmes émanant de la prise en main de la population carcérale qui lui est destinée, en tenant compte des situations spécifiques et diverses qu'elle pourrait présenter d'une part et ceux découlant de la gestion des personnels pénitentiaires, tous cadres et grades confondus, d'autre part.

---

[119]Arrêté n° 2012/149 du 25 mai 2012 portant création des établissements pénitentiaires.

À la lumière des prescriptions du décret précité, il existe au Cameroun cinq catégories de prisons (art. 2), suivant la nature de leurs activités, lesquelles sont désignées ainsi qu'il suit :

- les prisons d'orientation ou de sélection (1) ;
- les centres de relégation (2) ;
- les prisons de production (3) ;
- les prisons-écoles (4) et
- les prisons spéciales (5).

En outre, ce texte de droit s'évertue à définir et à préciser en tant que de possibilités, les lieux d'implantation respectifs de chacune des cinq catégories de prisons sus-énoncées, en induisant une autre catégorisation basée sur leurs spécifications fonctionnelles.

À l'analyse, il se dégage du point de vue fonctionnel d'abord que les prisons d'orientation ou de sélection sont essentiellement créées pour faire face au problème d'accroissement de la population urbaine, avec son corollaire qu'est la montée préoccupante de la délinquance et de la criminalité, notamment dans les grandes métropoles, à l'instar de : Douala[120], Yaoundé, Maroua, Bafoussam, Bamenda, Garoua, Bertoua, Buea, Ngaoundéré, Ebolowa. Pour preuve, chacune de ses grandes villes est, pour l'heure, la capitale d'une région administrative abritant sur son territoire un établissement pénitentiaire surpeuplé.

En clair, les prisons d'orientation ou de sélection (art. 3) reçoivent le « tout-venant », à charge pour les responsables qui les dirigent de procéder, en temps opportun, à la répartition de toutes les différentes catégories pénales et pénitentiaires qui s'y trouvent dans les établissements pénitentiaires de niveau d'activité inférieur, implantés dans ou en dehors du ressort de la région administrative. Cette analyse est en adéquation avec celle développée au paragraphe 14, qui met en exergue les avantages de la compétence nationale circonstancielle attribuée au magistrat du Parquet.

---

[120]Après l'incendie survenu en 2010 à la prison centrale de Douala et qui a causé d'importants dégâts matériels et humains, le président de la République, S.E. Paul Biya a instruit au GDS de mettre en œuvre le projet de construction d'une prison de 5000 places à Douala pour faire face à surpopulation carcérale devenue endémique au sein de ce pénitencier, et à l'origine du climat d'insécurité tant pour les personnels, les détenus eux-mêmes que les riverains qui s'y développe. Le projet de construction de cette méga prison est à la phase de mobilisation des financements après le choix du site appelé Ngoma, vers Japoma, une banlieue de Douala.

V. Éléments statistiques relatifs aux établissements pénitentiaires et à la surpopulation carcérale au Cameroun

Tableau 3 : Statistiques de la population carcérale dans les prisons centrales au Cameroun au 31 juillet 2013.

Prisons centrales de	**Yaoundé**	**Douala**	**Bafoussam**	**Bertoua**	**Maroua**	**Garoua**	**Buea**	**Bamenda**	**N'gaounderé**	**Ebolowa**
Pop. Totale	4004	2540	941	410	911	1246	578	431	710	383
Cap. d'accueil	1000	800	600	250	400	500	250	500	600	250
% d'occupation/ surpop.	400%	317.5%	156,8%	164%	227.75%	249.2%	231%	-86.2%	118.33%	153.2%
Total : 12 154 détenus										

Source : l'auteur.

- Pop. : Population ; - Cap. : Capacité ; - % : Pourcentage ; - Surpop : Surpopulation.

Commentaire : À la lumière du tableau ci-dessus, il se dégage en matière organique d'une part (dans leur rôle de prison de sélection et d'orientation) et du point de vue de leurs activités d'autre part que presque toutes les prisons centrales au Cameroun sont surpeuplées. La prison centrale de Yaoundé figure en tête de liste avec un taux record de quatre unités au-dessus de la norme, suivie par ordre décroissant par les PC de Douala (trois unités), Garoua, Buéa, Maroua (un peu plus de deux unités chacune), Bertoua, Bafoussam, Ebolowa (une unité et demie chacune) et Ngaounderé (un peu plus d'une unité). La PC de Bamenda est la seule sous-peuplée à la date de réalisation de cette collecte.

Par ailleurs, d'un point de vue statistique il y a lieu de signaler que par un arrêté du 13 juillet 2015 du ministre de la Justice, garde des Sceaux, le nombre de prisons centrales est passé de 10 à 11, du fait de la création à Douala d'une seconde prison centrale dénommée prison centrale de Douala-Ngoma. Étant donné sa capacité d'accueil annoncée à 5000 places, il est plaisant de souligner que le Cameroun va bientôt se doter d'un méga pénitencier qu'il importerait de gérer comme un complexe pénitentiaire comportant plusieurs pavillons différents ou unités autonomes et spécialisées, au regard des catégories pénales et sociales des personnes détenues que ces différents pavillons ou unités spécialisées seront habilités à accueillir ainsi que des profils criminels de celles-ci. Lorsque cette prison aura été construite et mise en fonctionnement, il convient de reconnaître à la vérité que le Cameroun réduira son écart du peloton de tête des pays disposant en Afrique et dans le monde de méga pénitenciers, tenu respectivement par les USA (le complexe pénitentiaire de Rikers Island à New-York qui peut accueillir près de 17.000 détenus), l'Inde (la prison de Tihar à New Delhi pouvant accueillir près de 10.000 détenus) et le Brésil (la prison de São Paulo) se situant dans la même proportion.

Pour y parvenir, le Cameroun va donc se soumettre à d'importantes exigences en matière architecturale et fonctionnelle pour la construction et l'équipement des différents pavillons de ce méga pénitencier, afin de leur permettre de faire face à la fois singulièrement et collectivement et le plus adéquatement possible, aux défis majeurs qui interpellent les centres pénitentiaires modernes en l'occurrence : la sécurité des personnes détenues, du personnel et de la population ; la prise en charge pénitentiaire adéquate des personnes détenues et l'accueil des visiteurs par le personnel ; la préparation à la réinsertion sociale et professionnelle des personnes détenues ; et l'insertion dans la communauté locale de l'infrastructure carcérale.

La satisfaction de ces exigences par chaque État ou gouvernement est indispensable pour que la prison nouvellement construite joue le rôle difficile et complexe qui est sien dans la prévention de la criminalité. Peter Maurer, président du *Comité international de la Croix rouge* le souligne fort à propos :

Nous sommes d'avis que lorsqu'un État ressent la nécessité de construire une nouvelle prison, cela doit être saisi comme une occasion : (1) d'évaluer la pertinence et l'efficacité des politiques et pratiques criminelles, tant en ce qui concerne le respect des normes internationales que les alternatives à la détention ; (2) *d'examiner et repenser les intentions de l'État en matière d'emprisonnement ; (3) de mettre en œuvre des changements visant à combler les lacunes et les faiblesses du système carcéral ; (4) de moderniser les politiques et procédures de gestion ; (5) de moderniser le domaine pénitentiaire et de fermer les lieux de détention hors normes. Il est largement admis que les prisons doivent non seulement assurer la dignité des personnes privées de liberté, mais aussi promouvoir leur réinsertion et maintenir leur lien avec la société. Ces exigences doivent être incorporées non seulement dans les procédures et les pratiques, mais aussi dans la conception de la prison elle-même.*

Nota : la capacité d'accueil de chaque prison indiquée dans les tableaux 3 (ci-dessus) 4 et 5 (ci-dessous) est celle annoncée par l'administration. En revanche, la capacité d'accueil arithmétique obtenue sur la base des éléments techniques fournis par les normes du CICR recommande que chaque personne détenue ait droit à une surface au sol au moins égale à 3.5 m^2 dans une cellule individuelle (comprenant son lit ou matelas d'une superficie de 1.6 m^2). Ainsi, un local de détention devant accueillir 10 personnes doit avoir une superficie au plancher au moins égale à 35 m^2. Des calculs peuvent donc être faits avec précision pour s'assurer que la capacité d'accueil administrative annoncée correspond à celle de la superficie effective allouée aux zones de détention de chaque prison.

Tableau 4 : Statistiques de la population carcérale dans les prisons principales au Cameroun au 31 juillet 2013

Prisons princ. De	Pop. totale	Cap. d'accueil	% d'occu. /surpop.	Tot.gnl d'incar. / rég.Pén.	Total/ Prisons
Région pénitentiaire de l'Adamaoua					
Banyo	142	70	202.85 %	**462**	**04**
Meiganga	118	200	59%		
Tignere	73	120	60%		
Tibati	129	80	161.25%		
Région pénitentiaire du Centre					
Akonolinga	313	300	104.3%	**2731**	**13**
Bafia	312	350	89.14%		
Eseka	252	200	126%		
Mbalmayo	360	200	180%		
Mfou	322	300	107.33%		
Monatele	479	150	319.33%		
Nanga-Eboko	282	150	188%		
Yaoundé	120	250	48%		
Mbankomo	Créée le 10/10/ 2012	/	/		
Ngoumou	07	300	2.33%		
Ntui	94	300	31.33%		
Sa'a	161	100	161%		
Yoko	29	700	4.14%		
Région pénitentiaire de l'Est					
Abong-Mbang	152	200	76%	**517**	**03**
Batouri	177	150	118%		
Yokadouma	188	400	47%		
Région pénitentiaire du Nord-Ouest					
Mbengwi	77	200	38.5%		**06**
Wum	108	350	30.85%		
Nkambe	106	150	70.66%		

Ndop	135	150	90%	**617**	
Kumbo	127	200	63.5%		
Fundong	64	100	64%		
Région pénitentiaire de l'Ouest					
Mbouda	426	250	170.4%	**1353**	**08**
Mantoum	80	500	16%		
Foumban	223	250	89.2%		
Dschang	280	120	233.33%		
Bangangte	125	150	83.33%		
Bafang	210	300	70%		
Baham	09	300	2,7%		
Mbandjoun	Créée le 10/10/2012	/	/		
Région pénitentiaire du Sud					
Kribi	245	150	163.33%	**672**	**03**
Sangmelima	236	200	118%		
Ambam	191	100	191%		
Région pénitentiaire du Sud-ouest					
Kumba	328	150	218.66%	**443**	**05**
Mamfé	115	200	57.5%		
Bangem	00	100	00%		
Menji	Créée le 10/10/2012	/	/		
Limbé	Créée le 13/07/2015	/	/		
Région pénitentiaire de l'Extrême- Nord					
Kaele	338	150	225.33%	**1814**	**05**
Kousseri	377	200	188.5%		
Mora	286	250	114.4%		
Yagoua	355	250	142%		
Mokolo	458	200	229%		
Région pénitentiaire du Littoral					
Nkongsamba	365	200	182.5%	**1009**	**05**
Edéa	290	150	193.33%		

Yabassi	76	150	50.66%		
Mbanga	278	150	185.33%		
Douala-Bonaberi	Créée le 13/07/2015	/	/		
Région pénitentiaire du Nord					
Guider	316	150	210.66%	**760**	**04**
Poli	90	50	180%		
Tcholliré I	254	50	508%		
Tcholliré II	100	400	25%		

10.378 détenus	**56 prisons principales dont 06 non fonctionnelles**

Source : l'auteur.

- Pop. : Population ; - Princ. : principale ; - Cap. : Capacité ; - Occu. : occupation ; -Surpop. : surpopulation ; - % : Pourcentage ; - Surpop : Surpopulation ; Tot. Gnl d'incar. : total général d'incarcération ; - Rég. pen. : Région pénitentiaire ; - / : par.

Commentaire : À la lumière du tableau ci-dessus, il se dégage que le défi de la maîtrise des effectifs carcéraux offre trois cas de figure divergents, à savoir : (1) les régions ayant des prisons connaissant une surpopulation absolue (l'Extrême-nord, le Littoral, le Nord, le Sud et le Centre). (2) les régions ayant des prisons connaissant une surpopulation relative, en l'occurrence : le Sud-ouest, l'Ouest, l'Est et l'Adamaoua. (3) les régions ayant des prisons connaissant un sous-peuplement, telles que le Nord-ouest et l'Est.

Par ailleurs, d'un point de vue statistique il y a lieu de signaler que par arrêté du 13 juillet 2015 du ministre de la Justice, garde des Sceaux, le nombre de prisons principales est passé à 56 (dont 06 non fonctionnelles), du fait de la création respectivement à Douala et à Limbé d'une prison principale dénommée prison principale de Douala-Bonaberi d'une part et ; prison principale de Limbé d'autre part. La capacité d'accueil annoncée de chacun des deux pénitenciers est de300 places.

Tableau 5 : Statistiques de la population carcérale dans les prisons secondaires au Cameroun au 31 juillet 2013.

Prisons secon. De	**Pop.totale**	**Cap. d'accueil**	**% d'occu. /Surpop.**	**Tot. Gnl d'incar. /rég. pén.**	**Tot. /Prisons**
Région pénitentiaire du Centre					
Yaoundé	Créée le 25/05/2012	Inconnue	/	**34**	**02**
Ndikinimeki	34	100	34%		
Région pénitentiaire de l'Est					
BétaréOya	06	100	06%	**74**	**05**
Doumé	22	50	44%		
Lomié	14	150	9.3%		
Messaména	13	125	10,4%		
Mouloundou	19	50	38%		
Région pénitentiaire du Nord-Ouest					
Bali	Créée le 10/10/2012	/	/	/	**02**
Batibo	Créée le 10/10/2012	/	/		
Région pénitentiaire de l'Ouest					
Bazou	21	100	21%	**159**	**02**
Foumbot	138	150	88%		
Région pénitentiaire du Sud					
Djoum	45	100	45%	**45**	**02**
Bengbis	/	/	/		
Région pénitentiaire du Sud-Ouest					
Buéaupperfarm	28	100	28%	**38**	**03**
Bavenga	10	100	10%		
Tombel	Créée le 10/10/2012	/	/		
Région pénitentiaire de l'Extrême- Nord					
Doukoula	60	100	60%	**194**	**04**
Makari	52	200	26%		
Meri	49	120	40.83%		
Moulvoudaye	33	300	11%		

Région pénitentiaire du Littoral					
Ngambè	33	100	33%	**33**	**02**
Douala	Créée le 25/05/2012	/	/		
Région pénitentiaire du Nord					
Touboro	Créée le 10/10/2012	/	/	/	**01**
	Total : 577 détenus		**23 prisons secondaires dont 06 non fonctionnelles**		

Source : l'auteur.

- Pop. : Population ; - Cap. : Capacité ; -% : Pourcentage ; - secon. : Secondaire : - surpop. : Surpopulation ; - d'occu. : d'occupation ; - Tot. gnl. d'incar. : Total général d'incarcération ; - Rég. Pen. : Région pénitentiaire ; - / : par.

Commentaire : Il ressort des tableaux 4 et 5 ci-dessus le constat suivant : les prisons principales sont dans leur grande majorité relativement surpeuplées. Ce surpeuplement pourrait être rattaché à l'adéquation entre développement des villes et l'évolution de la criminalité ou des comportements déviants de la part des populations urbaines. En revanche, les prisons secondaires sont majoritairement sous-peuplées. Ce sous-peuplement serait l'une des causes des mauvaises performances affichées par le travail carcéral au Cameroun. Installées principalement dans les zones rurales où l'accès aux terres est plus favorable, le fonctionnement optimal des prisons secondaires présuppose une meilleure organisation du travail carcéral, adossée à une bonne politique d'acquisition des terres cultivables et des espaces exploitables économiquement, ainsi que la mobilisation des moyens matériel, financier et humain à la dimension des ambitions à développer.

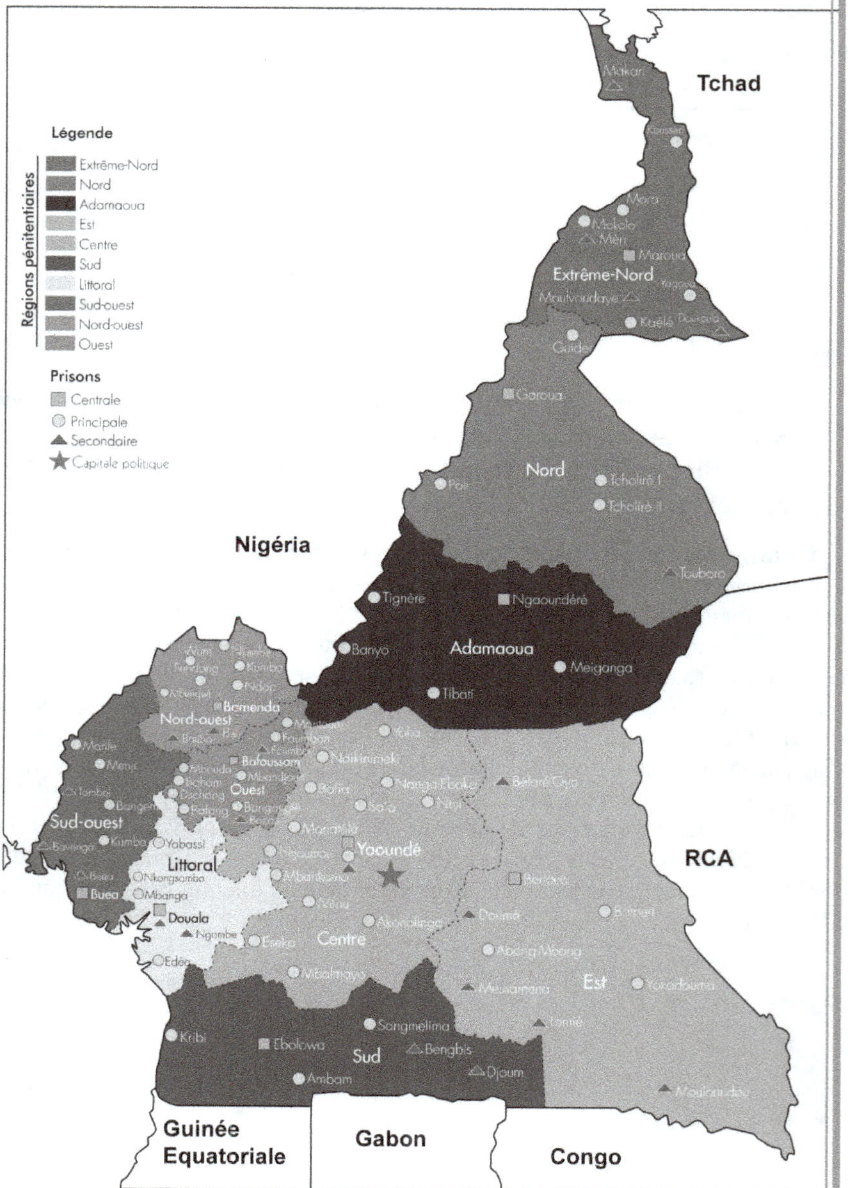

Carte pénitentiaire du Cameroun

Réalisée le 5 novembre 2012 Par MIGALIT

Source : l'auteur

Dans le *continuum* de cette présentation, les centres de relégation sont destinés quant à eux, à prendre fermement en main, une catégorie particulière de détenus et en même temps, à réguler l'indiscipline carcérale dont souffriraient les autres catégories d'établissements pénitentiaires (art. 4). En effet, relevons que si le décret s'est montré plus précis sur les sites administratifs d'implantation des prisons d'orientation ou de sélection, par contre, il ne l'a pas été à l'égard de celui des centres de relégation. Toutefois, le souci de ce décret d'enfermer dans un cadre légal la gestion du comportement du détenu au Cameroun est sans équivoque. La maîtrise du comportement du détenu est une préoccupation constante. Son absence ou déficit rend invivable le milieu carcéral et, par conséquent, compromet sans appel, les résultats attendus du service public pénitentiaire sur tous les plans.

Les prisons de production ont vocation à favoriser la rentabilisation des établissements pénitentiaires à travers le travail carcéral d'une part et, à assurer la réinsertion socioprofessionnelle des détenus d'autre part. S'agissant de l'implantation géoadministrative de celles-ci, le décret cité plus tôt indique le milieu rural où les activités agropastorales peuvent être menées et la proximité des complexes économiques importants (art. 5). Le souci ici est de mobiliser en abondance et en permanence une main-d'œuvre carcérale qualifiée ou non, capable de produire des richesses pour son auto-développement et celui de la communauté nationale.

Les prisons-écoles sont destinées à dispenser une formation théorique et pratique aux détenus mineurs qui y séjournent (art. 6).

Enfin, les prisons spéciales bien que semblables aux prisons-écoles sont destinées à l'encadrement des femmes et des mineurs incarcérés (art.7).

Parallèlement, du point de vue organique (art. 9) ensuite, notons que le débat suscité par la création des deux prisons annoncées plus haut est davantage ravivé. Car, si par principe les prisons d'orientation ou de sélection sont classées toutes dans la catégorie des prisons centrales et implantées dans les chefs-lieux de région; et les centres de relégation, les prisons-écoles et spéciales sont classées toutes dans la catégorie des prisons principales et construites au siège des départements ; dans cet esprit, à l'inverse, les prisons de production sont classées dans la catégorie des prisons secondaires et on les retrouve logiquement au siège des arrondissements et de préférence en milieu rural.

En définitive, lorsqu'on se réfère à l'annexe B au décret n° 2010/365 du 29 novembre 2010 portant statut spécial du corps des fonctionnaires de l'A.P. et relatif à la classification par grade et à la répartition des fonctions au sein de l'A.P., la fonction de régisseur de prison secondaire est exclusivement dévolue au personnel du cadre des officiers subalternes ayant les grades soit de super intendant de prison soit d'intendant principal de prison. Tandis que celle de régisseur de prison principale peut être exclusivement confiée au personnel du cadre des officiers subalternes ayant les grades sus nommés ainsi qu'au personnel du cadre des officiers supérieurs ayant les grades d'administrateur principal de prison et d'administrateur de prison. La fonction de régisseur de prison centrale pouvant être exclusivement occupée par le personnel du cadre des officiers supérieurs ayant les grades immédiatement ci-dessus désignés.

Au regard de ce qui précède, tout porte à penser logiquement que pour réprimer efficacement les actes contraires à la discipline carcérale dont certains détenus se sont montrés familiers ces dernières années au Cameroun, et dissuader par là même certains de leurs *alter ego*, qui seraient tentés de leur emboîter le pas, il aurait été plus adéquat de prendre un acte administratif s'inscrivant dans une vision politique globale, c'est-à-dire rétrospective et prospective. Vision politique globale qui doit prédominer dans le domaine en jeu, en adéquation à la fois avec les exigences de rationalité d'une part et d'efficacité à moyen et à long terme d'autre part. Ainsi, la création et la mise en fonctionnement à Yaoundé et à Douala des centres pénaux[121], sous-entendu ici quartiers pénitentiaires de haute sécurité ou de sécurité maximum, et rattachés administrativement à la prison centrale de chaque ville, en lieu et place des prisons de production autonomes créées au SED à Yaoundé et à la base navale à Douala, auraient été plus rationnel et efficace sur tous les plans.

Cette proposition puise sa substance en partie de l'organisation catégorielle et fonctionnelle des prisons dans les métropoles des pays du nord, où l'on trouve d'une part les prisons de moyenne et haute sécurité et, d'autre part les prisons de très haute sécurité, destinées à faire face *intra-muros* aux problèmes soulevés par une catégorie spécifique de délinquants. En ce sens, soulignons pour clore cet argumentaire qui puise sa force de quelques rudiments de l'histoire locale en relevant qu'en 1958[122], sans doute pour faire face efficacement à une catégorie spécifique de déviants se trouvant en détention carcérale, la jeune administration locale formée pendant la période « d'autonomie interne »[123] accordée au Cameroun, qui sortait ainsi progressivement de la colonisation, avait intelligemment fait

[121]Quartiers pénitentiaires délocalisés rattachés respectivement aux prisons centrales de Yaoundé et de Douala et pourvus d'un niveau de sécurité élevé ou très élevé.

[122]Arrêté n° 103 du 22 juillet 1958 portant création d'un centre pénal à Manoka (région du Wouri), J.O.C., 1958, P.1031, signé de M. Pierre Ninekan, secrétaire d'État à l'Intérieur, par délégation pour le ministre de l'Intérieur.

[123]« (…) C'est finalement Ahmadou Ahidjo qui, nommé premier ministre le 18 février (1958), reçoit l'investiture de l'Assemblée puis constitue un gouvernement composé de membres de chaque groupe politique. Court-circuité, le ministre de la France d'outre-mer Gérard Jaquet revient sur la promesse d'indépendance ». Cf. Thomas Deltombe, Manuel Domergue et Jacob Tatsitsa, *Kamerun ! Une guerre cachée aux origines de la Françafrique (1948-1971)*, Yaoundé, éditions Ifrikiya, coll. Interlignes, 2012, p.307 et suivantes.

recours à la formule du centre pénal, en ouvrant à Manoka (une île dans l'un des bras du Wouri), une annexe de la prison de New-Bell.

Sachant qu'au plan technique l'impact de cette nouvelle prison, si elle devait être créée, s'avérait insignifiant au regard de la configuration de la carte pénitentiaire de ce moment et des activités qui lui incomberaient, le jeune administrateur local s'était donc abstenu, en connaissance de cause, de la créer. Son option pleine de pertinence alla à la création d'une annexe qui eut pour nom centre pénal. Lisons pour mémoire, un extrait de l'acte fondateur du centre pénal de Manoka, pour s'en convaincre.

« *Art. 1er : Il est créé à Manoka, subdivision de Douala, région du Wouri, une annexe directement rattachée à la maison d'arrêt de New-Bell (Douala).*

Art. 2 : Ce centre recevra essentiellement :

- les condamnés définitifs,

- les condamnés appelants et certains prévenus dangereux ».

En ces temps, convenons que l'accession du décideur à cette exigence de rationalité au plan théorique et d'efficacité au plan pratique, afin de résoudre un problème réel d'indiscipline carcérale devenu récurrent, renforcerait la quête de modernité qui s'opère au sein de l'A.P. camerounaise depuis l'entame du millénaire. Celle-ci se traduisant par l'insertion du principe de cohérence logique tant dans son organisation que dans ses mécanismes de fonctionnement d'une part et, par le souci d'attractivité des prestations de services qu'elle propose à la société d'autre part, toute chose dont la réalisation repose sur le développement continu des capacités théorique et pratique des ressources humaines dont elle dispose en son sein.

En effet, l'A.P. est, faudrait-il le rappeler *hic et nunc,* un domaine d'activités particulier et un champ de connaissances spécifiques, qui confère *mutatis mutandis* à ceux qui y exercent une expertise théorique et pratique. Les connaissances théoriques acquises du fait de la formation initiale et continue, l'expérience accumulée au fil des années, les recherches menées en science pénitentiaire, ou pour être plus en vogue, en droit pénitentiaire, prédisposent certains professionnels de ce champ d'activités à être alertes aux problèmes auxquels sont confrontés des décideurs quel que soit le contexte en jeu. Autrement dit, le capital de connaissances emmagasinées par les personnels pénitentiaires les conduit à s'intéresser aux problèmes que soulève la privation de liberté en établissement pénitentiaire et à rechercher les pistes de solution les plus appropriées pour y remédier, sans se trouver en délicatesse avec le cadre juridique en vigueur au double plan national et international. Les personnels pénitentiaires camerounais, tous cadres et grades confondus, dont le savoir-faire[124] est incontestable, bien que perfectible, comme toute activité humaine, sont et demeurent à la disposition des décideurs. Ils assurent leurs missions au nom et pour le compte du gouvernement, en matière de prévention et de répression de la criminalité, conformément aux instruments juridiques nationaux et internationaux en vigueur.

À l'observation, il saute aux yeux que le schéma comportemental de certains détenus qui peuplent les pénitenciers du Cameroun est en inadéquation avec les prescriptions du code disciplinaire carcéral. Ces détenus de droit commun sont (d'un genre particulier) indisciplinés, probablement parce qu'ils se laissent bercer par leurs états de service tant dans l'appareil gouvernemental, de la société civile, que celui du parti au pouvoir, et par conséquent passibles de sanctions devant les autorités chargées de réprimer les atteintes à la discipline pénitentiaire. Car la loi est faite pour être respectée par tous et partout. C'est en cela qu'elle revêt le caractère général et impersonnel, auquel on pourrait ajouter la coercition. En l'espèce, en vue de faire face selon le contexte actuel et de prévoir efficacement ce qui pourrait arriver à l'avenir, s'agissant de l'indiscipline carcérale, la création à Yaoundé et à Douala de prisons principales entrant dans la catégorie des centres de relégation semble davantage se justifier. Car, la création des centres pénitentiaires suggérés ci-dessus, obéissant à la nature et à l'organisation indiquées plus tôt, poserait à terme moins de problèmes que le ferait la création de prisons secondaires, concernant l'effectivité du travail carcéral, pour ne citer que cet aspect. Contentons-nous pour l'heure, pour clore cette digression, de cette maigre analyse qui pourrait à l'avenir inspirer une réflexion sérieuse.

C'est dire au total, considérant ce que nous admettons comme essentiel, que le regard que le personnel de l'A.P. doit avoir du déviant placé sous les verrous doit être fondamentalement aux antipodes de celui de la société globale, généralement profane, tout en restant arc-bouté au cadre législatif et réglementaire en vigueur. Cette double exigence impose donc un devoir de

---

[124]L'A.P. camerounaise occupe le premier rang en Afrique centrale au plan de son organisation, de son fonctionnement et de sa capacité en ressources humaines. Elle est parmi les mieux classées du continent. Cette performance a valu à certaines de ses ressources humaines d'être sollicitées comme experts par les Nations unies depuis 2012 pour participer aux opérations de restauration de la paix (volet correctionnel) dans les pays soit en situation de post conflit armé, tels que le Burundi, la Côte d'Ivoire, le Congo (RD), République centrafricaine (RCA), Soudan (sud), Somalie soit en situation post catastrophe naturelle, comme Haïti. Dans cette mouvance, sur le plan du relèvement du moral des personnels pénitentiaires en ce qui concerne leur appartenance à la famille des forces de sécurité et de défense, l'A.P. camerounaise participe au défilé militaire présidé par le chef de l'État, au boulevard du 20 mai à Yaoundé, depuis 1992. À titre comparatif, ce n'est que le 14 juillet 2016 que l'A.P. française a défilé aux Champs Elysées à Paris, en présence du chef de l'État français.

crédibilité de la part de l'A.P. au Cameroun. Mais comment faire pour conquérir ce devoir de crédibilité? Il nous semble qu'il faille impérativement que l'A.P. fasse un effort sur elle-même pour soigner son image, pour accroître son efficacité et son efficience, en développant sans cesse ses capacités pour se porter, chaque jour davantage, à la hauteur des attentes de la société éclairée. Ce n'est qu'ainsi qu'elle cessera d'être un service public marginal et marginalisé dont les problèmes et les besoins structurels, organisationnels, managériaux et logistiques devront pleinement être pris en compte par les pouvoirs publics locaux et centraux puis résolus, à court et à moyen terme, pour assurer son émergence.

VI. Des modalités d'interruption de la détention provisoire

VI.1. Que dit la loi ?

CHAPITRE V
DE LA MISE EN LIBERTÉ

SECTION I
DE LA MISE EN LIBERTÉ SANS CAUTION

ARTCILE 222 : (1) Le juge d'instruction peut, à tout moment et jusqu'à la clôture de l'information judiciaire, d'office, donner mainlevée du mandat de détention provisoire.

(2) Lorsqu'elle n'est pas de droit ou lorsqu'elle n'est pas donnée d'office, la mise en liberté peut, sur la demande de l'inculpé et après réquisitions du procureur de la République, être ordonnée par le juge d'instruction, si l'inculpé souscrit l'engagement de déférer aux convocations de celui-ci et de le tenir informé de ses déplacements.

ARTICLE 223 : (1) L'acte de retrait du mandat de détention provisoire est appelé « ordonnance de mise en liberté ».

(2) L'acte de rejet de la demande de mise en liberté est dit « ordonnance de rejet ».

(3) Après la mise en liberté, et si des circonstances nouvelles rendent la détention nécessaire, le juge d'instruction peut décerner un nouveau mandat de détention provisoire

SECTION II
DE LA MISE EN LIBERTÉ SOUS CAUTION

ARTICLE 224 : (1) Toute personne légalement détenue à titre provisoire peut bénéficier de la mise en liberté moyennant une des garanties visées à l'article 246 (g) et destinées à assurer notamment sa représentation devant un officier de police judiciaire ou une autorité compétente.

VI.2. Commentaire

§21 : ***L'****on note la disparition de la locution célèbre d'antan «l'ordre de mise en liberté » au profit de la locution nouvelle « ordonnance de mise en liberté ». Cette mutation revêt une différence fondamentale entre le passé et le présent.*

Dans un cas comme dans l'autre, il s'agit d'une décision prise par le juge d'instruction et qui vise à mettre en liberté un inculpé. Contrairement à « l'ordre de mise en liberté »[125], « l'ordonnance de mise en liberté »[126] est presque toujours un acte juridictionnel qui est motivé, qui a un dispositif et qui peut faire l'objet de voies de recours. Mais théoriquement, on admet aussi qu'une ordonnance est un acte d'administration judiciaire : mais ceci est un autre débat qui concerne les praticiens et les doctrinaires des questions judiciaires.

Il faut retenir qu'au-delà de la terminologie, la différence fondamentale entre « l'ordre de mise en liberté » et « l'ordonnance de mise en liberté » tient à la fois sur l'autorité signataire et sur l'acte lui-même. Ajoutons que relativement à l'autorité signataire, « l'ordre de mise en liberté » est un acte signé du Ministère public consécutivement à une décision de relaxe ou d'acquittement, tandis que « l'ordonnance de mise en liberté » émane du juge d'instruction. Pour ce qui est de l'acte lui-même, il faut encore faire une distinction entre la forme et le fond.

Concernant la forme d'une part, « l'ordre de mise en liberté » porte outre les noms et prénoms du détenu, la date et la mention : « le régisseur mettra immédiatement en liberté, s'il n'est pas détenu pour autre cause, le nommé... ». Or, « l'ordonnance de mise en liberté » est un acte juridictionnel établi par le juge d'instruction contenant : la date, les qualités, les textes applicables, les motifs et un dispositif. Cet acte est donc beaucoup plus élaboré que « l'ordre de mise en liberté » qui n'est très souvent qu'un

---

[125]Acte unilatéral par lequel le chef d'une juridiction pénale fait obligation au chef d'un établissement pénitentiaire de mettre en liberté une personne placée en détention préventive. Lire : Gérard Cornu, in *Vocabulaire juridique*, Paris, PUF, 1987, p.631.

[126]Décision rendue par le magistrat chargé de l'instruction (juge des libertés et de la détention) et revêtant un caractère juridictionnel. Elle prescrit au chef d'un établissement pénitentiaire de mettre en liberté le détenu provisoire.

imprimé à remplir. En définitive, s'agissant de la différence de fond d'autre part, « l'ordre de mise en liberté » contient la mention sommaire sus-évoquée, visant à mettre un détenu en liberté, alors que « l'ordonnance de mise en liberté », bien qu'elle poursuive le même but, contient un exposé des motifs qui favorise la libération d'un inculpé. C'est un travail de recherche et d'analyse du juge d'instruction.

§22 : *Cette pièce remplace « l'ordonnance de main levée d'office du mandat de dépôt » et les décisions d'audience reconnues par l'ancienne loi et qui intervenaient pendant l'instruction ou l'information judiciaire*[127] *ou après le jugement du tribunal.*

« L'ordonnance de mise en liberté » remplace effectivement « l'ordonnance de mainlevée d'office de mandat de dépôt ». Il s'agit là d'un remplacement inhérent à la nouvelle législation qui a attribué la phase d'instruction[128] au juge d'instruction. Toutefois, cet acte ne remplace pas les décisions d'audience[129] qui ont prononcé la condamnation ou la relaxe des prévenus ou des accusés qui sont et demeurent des jugements. Il est important de retenir que nous faisons face ici à deux phases bien distinctes de la procédure pénale.

Nous terminerons en soulignant à ce stade que le CPP a mis en place de nouvelles procédures avec de nouveaux instruments pour une nouvelle philosophie pénale et pénitentiaire. Nous gagnerions tous à accepter de nous remettre en cause, de nous remettre à l'école pour nous approprier ces mesures nouvelles.

---

[127] L'instruction ou l'information judiciaire peut être considérée en procédure pénale comme une sorte d'avant-procès qui permet à la juridiction saisie d'établir l'existence d'une infraction et de déterminer si les charges relevées à l'encontre des personnes poursuivies sont suffisantes pour qu'une juridiction de jugement soit saisie. Lire : Emmanuel Ndjeré, in *Du juge d'instruction… au juge d'instruction : quel cheminement pour quel résultat ?* Yaoundé, Presses de l'UCAC, 2006, pp.33 et suivantes. Le JI a donc pour mission de rassembler à charge et à décharge ces différents éléments dans les conditions et circonstances prévues par la loi. En effet, destinée à fournir tous les éléments permettant de connaître le plus exactement possible la vérité, l'information judiciaire a une importance pratique et une importance juridique considérable ; elle est la procédure répressive par excellence. Lire : Gaston Stefani, Georges Levasseur et Bernard Bouloc, in *Procédure pénale*, Paris, treizième édition, Dalloz, 1987, pp.626 et suivantes.

[128] Sous l'empire du CIC, le P.R cumulait la fonction d'instruction avec celle de poursuite. Ceci a conduit à juste titre certains pénalistes à dire de ce dernier qu'il est le « Janus » de la procédure pénale au Cameroun. D'ici quelque temps, cela ne restera plus qu'un vieux souvenir.

[129] Jugement rendu par un Tribunal et ordonnant la libération ou la condamnation à une peine précise de la personne placée en détention provisoire. Cf. Spécimen ci-joint.

VII. Décisions de justice : émission et exécution

VII.1. Que dit la loi ?

LIVRE V
DE L'EXÉCUTION DES DÉCISIONS

TITRE I
DES DISPOSITIONS GÉNÉRALES

ARTICLE 545 : (1) les présidents des cours et tribunaux doivent s'assurer de l'exécution des décisions et ordres de leurs juridictions.

(2) les ordres et décisions judiciaires d'arrestation, de détention ou de mise en liberté sont immédiatement exécutoires, à la diligence du parquet qui les transmet directement aux autorités chargées de leur exécution.

(3) Le Ministère public et les parties poursuivent, chacun en ce qui le concerne, l'exécution des décisions devenues irrévocables

ARTICLE 546.- Il est institué au greffe et au parquet de chaque juridiction, un registre d'exécution des décisions judiciaires.

ARTICLE 547.- Sous réserve des dispositions des articles 545 (2) ci-dessus et 22 du Code pénal, une décision est exécutoire lorsqu'elle n'est plus susceptible ni d'opposition, ni d'appel, ni de pourvoi en cassation, le tout, sauf disposition contraire de la loi.

ARTICLE 548. - En cas d'erreur matérielle n'affectant pas la substance d'une décision, mais entravant simplement son exécution, la juridiction auteur de cette décision est saisie aux fins de rectification.

VII.2. Commentaire

§23:*S'agissant de l'exécution des décisions de justice en définitive. Il est impérieux que les présidents des cours et tribunaux s'assurent de l'exécution des décisions et ordres de leurs juridictions au niveau des établissements pénitentiaires.*

L'article 545 al. 2 du CPP dispose que les ordres et les décisions judiciaires sont exécutoires à la diligence du Parquet. Ce dernier a tous les moyens pour faire exécuter ces décisions et contrôler l'effectivité de l'exécution de celles-ci. C'est son travail. Il l'a toujours fait et sait le faire. Pour preuve, il est procédé régulièrement à des descentes du Parquet (Cour d'appel et tribunal d'instance) dans les pénitenciers de leur ressort, en vue de s'assurer de l'effectivité des mesures et sanctions d'incarcérations ordonnées à l'encontre de certains délinquants et criminels.

Ces descentes sur le terrain offrent également l'occasion aux autorités judiciaires d'évaluer de visu, le niveau des conditions de détention dans les pénitenciers implantés dans leur ressort juridictionnel, de contrôler sur pièces, la régularité de la détention et enfin, d'examiner des situations litigieuses nécessitant une régularisation urgente, portées devant elles par les autorités pénitentiaires, les avocats ou les détenus concernés eux-mêmes.

VIII. L'escorte du prévenu comparaissant devant l'autorité judiciaire

VIII.1. Que dit la loi ?

SECTION II
DE LA COMPARUTION DU PRÉVENU

ARTICLE 347 : Le prévenu détenu est conduit à l'audience par la force de maintien de l'ordre. Il comparait sans menottes.

VIII.2. Commentaire

§24 : *L'expression «force de maintien de l'ordre » usitée à dessein dans les dispositions de cet article désigne, nous croyons ne pas nous tromper : la Gendarmerie nationale, la Sûreté nationale et l'Administration pénitentiaire. En ce sens, les personnels issus de ces différents corps agissent dans la légalité lorsqu'ils escortent les prévenus et les accusés pour les conduire devant les autorités judiciaires soit pour l'instruction soit pour être jugés soit encore pour accomplir d'autres procédures.*

Par ailleurs, observons que la notion de force de maintien de l'ordre elle-même, appliquée à l'A.P. camerounaise, peine à gagner tous les esprits avec la même acuité. Il y a donc lieu de se servir, comme prétexte, de la brèche entrouverte par le CPP, afin de contribuer à cette polémique et d'alimenter, s'il en est encore besoin, la gouverne de ceux qui, comme nous, pensent que l'AP est à part entière une force régulière de maintien de l'ordre et de sécurité intérieure et exceptionnellement de défense. Évidemment ! Conformément au décret n° 2010/365 du 29novembre 2010 portant statut spécial du corps des fonctionnaires de l'A.P., en ses articles 2, 3 et 4, il est énoncé ce qui suit :

Art. 2 : « Le corps des fonctionnaires de l'Administration pénitentiaire est chargé de :

a) l'application des décisions de justice portant privation ou restriction des libertés ;

b) la sécurisation des établissements pénitentiaires et du maintien de l'ordre en leur sein ;

c) la surveillance, la protection et la rééducation des personnes placées sous main de justice ou faisant l'objet d'une mesure de garde à vue administrative ;

d) la préparation à la réinsertion sociale des personnes placées sous main de justice ;

e) la production pénitentiaire à travers la valorisation du potentiel humain en détention. »

Art.3 : « (1) Le fonctionnaire de l'Administration pénitentiaire fait partie des éléments civils chargés du maintien de l'ordre au sein des institutions pénitentiaires, des services relevant de l'Administration pénitentiaire ou en tout autre lieu.

(2) Il est astreint au port d'armes, d'uniformes et d'insignes de grade.

(3) Il peut, sur réquisition de l'autorité compétente et concurremment avec d'autres forces, participer aux opérations de maintien de l'ordre, de sécurité et de défense, conformément aux lois en vigueur.

Art. 4 : « Un texte particulier détermine les uniformes, les insignes de grade et la composition du paquetage individuel du personnel de l'Administration pénitentiaire.»

Dans le même ordre d'idée, en faisant le parallèle avec le corps des fonctionnaires de la Sûreté nationale disposant d'un statut spécial, régi par le décret n° 2012/539, dans sa rédaction du 19 novembre 2012, notamment en son article 2, nous découvrons qu'il est énoncé ce qui suit :

« (1) Le corps des fonctionnaires de la sûreté nationale, force régulière[130], est chargé, concurremment avec d'autres forces :

---

[130]La formulation de cet article est la résultante de moult réformes qu'a connues le corps des fonctionnaires de la Sûreté nationale au Cameroun depuis sa création, en vue de l'adapter au contexte social et politique prévalant à chaque période. Ces réformes ont permis, en ce qui concerne la définition de son identité professionnelle et sociale, de résoudre définitivement des problèmes auxquels reste encore confrontée aujourd'hui l'A.P. au Cameroun. Car, le premier texte relatif à la Sûreté nationale au Cameroun date de la première décennie post indépendance. Il y est dit que « la Sûreté nationale est **une force civile** placée sous l'autorité du président de la République. Son action, préventive et répressive, s'exerce sur l'étendue de la République. Elle a pour mission fondamentale d'assurer le respect et la protection des institutions, des libertés, des personnes et des biens. Elle concourt à l'exercice des polices administratives et judiciaires, et assure l'exécution des Lois et règlements ». Pour plus d'informations sur le sujet, lire l'essai intéressant et informatif au plan historique de M. Paul Pondi, in *La police au Cameroun (naissance et évolution)*, Yaoundé, édition CLE, 1988, p. 19 et suiv. À l'analyse, le principe de la cohérence juridique dans l'élaboration des textes ainsi que dans leur interprétation, a permis intelligemment et progressivement la réussite du basculement des missions de défense dévolues aux forces régulières traditionnelles (Gendarmerie et Armées), au profit du corps des fonctionnaires de la Sûreté nationale qui, autrefois a débuté son office au Cameroun comme force supplétive.

- d'assurer le respect et la protection des institutions, des libertés, des personnes et des biens ;
- d'assurer ou de concourir à l'exécution des lois et règlements ;
- du maintien de l'ordre public et de la paix sociale, de la protection, de la sécurité et de salubrité publique, plus particulièrement dans les agglomérations urbaines ;
- de la recherche du renseignement ;
- de la lutte contre la criminalité nationale, internationale et transnationale ;
- de la surveillance aux frontières et du contrôle de la circulation des personnes ;
- de l'assistance aux autorités gouvernementales, administratives et municipales ;
- de toute mission assignée par le président de la République.

(2) La sûreté nationale concourt à la défense nationale. »

Dans cette dynamique, il nous semble que pour mieux appréhender le décret du 29 novembre 2010 dans ses relations avec les textes antérieurs régissant le secteur de la défense et de la sécurité au Cameroun, le recours à une posture intellectuelle structurée par le *principe de cohérence juridique* est un atout de premier plan. Identifions tout d'abord ces textes avant de poursuivre notre analyse. Ceux-ci, suivant une présentation chronologique, sont les suivants :

1- le décret n °60/280 du 31 décembre 1960 sur le service de la gendarmerie ;

2- l'instruction présidentielle n°12/CAB/PRE du 9 avril 1962 sur les rapports entre les autorités civiles et la gendarmerie d'une part et les forces armées d'autre part ;

3- l'instruction présidentielle n° 13/CAB/PRE du 9 avril 1962 sur les rapports entre les autorités civiles et la gendarmerie d'une part et les forces armées d'autre part ;

4- la loi n° 67/LF/09 du 12 juin 1967 sur l'organisation générale de la défense ;

5- le décret n° 68/DF/33 du 21 janvier 1968 fixant les missions de défense des forces régulières, supplétives et auxiliaires ;

6- le décret n° 70/DF/264 du 4 juin 1970 sur la sûreté intérieure de l'État ;

7- la loi n° 90/047 du 19 décembre 1990 relative à l'État d'urgence et au maintien de l'ordre ;

8- la loi n° 90/054 du 19 décembre 1990 relative à l'État d'urgence et au maintien de l'ordre.

En tout état de cause, le décret régissant le corps des fonctionnaires de l'A.P., dans sa rédaction du 29 novembre 2010, ne saurait être considéré comme se trouvant en opposition de phase, avec la série de textes pris depuis les années 1960 jusqu'à nos jours, relatifs au maintien de l'ordre, à la défense nationale et à la sécurité de l'État, si tant est que, celui-ci introduit une nouvelle composante voire une entité nouvelle au sein de la famille des forces de sécurité et de défense. C'est donc dire que pour faciliter l'application du décret n° 2010/365 du 29 novembre 2010 portant statut spécial du corps des fonctionnaires de l'Administration pénitentiaire, par les divers acteurs concernés, sa lecture ou son interprétation, notamment de ses articles 2, 3 et 4 ; doit se faire dans une posture intellectuelle inclusive, inspirée par *le principe de cohérence juridique*. La pertinence de cette technique juridique suggérée ici, consiste en ce qu'elle conduit à l'enrichissement puis à l'actualisation d'anciens textes relatifs au maintien de l'ordre et à la défense nationale, entre autres, pris il y a une quarantaine voire une cinquantaine d'années au Cameroun, période relativement longue et au cours de laquelle l'A.P.[131]- dont l'existence remonte à la colonisation, nous l'avons démontré plutôt- a su mettre à profit, pour opérer sa relative longue cure de maturation qui, toute proportion gardée, est loin d'être achevée.

Cette maturation est en marche, eu égard à la sollicitude dont bénéficie l'A.P. de la part du gouvernement de la République depuis 1992 et qui a conduit au développement de ses capacités opérationnelles au double plan structurel et fonctionnel, à l'accroissement progressif de ses effectifs et à la modernisation de ses techniques, méthodes et moyens de travail. Tous ces résultats qu'il importe de pérenniser permettent à l'A.P. camerounaise de décupler son rendement, en faisant face à ses missions avec davantage de professionnalisme. Pour toutes ces raisons, en vue de jouir pleinement de son identité[132] professionnelle et sociale, telle que définie par le décret n° 2010/365 du 29 novembre 2010, l'A.P. camerounaise se préoccupe d'ores

---

[131]Le premier texte regroupant en un corps de métier les fonctionnaires de l'Administration pénitentiaire au Cameroun remonte à 1974. Soit deux années après l'unification du Cameroun. Il s'agit précisément du décret n°74/250 du 3 avril 1974 portant statut particulier du corps des fonctionnaires de l'Administration pénitentiaire. Contrairement à leurs homologues du Cameroun occidental qui disposaient déjà d'une loi, le texte du 3 avril 1974 a permis aux fonctionnaires de l'A.P. à l'origine force supplétive du Cameroun oriental de se constituer en un corps de métier ayant un profil de carrière. La cohabitation entre les deux traditions culturelles pénitentiaires (anglophone et francophone) a permis aux pénitentiaires francophones de découvrir le retard qu'ils accusaient par rapport à leurs collègues anglophones.

[132]L'identité professionnelle et sociale de l'A.P. camerounaise est en construction depuis 1974, celle-ci connaîtra son point culminant lorsque l'A.P. sera dotée définitivement de moyens lui permettant d'assumer pleinement ses missions. L'un de ses moyens se situe au plan politique et se traduit par l'érection de l'A.P. en Secrétariat d'État, doté d'une personnalité juridique et d'une autonomie financière.

et déjà, à donner manifestement et résolument corps aux actions sécuritaire et resocialisante constitutives de sa raison d'être ; toute chose qui lui permettra de conquérir une meilleure position dans la prochaine décennie, sur l'échiquier national des administrations publiques citoyennes.

Une lecture cohérente du décret n° 2010/365 du 29 novembre 2010 portant statut spécial du corps des fonctionnaires de l'Administration pénitentiaire, devrait donc logiquement aboutir à l'inclusion harmonieuse de celle-ci, au nouveau paysage catégoriel des forces participant aux opérations de maintien de l'ordre et de défense nationale existant au Cameroun. De même, une interprétation extensive de ce décret devrait conduire, de fait et de droit, à soumettre l'A.P. au régime général des corps assumant les missions de sécurité publique au sens plein du terme et concourant à celles de défense nationale. Le nouveau paysage catégoriel des forces de maintien de l'ordre et de défense nationale ainsi créé, par l'autorité investie du pouvoir réglementaire, participe à juste titre, de sa volonté de moderniser l'ancien paysage catégoriel desdites forces. À ce titre, il n'y a donc ni bouleversement ni surcharge, mais actualisation de l'ordre ancien.

Car, le nécessaire développement des capacités du service public pénitentiaire tant du point de vue législatif et structurel qu'à celui des ressources humaines et financières et mêmes matérielles, est une émanation des temps modernes. Elle s'inscrit dans la double optique de promouvoir et de protéger le respect équitable de l'humanité en la personne de ceux exécutant des mesures et peines privatives de liberté en établissement pénitentiaire, résultant de sanctions contre les actes infâmes dont ils ont été les auteurs ou présumés d'une part ; et du souci traditionnel d'autre part, de mieux protéger, *hic et nunc*, et à l'avenir la société contre de telles dérives. En définitive, toutes réflexions et attitudes ramant à contre-courant de cette exigence contemporaine et inaltérable sont considérées comme un recul grave de la civilisation ; une dégénérescence de l'humanité, un péril grave[133].

Dans ce sillage et pour conclure, admettons que l'usage de la technique juridique suggérée plus tôt, nous convie parallèlement à faire des efforts de réflexion sur le chantier des questions concernant la mise en œuvre des mécanismes de divers ordres, qui permettraient à l'A.P. de remplir avec professionnalisme, les missions de maintien de l'ordre public et de défense nationale, qui lui sont assignées exclusivement en temps de crise. Dans cette optique, récupérons pour notre compte les interrogations emplies de pertinence et pour le moins sans équivoque, que M. Jonas Tiwa[134] formulait, dans son exposé bien fouillé et argumenté, en des termes ci-après :

---

[133]Alexis Dipanda Mouelle, ibid.

[134]Régisseur de la prison centrale de Bamenda (App.).

Que représente à ce jour le personnel pénitentiaire et qu'est-ce qui fonde sa participation aux opérations de maintien de l'ordre ? Quel est le contenu des missions des personnels pénitentiaires dans les opérations de maintien de l'ordre ? Quels sont les enjeux et les défis d'une participation efficiente des personnels pénitentiaires aux opérations de maintien de l'ordre (public) ?[135]

Sous ces considérations, il sied cependant de relever le surgissement habituel des réticences chaque fois qu'il s'est agi de procéder à la définition claire et précise de l'identité professionnelle des personnels de l'Administration pénitentiaire. La France[136], en l'espèce, constitue un exemple fort enrichissant. En France, si l'on s'en tient à ce cas uniquement, le statut social des surveillants de prison n'est jamais parvenu à délimiter clairement la frontière entre son appartenance aux corps de métiers exerçant dans le secteur social et ceux exerçant dans le domaine militaire ou du maintien de l'ordre, pour être plus précis et ne pas incommoder certains.

Cette absence de clarté et de précision se prolonge au niveau de l'exercice des activités essentielles des personnels de l'Administration pénitentiaire, au point où il est difficile de dire où commencent et s'achèvent les impératifs sécuritaires et ceux de réinsertion sociale. Autrement dit, quelle est la ligne de démarcation entre l'action pénitentiaire répressive d'une part et l'action pénitentiaire humanitaire et resocialisante d'autre part. Cette dichotomie, quoique séculaire a gardé sa pertinence en évoluant à

---

[135]Exposé intitulé « Personnels pénitentiaires et maintien de l'ordre », présenté à Yaoundé en décembre 2011 lors de la réunion annuelle des délégués régionaux de l'A.P.

[136]Le statut spécial a en effet résonné pour les personnels de surveillance comme la reconnaissance officielle de leur appartenance aux forces de sécurité. Trente ans plus tard, l'étude du statut juridique de ce personnel tend à démontrer que cela n'a jamais été réellement acquis. Elle explique sans doute les réticences, voire le refus traditionnel dans les différentes politiques menées jusqu'alors, d'accorder à ces derniers les mêmes avantages que ceux octroyés aux personnels de la police et de la gendarmerie nationales. Ce débat a trouvé une autre illustration à l'occasion de l'installation de la Commission de déontologie de la sécurité annoncée dès la première réunion du Conseil de sécurité intérieure. Celle-ci a vu le jour dans la loi n° 2000-494 du 6 juin 2000, sous le nom Commission nationale de déontologie de la sécurité. (…) Initialement, le garde des Sceaux, ministre de la Justice française, a exclu les surveillants de prison de la juridiction de cette autorité, fondant son argumentaire, de manière pour le moins contestable, sur le principe de la séparation des pouvoirs, en réalité absolument indifférent ici au jugement. Mais finalement la formulation générique retenue à l'article premier pour définir le champ de compétence de cette autorité administrative indépendante aboutit à bien les placer sous son contrôle. (…). Mais, ces agents sont-ils formellement intégrés parmi les agents qui exercent des activités de sécurité sur le territoire de la République (en France). Cette évolution pourrait en annoncer d'autres qui aideraient à préciser le statut de ces agents et à favoriser la construction de leur identité professionnelle. Cf. Jean-Charles froment, in *Les surveillants de prison,* op cit., pp.31-32. Actualité oblige ! La montée en force de l'islamisme radical en France depuis 2014, et à travers le monde depuis le début du troisième millénaire, a fini de toute évidence, par mettre en relief irréfutablement, le rôle déterminant que l'AP peut jouer dans le système de sécurité publique.

travers le temps. Elle a nourri à partir du XIXe siècle les débats parlementaires en France, lorsque Charles Lucas[137] contradicteur de Tocqueville, opposait « l'emprisonnement pénitentiaire » à « l'emprisonnement répressif », au moment où son pays cherchait des repères fiables pour asseoir son système pénitentiaire. Le premier utilisant les moyens et techniques qui exercent une influence positive sur la personne détenue afin de la changer moralement ; et le second visant par la punition, à l'intimider afin de lui inspirer une crainte positive à même de la détourner du vice.

En somme, la présence d'une surface interstitielle entre les deux techniques pénitentiaires sus-évoquées que tout apparemment oppose, la survivance persistante des marges fluctuantes entre le répressif et le social, en ce qui concerne le travail carcéral, semblent retarder ici et là, la compréhension des enjeux, de la complexité[138] voire de la spécificité du corps de métiers qu'est l'AP. Le temps, pressé par la réflexion constante y parviendra tôt ou tard, nous l'espérons, à délimiter clairement la zone d'action de l'A.P. Mais dans l'intervalle, souscrivons à l'analyse intégrale que Jules Marcel Mandeng Nyobè, interpellé sur la question lors d'une entrevue, relève l'idée de multifonctionnalité du corps des fonctionnaires de l'A.P. camerounaise. Il soutient fort à propos, suivant l'intelligibilité de la réalité qui se présente à lui, ainsi que celle des textes en vigueur, que ce corps de métiers assume respectivement :

a) *les missions pénitentiaires autonomes* : sécurisation des centres pénitentiaires et maintien de l'ordre en leur sein, prise en charge des prévenus et des condamnés : alimentation, hygiène, loisir et santé, application de la discipline carcérale, escorte des condamnés en corvée, etc.;

b) *les missions judiciaires en collaboration avec l'autorité judiciaire* : l'escorte des prévenus et des appelants auprès des juridictions compétentes, exécution des jugements des tribunaux et des arrêts des cours concernant les détenus, exécution des décrets portant remise de peine, etc.

---

[137]Robert Badinter in *La prison républicaine (1871-1914),* Paris, Fayard, 1992, p. 25, dit de lui qu'il a régné sur la science pénitentiaire dans son pays pendant près d'un demi-siècle. Il a été l'auteur d'une production intellectuelle remarquée dans ce domaine, en l'occurrence *Du système pénitentiaire en Europe et aux États-Unis* qui lui permit d'obtenir le prix Montyon.

[138]Certains doctrinaires ont proposé en France, pour éclairer le flou existant entre le tout répressif et le tout humanitaire sur lesquels s'articule le travail carcéral, d'éclater la fonction de surveillants de prison en deux axes dès l'école de formation. Ainsi, on aura d'un côté, proposent-ils, les surveillants d'insertion (ceux formés pour les loisirs et les activités de rééducation et de réinsertion sociale) et de l'autre côté, les surveillants de répression (ceux formés pour la sécurité de l'établissement pénitentiaire et l'escorte des personnes détenues). Tout compte fait, le débat n'est pas encore clos. Car il faudrait, pour concilier cette dichotomie, qu'après la formation commune de base des personnels pénitentiaires que des possibilités conduisant à des spécialisations dans chacun des deux grands domaines de la profession soient offertes.

c) *les missions civiles et sociales en collaboration avec les institutions publiques spécialisées et de la société civile :* organisation et implémentation *des* activités sportives, récréatives, culturelles, spirituelles ; établissement des contacts entre le détenu et sa famille ou la société civile ; préparation à la réinsertion sociale au travers de l'apprentissage de petits métiers générateurs de ressources financières au détenu;

d*) les missions militaires en collaboration avec l'autorité administrative* : participation aux opérations de maintien de l'ordre public et de défense nationale.

IX. Quid de la transmission des actes de justice aux responsables de l'A.P. ?

§25 : *Cette préoccupation laisse penser à la nécessité de mettre en fonctionnement un canal*[139] *fiable et sécurisé par lequel le procureur de la République, le juge d'instruction et le tribunal devraient transmettre les mandats de justice et décisions judiciaires aux responsables des établissements pénitentiaires. Étant entendu que la loi n'a pas prévu un mécanisme de circulation desdits actes d'un acteur à l'autre.*

Le problème est réel et préoccupant, au regard de l'enclavement des voies de communication au Cameroun et de la relative immensité de son territoire. Pour ce qui est du canal de transmission des courriers adressés aux responsables des établissements pénitentiaires par le procureur de la République, le juge d'instruction et le juge de jugement, il nous semble que la sagesse commanderait de faire confiance à ces derniers qui sauront trouver le moyen adéquat de faire parvenir au régisseur de prison le courrier qui lui est destiné. Il en est de même de l'autorité administrative dans certaines circonstances exceptionnelles. En tout état de cause, une concertation entre lesdits responsables devrait contribuer à réduire à la portion congrue les risques encourus à ce stade. Au nombre de ceux-ci, figurent entre autres : l'arrivée tardive des mandats de justice au destinataire et plus grave, le fait pour ceux-ci de se retrouver entre les mains de personnes non habilitées à prendre connaissance de leur contenu et pire encore, que ces mandats de justice se retrouvent entre les mains de personnes mal intentionnées qui céderaient à la tentation de les falsifier ou de les faire disparaître.

---

[139]La transmission des décisions de justice et autres actes juridictionnels aux responsables des établissements pénitentiaires a souvent fait l'objet de critiques, surtout en ce qui concerne les prisons distantes du siège des Cours d'appel dont elles dépendent. Une solution avait été proposée à ce problème et son expérimentation, bien que tatillonne, n'est pas décevante. Elle consistait en la création d'un bureau chargé de liaisons avec les établissements pénitentiaires du ressort de chaque juridiction pénale. Cf. Michel Gabriel Ngoo-DjobLitet, Les relations entre les institutions judiciaire et pénitentiaire dans le système de justice pénale camerounais. Op.cit.

Il y a lieu de conclure à ce niveau que les interrogations qui précèdent nous ont permis d'examiner les dispositions du CPP relatives à l'exécution des mandats de justice destinés aux responsables de l'A.P., en vue de favoriser la meilleure appropriation par ces derniers des enjeux de préservation de la sécurité publique et de sauvegarde de la justice, de l'équité, de la dignité humaine et des libertés individuelles qui les entourent en toutes circonstances. L'exécution des mandats de justice par les régisseurs de prison, avons-nous observé, peut engendrer des manquements ou fautes professionnelles dommageables à l'action judiciaire et aux libertés individuelles. Pour se prémunir contre de telles dérives, il nous est apparu la nécessité d'appeler les personnels pénitentiaires à plus de vigilance. Car, il y va de leur intérêt tout d'abord, en vue d'atteindre les résultats escomptés, de convoquer les ressources intellectuelles issues du management public, notamment celles requises par la gestion axée sur les résultats pour faire avantageusement face à toute situation professionnelle qui se présenterait à eux. Les dispositions du CPP comportant des nouveautés, celles-ci doivent être bravées et, pour y parvenir, il est impérieux pour les pénitentiaires de briser le carcan de la routine. Car à travers : « la capacité à se débarrasser de connaissances surannées, souvent enracinées dans des habitudes et des convictions, et d'apprendre de nouveau est le signe palpable d'un travail avancé » l'admet Bob Aubrey[140],.

C'est donc à travers l'exécution des mandats de justice emportant privation de liberté en établissement pénitentiaire émis à l'encontre des auteurs et présumés auteurs d'actes suscitant la réprobation sociale que les juridictions pénales, hissées en amont du système de justice pénale, acquièrent leurs lettres de noblesse dans la société. Au même titre, c'est dans le cadre de l'exécution desdits mandats de justice que l'A.P., qui se situe en aval dudit système, redore son blason, en remplissant pleinement son office d'instrument par excellence d'exécution des mesures et sanctions de détention carcérale dont l'enfermement[141] est le lointain ancêtre. Sa finalité

---

[140]Bob Aubrey, in *Le travail après la crise : ce que chacun doit savoir pour gagner sa vie au 21ème siècle*, Paris, InterEditions, 1994, p.67.

[141]Selon l'historien Christian Carlier, l'enfermement comme instrument de répression de la déviance est une technique ''anhistorique ''ayant été observée dans toutes les sociétés. Elle a précédé la détention carcérale moderne reconnue comme mesure et sentence pour sanctionner, prévenir et protéger la société du mauvais comportement. Au cours de l'histoire, la répression des actes asociaux a traversé plusieurs tournants importants, dont l'ère de la justice populaire (lex salica) caractérisée par la vengeance directe de la victime ou ses ayants droit contre le perpétuateur du crime ; l'ère de la justice rétributive en nature et degré (lex talionis) marquée par la vengeance coup pour coup de la société contre le perpétuateur du crime ; l'ère des châtiments corporels battue en brèche par celle des châtiments moraux au XVIIIe siècle grâce à l'influence de l'Église à travers entre autres l'enfermement ; la déportation constitue la dernière pièce de ces époques dont la remise en question a permis une nouvelle conception de la peine, en vue de combattre efficacement la criminalité en l'occurrence par la détention carcérale et les peines pécuniaires, etc.

étant de protéger la société, la prison est donc, à bien des égards, un instrument de répression, de dissuasion, de correction et de redressement du mauvais comportement. Elle apparaît somme toute comme une mécanique corrective de choix, activée par deux leviers antithétiques, mais indissociables : pénitentiel et pédagogique. Elle est confiée aux mains du Prince engendré par le contrat social[142] et constitue l'un des éléments caractéristiques fondamentaux d'une société humaine organisée. C'est tout dire de l'importance que revêtent la bonne organisation et le bon fonctionnement de la prison, la vitrine fondamentale du service public pénitentiaire.

Imaginons un seul instant la souffrance qu'on inflige à la justice pénale et le tort qu'on cause à la victime et par ricochet à la société, lorsqu'il advient qu'une mesure ou sanction, emportant privation de liberté en établissement pénitentiaire, prise et prononcée par les autorités judiciaires, à l'encontre d'un ou plusieurs infracteurs, n'ont pas du tout été exécutées ou ont été mal exécutées, pour cause de défaillances humaines pénitentiaires. À proprement parler, c'est tout l'édifice social qui donne l'impression de vaciller autour de nous. Ce sentiment est encore plus marqué lorsque la société a décidé d'exclure momentanément de son sein certains de ses membres, du fait des déviances dont ils ont fait montre ; et qu'il advenait que ceux-ci arrivassent à s'extraire de leur propre chef, du lieu de leur détention, pour se livrer à la perpétration d'autres actes asociaux, ou pour se soustraire simplement à l'exécution des sanctions prononcées à leur encontre par les autorités compétentes. L'inverse produisant par ailleurs les mêmes effets, c'est-à-dire par exemple, lorsqu'un acte de libération émis par une juridiction n'a pas été exécuté en temps réel par l'A.P.

À titre principal, les personnels chargés de la détention carcérale s'en trouvent immédiatement, naturellement et sans réserve, mis en index. Par extension, à des degrés variés, tous les acteurs du système de justice pénale sont incriminés. Car, la société se sent trahie du fait de l'incompétence voire de l'irresponsabilité de ceux de ces membres auxquels elle a confié la mission de la sécuriser dans ce domaine particulier. Ainsi, dans un cas comme dans l'autre, convenons avec Andrew Coyle que :

Les autorités pénitentiaires représentent une protection importante contre la détention arbitraire. Elles doivent établir des procédures claires pour s'assurer qu'il existe un ordre de détention correctement autorisé ou un document légal pour la détention de toute personne admise en prison. Ceci est particulièrement important pour tous les prévenus, car ils ont le droit de savoir quelle est l'autorité légale de leur détention et de connaître la date à laquelle ils comparaîtront devant une autorité judiciaire. Les

---

142Lire les théoriciens du ''contrat social'', entre autres : Thomas Hobbes (*Le Léviathan*), Jean-Jacques Rousseau (*Du contrat social*).

autorités doivent également s'assurer que les détenus sont présentés aux tribunaux promptement et à l'heure correcte[143].

D'évidence, nous sommes convaincu que la synergie entre les juridictions pénales et l'A.P. dont nous souhaitons contribuer à l'édification, et qui très rapidement est en passe de sonner le glas du fonctionnement en vase clos qui a pendant longtemps caractérisé ces deux services au Cameroun, produira de biens meilleurs résultats. Ce fonctionnement en vase clos s'est alimenté du fait que pendant un peu plus de quatre décennies[144], c'est-à-dire de 1960 à 2004, l'A.P était placée sous la férule du ministre de l'Administration territoriale et de la Décentralisation ; tandis que les juridictions pénales relèvent en partie, séparation des pouvoirs oblige - en bon régime politique de démocratie - de l'autorité du garde des Sceaux[145] et du Pouvoir judiciaire[146]. La manifestation le 8 décembre 2004[147] du souci de soumettre ces deux maillons essentiels du système de justice pénale, en l'occurrence l'A.P. et les juridictions pénales à la même autorité, participe de la volonté de mettre en cohérence leurs activités, de renforcer leurs capacités en vue de renforcer leur rendement tant dans le traitement des actes mettant un terme à la privation de liberté que dans celui de ceux emportant privation de liberté des personnes placées sous l'étau de la justice pénale au Cameroun.

Pour preuve, il sied de souligner que certaines situations complexes, le plus souvent observées par ci et par là, entre ces deux institutions et qui font souvent les « choux gras » des médias[148], sont le résultat de l'exécution débridée par les services pénitentiaires en général desdits mandats de justice. L'exemple le plus intéressant étant « la vraie/fausse » libération de la prison

---

[143]Andrew Coyle, op cit., pp. 141 et suiv.

[144]Pour cause de respect du principe de la séparation des pouvoirs élaboré par Montesquieu, le transfert de l'A.P du ministère de l'Intérieur au ministère de la Justice constitue une réforme importante du système de justice pénale à travers le monde. Car, il est juste et équitable que dans une société politique, les fonctions d'enquête, de poursuite, de jugement et d'exécution des peines pénales soient accomplies par des autorités distinctes et indépendantes les unes des autres. En ce sens, par un décret daté du 13 mars 1911, l'A.P française est transférée du ministère de l'Intérieur au ministère de la Justice. La Russie pour obtenir son admission à l'Union européenne, puisque cela constituait une des conditionnalités, a transféré l'A.P du ministère de l'Intérieur au ministère de la Justice le 31 août 1998. Mais il convient de noter que le transfèrement de la responsabilité de l'A.P du ministère de l'Intérieur au ministère de la Justice est largement plus ancien au Royaume-Uni et dans la plupart des pays anglo-saxons comparativement aux pays francophones.

[145]Nous faisons expressément allusion ici au parquet des juridictions et aux services centraux du ministère de la Justice.

[146]Il est incarné par la Cour suprême.

[147]Le décret n° 2004/320 du 8 décembre 2004 portant organisation du gouvernement, modifié et complété par le décret n° 2007/268 du 7 septembre 2007.

[148]Michel Gabriel Ngoo-Djob Litet, Le traitement de l'information carcérale dans la presse quotidienne camerounaise de 2003 à 2004 : le cas de *Cameroon Tribune*, *Le Messager* et *Mutations*. Mémoire ESSTIC, université de Yaoundé II-Soa, division II, filière journalisme, 2006, 100 pages.

principale de Mfou (une banlieue de Yaoundé), en février 2007, de Mme Marinette Dikoum[149] et son arrestation un mois plus tard, suivie *illico presto* par sa réincarcération dans le même pénitencier. Favorisé par une absence de synergie entre les responsables de la Police judiciaire, de l'A.P. et du tribunal relevant du ressort territorial de cette juridiction, ce manquement dont s'est allègrement abreuvée la presse, ne serait que la partie visible de l'iceberg des dysfonctionnements émanant des institutions à l'animation desquelles participent les acteurs du système de justice pénale au Cameroun.

Concernant la version officielle de cette affaire, il en ressort que le régisseur de la prison concernée se serait trompé dans l'interprétation des dispositions du décret présidentiel de décembre 2006 portant remise et commutation de peine. Conséquence, ce responsable local de l'A.P. a fait bénéficier de la grâce présidentielle à une criminelle qui n'en était nullement concernée, du moins à ce moment précis. Et, celui-ci en se trompant, a entraîné dans l'erreur le procureur de la République. De telles discordances fonctionnelles des institutions, somme toute, occasionnées par l'absence ou la défaillance de la synergie recherchée, contribuent à saper la confiance que le citoyen camerounais a, à l'égard des institutions judiciaire et pénitentiaire de son pays qui, globalement ne font pas bonne presse[150].

De menus faits divers de ce type cités dans cet ouvrage, font fréquemment la *Une* des journaux camerounais depuis l'entame des années 1990.

L'année 1990 marque un tournant décisif dans l'histoire de la quasi-totalité des pays d'Afrique noire avec le retour au multipartisme. Bon nombre parmi eux qui avaient accédé à l'indépendance autour de 1960 vivaient sous le monolithisme politique depuis une trentaine d'années. (...)

[149]Mme Marinette Ndomè Dinde ép. Dikoum faisait partie jusqu'à sa libération de la liste des personnes détenues les plus anciennes et les plus célèbres du fichier carcéral camerounais. En rappel, elle est condamnée en 1983 avec son amant et l'ami de ce dernier pour complicité d'assassinat en coaction de son mari, M. Vincent Dikoum Miyem, directeur général de la CAMBANK à Yaoundé, dont le corps sera retrouvé dans les eaux de la Sanaga après Sa'a (une banlieue de Yaoundé), trois jours après la nuit de l'assassinat, le 28 janvier 1983.

[150]Les médias nationaux et internationaux sont sans excuse à l'égard des composantes du système de justice pénale camerounais lorsqu'en leur sein ils décèlent par moment le moindre dysfonctionnement. S'agissant de l'A.P., la revue de la presse faite pendant la période qui a suivi la fausse libération de Mme Dikoum, en mars 2007, de même que celle qui a suivi l'évasion massive et sanglante de détenus à la prison principale de Yoko en juillet 2007 sont amplement révélatrices de cet état d'esprit.

Cela porte à conséquence surtout au niveau de la pratique et du vécu quotidien des libertés individuelles et collectives[151].

Clarifie le professeur Marc-Joseph Omgba, observateur avisé de cette période déterminante dans l'histoire sociopolitique de bon nombre d'États au sud du Sahara, dont le Cameroun. « Sur le terrain de la liberté d'expression par exemple, on notait la parution des médias monopolisés par les pouvoirs publics. Avec l'avènement du pluralisme politique, on a vu paraître une presse écrite au multiple titres qui se singularisent par une certaine pugnacité dans le ton et une hardiesse incontestable dans ses prises de position par trop partisanes (…)[152] » conclue-t-il.

En définitive, admettons qu'une meilleure exécution des mandats de justice permet, non seulement d'instaurer un climat serein dans les relations entre les acteurs des juridictions pénales et ceux de l'A.P., mais davantage favorise l'accomplissement total par chacun d'eux de la mission sociale qui leur est dévolue.

Au demeurant, celle-ci permet de traduire en acte concret la recherche permanente de la sécurisation de la société à travers la mise hors d'état de nuire des auteurs d'actes mettant à mal la paix et la cohésion sociales ainsi que l'épanouissement général de la société. Elle contribue à la manifestation de la *justice rétributive* d'une part, tout en participant d'autre part, à l'expression de la *justice réparatrice*, dont les effets favorisent le rapprochement de l'A.P. camerounaise de sa société, avec en perspective la possibilité pour elle d'être reconnue comme une administration citoyenne.

La parfaite exécution des mandats de justice favorise par ailleurs l'éclosion au sein des pénitenciers et de la société d'un climat social apaisé observable tant chez les personnes en détention provisoire (« faisant l'objet d'une enquête judiciaire », « attendant un procès », « passant en jugement » ou « attendant une sentence ») que celles emprisonnées (purgeant des sanctions privatives de liberté, portant sur des durées courtes, moyennes, longues ou très longues, prononcées par les juridictions correctionnelles et/ou criminelles indépendantes et impartiales) ainsi que chez celles qui sont affectées soit comme victimes soit comme témoins.

Les prison étant, toute proportion gardée, le miroir de chaque société, car elles sont le reflet des « valeurs de la société où elles se trouvent»[153], la parfaite exécution des mandats de justice par les personnels pénitentiaires contribuerait à soigner l'image du pays et à lui donner une bonne visibilité

[151]Pr Marc-Joseph Omgba, « La presse écrite et la démocratisation en Afrique noire : le cas du Cameroun », in Fréquence Sud (revue de recherche en communication), n° 15, avril 2000, ESSTIC, Université de Yaoundé II.
[152] Idem.
[153] Andrew Coyle, op cit., p. 116.

au plan national d'abord et ensuite international, du fait de la mise en application scrupuleuse des principes et règles édictés par le droit international des droits de l'homme applicables en milieu carcéral. Pour ce faire, l'A.P. camerounaise doit avoir un profil social clairement défini par les lois et règlements en vigueur, appliqués et reconnus en toutes circonstances. C'est ce que nous allons tenter de jauger.

CHAPITRE III

LE PRIVILÈGE DE JURIDICTION, LA POLICE D'AUDIENCE ET LES PERSONNELS DE L'A.P. AU REGARD DU CPP

« Savoir que l'on sait ce que l'on sait, et savoir que l'on ne sait pas ce que l'on ne sait pas : voilà la véritable science ».

Confucius

Le présent chapitre nous fait obligation de traiter en commun deux notions intéressantes, mais symétriquement opposées. Il s'agit de *la police d'audience* et du *privilège de juridiction.* Ici, l'ambition n'est pas de faire ressortir les points semblables décelables entre elles, mais davantage d'inviter à marquer un temps d'arrêt, qui permettrait de porter un regard sans aménité, sur le sens profond que revêt chacune de ces deux notions, en vue de contribuer à en favoriser l'appropriation de leur substance par tous d'une part, et de questionner la pertinence de la non-applicabilité de ces deux notions juridiques aux personnels de l'A.P. d'autre part, au regard des dispositions du CPP s'y rapportant.

Sur ces entrefaites, il sied de rappeler que *la police d'audience* désigne l'ensemble des mesures qui doivent être prises par le président du tribunal, en vue d'assurer le meilleur déroulement possible du procès pénal. Elles concernent principalement la sécurité des locaux qui abritent le procès, la sécurité des acteurs au procès constitués du Tribunal (le Siège, le Parquet et le Greffe) d'une part ; de la défense et du prévenu ou accusé d'autre part ; enfin de la partie civile ou victime (de son conseil et du public). Elles touchent également, au propre comme au figuré, à la tenue décente de tous ces acteurs pendant toute la durée du procès.

En revanche, *le privilège de juridiction* renvoie aux dispositions législatives et réglementaires dispensant certains agents publics, exerçant à un haut niveau de responsabilité des fonctions administrative et/ou militaire, d'être poursuivis et jugés par les juridictions des circonscriptions territoriales dans lesquelles ils sont en service ; et puis, s'il y a lieu, d'être incarcérés dans les établissements pénitentiaires implantés sur leurs territoires de compétence.

À cet égard, il nous apparaît indubitablement que *la police d'audience* et *le privilège de juridiction* sont des mécanismes légaux et légitimes qui participent de la volonté des pouvoirs publics de préserver *urbi et orbi* l'autorité de l'État ; de renforcer l'honorabilité dont sont revêtus les institutions publiques ainsi que les responsables des différents corps de métiers qui animent l'appareil étatique. En effet, parler de la police d'audience d'une part et du privilège de juridiction d'autre part, en rapport avec les personnels de l'A.P., reviendrait dans le cadre de ce pensum, à mettre sur la table le débat qui interroge les effets juridiques et judiciaires du statut spécial du corps des personnels de l'A.P., comparaison faite avec ceux des autres corps de fonctionnaires analogues tels que la Sûreté nationale et la Gendarmerie nationale. Le point commun de ces trois corps de métiers étant que la sécurité des personnes et des biens constitue leur mission axiale.

En s'appesantissant d'entrée de jeu sur le privilège de juridiction, il se dégage sans fioriture qu'en ses articles 629 et suivants, le CPP a procédé à l'identification sans équivoque des protagonistes du système de justice pénale bénéficiaires du droit d'être jugés dans des conditions qui ne sont pas toutes celles ordinaires. Qui sont-ils ? Il s'agit exhaustivement des magistrats de l'ordre judiciaire, des autorités administratives (sous-préfet, préfet et gouverneur) et des officiers de police judiciaire (hauts cadres de la gendarmerie nationale et de la sûreté nationale). La liste découlant des dispositions du CPP qui précède conduit d'emblée à prendre acte de ce que les personnels hauts gradés du corps des fonctionnaires de l'A.P. ne sont pas bénéficiaires du privilège de juridiction. L'exclusion des fonctionnaires de l'A.P. de ce qu'il conviendrait ici d'appeler le « collège des privilégiés» repose-t-elle sur des raisons pertinentes? Cette exclusion peut-elle simplement être considérée comme une omission ? Et comment convient-il alors de la corriger ?

L'objet de ce chapitre est alors et seulement de contribuer à apporter un éclairage sur certaines préoccupations légitimes intéressant les personnels pénitentiaires, en rapport entre autres, avec les dispositions du CPP touchant à l'accomplissement exclusif des tâches sécuritaires par les éléments de la Gendarmerie nationale notamment dans les salles d'audience des juridictions. Parallèlement, il s'intéresse au déficit de protection administrative et judiciaire des fonctionnaires de l'A.P., dans le ressort territorial où ils exercent leurs compétences, lorsqu'il leur arrive de tomber sous le coup de la loi, dans ou à l'occasion de l'exercice de leurs fonctions.

Dans cette optique et sans aucun détour, ces prolégomènes nous conduisent à formuler les interrogations par trop gênantes ci-après :

- les personnels de l'A.P. au Cameroun sont-ils des agents publics chargés du maintien de l'ordre et de la sécurité à part entière ou entièrement à part ?[154]

- peuvent-ils revendiquer lorsqu'ils sont sous le coup d'une procédure judiciaire dans la localité où ils exercent leurs fonctions, faisant suite à une faute professionnelle ou extraprofessionnelle qu'ils ont commise, que leur soit appliqué le privilège de juridiction, à l'instar de leurs camarades d'armes appartenant aux forces traditionnelles de maintien de l'ordre public, de sécurité ou de défense ?

- les éléments de l'A.P.peuvent-ils être réquisitionnés pour assurer dans les salles d'audience les tâches sécuritaires confiées à leurs collègues de la Gendarmerie nationale ?

Tant s'en faut. Les interrogations qui précèdent ne cherchent à induire ni une crise de légitimité de l'A.P. ou de tout autre corps de maintien de l'ordre et de sécurité, ni une remontée de zèle en leur sein. Bien au contraire, elles ambitionnent de susciter un débat sérieux, impérativement dépouillé de toute subjectivité, mobilisant entre autres les professionnels des différents corps de métiers concernés, les intellectuels et les décideurs, etc., destiné à examiner la pertinence de l'exclusion de l'A.P. camerounaise du bénéfice du privilège de juridiction d'une part et, de l'exercice de la police d'audience d'autre part. Débat que nous souhaitons bien structuré et franc dont l'issue devrait conduire sans doute les uns et les autres, soit à pencher du côté du maintien des options traditionnellement établies - conservatisme béat - soit à se prononcer en faveur de la mise en œuvre de nouvelles orientations - modernisme avisé -. Cette dernière étant plus en adéquation fusionnelle avec les déterminants qui peuplent la sphère des valeurs axiologiques. Les notions de justice et d'équité figurant parmi les déterminants principaux.

---

[154]La question se pose et se posera toujours, tant qu'il subsistera au Cameroun, cette ambiguïté et ce flou entretenus par des réticences traditionnelles et des refus voilés, contenus dans les politiques publiques pénitentiaires menées jusqu'ici, et qui constituent des pesanteurs à l'émergence d'une identité professionnelle véritable chez les personnels de l'Administration pénitentiaire. Au plan théorique et à titre exclusivement comparatif, les surveillants de prison en France (fonction qui équivaut au Cameroun à celle de gardien de prison), à travers leur statut, sont continuellement animés par le même souci de clarification de leur identité sociale face notamment à celle de leurs homologues de la police française. Jean-Charles Froment, in *Les surveillants de prison*, Paris, L'Harmattan, 2003, pp.30-32, s'est intéressé à cette problématique. Il conviendrait de se référer à cet ouvrage pour en savoir davantage.

I. Vraie et pseudo polémiques sur les acteurs de la police d'audience

I.1. Que dit la loi ?

SECTION II
DE LA POLICE DE L'AUDIENCE

ARTICLE 303 : Le Président assure la police de l'audience et la direction de débats. À cette fin, les agents de la force de maintien de l'ordre sont mis à sa disposition pour la durée de chaque audience.

ARTICLE 304 : (1) Le public admis à la salle d'audience, doit s'abstenir de toute manifestation d'approbation ou de désapprobation.

(2) Toute personne à qui la parole est donnée doit s'exprimer avec modération et dans le respect dû à la Justice.

I.2. Commentaire

§26 : *Il sied de s'intéresser au plus près à la réalité que recouvre à l'article 303 ci-dessus l'expression « la force de maintien de l'ordre ». Étant entendue que de manière générale, dans le cadre d'une procédure pénale normale, excluant la comparution libre, le prévenu et l'accusé présumé étant incarcérés dans une prison*[155]*, il se dégage que l'usage de l'expression « éléments de l'A.P. » par souci de précision et de clarté, en lieu et place de celle de « force de maintien de l'ordre », aurait posé moins de problèmes que ceux soulevés par son absence. Parallèlement, il y a lieu de se préoccuper également si les personnels de l'Administration pénitentiaire peuvent sur réquisition du Président du Tribunal, assurer la police de l'audience*[156].

Aux termes de l'article 303 du CPP, la police d'audience est de la compétence exclusive du Président du Tribunal ou du juge. Des agents des Forces de maintien de l'ordre sont donc mis à sa disposition pour la durée de chaque audience. La mise à disposition des agents des Forces de maintien de l'ordre auprès de cette autorité est réglementairement encadrée par trois textes. Citons par ordre chronologique :

---

[155]Pénologues et criminologues soutiennent qu'au sens stricto sensu, la prison est une institution publique placée sous l'autorité de l'administration pénitentiaire, où sont privées de liberté soit comme mesure nécessaire pour garantir la représentation devant la justice des personnes en attente de jugement soit comme peine pour celles qui sont condamnées pour des actes ou omissions interdits par la loi pénale. Cette définition emporte notre total assentiment.
[156]Toute opération de maintien de l'ordre menée à l'intérieur et à l'extérieur de la salle où se déroule un procès pénal et consistant à prévenir tout trouble à l'ordre public et à rétablir l'ordre public lorsque celui-ci a été troublé.

- le décret n°60/280 du 31 décembre 1960 relatif à la Gendarmerie, modifié par le décret n° 63/DF/3 du 8 janvier 1963, notamment en ses articles 1er[157], 2[158] et 3[159] ;

- le décret n° 2010/365 du 29 novembre 2010[160] portant statut spécial du corps des fonctionnaires de l'Administration pénitentiaire, entre autres en son article 3[161] et ;

- le décret n° 2012/539 du 19 novembre 2012 portant statut spécial du corps des fonctionnaires de la Sûreté nationale, entre autres en ses articles 2[162] et 3[163].

Au regard des considérations ci-dessus et bien d'autres, quelle réponse conviendrait-il d'apporter à la question récurrente dont la formulation renseigne à suffisance sur son essence polémique : « Les éléments de l'A.P. camerounaise font-ils partie des Forces de maintien de l'ordre au sens de

---

[157]Article premier : la Gendarmerie nationale est une composante des Forces de Défense. Son action s'exerce sur toute l'étendue du territoire national et plus particulièrement dans les zones rurales et sur les voies de communication. Placée sous l'autorité du ministre chargé de la Défense, la Gendarmerie nationale est une force à caractère militaire, assurant également des missions civiles. Elle peut employer du personnel civil.

[158]Art.2.- Missions générales : Sous l'autorité du ministre chargé de la Défense, la Gendarmerie exécute des missions au profit du ministre de l'Administration territoriale et du Ministre de la Justice. Elle se tient également à la disposition des autres chefs de départements ministériels dans le cadre des missions qui lui sont dévolues conformément à la réglementation. La Gendarmerie nationale exécute des missions de police administrative et de police judiciaire, dans les conditions fixées par les textes en vigueur.

[159]Art.3.- Missions particulières : Elle concourt à la défense nationale. Elle concourt au maintien de la sûreté intérieure de l'État. Elle assure des missions de police militaire et de police judiciaire militaire.

[160]Le décret actuellement en vigueur a abrogé récemment le décret n° 92-054 du 27 mars 1992 portant statut spécial du corps des fonctionnaires de l'A.P qui, à son tour, avait abrogé le décret n°74/250 du 3 avril 1974 portant statut particulier du corps des fonctionnaires de l'A.P. modifié et complété par le décret n° 77/32 du 1er février 1977. En son article 1er, le décret de 1974 faisait déjà mention de la notion de maintien de l'ordre et de port d'arme concernant le personnel pénitentiaire et le décret de 1992 avait confirmé cette tendance en son article 2.

[161]Article 3 : (1) Le fonctionnaire de l'Administration pénitentiaire fait partie des éléments civils chargés du maintien de l'ordre au sein des institutions pénitentiaires, des services relevants de l'Administration pénitentiaire ou en tout autre lieu. (2) Il est astreint au port d'armes, d'uniformes et d'insignes de grade. (3) Il peut, sur réquisition de l'autorité compétente et concurremment avec d'autres forces, participer aux opérations de maintien de l'ordre, de sécurité et de défense, conformément aux lois et règlements en vigueur.

[162]Article 2 :(1) La Sûreté nationale est un corps de commandement et d'administration placé sous l'autorité du Président de la République qui en est le chef suprême. (2) Son action s'étend sur l'ensemble du territoire national.

[163]Article 3 :(1) La Sûreté nationale a pour mission fondamentale d'assurer le respect et la protection des institutions, des libertés publiques, des personnes et des biens. (2) Elle assure le respect de l'exécution des lois et règlement. (3) Elle concourt à l'exercice de la police administrative et de la police judiciaire. (4) Force régulière, la Sûreté nationale concourt en outre à la défense nationale.

l'article 2 de la loi n° 90-54 du 19 décembre 1990[164] relative au maintien de l'ordre ? » Il y a lieu, au regard du cadre normatif en vigueur, de répondre par l'affirmative.

Mais avant de le démontrer, recourons tout d'abord au décret n°68-DF-33 du 29 janvier 1968 fixant les missions de défense des forces régulières, supplétives et auxiliaires[165] afin de circonscrire la substance de la notion de maintien de l'ordre.

À cet effet, ce texte dispose en son article 1er généralités, que :

« *1°) Le maintien de l'ordre a pour objet de prévenir les troubles afin de n'avoir pas à les réprimer. On distingue le maintien de l'ordre :*

- *préventif à base de renseignement et pouvant entraîner l'action de forces territoriales locales avec ou sans réquisition ;*
- *actif, en cas de menaces de troubles justifiant la mise en application des plans de protection ;*
- *renforcé, en cas de troubles graves et généralisés justifiant la proclamation de l'état d'urgence.*

2°) La défense opérationnelle a pour objet de s'opposer à des forces organisées militairement, étrangères ou non.

Elle peut aussi, faire suite au maintien de l'ordre renforcé, lorsque les mesures résultant de l'état d'urgence s'avèrent insuffisantes ».

Encadré 3: Organisation graduelle de la nature des opérations de maintien de l'ordre dévolues aux forces de maintien de l'ordre (la Sûreté nationale, la Gendarmerie nationale, l'Administration pénitentiaire, l'Administration des douanes, l'Administration des eaux et forêts) et aux forces armées (l'armée de terre, l'armée de l'air, l'armée marine), conformément au décret n° 68-DF-33 du 29 janvier 1968 fixant les missions de défense des forces régulières, supplétives et auxiliaires.

Défense nationale (4)
Maintien de l'ordre renforcé (3)
Maintien de l'ordre actif (2)
Maintien de l'ordre préventif (1)

Source : l'auteur

164Code d'instruction criminelle. Justice militaire. Code pénal. Annexes. Éditions Minos, Yaoundé-Cameroun, 1997, pp.216-217.

165Lire : Pr Magloire Ondoa, in *Textes et documents du Cameroun (1815-2012)*, vol : XX, Droit pénal, tome : LXXVII, Code pénal et Procédure pénale. Coll. bibliothèque de législation et de jurisprudence africaine et malgache, EDLK, Yaoundé, 2013.

En son article 3- missions des forces, il est disposé que :

«1°) Du point de vue de leurs missions pour le maintien de l'ordre, les forces régulières sont divisées en trois catégories qui sont :

- *1re catégorie : gendarmerie et police ;*
- *2e catégorie : gendarmerie mobile et unités mobiles de police ;*
- *3e catégorie : armée de terre, marine nationale, armée de l'air.*

Les forces supplétives et auxiliaires appartiennent à la 1re catégorie.

2°) Emploi des forces pour le maintien de l'ordre :

a) Les forces de 1re catégorie sont à la disposition des autorités administratives pour le maintien de l'ordre préventif.

b) Elles agissent dans les conditions prévues par leurs règlements, soit à leur initiative, soit en exécution des ordres de leurs chefs ou sur réquisitions des autorités administratives.

c) Les forces de 2e catégorie sont spécialisées dans le maintien de l'ordre. Elles agissent à la demande et si besoin, sur réquisition des autorités habilitées.

d) Les forces de 3e catégorie ne doivent être employées au maintien de l'ordre qu'exceptionnellement en cas d'insuffisance des forces de 1re et 2e catégories. Elles sont mises en œuvre sur réquisition ».

Tableau 6 : Organisation catégorielle ou typologique des forces de maintien de l'ordre et leurs modes d'emploi, conformément à la lecture actualisée du décret n° 68-DF-33 du 29 janvier 1968 fixant les missions de défense des forces régulières, supplétives et auxiliaires.

Modes d'emploi / **Catégorie de Forces de maintien de l'ordre**		**Exécution du règlement**	**À l'initiative personnelle**	**Sur ordre du chef**	**Sur réquisition**
1re catégorie	- Gendarmerie (1)	oui	oui	Oui	oui
	- Police (2)	oui	oui	Oui	oui
	-Administration pénitentiaire (3)	oui	oui	Oui	oui
	-Douane (4)	oui	oui	Oui	oui
	-Eaux et forêts (5)	oui	oui	Oui	oui
2e catégorie	-Gendarmerie mobile (1)	*non*	*non*	Oui	oui
	-Unités mobiles de police (2)	*non*	*non*	Oui	oui
3e catégorie	-Armée de terre (1)	*non*	*non*	*non*	oui
	-Marine nationale (2)	*non*	*non*	*non*	oui
	-Armée de l'air (3)	*non*	*non*	*non*	oui

Source : l'auteur

En effet, le décret n° 68-DF-33 du 29 janvier 1968 fixant les missions de défense des forces régulières, supplétives et auxiliaires en son article 1er, alinéa 1er, nous inspire trois constatations :

- la première est que cet article a défini clairement la notion de maintien de l'ordre dont les termes sont en adéquation avec les missions de l'A.P. ;

- la seconde est que la notion de maintien de l'ordre figure respectivement dans les articles 2[166], 3[167], 32[168] et 138[169] du décret

[166]« Le corps des fonctionnaires de l'Administration pénitentiaire est chargé de : a) l'application des décisions de justice portant privation ou restriction des libertés ; b) la sécurisation des établissements pénitentiaires et du maintien de l'ordre en leur sein ; c) la surveillance, la protection et la rééducation des personnes placées sous main de justice ou

n° 2010/365 du 29 novembre 2010 portant statut spécial du corps des fonctionnaires de l'Administration pénitentiaire, relatifs respectivement aux missions du corps des fonctionnaires de l'A.P. et à l'identité sociale des personnels y relevant ;

- la troisième et dernière consiste en ce que dans son volet surveillance des détenus et des édifices de détention carcérale, le travail des personnels pénitentiaires depuis la signature du premier décret constitutif de ce corps de métier en 1974, épouse totalement l'esprit et la lettre de la notion de maintien de l'ordre utilisée d'une part par le législateur et reprise d'autre part par l'autorité habilitée à exercer le pouvoir réglementaire. Et, en prime aux côtés des autres forces de sécurité et de défense, l'A.P camerounaise participe au boulevard du 20 Mai depuis le 20 mai 1992, date de son entrée progressive à la modernité[170], au défilé militaire commémorant[171] l'avènement de l'État unitaire au Cameroun. Une demi-décennie après,

---

faisant l'objet d'une mesure de garde à vue administrative ; d) la préparation à la réinsertion sociale des personnes placées sous main de justice ; e) la production pénitentiaire à travers la valorisation du potentiel humain en détention ».

[167]« (1) Le fonctionnaire de l'Administration pénitentiaire fait partie des éléments civils chargés du maintien de l'ordre au sein des institutions pénitentiaires, des services relevants de l'Administration pénitentiaire ou en tout autre lieu. (2) Il est astreint au port d'armes, d'uniformes et d'insignes de grade. (3) Il peut, sur réquisition de l'autorité compétente et concurremment avec d'autres forces, participer aux opérations de maintien de l'ordre, de sécurité et de défense, conformément aux lois et règlements en vigueur.

[168]« (1)Le fonctionnaire de l'Administration pénitentiaire en uniforme : - doit, en cas de nécessité et s'il en est requis, prêter main-forte à tout agent de la force de maintien de l'ordre en situation difficile vis-à-vis de la foule et, particulièrement, à l'occasion d'un service commandé exécuté par ledit agent ; - peut, le cas échéant, de sa propre initiative, intervenir lorsque les circonstances l'exigent, pour empêcher tout acte ou agissement grave de nature à troubler l'ordre et la tranquillité publics, conformément aux lois et règlements en vigueur. (2) Dans tous les cas où le fonctionnaire de l'Administration pénitentiaire intervient de sa propre initiative ou lorsqu'il en est requis en dehors des heures normales de service, il est considéré comme étant de service. (3) Les obligations visées aux alinéas précédents sont permanentes ».

[169]« La discipline, force principale de tout corps concourant au maintien de l'ordre, implique l'obéissance hiérarchique, le respect du grade, des règles établies et régit l'exercice de l'autorité. Elle s'applique à tous les cadres de l'Administration pénitentiaire ».

[170]Elle est symbolisée par la signature des décrets du 27 mars 1992 portant respectivement Régime pénitentiaire au Cameroun (n° 92-052) ; statut spécial du corps des fonctionnaires de l'A.P (n° 92-054) ; portant création de la Commission nationale de l'A.P. (n° 92-053) ; et du décret n° 92-066 du 3 avril 1992 portant création et organisation de l'École nationale de l'A.P.

[171]Fête militaire et politique la plus importante au Cameroun chaque année à l'image du 14 Juillet en France, les pénitentiaires camerounais savourent depuis 1992 le plaisir et l'honneur de parader devant le chef de l'État, ses invités spéciaux et les corps constitués, etc., rassemblés au boulevard du 20 mai à Yaoundé. Et, aux chefs-lieux des régions, départements et arrondissements devant ses représentants locaux (gouverneurs, préfets et sous-préfets). À titre comparatif, il apparaît que le Cameroun a eu de l'avance sur la France, car pour la première fois en 2016, les pénitentiaires Français ont participé aux Champs Elysées au défilé militaire du 14 Juillet, suivis des fonctionnaires des douanes, et la liste s'arrête là.

l'Administration des douanes lui a emboîté le pas et, entre temps, l'Administration des eaux et forêts se prépare à parader sur la plus belle et grande avenue du Cameroun.

À quoi aurait-il donc servi à l'une et à l'autre des autorités sus désignées de faire usage de la notion de ``Maintien de l'ordre`` dans les différents textes cités plus tôt, si celle-ci devait changer de sens lorsqu'elle est appliquée aux personnels pénitentiaires? Pourquoi n'ont-elles pas précisé la nouvelle acception attribuée à cette notion si l'acception admise contrariait leur vision de la réalité des problèmes auxquels elles apportaient des solutions pertinentes et pérennes? Autrement dit, si la notion de maintien de l'ordre devait changer de connotation en fonction des forces ou entités qui l'exercent, pourquoi ces deux autorités n'ont-elles pas donné le sens qui convenait à cette notion – si celle-ci en avait d'aventure un autre - en parlant de l'A.P ?

Cela n'ayant pas été fait parce qu'incontestablement superflu tant du point de vue théorique que pratique, alors admettons à la lumière du bon sens inspiré par le principe de cohérence logique, que la notion de maintien de l'ordre conserve la plénitude de sa substance sémantique tant pour la Gendarmerie et la Police que pour l'Administration pénitentiaire, y compris pour l'Administration des douanes et l'Administration des eaux et forêts, lorsque celle-ci est utilisée à la lumière des textes organiques et fonctionnels de ces différents corps de métiers. La seule différence valable et d'évidence factice qui apparaît ici repose sur l'espace géographique où chacun de ces différents corps de métiers exerce les opérations de maintien de l'ordre et de sécurité qui lui sont dévolues. À titre comparatif, il convient de conclure à ce stade cette analyse par cette idée extraite d'un document synthétique présentant l'Administration pénitentiaire en France :

« *L'administration pénitentiaire, troisième force de sécurité publique avec la police et la gendarmerie, assure :*

- la sécurité de la société en surveillant les personnes qui lui sont confiées, mais aussi par son rôle dans la lutte contre la récidive ;

- la sécurité des personnes qui lui sont confiées en veillant au respect des détenus et à l'application des règles de détention »[172].

Revenons ensuite à la loi n° 90-54 du 19 décembre 1990 relative au maintien de l'ordre. Celle-ci aux termes des articles 1er et 2, cite clairement et nommément la Gendarmerie (nationale) et la Sûreté nationale (Police) comme des Forces de maintien de l'ordre (à l'exclusion de toute autre force) au vu de l'ancienneté d'existence dont elles peuvent se prévaloir et qui

---

172 Ministère de la Justice (www.prison.justice.gouv.fr), page consultée le 22 août 2016.

renforce de mieux en mieux la compréhensibilité de leurs missions[173]. En fait, l'énumération opérée par la loi du 19 décembre 1990 ne devrait être considérée que comme indicative et justifiée par une conjoncture particulière.

Enfin, soulignons au regard de ce qui précède que la lecture et la compréhension judicieuses de la loi 19 décembre 1990 restent dépendant de l'ouverture d'esprit dont font montre les acteurs en jeu, du fait de la connaissance des textes antérieurs et postérieurs sus cités relatifs à la question traitée. En ce sens, la science juridique a prévu des solutions pertinentes pour trancher des litiges qui pourraient résulter de l'application dans le même cadre spatiotemporel, de deux normes d'égales valeurs ou de valeurs inégales, en vigueur dans un domaine identique. Analysons point par point lesdites solutions.

La première situation évoquée fait référence au mécanisme juridique désigné par le terme *abrogation.* Ici, la nouvelle norme d'égale valeur que sa devancière vient abolir ou mettre un terme à l'existence de celle qui l'a précède.

La seconde situation également évoquée renvoie en revanche au terme *dérogation.* Ici, la nouvelle norme hiérarchiquement de valeur inférieure que la précédente, déroge totalement ou partiellement à celle-ci. C'est-à-dire qu'elle apporte des exceptions, des réserves et des particularités dans l'application de l'ancienne norme.

De manière générale, les exégèses du droit ont érigé ce mécanisme juridique couramment usité en matière d'élaboration des normes tant dans le domaine législatif que réglementaire, en principe de droit général, qu'ils ont désigné par l'expression savante *lex posterior derogat priori.* L'expression latine renvoyant à ce principe signifie sommairement que *c'est la dernière volonté du législateur ou de l'autorité investie du pouvoir réglementaire qui s'impose.* En d'autres termes, si le législateur adopte une nouvelle norme différente de la précédente, il n'y aucun doute qu'il ne veut plus de l'ancienne soit totalement soit partiellement.

Au vu de cette analyse, il nous apparaît que le décret n° 2010/365 du 29 novembre 2010 portant statut spécial du corps des fonctionnaires de l'A.P. constitue donc une dérogation à la loi n° 90-54 du 19 décembre 1990 relative

---

[173]La pluralité de missions dévolues à la gendarmerie et à la sûreté nationales se présente ainsi qu'il suit : (1) missions sécuritaires : protection des personnes et leurs biens ainsi que des institutions ; défense du territoire national ; renseignement. (2) missions administratives : manifester la puissance de l'État ; faire appliquer les lois et règlements de la République ; faire allégeance à la souveraineté du peuple au nom de qui la justice est rendue. (3) missions judiciaires : appréhender les malfaiteurs présumés et les présenter devant les autorités judiciaires ; exécuter les mandats de justice… (4) missions sociales : encadrement psychologique et social des populations (police et gendarmerie de proximité).

au maintien de l'ordre, en vertu du principe de droit général dénommé *specialia generalibus derogant*, entendu : *les lois spéciales dérogent aux lois qui ont une portée générale.* Ainsi donc, l'Administration pénitentiaire camerounaise se trouve être une Force de maintien de l'ordre et de sécurité à plein titre ; et ses personnels peuvent légalement, s'ils en sont requis, exercer la police d'audience.

II. Vraie et pseudo polémiques sur les composantes des forces de maintien de l'ordre, suivant la loi camerounaise du 19 décembre 1990

§ 27 : *Analysons d'abord la question se rapportant à l'appartenance ou non de l'A.P. à la famille des forces de maintien de l'ordre. S'appuyant sur le décret sus-évoqué, il convient de souligner que l'Administration pénitentiaire participe sans faute, depuis près de deux décennies, sur réquisition de l'autorité compétente, aux opérations de maintien de l'ordre et de défense nationale. De ce fait, il nous semble impérieux en guise de première conséquence de cet état de choses, de susciter une nouvelle lecture c'est-à-dire une lecture conjuguée de la loi de 1990 relative au maintien de l'ordre avec le décret n° 2010/365 du 29 novembre 2010 portant statut spécial du corps des fonctionnaires de l'Administration pénitentiaire, - ce décret a émergé des cendres de son ancêtre, à savoir le décret n° 92/054 du 27 mars 1992 abrogé - .La lecture conjuguée des deux textes permettraient de mettre un terme à un imbroglio non fondé juridiquement, qui continue de faire son lit ici et là, inutile d'ajouter qu'il est plutôt contre-productif pour tous.*

C'est exact du point de vue du raisonnement juridique. Le principe désigné par l'expression *lex posterior derogat priori* a, face à la complexité de certaines situations auxquelles son application s'est heurtée dans la pratique, engendré un autre désigné *specialia generalibis derogant.* Ce principe de droit général signifie que le spécial déroge au général. Autrement dit, lorsque le législateur adopte une norme (récente) s'appliquant à un domaine particulier et que celle-ci est à mi-distance par rapport à la norme générale (postérieure), la nouvelle norme est applicable sans aucune restriction. Les exégèses du droit réfléchissant à rebours, dans le prolongement de cette idée, soutiennent que *generalia specialibus non derogant*, entendu : *les lois de portée générale ne dérogent pas à celles qui ont un objectif spécial.*

Une fois de plus, il convient à juste titre de relever qu'entre les deux textes, à savoir la loi du 19 décembre 1990 relative au maintien de l'ordre et le décret du 29 novembre 2010 portant statut spécial du corps des fonctionnaires de l'A.P., il existe donc *mutatis mutandis* un rapport de complémentarité. Ainsi, une lecture couplée est nécessaire entre la loi n° 90-

54 du 19 décembre 1990 relative au maintien de l'ordre et le décret n° 2010/365 du 29 novembre 2010 portant statut spécial du corps des fonctionnaires de l'A.P. en vue de favoriser chez tous leur intelligence fusionnelle. Car, nous sommes en présence de deux textes de droit qui se complètent et qui traduisent *in fine* la volonté du législateur d'une part et celle de l'autorité habilitée à exercer le pouvoir réglementaire d'autre part, lesquelles dans une République doivent être respectées partout et par tous.

La lecture couplée des deux textes faisant l'objet de l'analyse que nous suggérons doit conduire, alors et seulement alors, à ancrer l'appartenance de l'Administration pénitentiaire camerounaise dans la famille des FMO, toute chose qui apporterait des éléments tangibles et irrévocables permettant de donner avec plus de netteté et de rigueur, un contenu au statut que lui confère le décret présidentiel cité *supra*, faisant d'elle un corps administratif et paramilitaire à part entière, assumant des missions spécifiques aux côtés des forces traditionnelles ou classiques de maintien de l'ordre, de sécurité et de défense.

Éclairé par l'analyse prospective, concluons que l'AP camerounaise pour autant qu'elle aspire à devenir véritablement professionnelle, doit se préparer à des mutations de grandes amplitudes. Les options prises par certains pays en matière de maintien de l'ordre et de sécurité ne manquent pas de pertinence au triple plan organique, fonctionnel et statutaire. La création des unités spéciales d'intervention au sein de l'AP pour assurer le maintien de l'ordre renforcé, tandis que le maintien de l'ordre préventif et actif reste confié à ses unités régulières, est à scruter.

Formés, entraînés et équipés pour le maintien de l'ordre renforcé, les unités spéciales d'intervention sont préparées à faire efficacement face, en toute autonomie et dans un cadre juridique bien défini, aux incidents majeurs et crises tels que : les mutineries, les émeutes, les prises d'otages, les évasions massives, les captures des évadés violents ou armés, les enlèvements ou libération massive de détenus par les hors la loi, etc. survenant dans l'enceinte de l'établissement pénitentiaire et dans le périmètre extérieur de sécurité qui le recouvre. Il y a fort à craindre à l'avenir que les situations de cette nature, à fort potentiel de risque pour la sécurité publique, soient fréquentes dans les prisons camerounaises. C'est le moment maintenant de commencer à y réfléchir afin de trouver des solutions appropriées permettant d'empêcher la survenue des situations sus décrites ou d'en limiter l'ampleur.

III. De l'usage réglementé des moyens de contrainte sur la personne détenue

III.1. Que dit la loi ?

SECTION II
DE LA COMPARUTION DU PRÉVENU

ARTICLE 347 : Le prévenu détenu est conduit à l'audience par la force de maintien de l'ordre. Il comparait sans menottes.

III.2. Commentaire

§ 28 : *Du point de vue des exigences du respect des droits de l'Homme en situation privative de liberté en établissement pénitentiaire, les dispositions de l'article 347du CPP ci-dessus constituent une avancée salutaire, en parfaite conformité avec l'ensemble des règles minima pour le traitement des détenus*[174] *en ses paragraphes 33 et 34 qui énoncent respectivement que :*

Paragraphe 33 : « Les instruments de contrainte tels que menottes, chaînes, fers et camisoles de force ne doivent jamais être appliqués en tant que sanctions. Les chaînes et les fers ne doivent pas non plus être utilisés en tant que moyens de contrainte. Les autres instruments de contrainte ne peuvent être utilisés que dans les cas suivants :

a) par mesure de précaution, contre une évasion pendant un transfèrement, pourvu qu'ils soient enlevés dès que le détenu comparaît devant une autorité judiciaire ou administrative ;

b) pour des raisons médicales sur indication du médecin ;

c) sur ordre du directeur, si les autres moyens de maîtriser un détenu ont échoué, afin de l'empêcher de porter préjudice à lui-même ou à autrui ou de causer des dégâts ; dans ce cas, le directeur doit consulter d'urgence le médecin et faire un rapport à l'autorité administrative supérieure».

Paragraphe 34 : « Le modèle et le mode d'emploi des instruments de contrainte doivent être déterminés par l'administration pénitentiaire centrale. Leur application ne doit pas être prolongée au-delà du temps strictement nécessaire ».

---

[174]Résolution n° 2858 (xxvi) du 20 décembre 1971de l'Assemblée générale des Nations unies. Ce texte international fondamental trace les grandes lignes devant régir l'administration des établissements pénitentiaires et des services correctionnels et il recommande l'intégration totale, dans la mesure du possible, de celles-ci dans les législations nationales.

Le CPP, en parfaite convergence avec les RMT[175] , confirme l'usage exceptionnel des instruments de contrainte dans le traitement et l'encadrement des détenus tant à l'intérieur qu'en dehors de l'établissement pénitentiaire. L'usage restrictif desdits instruments par les personnels pénitentiaires, autrement dit, leur utilisation n'étant manifestement admise qu'en cas de force majeur, consacre au Cameroun la tendance de soumettre à l'empire du droit toutes les composantes du milieu carcéral, à savoir : les personnels, les détenus et les visiteurs en vue de promouvoir et de protéger le respect des droits humains dans ledit milieu.

Car, il importe dans toutes les activités d'une communauté, d'encadrer en toutes circonstances les actes de ses acteurs, parce que « la malice des hommes », relève l'Écossais Jean Duns Scot[176], est capable de provoquer la « dégénérescence de la solidarité familiale ». De toute évidence, le pacte social dont ce théologien de grand renom du Moyen Age était l'artisan épousait admirablement le principe énoncé par Saint Grégoire le Grand, selon lequel il est contre nature que l'homme domine l'homme, car tous les hommes naissent égaux selon la loi de la nature. Ramené en milieu carcéral, le pacte social dont le moine Jean Duns Scot est le géniteur conduit aux considérations selon lesquelles :

Il est également évident que le but de la prison est d'aider à préparer les détenus à leur réintégration sociale et de les munir des capacités sociales et pratiques dont ils ont besoin pour vivre sans recourir au crime. Il importe à cette fin que le personnel carcéral traite les prisonniers avec respect et se souvienne qu'une de ses principales tâches est d'« enseigner ». Un détenu est en prison par punition et non pour une punition[177].

§ 29 : *Si le CPP a résolu le problème du prévenu détenu, celui du prévenu non détenu, c'est-à-dire comparaissant libre, se pose dans son entièreté. Dans cette optique, s'agissant de cette seconde catégorie, les personnels de l'Administration pénitentiaire en escorte ou en service au Tribunal se préoccupent de la détermination exacte de l'instant où doit*

---

[175]Appellation technique de *l'Ensemble des règles minima pour le traitement des détenus.* Ce texte a été enrichi et actualisé en 2011 par les *Règles de Bangkok* qui abordent spécifiquement la problématique de la détention des femmes et des femmes accompagnées d'enfants lors de leur incarcération. Et, en 2015 par *les Règles de Nelson Mandela* qui mettent en évidence huit (08) domaines fondamentaux dans l'encadrement des détenus, en l'occurrence : le respect de la dignité humaine, la disponibilité des soins médicaux, la codification des mesures et sanctions disciplinaires, la protection des groupes vulnérables, la formation adéquate du personnel pénitentiaire, l'instauration des plaintes et contrôles indépendants des prisons et la représentation juridique des détenus.

[176]Cité par Jacques Attali, in *Demain, qui gouvernera le monde ? Paris*, Fayard (coll. Pluriel), 2011, p.71.

[177]Guide de formation de base du personnel carcéral, « version générique » élaborée pour la République du Cameroun, op cit, p.35.

commencer à courir la prise en main par eux, des personnes comparaissant libres et condamnées à une peine privative de liberté, à l'audience du jour.

Lorsqu'un prévenu ou un accusé non détenu est condamné à l'audience, le bon sens commanderait objectivement aux personnels de l'A.P. en service sur les lieux où les décisions emportant privation de liberté sont prises, de laisser le Parquet faire son travail d'assurer l'exécution des décisions de justice. En effet, il incombe au Parquet la mission de diligenter l'exécution des peines privatives ou restrictives de liberté ainsi que celles pécuniaires infligées aux délinquants et criminels. Toutefois, dans le prolongement de cette analyse, il importe de souligner que toute décision d'arrestation, de détention, de libération ou de condamnation même à une peine pécuniaire, est d'exécution immédiate. C'est l'une des innovations majeures du Code de procédure pénale qui mérite d'être actée définitivement. Et les personnels de l'A.P., en toutes circonstances, doivent être prompts à réagir efficacement, lorsqu'ils sont requis par le parquet pour le susdit motif.

IV. De l'exclusion des personnels pénitentiaires du privilège de juridiction.

IV.1. Que dit la loi ?

TITRE IX
DU PRIVILÈGE DE JURIDICTION

ARTICLE 629 : (1) Lorsqu'un magistrat de l'ordre judiciaire est susceptible d'être inculpé d'une infraction, le procureur général compétent présente une requête au président de la Cour Suprême qui désigne un magistrat chargé d'instruire l'affaire et trois autres, d'un grade au moins égal à celui du mis en cause, en vue du jugement éventuel de l'affaire en premier ressort.

(2) Le président de la Cour Suprême indique en outre la ville où l'affaire sera jugée.

ARTICLE 630 : Les dispositions de l'article 629 sont également applicables lorsque la partie lésée adresse une plainte avec constitution de partie civile contre un magistrat, au président de la Cour Suprême.

ARTICLE 631 : Le magistrat désigné doit procéder personnellement à l'information judiciaire. Sa compétence est nationale.

ARTICLE 632 : En cas d'appel, l'affaire est examinée par des magistrats de la Cour Suprême désignés par le président de ladite Cour. Il est statué en collégialité.

ARTICLE 633 : Lorsque le magistrat mis en cause est le plus ancien dans le grade le plus élevé, son affaire est examinée par la Cour Suprême siégeant en Chambres réunies.

ARTICLE 634 : (1) Lorsqu'un gouverneur de région a commis un crime ou un délit dans l'exercice et même hors de l'exercice de ses fonctions, le procureur général près la Cour d'appel compétent adresse un rapport au président de la Cour Suprême qui désigne un tribunal compétent, conformément aux alinéas (2) et (3) du présent article.

(2) Lorsqu'un préfet ou tout autre chef de circonscription administrative ou un officier de police judiciaire a commis un crime ou un délit dans l'exercice et même hors de l'exercice de ses fonctions, le procureur de la République transmet le dossier au procureur général pour en saisir le président de la Cour d'appel compétente. Celui-ci désigne le parquet chargé de diligenter les poursuites et la juridiction de jugement compétente pour en connaître.

(3) Dans les cas prévus aux alinéas (1) et (2), la poursuite, l'instruction et le jugement doivent être confiés à des juridictions de l'ordre judiciaire autres que celles de la province, du département, de l'arrondissement, ou du district selon le cas, où le mis en cause exerce ses fonctions.

IV.2. Commentaire

§30 : *Abordons en définitive s'il en existe, la raison de la non-application voire de la non-extension des dispositions de l'article 634 du Code de procédure pénale aux responsables de l'Administration pénitentiaire qui, quelques rares fois, pendant l'exercice ou à l'occasion de l'exercice de leurs fonctions, commettent des actes pénalement répréhensibles*[178].

Dans un premier temps, relevons que la loi pénale est d'interprétation restrictive. Tel est le principe phare que nous devons invoquer à ce stade pour planter le décor. L'article 634 n'ayant cité ni les responsables des services centraux ni ceux des démembrements locaux du service public pénitentiaire, parmi les bénéficiaires du privilège de juridiction, ils en sont donc totalement exclus.

Dans un second temps, relevons que la notion de privilège de juridiction fait l'objet de débats incisifs même au sein du milieu des professionnels de la

[178]Le cas le plus récent, le plus ostentatoire et choquant est celui d'un administrateur général de prison, régisseur d'une prison centrale, qui a eu à comparaître publiquement devant le TPI de Bonanjo à Douala en 2007, pour complicité d'évasion d'un détenu, et ceci dans la même salle d'audience et devant ses pensionnaires qu'il avait extraits dans la matinée, sous l'escorte de son personnel d'encadrement. Acceptez que nous vous fassions grâce de la suite de cette affaire qui a laissé des chocs psychologiques à toutes les parties, à savoir : les détenus, l'A.P et l'opinion publique.

Justice, au point où il est posé la question de savoir, si les autorités administratives et les officiers de police judiciaire bénéficient du privilège de juridiction dans les mêmes proportions et conditions que les magistrats. Pour certains magistrats, cela n'est pas évident. Du fait que les fonctions qu'ils exercent diffèrent de celles des autorités administratives et des officiers de police judiciaire. Les mécanismes prévus pour eux sont différents de ceux en vigueur concernant les autres corps administratifs et de commandement réclamant de plus en plus de protection.

Réfléchissant sur cette question dans le cadre d'un exposé présenté lors de la réunion des chefs de cour d'appel, M. Toussaint Zibi Nsoe s'interroge et argue :

Peut-être pourrait-on dire que les magistrats bénéficient du privilège de juridiction et les autres, à savoir les autorités administratives et les officiers de police judiciaire d'un mécanisme procédural associé ? Le mécanisme est associé parce que le législateur l'a inclus dans le même titre que celui qui a trait au privilège de juridiction proprement dit ou au sens strict. On peut aussi le considérer, en mettant l'accent sur les points de similitude, comme un mécanisme voisin de celui du privilège de juridiction[179].

Fort de ce qui précède, il convient de soutenir à la lumière du décret n° 2010/365 du 29 novembre 2010 cité plus tôt, en son article 16, que les fonctionnaires de l'Administration pénitentiaire bénéficient, en lieu et place du privilège de juridiction, du « privilège du lieu d'incarcération »[180].Toutefois, il est observable que l'entrée en jouissance de ce privilège par les personnels pénitentiaires peine encore à conquérir les pratiques de tous les acteurs judiciaires en charge de la privation de liberté pendant le procès pénal.

Par ailleurs et pour conclure sur la validation par le CPP du principe désigné par le groupe de mots *privilège de juridiction*, il est loisible de considérer que celui-ci atténue selon certains et écorne pour d'aucuns, un principe fabuleux plus ancien qui lui est antinomique, à savoir : *l'égalité de tous devant la justice.* Construit en 1789 en France par les révolutionnaires et considéré comme l'un des piliers de la démocratie, pour autant que nous nous en souvenons, ce vieux principe signifie, indique laconiquement Roger Perrot : « que toute personne a une égale vocation à être jugée par les mêmes juridictions et selon les mêmes règles de procédure sans la moindre

---

[179]Toussaint Zibi Nsoe, Conseiller à la Cour suprême, dans son exposé intitulé : « le privilège de juridiction », présenté lors de la réunion annuelle des chefs de cour d'appel du 06 au 09 décembre 2011 à Yaoundé.

[180]Cf. art. 16 du décret n° 2010/365 du 29 novembre 2010 portant statut spécial du corps des fonctionnaires de l'A.P.

« Le fonctionnaire de l'A.P. qui fait l'objet d'une mesure privative de liberté est incarcéré dans l'établissement pénitentiaire le plus proche de son lieu d'affectation ».

discrimination. (Et nous serions tenté d'ajouter partout où elle se trouve)»[181]. Tout en contrastant avec le principe fondamental de « l'égalité de tous devant la justice », la notion de « privilège de juridiction » doit son corps et sa consistance, en guise de rappel, au principe de droit général dénommé *summum jus, summa injuria,* qui signifie en substance que « le droit poussé jusqu'au bout, peut entraîner les injustices les plus graves ».

En effet, pour autant que le principe de *l'égalité de tous devant la justice* se préoccupe de favoriser l'accès équitable de toutes les couches sociales à la justice et, indirectement la gratuité de celle-ci, dans la mesure du possible ; son antonyme qu'est *le privilège de juridiction* ne doit, en aucun cas, être assimilé ni à l'immunité ni à l'impunité revendiquée à tort par certains. Car dans un État de droit, tous les citoyens sont par principe comptables civilement, pénalement et administrativement des actes illicites qu'ils posent et qui préjudicient aux intérêts des particuliers ou des communautés. Et les victimes desdits actes sont en droit de saisir les juridictions compétentes du lieu de commission des infractions pour que justice soit faite et que force reste et demeure à la loi et non aux individus. Ainsi analysé, retenons que le principe de *l'égalité de tous devant la justice* contrairement à la notion du *privilège de juridiction,* est protégé depuis plus de deux siècles et il devient sans aucun doute, l'un des meilleurs legs dignes d'être transmis à la postérité.

Que retenir donc au terme de cette exploration nous ayant conduit au dévoilement des contenus et des effets juridiques, en rapport avec les personnels pénitentiaires, des notions contenues dans le CPP, telles que le *privilège de juridiction*, la *police d'audience* et les *forces de maintien de l'ordre*?

D'abord concernant la première notion, il ya lieu de relever qu'il n'y a pas de raisons pertinentes pouvant motiver l'exclusion des gardiens de prison du bénéfice de ce privilège, pour autant que les faits prouvent qu'ils exercent le plus souvent leurs fonctions dans des contextes et circonstances analogues à celles de leurs homologues des Forces armées, de la Gendarmerie nationale et de la Sûreté nationale. Toute chose étant égale par ailleurs. Cette omission constitue une lacune de la loi en étude, en ses dispositions de l'article 634 principalement.

Ensuite s'agissant de la seconde notion, convenons qu'elle reste sous l'influence par trop pesante du décret de 1960 portant organisation et missions de la Gendarmerie nationale. En vertu du principe juridique *lex posterior derogat priori*, le décret de 2010 portant statut spécial du corps des fonctionnaires de l'A.P. doit dorénavant être présent dans l'esprit des acteurs concernés. Et, constitue donc à notre sens une erreur de jugement, l'idée

---

[181] Roger Perrot, in *Institutions judiciaires*, Paris, Montchrestien, 1994, p. 63.

d'exclure que les éléments de l'AP puissent être réquisitionnés, en cas de nécessité, pour accomplir des tâches confiées à leurs collègues de la Gendarmerie nationale, pendant le procès pénal.

Enfin, s'agissant de la dernière notion objet de polémiques vives, ici également doit intervenir, le principe juridique dénommé *specialia generalibis derogant* qui découle du principe mère *lex posterior derogat priori* exposés plus tôt.

Cette gymnastique intellectuelle dont le droit, la sociologie, la philosophie et l'histoire constituent le substrat, aiderait à coup sûr à la compréhension par tous du statut[182] des fonctionnaires de l'Administration pénitentiaire camerounaise. La définition de l'identité sociale de l'A.P. camerounaise est clairement contenue dans les dispositions pertinentes des articles 2[183], 3[184] , 4[185] , 11[186], 27[187], 32[188], 138[189] entre autres, du décret n° 2010/365 du 29 novembre 2010.

Aux termes desdits articles, il est donc logique, disons plutôt juste - n'ayons pas peur de coller les mots à la réalité - de percevoir et de considérer l'AP camerounaise comme un corps administratif et de commandement. En clair, une force régulière de maintien de l'ordre et de sécurité à plein titre, concourant aux opérations de défense nationale, aux côtés des Forces armées nationales, de la Gendarmerie nationale et de la Sûreté nationale.

En effet, que le privilège de juridiction soit dénié aux personnels pénitentiaires, que la police d'audience leur soit ignorée et même, que le

---

[182]Du latin *statutum, statuere*, le terme statut est proche de celui d'état qui signifie fixer ou déterminer. En clair, le statut désigne l'ensemble cohérent des règles applicables à une catégorie de personnes. Celles-ci sont de deux ordres : les droits et les obligations et elles permettent de déterminer *in fine* la condition et le régime juridique des personnes auxquelles elles s'appliquent.

[183]*Op cit.*

[184]*Op cit.*

[185] « Un texte particulier détermine les uniformes, les insignes de grade et la composition du paquetage individuel du personnel de l'A.P. ».

[186] « Aucun fonctionnaire de l'Administration pénitentiaire ne peut occuper un poste de responsabilité ou de travail lui conférant autorité sur un fonctionnaire soit d'un grade supérieur, soit plus ancien ou mieux classé que lui dans le même grade ».

[187] « (1) Le fonctionnaire de l'Administration pénitentiaire est astreint à l'obéissance hiérarchique et à l'observation de la discipline. Il est à la disposition permanente des services de l'Administration pénitentiaire. (2) Il est astreint au port de l'uniforme pendant le service et les cérémonies officielles. (3) Il est astreint au port d'arme pendant le service d'astreinte. (4) Par dérogation aux dispositions de l'alinéa (2) ci-dessus, le ministre chargé de l'Administration pénitentiaire peut exempter du port de l'uniforme, un fonctionnaire placé sous ses ordres pour une durée correspondant à une mission ou à une situation déterminée. Cette autorisation est notifiée au fonctionnaire concerné et peut être, le cas échéant, portée sur son ordre de mission ».

[188]*Op cit.*

[189]*Op cit.*

cadre statutaire appliqué aux forces de maintien de l'ordre leur soit ôté, cette triple dénégation ne dissout cependant pas la certitude selon laquelle :

Il est difficile de travailler dans une prison. Il faut travailler avec des hommes et des femmes privées de liberté ; beaucoup de détenus souffrent de problèmes mentaux, de toxicomanie, ont des aptitudes sociales et éducatives peu développées et sont issus de groupes marginalisés par la société. Certains sont une menace pour le public, d'autres sont dangereux et agressifs, d'autres encore feront tout leur possible pour s'évader. Aucun d'entre eux ne veut être en prison. Chacun d'entre eux est une personne individuelle[190] Dont il faut s'occuper singulièrement conviendrait-il d'ajouter.

La prise en charge de la personne détenue requiert pour le personnel pénitentiaire la mobilisation cumulée des connaissances diverses professées par la doctrine académique, des savoir-faire inculqués pendant la formation initiale et continue et l'expérience acquise au cours des années de service au contact direct des réalités du métier. Sous l'influence de ces trois facteurs, le personnel pénitentiaire au Cameroun sous l'égide de la société, devrait placer la personne détenue au centre du dispositif carcéral. La centralité de la personne détenue au sein de la carcéralité a pour finalité de lui apporter l'appui nécessaire dont elle a besoin pour qu'elle retrouve l'estime de soi et celle de la société, en lui inculquant l'amour du travail bien fait et rémunéré, susceptibles de contribuer à sa réintégration sociale et professionnelle. Comment l'A.P camerounaise peut-elle parvenir à organiser pendant le séjour carcéral la résilience socio-économique de la personne détenue ? C'est le sujet de la prochaine partie.

---

190 Andrew Coyle, op cit. p. 15.

DEUXIÈME PARTIE

DE LA MODERNISATION DES RELATIONS ENTRE LE SERVICE PUBLIC PÉNITENTIAIRE ET SES USAGERS À TRAVERS SES OFFRES DE SERVICE DANS UN ÉTAT DE DROIT

CHAPITRE IV

LE CPP ET LE TRAVAIL CARCÉRAL : ESQUISSE D'UNE CONSTRUCTION VALORISANTE

« Les gouvernants africains doivent prendre conscience aujourd'hui que le travail étant condition du salut et de la survie, ils ont l'obligation d'y *contraindre* le citoyen, car il n'y a pas d'autre moyen que le travail pour assurer l'indépendance nationale ».

Paul K. Fokam

La nécessité de développer le travail carcéral est démontrable en tous points de vue : philosophique, sociologique, psychologique, anthropologique, économique et juridique. En ce sens, l'instauration et davantage la bonne organisation du travail carcéral constituent un enjeu majeur dans tous les systèmes pénitentiaires du monde, car ils apportent une solution efficace et pérenne à nombre de problèmes intrinsèquement liés à l'exécution de la sanction de détention carcérale chez les personnes actives et anticipent sur un grand nombre de ceux qui se poseront à elles à l'expiration de la peine d'emprisonnement.

De nombreuses personnes détenues au Cameroun sont des marginaux, car elles sont issues pour la plupart des milieux sociaux extrêmement défavorisés. Individus solitaires provenant le plus souvent de familles monoparentales ou acéphales, instables et perturbées ; sous scolarisés, sous éduqués et sous cultivés ; subsistant de sous-emplois et vivant dans l'absence de réseau social fiable et légitime ; parfois affectés par le stress, l'anxiété et la dépression, etc. Ces facteurs divers qui prédisposent les personnes socialement défavorisées à la déviance et qui les placent en fin de compte sous l'étau de la justice pénale peuvent être traqués par l'A.P. avec leur participation, au travers entre autres de la construction d'un mécanisme de travail offrant moult possibilités de transformer l'existence de ces derniers pendant la détention carcérale, de les aider à vivre mieux pendant et davantage après cette période.

Andrew Coyle soutient qu'« il n'est pas suffisant que les autorités pénitentiaires traitent les détenus avec humanité et décence. Elles doivent également fournir aux détenus qui leur sont confiés la possibilité de changer et de se développer ». Le changement de vie de la personne détenue évoqué pertinemment ici par le professeur de sciences pénitentiaires, s'appuie nécessairement sur un programme total d'activités constructives, étalées sur la durée de la peine et susceptibles de l'aider à travers diverses étapes de son déroulement, à corriger sa trajectoire sociale, en la plaçant sur des perspectives plus certaines.

De ce point de vue, compte tenu de ses particularités, le travail carcéral devrait donc, en raison de sa conception, ses mécanismes de mise en œuvre et d'évaluation ainsi que les modalités d'intervention de ses acteurs, être une préoccupation majeure des décideurs au Cameroun. Car, il met en jeu trois catégories différentes d'intervenants, lesquelles peuvent en tirer le plus grand profit. Il s'agit d'abord du prisonnier, ensuite de l'Administration pénitentiaire, et enfin du concessionnaire (l'entrepreneur public ou privé qui sollicite la main-d'œuvre pénitentiaire).

Le travail pénitentiaire tend, de plus en plus, à s'ériger comme un droit pour le détenu qui souhaite l'exercer. En Europe, c'est presque un acquis codifié par la disposition 26.2 de la Règle pénitentiaire européenne qui dispose précisément que : « Les autorités pénitentiaires doivent s'efforcer de procurer un travail suffisant et utile (aux détenus) ». D'énormes efforts restent encore à faire en Afrique de manière générale et au Cameroun en particulier, en vue de faire du travail pénitentiaire une institution viable, fiable et productive. Fort heureusement, la réflexion sur le sujet porte davantage sur les mécanismes opératoires (le comment) que sur le bien-fondé (le pourquoi), qui semble acquis partout et par tous. Car, encore une fois, convoquons Andrew Coyle :

Trouver un moyen de gagner leur vie est l'un des éléments qui jouent le plus grand rôle dans les chances de réinsertion des détenus dans la société à leur sortie de prison. Pour de nombreux détenus, le temps passé en prison est la première opportunité d'acquérir des aptitudes professionnelles et de faire un travail régulier. La raison principale pour laquelle on demande aux détenus de travailler est pour les préparer à une vie normale à leur sortie de prison[191].

Avant l'indépendance, un élan avait surgi au Cameroun dans ce sens, mais celui-ci avait été prématurément endigué. Prenant acte de cette erreur, il nous semble que la vision du décideur politique d'alors, exprimée dans l'arrêté du 15 septembre 1951 portant création et réglementation d'une colonie pénitentiaire à Edéa, mérite d'être remise en selle. Le contexte économique ainsi que social ayant considérablement évolué en la faveur de cet objet et la configuration de l'Administration pénitentiaire camerounaise ayant connu depuis l'entame du XXIe siècle des mutations importantes en vue d'accroître son efficacité, tout porte à penser qu'une bonne organisation

[191] Andrew Coyle, op cit., p. 97.

du travail carcéral peut contribuer à relooker le visage de l'Administration pénitentiaire et celle de son premier client qu'est la personne détenue.

Dans le sillage où nous sommes placés, il nous apparaît en effet, en un mot comme en mille, suivant l'organisation actuelle de l'Administration pénitentiaire, que chaque région pénitentiaire existante pourrait bien être dotée d'une colonie pénitentiaire, accueillant des personnes détenues venant des prisons de son ressort, remplissant les critères fixés par le/les profils définis et, exceptionnellement les personnes détenues relevant d'autres ressorts administratifs pénitentiaires, à l'effet de servir de pôle de gravité du travail carcéral au plan local. La modeste réflexion qui suit se donne le loisir de proposer un canevas qui pourrait apporter une impulsion salvatrice au travail carcéral au Cameroun.

I. Des modalités d'exécution de la contrainte par corps.

I.1. Que dit la loi ?

CHAPITRE II
DE LA CONTRAINTE PAR CORPS

ARTICLE 557 : La contrainte par corps est une mesure qui vise à obliger le condamné à exécuter les condamnations pécuniaires ou à effectuer les restitutions ordonnées par une juridiction répressive.

Elle est applicable sans mise en demeure préalable à la diligence du Ministère public, en cas de non-exécution des condamnations pécuniaires ou de non-restitution des biens.

Elle consiste en une incarcération au cours de laquelle le débiteur est astreint au travail.

ARTICLE 558.- (1) Lorsque la contrainte par corps concerne une personne déjà incarcérée ou détenue, elle est exécutée à l'expiration de la peine d'emprisonnement, à moins que cette personne ne fournisse une caution garantissant le paiement des condamnations pécuniaires dans les deux (2) mois de l'engagement.

(2) a) La décision fixe le décompte des condamnations pécuniaires prononcées au profit de l'État ou de la partie civile, ainsi que la durée de la contrainte par corps y afférentes conformément aux dispositions de l'article 564 ci-dessous.

b) En cas de condamnations pécuniaires au profit de l'État, un mandat d'incarcération est immédiatement établi au prononcé de la décision et transmis pour exécution au Ministère public.

c) En cas de condamnation au profit de la partie civile, et lorsque la décision est devenue définitive, un mandat d'incarcération est établi à la requête de cette partie civile, si elle n'a pas encore été désintéressée.

ARTICLE 560.- (1) Après exécution du mandat d'incarcération, le condamné peut demander la suspension de ses effets, en produisant une caution garantissant le paiement des condamnations pécuniaires dans les deux (2) mois de la signature de l'engagement par la caution.

ARTICLE 562.- En cas de paiement partiel, la durée de la contrainte par corps est fonction du montant des sommes restant dues.

ARTICLE 563.- (1) La durée de la détention provisoire subie par le prévenu ou l'accusé condamné uniquement à une peine d'amende est déduite de la durée de la contrainte par corps. Cette déduction est faite par le président lors de la signature du mandat d'incarcération.

(2) Les dispositions de l'alinéa 1er du présent article ne s'appliquent qu'aux amendes et frais de justice.

ARTICLE 564.-(1) En matière d'amende et de frais de justice, la durée de la contrainte par corps est fixée ainsi qu'il suit :

a) vingt (20) jours, pour les sommes n'excédant pas 10.000 francs ;
b) quarante (40) jours, pour les sommes supérieures à 10.000 francs et n'excédant pas 20.000 francs ;
c) trois (3) mois, pour les sommes supérieures à 20.000 francs et n'excédant pas 40.000 francs ;
d) six (6) mois, pour les sommes supérieures à 40.000 francs et n'excédant pas 100.000 francs ;
e) neuf (9) mois, pour les sommes supérieures à 100.000 francs et n'excédant pas 200.000 francs ;
f) douze mois, pour les sommes supérieures à 200.000 francs et n'excédant pas 400.000 francs ;
g) dix-huit mois, pour les sommes supérieures à 400.000 francs et n'excédant pas 1.000.000 francs ;
h) deux (2) ans, pour les sommes supérieures à 1.000.000 francs et n'excédant pas 5.000.000 francs ;
i) cinq (5) ans, pour les sommes n'excédant pas 5.000.000 francs ;

(2) En matière de dommages-intérêts, les durées sont celles prévues à l'alinéa (1), réduites de moitié.

ARTICLE 565.– La contrainte par corps ne peut être exercée ni contre les personnes âgées de moins de dix-huit (18) ans ou de plus de soixante (60) ans au moment de l'exécution, ni contre les femmes enceintes.

ARTICLE 566.– La contrainte par corps ne peut être exercée simultanément contre le mari et la femme, même pour le recouvrement des sommes afférentes à des condamnations différentes.

ARTICLE 567.- À l'expiration du délai de prescription de la peine, aucun mandat d'incarcération ne peut plus être décerné aux fins de recouvrement des amendes et frais de justice.

ARTICLE 568.- (1) Aucun mandat d'incarcération aux fins de recouvrement des dommages-intérêts ou de restitution ne peut être décerné à l'expiration du délai de dix (10) ans à compter du lendemain du jour où la décision est devenue irrévocable.

(2) L'exécution d'un mandat d'incarcération décerné avant l'expiration du délai de dix (10) ans est poursuivie jusqu'à la prescription de la dette.

ARTICLE 569.- La contrainte par corps ne peut être prononcée contre :

a) Les civilement responsables ;

b) L'assureur de responsabilité.

I.2. Commentaire

§31:*Les dispositions des onze (11) articles qui précèdent, mettent en relief les spécificités attachées au traitement des contraints par corps, c'est-à-dire, toute personne privée de liberté en établissement pénitentiaire, du fait de son incapacité à payer les amendes ou les dépens prononcés par les juridictions pénales.*

Le contraint par corps n'est pas un détenu particulier. Il n'est ni privilégié ni délaissé par la loi. Il est incarcéré parce qu'il n'a pas pu s'acquitter de ses dettes vis-à-vis des tiers et/ou des pouvoirs publics au terme d'un procès pénal lors duquel il avait simultanément été condamné à une peine privative de liberté ou non. Il est question de lui donner des chances de se mettre au labeur, autant que possible, pour produire des revenus susceptibles de l'aider à payer ce qu'il doit à autrui.

Au minimum, l'expérience de la prison ne doit pas mettre les détenus dans une situation pire que celle dans laquelle ils se trouvaient au début de leur condamnation ; au contraire, cette expérience doit les aider à maintenir et améliorer leur état de santé, leur niveau intellectuel et leur intégration sociale. Un détenu reclassé n'est pas un détenu qui apprend à bien vivre en prison, mais une personne qui réussit dans le monde extérieur à sa libération[192].

---

[192] Andrew Coyle, *op cit.* pp. 95-96.

C'est le lieu de réitérer ici le caractère futuriste de la loi portant CPP. Car cette disposition met en exergue l'exigence de réinsertion sociale dévolue aux établissements pénitentiaires, à travers la formation professionnelle des détenus et l'accomplissement par ceux-ci, à titre personnel ou pour le compte d'une personne morale de droit public ou de droit privé, des tâches génératrices de revenus leur permettant de subvenir à leurs besoins et/ou pour constituer un pécule qui les aiderait à payer leurs dettes. Par ailleurs, le dossier pénal du contraignable par corps mérite une attention particulière de la part du service du greffe de l'établissement pénitentiaire au moment de l'élaboration du dossier pénitentiaire, afin d'éviter les erreurs dans sa mise à jour régulière jusqu'à la libération.

II. Des statuts pénal et pénitentiaire des contraints par corps.

II.1. Que dit la loi ?

CHAPITRE III
DES EFFETS DE LA CONTRAINTE PAR CORPS

ARTICLE 570.- Les personnes détenues en vertu de la contrainte par corps sont soumises au même régime que les condamnés de droit commun.

ARTICLE 571.- (1) a) Le condamné qui a subi la contrainte par corps n'est libéré, ni des amendes et des frais de justice, ni des dommages-intérêts et restitutions pour lesquels la contrainte par corps a été exercée.

b) Le Ministère public ou la partie civile peuvent à tout moment faire procéder à la saisie des biens mobiliers et immobiliers du condamné, à concurrence du montant de la créance, conformément aux règles édictées en matière de saisies.

(2) Le délai de prescription de l'action prévu à l'alinéa (1) (b) ci-dessus est de trente (30) ans. Il court à compter du lendemain du jour où la contrainte par corps a pris fin.

ARTICLE 572. Lorsque la contrainte par corps a pris fin, elle ne peut plus être exercée pour la même créance.

II.2. Commentaire

§31: *Au regard des dispositions de ces articles, la tendance dominante porterait à considérer légalement la personne détenue en vertu de la contrainte par corps comme un corvéable à merci ?*

Pas du tout. Toute utilisation des détenus à des tâches quelconques à l'intérieur comme à l'extérieur de l'institution carcérale, y compris de la personne faisant l'objet de la contrainte par corps, est subordonnée à leur assentiment, comme le prescrit l'*Ensemble des règles minima pour le traitement des détenus*, à travers les trois paragraphes qui suivent :

«*Le travail pénitentiaire ne doit pas avoir un caractère afflictif*»[193].

« *Ce travail doit être, dans la mesure du possible, de nature à maintenir ou à augmenter leur capacité de gagner honnêtement leur vie après la libération* »[194].

«*Le travail des détenus doit être rémunéré d'une façon équitable* »[195].

Car, il n'est plus question de nos jours de soumettre des hommes à l'accomplissement des travaux contre leur volonté. Cela pourrait être assimilé, à juste titre, aux travaux forcés[196] ou obligatoires, pire encore à l'esclavage, tous les deux formellement interdits[197] par les lois et règlements en vigueur au Cameroun, notamment par le Code du travail, en son article 2 alinéa 3, et par tous les textes[198], pactes[199] internationaux ainsi que les conventions internationales des Nations unies relatifs au respect des droits de la personne humaine auxquels le Cameroun a souscrit.

Loin de nous l'envie de hérisser le poil en rappelant l'effroi qui se saisit de l'Africain en général ou du Camerounais en particulier, lorsqu'il prend connaissance de l'holocauste[200] qu'ont subi plusieurs générations de ses aïeux pendant la colonisation. Le récit des conditions de travail et de vie auxquelles étaient soumis les Camerounais, et qui ont inspiré à Henri-Richard Manga Mado, un ouvrage intéressant, n'est pas, le sens de la mesure

---

[193]Art. 71

[194]Art. 71, al.4

[195]Art. 76, al.1

[196]Cf. Art. 292 du Code pénal camerounais : « Est puni d'un emprisonnement d'un (01) an à cinq (05) ans et d'une amende de dix milles (10 000) à cinq cent mille (500 000) francs ou de l'une de ces deux peines seulement, celui qui, pour satisfaire son intérêt personnel, impose à autrui un travail ou un service pour lesquels il ne s'est pas offert de son plein gré ».

[197]M. Sone Ngole Mbome (Ap). « La réinsertion sociale des détenus par le travail et la formation professionnelle », exposé présenté lors de la réunion annuelle des délégués régionaux de l'A.P. à Yaoundé, les 10, 11 et 12 décembre 2008. Lire également : « Les droits fondamentaux du salarié dans les processus de privatisation en Afrique centrale » de Jean-Baptiste Harelimana, in *Humanité et liberté en Afrique centrale, Tome1*, sous la direction de Jean Didier Boukongou, Yaoundé, PUCAC, coll. Autour d'un thème, 2009, pp.17-21.

[198]- La Déclaration universelle des droits de l'homme ; - La Charte africaine des droits de l'Homme et des Peuples ; - Le Protocole à la charte africaine des droits de l'Homme et des Peuples portant création de la Cour africaine des droits de l'Homme et des Peuples, du 10 juin 1998, ratifiés par le décret n° 2014/266 du 22 juillet 2014.

[199]- Le Pacte international relatif aux droits civils et politiques ; - le Pacte international relatif aux droits économiques, sociaux et culturels ; - La Convention des Nations unies relative aux droits de l'enfant ; - La Convention sur l'élimination de toutes les formes de discrimination à l'égard des femmes.

[200]Lire spécialement à ce sujet, Henri-Richard Manga Mado, in *Complaintes d'un forçat*, éd. CLE, Yaoundé, 2011

observé, loin de celui des esclaves noirs fait au XVIIIe siècle par Voltaire dans *Candide*.

Toutefois, pour ne pas trop nous écarter du sujet, il faudrait nuancer cette affirmation en relevant qu'un détenu exécutant une contrainte par corps ou non, devrait **volontairement** - nous mettons de l'emphase sur ce mot - en vue de son émancipation, participer aux activités de production économique organisées par les responsables de l'établissement pénitentiaire dont il dépend et tirer profit de celles-ci. En somme, le travail[201] carcéral rémunéré devrait bénéficier à tous les condamnés qui sont ou qui ne sont pas assistés par leurs familles d'une part, à ceux qui doivent s'acquitter d'une dette d'autre part, et enfin à ceux qui doivent continuer de subvenir aux besoins de leur famille (femme et enfants) pendant la détention.

§33 : *Vu l'importance accordée au travail carcéral dans les vieux pays du Nord et dans les nouveaux pays émergents, en termes d'organisation et de résultats produits, on pourrait soutenir que l'inaltérable maxime de Voltaire, qui énonce que : « le travail éloigne de nous trois grands maux : le vice, l'ennui et le besoin » est réalisée.*

Cette analyse nous paraît fondée intellectuellement et pratiquement. Car l'obligation de soumettre au travail les condamnés est inscrite dans l'article 24 du Code pénal camerounais qui dispose : « l'emprisonnement est une peine privative de liberté pendant laquelle le condamné est astreint[202] au travail, sauf décision contraire et motivée de la juridiction ». L'idée de trouver du travail aux êtres humains, tant en liberté qu'en détention, s'inscrit dans une longue tradition se nourrissant de considérations théologiques, philosophiques et pratiques, qui alimentent l'âme du travail en général ; celui carcéral n'étant qu'une de ses déclinaisons.

S'agissant du premier versant de cette problématique, relative à la nécessité du travail dans la communauté des hommes honnêtes, et disposant de leur liberté d'aller et venir, Paul K. Fokam, puisant dans l'histoire très ancienne et plus récente du labeur humain, successivement comme peine, puis comme activité et au bout du compte comme valeur hominisante, nous rappelle intelligemment que :

Il est difficile de ranger la pensée chrétienne ni du côté de la malédiction du travail ni de celui de la réhabilitation ; sans forcer les choses. Certes, il y

---

[201]Lire : M. Fize, in *Le travail dans les prisons (1873-1914)*, R.S.C. 1990, p.297 et suiv.

[202]Il conviendrait de relever que la contrainte mise en exergue ci-dessus par le CPC n'est aucunement en déphasage avec la doctrine des droits des détenus, qui soutient *in limine* que le travail carcéral ne doit en aucun cas être obligatoire, mais plutôt facultatif. La règle pénitentiaire européenne 26.2 énonce que « Les autorités pénitentiaires doivent s'efforcer de procurer un travail suffisant et utile aux détenus ». Pour tout dire, travailler en détention est considéré à la fois comme un droit et un devoir pour les détenus qui le souhaitent.

a la fameuse malédiction de la Genèse : « Tu mangeras ton pain à la sueur de ton front ». Il y a aussi l'indifférence de Jésus pour les biens matériels. Mais ce même Jésus est le charpentier de Nazareth qui a manié scie et rabot ; les apôtres sont pour la plupart des artisans. Et l'apôtre Paul affirme : « Que celui qui ne veut pas travailler ne mange pas[203].

De l'Antiquité à l'avènement du christianisme puis jusqu'à son essor vers la fin de la Renaissance, le sens rattaché au travail humain s'est progressivement précisé. Saint Augustin, poursuit l'essayiste, réprouve des moines qui estiment le travail indigne de leur état. Dans la Règle des moines, Saint-Benoît célèbre le travail manuel moins comme créateur de richesses, que comme remède contre le désœuvrement et les passions, à l'égal du jeûne et de la prière. Pour autant, il condamne la fierté qu'on pourrait en retirer. Chez les chrétiens, le travail n'est pas encore une valeur en soi[204].

Dans cette quête d'élévation de sens, la contribution des hommes d'Église consistant à inscrire le travail humain au cœur de la vie sociétale comme médium de sanctification matérielle et spirituelle est remarquable.

« La valorisation de l'idée de travail apparaît avec Luther qui, comme Benoît, voit dans le travail un remède au péché. Il affirme que la vie contemplative procède de l'égoïsme des clercs, *tous les travaux, dit-il, matériels et spirituels, s'ils sont accomplis dans un esprit d'obéissance envers Dieu et par amour du prochain, ont une égale dignité spirituelle*. Il fait l'éloge des humbles travaux de la servante. Il cite en exemple le maréchal-ferrant, couvert de sueur et de la saleté, mais dont l'âme exhale devant Dieu un agréable parfum»[205].

Progressivement au fil des siècles, la réflexion sur le sens du travail s'enrichit de nombreux apports tant d'hommes d'Église que de libéraux. «Un pas de plus est franchi avec Calvin pour qui le travail est service de Dieu ; tout gain que procure le travail est légitime, même celui du commerçant. (...) le sens du travail n'évolue que lentement pour que l'on parvienne à sa réhabilitation. D'Alembert, dans le discours préliminaire à l'Encyclopédie, dit qu'il n'est pas vrai que les arts libéraux sont nécessairement supérieurs aux arts mécaniques et qu'on a tort de considérer ces derniers comme inférieurs. Voltaire dans Candide affirme : « Le travail éloigne de nous trois grands maux : l'ennui, le vice et le besoin »[206].

Jusqu'à la fin du XVIIIe siècle, le sens du travail reste entaché de l'idée de déshonneur et de déchéance malgré les contributions à la quête séculaire de sa valorisation de certains intellectuels de renom. « Sur la grande majorité

---

[203]Paul K. Fokam, *Et si l'Afrique se réveillait ?* Paris, Les Éditions du Jaguar, 2000, pp.53-55.
[204] Idem.
[205] Idem.
[206] Idem.

des auteurs les plus célèbres, seuls La Fontaine (1621-1695) et La Bruyère marquaient quelque attention au travail. (...) Qui n'a récité du fabuliste Le laboureur et ses enfants : « Travaillez, prenez de la peine/ C'est le fonds qui manque le moins/ Un riche laboureur sentant sa mort prochaine/ Fit venir ses enfants et leur parla sans témoin (...). D'argent point de caché, mais le père fut sage/ De leur montrer avant sa mort/ Que le travail est un trésor... »[207].

Il a fallu attendre le début du XIXe siècle pour voir le travail anobli du fait des progrès scientifiques et de la révolution industrielle en Europe.

«Le travail, d'abord maudit puis peu à peu réhabilité, devient au XIXe siècle non pas une valeur, mais la valeur suprême autour de laquelle doit se construire la cité des hommes. C'est Alexandre de Salvie qui le premier, dans un ouvrage paru en 1818, célèbre l'unité et la valeur du travail comme principe de la société nouvelle : *le travail est le créateur de tous les biens, de toutes les richesses, à qui tout devrait être sacrifié, qui mérite seul tous les hommages ; c'est le principe de tout bien, la source de toute industrie*»[208].

L'ennoblissement du travail va entraîner la réprobation de la mendicité qui déjà apparaît comme une gangrène sociale à éradiquer. Diderot, dans l'*Encyclopédie*, prend fortement à partie la mendicité, au nom du droit au travail.

C'est une chose honteuse et funeste dans un État que d'y voir souffrir les mendiants (...) tout homme qui n'a rien au monde (...) à droit de demander à vivre en travaillant ». Plus loin : « *Il y a trois états dans la vie qui sont dispensés du travail : l'enfance, la maladie et l'extrême vieillesse*». Ce n'est pas assez de dire au misérable qui tend la main « *Va travailler* ! », il faut lui dire : « *Tant qu'il y aura dans un État des terres incultes ou négligées, des besoins publics tributaires de l'industrie des étrangers (...) ce sera une question insensée que de demander à quoi employer les mendiants*[209].

Ainsi apparaît en filigrane, au terme de cette démonstration longue pour les besoins de la cause, l'utilité sociale et individuelle du travail en général et en particulier celui des personnes privées de liberté en milieu carcéral. Diderot, dans le même ouvrage, précise « C'est dire que tout homme sain doit se procurer sa subsistance par le travail, faute de quoi il serait nourri aux dépens de ceux qui sont au labeur »[210].

En somme, les définitions qui ont jailli par la suite du concept travail ont participé à son élévation sur un piédestal et en ont incontestablement fait une valeur cardinale.

---

[207] Idem.
[208]Idem.
[209]Idem.
[210]Idem.

*Proudhon définit le travail comme « Une extension et une perpétuation de l'Être par son action sur la nature... Et Marx proclame que « le travail est l'essence même de l'homme ». Ces idées-là vont pénétrer peu à peu la conscience ouvrière à la fin du XIX*e *siècle et dans la première moitié du XX*e*. Mais inégalement. Ce que les masses retiennent de l'enseignement des deux grands maîtres à penser, c'est d'abord l'idée de la souveraineté légitime du travail qu'elles interprètent comme menant à la souveraineté des travailleurs*[211].

Les considérations historiques et actuelles sur l'importance du travail qui précèdent, nous inspirent l'interrogation ci-après : s'il est presque admis par le bon sens, que les hommes libres sont obligés de travailler pour vivre, qu'en est-il de ceux qui sont privés de liberté dans les institutions carcérales ? Le CPP ne s'est pas montré explicite par rapport à cette question nodale qui s'intéresse aux relations du détenu avec le travail rémunéré et libérateur, apparaissant désormais comme un droit. Amener le détenu à cesser d'être nourri par ceux qui aiment se mettre en labeur dans la société, l'aider à acquérir son émancipation par le travail : ce sont effectivement les deux idées recherchées, au travers du long développement qui précède. Pourtant, cela peine à être réalisé dans la plupart des systèmes pénaux et pénitentiaires.

Au Cameroun, neuf détenus sur dix sont donc nourris, soignés et blanchis aux frais des contribuables. C'est le prix à payer pour sécuriser la société par la détention carcérale de ceux de ces membres dont les actes heurtent dangereusement le consensus social. Dans la perspective où nous sommes placés, la revue soviétique *l'Homme et la Loi,* va plus loin, en établissant une dualité pertinente, entre le bien et le mal, pour donner de l'élan à la doctrine de la défense sociale[212], qui n'admet l'intervention d'aucun bémol, par rapport aux efforts collectifs de punissabilité du crime et de réaction sociale à la nuisibilité de l'antisocialité. Le crime appelle inéluctablement et spontanément le châtiment. Dès lors, il en ressort que « Le criminel est « dangereux et il faut l'isoler pour protéger la société »[213].

Au rebours, en ce qui concerne le Cameroun, l'emprisonnement peut-il, un tant soit peu, contribuer par le travail du prisonnier à la prise en charge partielle de son traitement journalier supporté par le Trésor public? Comment est-ce que par le travail carcéral, l'A.P. camerounaise peut contribuer à libérer le malfaiteur payant sa dette vis-à-vis de la société de

---

211Idem.

212La doctrine de la défense sociale préconise de prendre en compte la dangerosité même présumée, présentée par le malfaiteur, contre lequel la société doit infliger un traitement exemplaire, au détriment de sa responsabilité effective et des possibilités de rémission qu'il affiche. Cette doctrine est battue en brèche par la doctrine de la défense sociale nouvelle dont Marc Ancel est l'un des principaux laudateurs.

213Citée par Patrick Meney, in *La kleptocratie (la délinquance en URSS)*, Poitiers, France, éd. La table ronde, 1982, p.14.

l'étau du mal qui l'étreint ? Quelles sont les conditions de possibilité requises pour que le travail carcéral remplisse valablement sa mission de « régulateur de tension »[214] en milieu carcéral camerounais ? Ces interrogations dont l'intérêt est avéré pour le Cameroun mériteraient d'être traitées dans le cadre d'un ouvrage spécialement consacré à ce sujet. Celui-ci aurait pour épicentre l'étude comparée des expériences engrangées par certains pays d'Occident ayant de vieilles traditions pénitentiaires d'une part et ; certains autres d'Asie ou d'Afrique d'autre part, considérés de nos jours, comme émergents du fait qu'ils leur ont emboîté le pas.

Du reste, signalons avant de sortir du champ de ce thème intéressant, qu'une littérature abondante, vieille et intéressante, nous renseigne que le travail carcéral a émergé dans l'histoire de la peine et, y a connu un développement prodigieux. Déjà, dans la prison cellulaire, vers le VIe siècle, les détenus étaient contraints de fabriquer des objets usuels. Le temps passant, la pratique a conduit certains observateurs à remarquer que de manière générale, le travail pénitentiaire réalise quatre fonctions : régressive, disciplinaire, économique et éducative.

La première fonction est intimement liée à l'intimidation et à la souffrance que doit revêtir la sanction pénale infligée au malfaiteur ; la seconde fonction quant à elle se présente comme un puissant adjuvant de la discipline, parce qu'il est difficile d'avoir sous contrôle une population carcérale oisive. Dans ce sillage, Sir A. Patterson soutient que : « L'Administration pénitentiaire qui permet l'oisiveté sera prise tôt ou tard par le relâchement de la discipline. Quand les hommes ne sont pas occupés par le travail quotidien, ils ont trop les griefs mesquins (…). L'oisiveté mène à l'insolence, au manque de soins, à la conspiration et à la révolte ouverte ».

À la vérité, insistons sur le fait que le travail carcéral remplit une diversité de fonctions, parmi lesquelles se trouve, la contribution à la régulation des comportements de la population carcérale, en le sens qu'il peut aider le prisonnier-travailleur à dévier et à refouler ses mauvaises idées et ses mauvaises humeurs. Le travail carcéral épanouit donc et procure de la joie à ceux qui l'exercent. Cet attribut du travail carcéral apparaît incontestablement au cœur de la réforme Amor[215] en 1945. L'autre fonction peut être appréhendée à travers le binôme constituée par le détenu et l'État. Du côté de la puissance publique, il y a le souci de mettre le détenu en labeur

[214]Le travail pénitentiaire, démontre Fabrice Guilbaud, in *Le travail pénitentiaire : une étude de sociologie du travail* (sous la direction de Danièle Linhart, févier 2006), rempli une triple fonction : occupationnelle, économique, sociale et psychologique.

[215]La réforme Amor avait déjà en son temps institué la recherche de l'amendement et du reclassement social du condamné par la politique pénale et pénitentiaire. Parmi les 14 points figurant au menu de ladite réforme, les principes de la modulation des peines et du travail carcéral comme obligation et comme droit pour le détenu occupent une place prépondérante.

afin qu'il allège, grâce à la main-d'œuvre pénale, une partie des charges financières qui doivent être mobilisées par le contribuable pour assurer son entretien pendant la détention carcérale. Du côté du détenu, il y a la nécessité de travailler pour gagner de l'argent. Toute chose pouvant être utilisée pour améliorer les conditions de vie du détenu, mais également pour payer s'il y a lieu ses amendes et les dépens, et constituer un pécule[216] qui lui sera reversé à la libération pour commencer éventuellement une nouvelle vie. En ce sens, il en ressort clairement que le travail carcéral est un impressionnant moyen qui permet au détenu d'accéder au bout du compte à la citoyenneté responsable.

Enfin, le travail carcéral est éducatif et formateur au profit du détenu. La rééducation par le travail se présente sous les aspects d'apprentissage et d'acquisition d'un nouveau métier ou de perfectionnement de celui exercé antérieurement. Le travail pénitentiaire est moralisateur et spirituel, le détenu perd ses habitudes de paresse et il apprend à être endurant, à persévérer dans l'effort et à jouir des profits tirés de cet effort plus ou moins éreintant. Pour tout dire, le travail carcéral se présente ici comme un moyen par excellence de socialisation.

Sur un autre versant, relevons que la production carcérale, fille du travail carcéral, est un sujet dont l'importance est perçue partout et par tous. Il ne serait donc pas indiqué de vouloir, dans le cadre de cette réflexion consacrée à un autre sujet, l'examiner sous toutes ses coutures. Car, la production carcérale mérite qu'on lui consacre la valeur qui est sienne, en lui réservant soit une étude produite dans le cadre d'une consultation, soit un ouvrage entier. Toutefois, nous nous contenterons ici, d'esquisser quelques jalons de réflexion en nous servant, comme fil conducteur, des recettes générées par les cessions de la main-d'œuvre pénale sur l'ensemble des prisons camerounaises au cours de l'année 2005, dans un environnement moins rigoureux à tous les niveaux. Ces jalons de réflexion pourraient être plus tard développés dans une autre circonstance plus significative et servir de terreau pour une étude ou un ouvrage sur la question. Pour l'instant, attardons-nous sur la production carcérale camerounaise enregistrée[217] en 2005.

---

[216]Le pécule est une dotation financière versée au détenu par le régisseur de prison au moment de sa libération et qui est constituée des réserves provenant des rémunérations des travaux effectués pendant la détention carcérale auprès des particuliers. Cf. les art.53, 54, 55 et 56 du décret n° 92/052 du 27 mars 1992 portant régime pénitentiaire au Cameroun qui ont été extraits de l'article 25 du CPC (loi n°018-11 du 29 décembre 1978).

[217]En raison des défaillances managériales de divers ordres, la production carcérale enregistrée au cours d'une année est en décalage profond avec la production carcérale réelle au cours de la même année.

III. Recettes déclarées issues de la main-d'œuvre pénale au Cameroun en 2005

Tableau 7 : Recettes générées par les prisons camerounaises en 2005 à travers la cession de la main-d'œuvre carcérale mise à disposition par l'Administration pénitentiaire.

Prisons	Montant total de la cession de la main-d'œuvre pénale (en FCFA).
Région pénitentiaire du Centre	
Yaoundé	205.000
Akonolinga	753.800
Bafia	799.731
Eseka	1.130.700
Mbalmayo	1.110.100
Mfou	541.300
Monatele	481.300
Nanga-Eboko	250.000
Ndikinimeki	456.250
Sa'a	402.000
Yoko	320.000
Sous – total	**5.772.551**
Région pénitentiaire de l'Adamaoua	
Ngaoundéré	58.000
Meiganga	216.400
Tibati	85.330
Tignere	195.000
Banyo	00000
Sous – total	**554.730**
Région pénitentiaire du Nord	
Garoua	152.500
Guider	79.501
Poli	82.167
Tchollire 1	266.410
Tchollire 2	108.442
Sous – total	**689.020**
Région pénitentiaire de l'ouest	

Bafoussam	346.440
Bafang	299.000
Bangangte	00000
Bazou	78.526
Dschang	46.000
Foumban	214.370
Foumbot	609.175
Mantoum	857.170
Mbouda	139.600
Sous – total	**2.590.281**
Région pénitentiaire du Sud	
Ebolowa	331.153
Kribi	1.148.700
Ambam	0000
Djoum	198.670
Sangmelima	416.700
Sous- total	**2.095.223**
Région pénitentiaire du Sud-Ouest	
Buea central	291.500
Buea upperfarm's	00000
Bavenga	30.000
Kumba	00000
Mamfe	799.200
Sous – total	**1.120.700**
Région pénitentiaire de l'Extrême-Nord	
Maroua	639.000
Doukoula	190.000
Kaele	226.645
Kousseri	224.000
Makary	28.000
Meri	0000
Mokolo	48.000
Yagoua	22.135
Mora	282.800
Sous – total	**1.660.580**

Région pénitentiaire de l'Est	
Bertoua	87.000
Abong-Mbang	316.186
Batouri	223.600
Betare-Oya	16.700
Doume	134.620
Lomie	85.330
Messamena	8000
Moloundou	135.980
Yokadouma	470.100
Sous – total	**1.477.510**
Région pénitentiaire du Nord-Ouest	
Bamenda	130.665
Mbengwi	287.622
Wum	122.360
Sous – total	**570.647**
Région pénitentiaire du Littoral	
Douala	1.282.500
Edéa	797.000
Mbanga	608.000
Ngambe	439.000
Nkongsamba	408.735
Yabassi	422.830
Sous – total	**3.959.322**
Total général : 20.459.322 F.CFA	

Source : République du Cameroun, Ministère de la Justice.

(Projet de modernisation des prisons et de préparation à la réinsertion sociale des détenus, septembre 2007).

Commentaire : Toutes les prisons camerounaises produisent des revenus soit en cédant la main-d'œuvre pénale aux particuliers soit en les utilisant les détenus à leur propre compte. Et, toutes sont susceptibles de produire davantage de revenus si elles sont toutes gouvernées selon les critères de rentabilité économique. Ceci induit le recours à un modèle approprié de management (la gestion axée sur les résultats), lequel repose sur l'élaboration d'un business-plan reflétant les spécificités de chaque centre pénitentiaire, la mobilisation des ressources humaines, matérielles et financières adéquates à mettre à disposition ainsi que la mise à jour des feuilles de route pour les responsables d'établissements pénitentiaires assistés par les comités locaux de gestion. L'exécution parfaite des feuilles de route par les différents responsables et les acteurs de la chaîne de production pénitentiaire devra impérativement conditionner leurs promotions professionnelles à divers niveaux.

IV/ Analyse comparative et modélisation d'une approche nouvelle de la production carcérale au Cameroun

Observons que l'organisation du travail pénitentiaire dans les pays de vieilles traditions carcérales repose sur trois axes majeurs :

1- *Les tâches exécutées par les détenus pour leur propre compte ou pour le compte d'une association, et dans le cadre du service général en établissement pénitentiaire.* Il s'agit entre autres de la propreté des locaux de détention, des aires de jeu, de restauration, de distribution de la ration, du bricolage, les travaux d'entretien des installations et équipements divers…

2- *Les tâches exécutées par les détenus dans le cadre de la concession de la main-d'œuvre pénale aux entreprises privées et aux particuliers qui installent des ateliers en prison.*

3- *Les tâches exécutées par les détenus dans le cadre des ateliers de la Régie industrielle des établissements pénitentiaires, en abrégé RIEP.*

Le travail pénitentiaire au Cameroun pourrait être bâti sur les neuf piliers ci-après, afin de lui donner une dynamique pérenne si l'on s'inspire de ce modèle :

1- *l'élaboration et la mise en œuvre d'une politique publique destinée à mobiliser les facteurs de production, en l'occurrence : l'acquisition et la viabilisation par l'État de vastes étendus de terres arables au profit de l'A.P. en vue de la création de grandes exploitations agricoles (cultures vivrières, agrumes, etc.) pastorales et avicoles (petit et grand bétails et petit élevage) dont la production sera destinée à l'alimentation directe des détenus ; et les excédents de production orientés à la vente bon marché auprès des populations riveraines (clientes) ;*

2- *la création et l'opérationnalisation des Régies* [218]*industrielles pénitentiaires, en vue d'organiser rationnellement dans un souci de la*

[218]Il nous semble qu'il serait précoce, au regard du niveau actuel de développement de notre politique nationale agricole, de parler de l'industrie agricole en milieu carcéral camerounais. Nous pensons que celle-ci devrait constituer la seconde étape du programme agricole incitatif dont a besoin l'A.P. Par conséquent, nous pensons que nous gagnerions plutôt à mieux structurer à court terme, la formation à la pratique intensive des activités agricoles, pastorales et artisanales d'une part ainsi que l'apprentissage à l'exercice des petits métiers rémunérateurs

multiplier par deux voire par trois, la production agricole, pastorale, avicole et artisanale des établissements pénitentiaires ;

3- l'élaboration *et la mise en œuvre d'un programme intégré à une politique agropastorale sectorielle ambitieuse que nous nommerions dans ce contexte :* **Plan national de dynamisation de la production carcérale (PNDPROCAR).**

Il conviendrait de souligner ici avec emphase que la création et la mise en fonctionnement des structures que nous préconisons ci-dessus s'inscrivent dans le cadre de la conception, de l'élaboration, de l'application et de l'exécution d'une politique agropastorale adéquate en milieu carcéral camerounais. La politique agropastorale suggérée ici devrait rompre avec la pratique du jardinage observée jusqu'ici. Et, elle permettrait à l'A.P. camerounaise de prendre un nouveau virage marqué d'abord par la capitalisation de ses acquis et ensuite par la prise en main ferme de ses défis.

Le développement de l'agriculture vivrière, semi-vivrière et de l'élevage devra être corrélé à celui de la petite industrie. Car la pratique d'une activité agricole intensive ne saurait prospérer en marge de la création de micro ou petites industries connexes, qui apportent des solutions aux problèmes de conservation des denrées alimentaires périssables et de leur transformation en produits semi-finis ou finis. Les relations de proximité entre l'agriculture et l'industrie ont été étudiées amplement par Jean-Paul Gardinier, qui soutient que : « L'industrialisation engendre la modernisation de l'agriculture par l'emploi d'outillage mécanisé, des engins, des semences sélectionnées, des produits de traitement ; etc. ».[219]

Dans le même sillage, Ferdinand Chindji-Kouleu précise :

C'est dire qu'il ne doit y avoir de problème de choix cornélien entre l'agriculture et l'industrie. C'est un faux problème. La guerre de choix n'a point existé en Occident où l'interdépendance de l'industrie et de

---

(menuiserie, ébénisterie, cordonnerie, couture, broderie, coiffure, peinture, sculpture, blanchisserie, menuiserie métallique…) d'autre part.
En effet, le potentiel existant dans le secteur en présence, en terme de ressources humaines (main-d'œuvre carcérale abondante, majoritairement jeune et généralement laborieuse, disponibilité des personnels pénitentiaires ayant reçu des formations diplômantes en agriculture, en élevage et industrie animale, en pisciculture…), l'abondance et la diversité des espaces cultivables propices à diverses variétés de cultures, tout ceci peut facilement, nous semble-t-il, être capitalisé en vue de rendre les établissements pénitentiaires productifs, tout en assurant la préparation à la réinsertion socioprofessionnelle d'une bonne frange des détenus.
L'industrialisation ne pourrait intervenir qu'après une décennie après qu'on ait réussi à atteindre un niveau de production agricole qui satisfait largement les besoins d'autosuffisance alimentaire directe de l'institution carcérale et des populations riveraines, et surtout lorsque la nécessité de transformer les produits agricoles ou de les conserver longtemps apparaîtra.
[219]Jean-Paul Gardinier, in *Le pari industriel*, Paris, France-Empire, 1977, p.58.

l'agriculture est une réalité de tous les jours. Il faut le dire haut et fort, l'agriculture moderne n'est pas possible sans l'industrie. Ne confondons pas le jardinage que nous pratiquons avec une véritable agriculture. C'est clair, l'agriculture existe depuis l'apparition de l'homme sur terre[220].

Se servant de l'histoire du développement de l'occident comme un exemple patent, le sociologue poursuit :

Mais elle n'a réellement pris son envol que depuis le XIXe siècle avec la révolution industrielle. Et dès lors, la faim a cessé de hanter les régions industrialisées. Ce n'est plus que dans nos contrées que la faim fait trembler encore les hommes. Le bon sens fait plutôt ressortir la complémentarité de ces deux activités. Aussi Jean-Paul Gardinier est-il bien fondé à écrire : « Certaines industries comme celles des engrais, des machines agricoles, des pesticides n'ont de sens que si le programme de développement agricole se réalise »[221].

Pour rassurer définitivement le lecteur de l'intérêt que l'Afrique a de s'industrialiser en vue de valoriser son potentiel agricole, il conclut : « Inversement, certaines industries agro-industrielles ne peuvent être que si la matière première agricole est réellement produite en quantité et en qualité suffisante. Le bon ménage entre l'agriculture et l'industrie ne fait donc pas de doute»[222].

Nous ne pourrions résister à la tentation, pour clore notre argumentaire sur la problématique de la politique agricole, de convoquer René Dumont, l'agronome de la faim le plus réputé de son temps qui, en 1962 sonnait déjà l'alerte à l'intention des gouvernements africains sur la nécessité pour eux de donner une bonne tendance à la politique agricole, en mettant en phase l'élevage et la culture de la terre : « La séparation de la culture et de l'élevage caractérise l'archaïsme d'un système de production ; nos agricultures d'Europe sont d'autant plus modernisées qu'elles l'ont supprimée plus tôt».[223]

4- *la refonte et l'actualisation des textes*[224] *fixant les conditions d'utilisation et de cession de la main-d'œuvre pénale d'une part ; les*

---

[220]Ferdinand Chindji-Kouleu, in *Journaliste sans journal*, Yaoundé, Éditions Saagraph, 2005, pp. 295-296.

[221] Ibid.

[222]Ibid.

[223]René Dumont, in *L'Afrique noire est mal partie*, Paris, 1962, éditions du Seuil (édition revue et corrigée en 1973), p.62.

[224]Il s'agit des arrêtés n°s 213 et 044/A/MINAT/DAPEN du 28 juillet 1988 et 08 mars 1993 fixant les conditions d'utilisation et les taux de cession de la main-d'œuvre pénale d'une part et, fixant les modalités d'attribution du pécule aux détenus d'autre part. Ces deux textes devront être soumis à une réécriture destinée à corriger non seulement leurs insuffisances, mais surtout à les actualiser. Car celles-ci rendent l'attribution du pécule impossible (article 7

modalités d'attribution du pécule[225] *aux détenus d'autre part, pour les adapter à la nouvelle vision du travail*[226] *pénitentiaire ainsi préconisé ;*

5- *l'organisation rigoureuse du fonctionnement des RIEP ;*

6- *la mobilisation des ressources humaines internes à l'A.P. et au besoin, le recours à celles externes, spécialisées dans les filières telles que l'agriculture (saisonnière et pérenne), l'élevage (volaille, grand bétail, petit bétail, petits ruminants), la pisciculture... pouvant assurer l'encadrement et l'accompagnement des activités de production carcérale en tenant compte de l'écologie de chaque établissement pénitentiaire ;*

7- *la mobilisation des ressources financières suffisantes pour la réalisation des programmes agropastoraux, avicoles et artisanaux retenus dans le pipe proposé ;*

8- *l'institution des structures ad hoc (au niveau central et local) chargées du suivi, du contrôle de gestion et de l'évaluation des RIEP ;*

9- *l'instauration d'une prime de rendement pour les personnels de l'A.P. concourant au meilleur fonctionnement de la RIEP.*

Au vu de ce qui précède, il sied de soutenir avec emphase que le travail carcéral débouchant sur l'acquisition d'une formation professionnelle en faveur de la personne détenue constitue le levier important de l'un des pans de la mission socio-éducative dévolue à l'A.P. En effet, il est reconnu qu'

On ne doit pas considérer l'éducation comme une option dans la liste des activités proposées aux détenus. C'est plutôt l'élément central du concept de l'utilisation de la période passée en prison comme une opportunité pour aider les détenus à remettre de l'ordre dans leur vie de manière positive. En premier lieu, l'éducation doit se concentrer sur les aptitudes de base pour que toutes les personnes qui se trouvent en prison pendant un certain temps

---

de l'arrêté n° 044) et les taux en vigueur pour la cession de la main-d'œuvre pénale ainsi que les modalités de calcul du pécule sont peu motivantes pour les détenus corvéables ainsi que pour le personnel pénitentiaire chargé d'assurer l'escorte et l'exécution des travaux. Par ailleurs, la réécriture desdits textes devrait intégrer les composantes ci-après : la réalisation des grands travaux agricoles par les établissements pénitentiaires dont la production est en partie destinée à la vente, avec versement périodique aux différents acteurs (détenus, Trésor public et personnels de l'A.P.) des primes de rendement ou quotes-parts pour les deux derniers et le pécule pour les premiers.

[225] Le tiers des frais de cession de la main-d'œuvre pénale qui revient réglementairement au détenu producteur peut lui être versé immédiatement, s'il le désire et pas forcément à la sortie. En outre, nous proposons que les deux tiers qui restent soient versés à parts égales au Trésor public et aux personnels de l'Administration pénitentiaire.

[226] « Il faut réunir les conditions qui permettent aux détenus de prendre un emploi utile et rémunéré, lequel facilitera leur réintégration sur le marché du travail du pays et leur permettra de contribuer à subvenir à leurs besoins financiers et à ceux de leur famille ». Principes fondamentaux relatifs au traitement des détenus, Principe 8.

puissent apprendre à lire, à écrire et à faire des calculs arithmétiques de base qui les aideront à survivre dans le monde moderne. (...) L'objectif de l'éducation, dans le plein sens du terme, doit être de développer la personne tout entière, en tenant compte des origines sociales, économiques et culturelles des détenus[227].

En marge de la mission sécuritaire, la mission socio-éducative est d'ailleurs celle qui est la moins visible, mais ô combien la plus noble, tant est si bien qu'elle contribue à une forte proportion, à réduire la réitération des mauvais comportements chez les personnes détenues et, par voie de conséquence, à donner de meilleures perspectives à l'impératif de sécurité publique, à la contribution duquel l'A.P. se déploie quotidiennement.

Le travail en prison doit donc être lié à une formation qui cherche à fournir aux détenus des compétences pratiques qui les aideront à obtenir des qualifications pour trouver un emploi traditionnel dans le secteur du bâtiment, de l'ingénierie, de l'administration ou de l'agriculture. Il peut également être possible d'inclure une formation dans des compétences nouvelles comme l'informatique. Cette formation professionnelle est particulièrement importante pour les jeunes détenus. Lorsqu'on conçoit ces programmes, il est important de tenir compte des types d'opportunités d'emploi qui peuvent exister dans la communauté locale où le détenu sera reclassé[228].

D'un point de vue comparatif, si besoin en était, on peut démontrer que l'incarcération en établissement pénitentiaire, se traduisant par la mise hors d'état de nuire du délinquant est une action curative ; tandis que le travail auquel il est convié et la formation professionnelle qu'il peut en acquérir sont des actions préventives. De l'avis de certains doctrinaires, l'apparition du travail carcéral[229] et l'offre de formation professionnelle qu'il ouvre aux détenus sont liées à l'ouverture du service public pénitentiaire à la modernité. Dans un article intitulé « *Le travail pénitentiaire : une étude sociologique du travail* », Fabrice Guilbaud, sous la direction de Danièle Linhart, publié en février 2006, convoque les travaux de Danti-Juan, qui soutient dans un sillage en parfaite convergence avec la perception que lui-même a du travail carcéral, ce qui suit : « On se plaît aujourd'hui à constater qu'après avoir longtemps considéré le travail comme une obligation qui faisait partie intégrante de la peine, le droit pénitentiaire du détenu

---

[227]Andrew Coyle, op cit., p. 102.

[228] *Ibid*., p. 100.

[229] La pratique d'une activité rémunératrice est primordiale pour la réinsertion socioprofessionnelle future des personnes incarcérées. Car celle-ci leur permet entre autres, d'améliorer leur condition d'existence en détention, d'aider leurs familles, de s'assurer d'une rémunération pour payer éventuellement leurs amendes et les dépends, etc., ainsi que pour réaliser des économies qui permettraient de préparer leur sortie.

l'envisage maintenant comme une prérogative du détenu qui ne se confond plus avec l'exécution de la condamnation. Mais est-ce bien certain ? Et, s'il existe, s'agit-il vraiment d'un droit au travail ou n'est-ce pas plutôt un droit de s'amender par le travail»[230]. Il poursuit son raisonnement en affirmant sans fards ni fioriture qu'«**a**u fond, le travail pénal est un des moyens offerts au détenu pour hâter le jour où il sortira de sa prison. C'est tout au moins ainsi qu'il est envisagé par les textes et cela nous donne, il faut en convenir un droit au travail d'un genre un peu particulier»[231].

L'argumentation qui précède nous suggère de présenter avant de clore ce chapitre, une esquisse des potentialités dont regorgent les établissements pénitentiaires au Cameroun et qui pourraient générer des ressources financières importantes, au même titre qu'elles contribueraient à assurer la réinsertion sociale et professionnelle des personnes en détention carcérale, à travers la production intensive et systématique des ressources alimentaires de qualité, et de surcroît, bon marché pour les populations riveraines. Celle-ci serait suivie plus tard de leur transformation et de leur conservation, à travers la création de micro- industries carcérales. Car un bon programme agricole devrait être soutenu par un bon plan d'industrialisation agricole, de sérieuses options en matière de recherche scientifique et technique. « Quant au développement, il repose sur un va-et-vient entre l'industrie et l'agriculture ; pas de puissance industrielle sans une amélioration de la productivité agricole qui libère la main-d'œuvre indispensable, et pas d'agriculture plus productive sans un apport industriel : engrais chimiques, électricité, machines, outillage, camions, bicyclette»[232].

Ces ressources, qui rentreraient dans ce qu'il conviendrait de nommer la production carcérale, pourraient être bénéfiques à toute la communauté pénitentiaire. D'abord, les détenus bénéficieraient de l'amélioration des conditions de vie en milieu carcéral à travers entre autres la disponibilité suffisante des denrées alimentaires, la création de bonnes conditions d'intégration harmonieuse dans la communauté des personnes ayant séjourné dans les prisons, l'acquisition et l'exercice d'un métier rémunérateur suivi de l'allocation d'un pécule substantiel. Ensuite, les personnels pénitentiaires bénéficieraient de l'amélioration de leurs conditions de rémunération à travers entre autres l'allocation d'une prime de rendement, calculée à partir d'une base arithmétique sur le volume global annuel, semestriel ou trimestriel de la production de l'ensemble des établissements pénitentiaires. Puis, la ménagère camerounaise qui pourrait alléger son budget mensuel

---

[230]Genre travail et mobilités, recherche subventionnée par le GIP (Mission de recherche Droit et Justice). Labo Genre, travail et mobilité (CNRS/Université Paris 8 et Paris 10). Université Paris 10-Nanterre. Bat K.200, avenue de la République 92001. Nanterre cedex.

[231]Idem. Http/13.markcdn.com/wp-content/blogs.dir.(Page consultée le11 février 2012).

[232]Alain Peyrefitte, in *Quand la Chine s'éveillera... le monde tremblera (Regards sur la voie chinoise),* Paris, Fayard, 1973, p.345.

d'alimentation à travers l'acquisition bon marché de certaines denrées alimentaires. Et enfin, le Trésor public qui récolterait des gains provenant des dépenses liées à l'alimentation des détenus.

Toutes les opérations sus énumérées, bénéfiques tant aux détenus, aux personnels pénitentiaires, aux pouvoirs publics, qu'aux citoyens ordinaires, pourraient favoriser l'ancrage de l'A.P. au sein de la communauté nationale, et lui permettre de redorer son blason en acquérant le label d'administration citoyenne[233]. Concernant les personnels pénitentiaires, il importe de souligner que la réorganisation des établissements pénitentiaires souhaitée ainsi que celle des services centraux, allant dans le sens de favoriser l'éclosion exponentielle des possibilités agricoles, pastorales, avicoles, piscicoles et artisanales qu'ils présentent, auxquelles on pourrait logiquement satelliser l'apprentissage et l'exercice de quelques petits métiers en faveur des personnes emprisonnées, devrait conduire à une prise en main courageuse et déterminante de leur destin, en développant en eux l'esprit de corps qui, le plus souvent, fait défaut.

La prise de conscience du potentiel dont regorge l'A.P. sur tous les plans devrait susciter un élan de dynamisme de la part de ses personnels et des décideurs, en vue de construire un mieux-être durable. Les fruits résultant du labeur auquel doivent consentir les personnels pénitentiaires suffiraient, à terme, à les détourner de certains travers observables de façon récurrente dans notre environnement, consistant à se laisser séduire par des gains résultant de la production d'autres administrations publiques, en étroite collaboration avec la leur, et dont la valeur ajoutée est reversée aux personnels qui relèvent de ces dernières, sous la forme de prime de rendement.

En étudiant profondément ce phénomène dans une approche qui utilise les ressorts intellectuels de l'économie capitalistique, champ scientifique sur lequel ce phénomène semble avoir été extrait, Jules Marcel Mandeng Nyobè[234], après s'être abreuvé à la source des grands maîtres du savoir en

---

[233]L'A.P. pourrait devenir au Cameroun, comme le corps des sapeurs-pompiers aux États-Unis d'Amérique, si une révolution mentale était opérée en son sein et pouvant déclencher auprès de la puissance publique, la mobilisation des moyens matériel, humain, financier, technique et organisationnel pour capitaliser le potentiel humain dont elle regorge. Toute chose qui lui permettrait d'exploiter les opportunités de création de richesses dans divers domaines qui s'offrent à elle.

[234]Jules Marcel Mandeng Nyobè, in *Économie et entreprenariat social (de nouveaux repères)*, Paris, L'Harmattan, 2009. Dans cet essai, l'auteur démontre de manière fort édifiante que l'économie sociale a été fondée sur **la croyance.** Elle a historiquement émergé dans une zone interstitielle séparant les deux segments qui constituent la conception classique de l'économie dont le premier a pour fondement **la contrainte**, c'est-à-dire un mode de production des richesses placé entre les mains de la puissance publique et destiné à satisfaire l'intérêt général ; et le second **l'intérêt**, c'est-à-dire l'échange volontaire de biens et services, ayant pour cadre le marché, perçu comme le lieu de rencontre de l'offre et de la demande.

question, le nomme opportunément, sous leurs auspices, avec un sens de la dérision diffusant des exhalaisons moralisatrices : « *Profits without production* »[235]. Autrement dit, il s'agit pour cet essayiste de fustiger l'opportunisme et la tricherie, c'est-à-dire la propension à vouloir obtenir des gains sans participation préalable aux efforts de production dans une activité donnée et dans une situation donnée ; ou de chercher à tirer profit des situations avantageuses dont on n'a pas contribué à la réalisation.

Bref, c'est la situation implacable des adeptes du « prêt à consommer » et de l' « opportunisme à outrance », où certains agents publics consomment les avantages, le plus souvent démesurément, produits par d'autres agents publics qui se tuent quotidiennement à la tâche. Et, pour se donner bonne conscience, ils invoquent comme justificatif, en leur faveur, la chance ou la « baraka ». Dans la mouvance de qui précède, cet essayiste camerounais à la plume stylée, démontre en substance que :

C'est la ville qui constitue ce lieu par excellence de ces stratégies d'improduction ou de génération de profits sans production. Et cette niche d'opportunité de gains attire une population rurale qui refuse de subir le paradoxe d'une situation où la production confère moins de profit que la non-production. Et à cause de cette contradiction, la ville est devenue un immense pôle d'attraction, qui canalise vers elle des producteurs réels et potentiels, en leur faisant caresser l'espoir d'aller vivre dans l'espace urbain le bonheur du « profits without production »[236].

En opérant la transposition du concept situationnel de ville à celui d'administration publique, pour cerner les tenants et les aboutissants de ce phénomène pertinemment décrit ailleurs, nous restons dans l'axe central de la démonstration de Jules Marcel Mandeng Nyobè, faite dans son premier essai sus-cité.

L'entrepreneur social est engendré par l'économie sociale. Il apparaît comme un acteur situé aux antipodes de l'État et de l'homo oeconomicus. Car, il crée des richesses avec une finalité principalement centrée non sur l'intérêt personnel (comme le fait l'homo oeconomicus), mais plutôt sur l'intérêt commun (comme le fait l'État), sans toutefois l'être, du fait qu'il ne dispose ni de ses moyens ni de ses prérogatives. Tant pour l'économie sociale de marché que pour l'économie sociale de service public, ce docteur en science politique conclut que la valeur ajoutée que l'Économie sociale pourrait apporter, sous certaines conditionnalités, à la résolution des problèmes de développement auxquels sont confrontés de nombreux pays à travers le monde, y compris le Cameroun, est indéniable.

[235]L'essayiste camerounais reprend ainsi à son compte la théorie du « passager clandestin » (free rider) modélisée en 1965 par le socioéconomiste américain Mancur Lloyd Olson Jr., dans son ouvrage intitulé : *Logique de l'action collective (biens publics et théorie de groupes),* paru en 1965, qui reformula le problème initial que souleva dans les années 1930 l'économiste et universitaire suédois Knut Wicksell.

[236] Idem, pp.230-231.

En dernière analyse, nous soutenons que la mise en œuvre d'une politique publique au sein de l'A.P. en vue de favoriser l'éclosion de ses possibilités agropastorales, piscicoles et artisanales ainsi que l'institution d'un système managérial rigoureux comportant des volets de suivi, de contrôle, d'évaluation et de gratification, etc. tant central que local, pourraient impulser les actions de réinsertion socioprofessionnelle en faveur des personnes condamnées à des peines privatives de liberté en établissement pénitentiaire d'abord et ; ensuite de relever le moral des personnels pénitentiaires par la reconnaissance de leur implication déterminante à l'effort national de développement économique et social.

L'instauration du versement des allocations trimestrielles, semestrielles ou annuelles sous la forme de primes de rendement aux personnels pénitentiaires, directement prélevées du volume des recettes générées par la vente des biens qu'ils produiront au cours de l'année, les assurerait de leur participation manifeste aux performances économiques de l'État. Ces réformes se présentent comme un impératif politique de transformation positive de l'existant, puisque le plus souvent, pour paraphraser Jaurès, entre l'idéal et le réel, il n'y a qu'un pas, que les moins courageux parmi nous n'osent faire.

À la lumière de ce qui est dit ci-dessus, il se dégage la nécessité de réformer le système de production de l'Administration pénitentiaire camerounaise. Les facteurs internes et externes devant constituer la matrice de cette réforme attendue ne peuvent devenir moteurs de celle-ci que s'ils participent d'une volonté politique capable d'opérer le saut qualitatif. Les conditions de succès de cette volonté politique résident dans l'impératif pour elle de permettre à chaque partie prenante en jeu, d'être un acteur déterminant de la chaîne de production carcérale et de recevoir des gratifications compatibles avec le rôle, la place et l'importance de chacun. Car, outre le cadre légal qu'il faut adapter aux réalités de l'environnement, un travail s'impose pour asseoir une synergie entre les acteurs, à divers stades (haut, intermédiaire et base) condition de la réussite d'une politique publique orientée vers une réforme sectorielle.

Furtivement et sans être obsédé par la tentation de la comparaison, examinons brièvement les encadrés ci-après qui mettent en évidence les résultats éloquents de la production carcérale, obtenus au cours de plusieurs décennies dans certains pays émergents, triés sur le volet dans trois continents, à savoir : l'Asie, l'Amérique et l'Afrique. Il s'agit précisément de la Chine, du Brésil et de l'Afrique du Sud. Le *modus conceptualis* et le *modus operandi* utilisés par ces trois pays, pour atteindre le niveau de développement en la matière qui nous préoccupe, pourraient inspirer le Cameroun, en quête du statut de pays émergent à l'horizon 2035. Les trois pays nommés ci-dessus, auxquels il faut ajouter l'Inde et de la Russie, composent les *BRICS*, un acronyme anglais dont l'équivalent français est *BRICA*. Ces pays ayant été sous-développés dans les années 1960, sont considérés depuis le début du XXIe siècle, comme les grandes puissances émergentes, au regard du PIB nominal et de la parité du pouvoir d'achat en constante évolution qui caractérisent chacun d'eux, selon une étude faite en 2014[237].

L'analyse des quelques actions entreprises en ce domaine, malgré leur caractère parcellaire et leur faible structuration managériale, met irréfutablement en relief le fort potentiel agricole que l'Administration pénitentiaire camerounaise doit et est capable de développer, avec le concours de toutes les parties prenantes.

Ebolowa : culture du haricot (1ha) et de manioc (2ha) ; Bafoussam : création d'une ferme avicole de 1500 poulets de chair ; Maroua : création d'une ferme d'élevage des porcs ; Garoua : culture du mil (10ha) et de maïs (04ha) ; Ngaoundéré : création d'une ferme avicole de 1200 poulets de chair ; Buéa : création d'une ferme avicole de 1000 poulets de chair ; Bamenda : création d'une ferme avicole de 225 pondeuses, d'un champ de choux et de haricot ; Bertoua : création d'un vaste champ de maïs ; Yaoundé : création d'une ferme avicole de 2500 poulets de chair »[238]. Rend public pour la première fois, transparence oblige!!! dans l'histoire des activités de production carcérale, le ministre en charge des prisons au Cameroun*! « Douala : création d'une ferme avicole de 3000 poulets de chair. Toutes ces activités ont démarré dans toutes les prisons à l'exception de Yaoundé et Douala où le démarrage est imminent. Certaines ont même achevé les récoltes et sont sur le point de relancer. Pour assurer un bon suivi, des mesures de gestion transparentes ont été mises en place accompagnées d'une répartition qui tient largement compte des principaux bénéficiaires à savoir les détenus : 40 % pour le fonds de roulement, 35 %*

[237]Les BRICS (Brésil, Russie, Inde, Chine et Afrique du Sud) sont des pays à forte croissance dont le poids dans l'économie mondiale est constamment en augmentation depuis le début du XXIe siècle. Le terme BRIC est apparu pour la première fois en 2001, dans une note de Jim O'Neill, économiste de la banque d'investissement *Goldman Sachs.* Il a été repris en 2003 dans un rapport publié par deux économistes de la même banque. Ce rapport tendait à montrer que l'économie des pays composant les BRIC allait rapidement se développer, car le PIB total des BRIC devrait en 2040, égaler celui du G6 (USA, Allemagne, Japon, France, Royaume-Uni et Italie). En unissant leurs forces, les BRIC pourraient faire contrepoids au G8 dont la Russie fait déjà partie. Cf. « https://fr.wikipedia.org/w/index.php?title=Brésil -Russie-Inde-Chine-et-Afrique-du-Sud α OLDID=122445903».

[238]Emmanuel NgafeesonBantar, secrétaire d'État auprès du ministre de la Justice, chargé de l'Administration pénitentiaire, interview accordée à *JUSTITIA* dans son édition n° 005/2010, pp.30-32.

pour l'alimentation des détenus, 20 % pour le pécule et 05 % pour le comité de gestion et le personnel pénitentiaire»[239]. poursuit-il.

La présentation enthousiasmante de la réalité des faits sur le terrain et des intentions managériales du projet exposé ci-dessus, contraste avec les résultats obtenus au cours des deux dernières années. Et, à mesure que les années s'écoulent, s'enracine dans l'opinion, le constat selon lequel les résultats engrangés par ce programme sont en deçà des prévisions. En tout cas, c'est ce que soutiennent la plupart des observateurs avertis et même des profanes. Et pour cause, il appert que le programme dénommé plus haut, en dépit de sa pertinence, est apparu comme « une fée morgane », c'est-à-dire de façon inattendue, et plus grave encore, il est tombé dans un environnement socioculturel caractérisé par l'impréparation voire le refus de la plupart des responsables administratifs ainsi que certains promoteurs des organisations de la société civile de se soumettre *de jure et de facto* à l'orthodoxie inhérente à la gestion des ressources publiques et au management du patrimoine commun.

Beaucoup d'entre eux, mus par l'instinct du « P*rofits without production* », ont englouti les ressources mises à leur disposition. D'aucuns ont déclaré forfait dès le premier trimestre qui a suivi le lancement du programme, à travers une déclaration de faillite tous azimuts, et les plus entreprenants, par ailleurs bien moins nombreux, ont viabilisé minimalement le programme.

En début du mois de mars 2012, une mission d'évaluation a été constituée et envoyée par la Chancellerie dans les dix régions et les cinquante-huit départements en vue de recueillir les indices du niveau de réussite du programme nommé plus haut. Les conclusions sont encore attendues, s'il y a lieu. Parallèlement, les informations collectées par nos soins, non officielles et non institutionnelles, ne sont guère optimistes. Les résultats annoncés par chaque prison bénéficiaire sont, le moins qu'on puisse dire, très éloignés du potentiel existant qui, reconnaît-on, reste largement inexploité. Bien plus, le système managérial qui accompagne le déploiement du projet gagnerait à être renforcé en vue de limiter la persistance de grandes oscillations et d'énormes écarts entre la production réelle et les recettes déclarées.

S'inspirant des modèles des pays qui ont réussi en la matière qui nous intéresse ici, il ressort que la production carcérale est une activité nodale qui pourrait incontestablement stimuler le fonctionnement de l'A.P. camerounaise et permettre un meilleur épanouissement de la communauté pénitentiaire : les détenus et leurs familles, les personnels pénitentiaires, le JAP (dont la présence est indispensable dans cette optique), les organismes

[239]Ibidem.

d'insertion et de probation (dont la création voire la restructuration est souhaitée), etc.

Toutefois, pour parvenir à cet idéal, quelques actions préparatoires s'imposeraient, pour des raisons sus-évoquées. Sans prétendre à l'exhaustivité, il apparaît qu'il serait impérieux de bien concevoir des projets de production carcérale avant leur mise en œuvre, en tenant compte des spécificités de chaque région pénitentiaire à plusieurs niveaux : environnement (climat et sol), calendrier agricole, agenda culinaire (habitudes alimentaires), facteur culturel (la relation au travail de la population carcérale), filières d'obtention des semences et intrants agricoles, marché pour l'écoulement de la surproduction, stockage de la production agricole, etc.

En outre, les responsables des établissements pénitentiaires devraient au début et à la fin du processus de production carcérale, être encadrés par des mécanismes de contrôle public a priori et a posteriori, et parallèlement, être soumis à une obligation de résultat par la signature d'un contrat de performance axé sur la réalisation d'une feuille de route. Dans cette optique, la nature humaine s'accommodant bien tant de la contrainte que du laisser-aller, aucun agent-acteur du programme ne pourrait plus faire ce qu'il peut ou se contenter de donner le service minimum dû, au risque d'être sanctionné.

En effet, convenons-en que la mise en œuvre des feuilles de route lors de la nomination et l'installation des responsables des établissements pénitentiaires revêt ici toute son opportunité et son importance. Car, étant entendu que dans l'état actuel de la situation décrite, ni la promotion, ni la distinction professionnelle et encore moins certains éléments de la rémunération mensuelle des personnels pénitentiaires ne dépendent des résultats engrangés sur le plan de la production carcérale. Seule l'implication directe de la responsabilité personnelle et collective de ceux-ci pourrait replacer sur orbite la production carcérale et inscrire l'A.P. sur des perspectives nouvelles, plus dynamiques et plus crédibles. Cette dernière innovation sauverait les ressources issues du travail carcéral, afin qu'elles ne servent pas soit à soutenir la ration pénitentiaire au profit du gestionnaire des crédits d'alimentation, soit qu'elles soient distraites purement et simplement à travers divers subterfuges régulièrement montés, tirant profit des vides juridiques décelables dans la législation et la réglementation régissant la gestion des finances publiques et des biens publics.

En somme, c'est un secret de Polichinelle de soutenir que le volume de la production carcérale, en termes de recettes déclarées et versées au Trésor public, serait largement en deçà de la réalité, du fait de l'absence de contrôle public rigoureux des activités de production carcérale. Le travail carcéral est mal organisé, la main-d'œuvre faiblement utilisée et le personnel d'encadrement peu motivé. La conjugaison de tous ces facteurs devrait logiquement conduire à ce maigre résultat. Il est même à craindre que la courbe des recettes versées au Trésor public continue de s'affaisser, si le ministère de la Justice n'élabore et ne met en œuvre une politique agricole rigoureuse, cohérente et incitative en milieu carcéral camerounais, soutenue par des techniques rigoureuses de gestion des ressources financières, humaines et matérielles et un dispositif d'accompagnement technique cohérent.

Pourtant, d'énormes et importantes possibilités existent qui peuvent donner une nouvelle impulsion au travail carcéral en réalisant des chiffres records en matière de production, afin que les personnels pénitentiaires et les détenus participent à l'amélioration de l'autosuffisance alimentaire d'une part, et à l'effort national de développement économique d'autre part. De toute évidence, il importe de savoir que l'agriculture permet non seulement de nourrir le ventre, mais également de garnir ou d'alourdir les poches, c'est selon. Il s'agit de faire en somme, « *l'agrobusiness* ». Il y a bien longtemps, cette réalité a été comprise et prise en compte ailleurs au travers de projets de développement économique. Hélas ! Ici, le pied est encore lourd. Pour combien de temps encore ?

Admettons, un tant soit peu, que le travail carcéral sorte des sentiers battus qui plombent ses ailes depuis des décennies, consistant essentiellement à l'orienter vers la cession de la main-d'œuvre pénale au profit des particuliers d'une part et, marginalement aux activités de jardinage d'autre part, en le faisant entrer dans une nouvelle ère, caractérisée par la culture intensive des produits agropastoraux et artisanaux, destinés à la consommation locale et les excédents à la vente.

Il va de soi que les établissements pénitentiaires pourraient réaliser des performances impressionnantes, en termes d'amélioration de la quantité et de la qualité de la ration alimentaire servie aux détenus par le contribuable camerounais. Cette performance recherchée sera, non sans incidence, sur la santé physique des personnes privées de liberté en établissement pénitentiaire d'une part et sur la rentabilisation réciproque du temps passé en détention d'autre part, ainsi que sur la valorisation de l'image des personnels pénitentiaires vis-à-vis du délinquant et du criminel en particulier et de la société de manière générale.

Nous vous convions à présent à examiner le tableau suivant. Il essaye de mettre en perspectives, à partir des données recueillies entre 2005 et 2010, le volume des recettes que l'A.P pourrait verser au Trésor public, le volume du pécule qu'elle pourrait verser aux détenus et les primes de rendement qu'elle serait en droit d'allouer à ses personnels des services centraux et déconcentrés, tous cadres et grades confondus, comme il est de règles pour tous les corps de la Fonction publique de l'État qui génèrent des recettes à la faveur du Trésor public.

Tableau 8 : Simulations des possibilités de multiplication de la production carcérale au Cameroun, si une politique agropastorale adéquate et incitative était mise en œuvre, et proposition de répartition des dividendes.

Factorisation des recettes de 2005 **Soit** **20.459.322 F.CFA**	**Trésor public** *1/3 soit*	**Pécule** *1/3 soit*	**Administration pénitentiaire** *1/3 soit*	**Total** *3/3 soit*
par 10	68.197.740	68.197.740	68.197.740	**204.593.220**
par 30	204.593.220	204.593.220	204.593.220	**613.779.660**
par 50	340.988.700	340.988.700	340.988.700	**1.022.966.100**
par 100	681.977.400	681.977.400	681.977.400	**2.045.932.200**
par 200	1.363.954.800	1.363.954.800	1.363.954.800	**4.091.864.400**
par 500	3.409.887.000	3.409.887.000	3.409.887.000	**10.229.661.000**

Source : l'auteur.

Commentaire : Sur la base des éléments recueillis sur le terrain lors des cinq dernières années, ce tableau se soucie de mettre en relief suivant la logique des rendements d'échelle croissants, expérimentée en science économique, que la production carcérale pourrait être renforcée au Cameroun à des proportions impressionnantes, si les facteurs de production étaient mobilisés et si une politique publique cohérente et incitative était définie et appliquée pour permettre d'atteindre les résultats escomptés au bout de cinq, dix, vingt, voire cinquante années d'efforts collectifs.

Les diagrammes ci-après montrent les simulations possibles de répartition aux différents acteurs des dividendes générées par la production carcérale au Cameroun au cours d'une année carcérale.

Figure 6 : Proposition de répartition annuelle aux trois acteurs participant à la production carcérale au Cameroun du 1/3 (soit 33.33 %) de la production annuelle pouvant leur revenir.

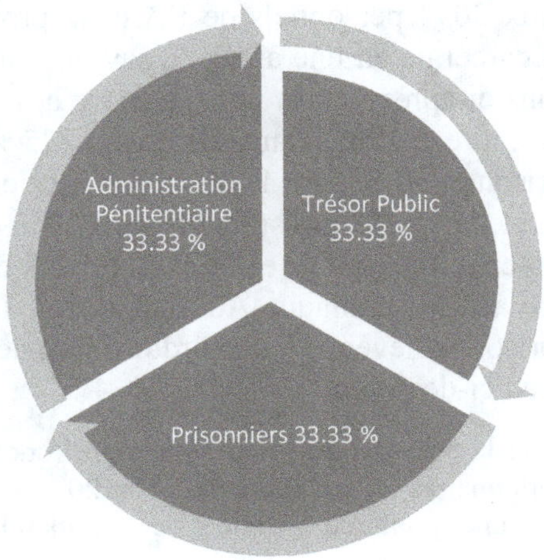

Source : l'auteur.

Figure 7 : Proposition de répartition annuelle équitable des 100 % de la production carcérale au Cameroun générée par les trois acteurs y participant (Trésor public, Administration pénitentiaire et prisonniers corvéables).

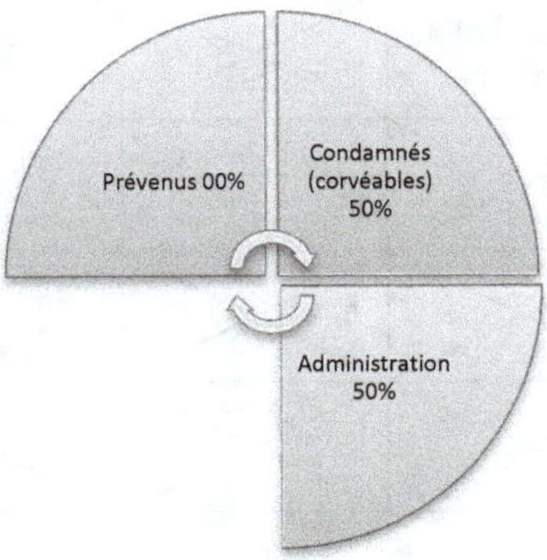

Source : l'auteur.

En effet, sur une base arithmétique correspondant à une recette annuelle de 10.229.661.000 (dix milliards deux cent vingt-neuf millions six cent soixante et un mille) F.CFA, s'il revenait équitablement et respectivement au Trésor public, aux personnels de l'A.P. et aux détenus corvéables le somme de 3.409.887.000 (trois milliards quatre cent neuf millions huit cent quatre-vingt-sept mille) F.CFA, correspondant au tiers de la production annuelle, alors les primes annuelles versées auxdits acteurs se présenteraient comme suit :

Hypothèse n°1 : Administration pénitentiaire

Si l'on divisait aux 3034 personnels de l'A.P. la provision résultant du 1/3 de la production carcérale en une année, à savoir 3.409.887.000 F.CFA, suivant les proportions ci-après : 10 % pour le cadre des Administrateurs de prison ; 15 % pour le cadre des Intendants de prison ; 25 % pour le cadre des Gardiens-chefs de prison et 50 % pour le cadre des gardiens de prison ;et sur l'effectif total[240] actuel de 91 Administrateurs de prison, 264 Intendants de prison, 602 Gardiens-chefs de prison et 2077 Gardiens de prison, la prime annuelle pouvant être allouée à chaque Administrateur, Intendant, Gardien-chef et Gardien de prison s'élèverait à une ardoise non négligeable telle que simulée dans le tableau ci-dessous.

Tableau 9 : Montant de la prime annuelle en numéraire (quote-part) pouvant être allouée aux 3034 fonctionnaires de l'A.P. recensés en 2014 au Cameroun, dans le cadre de la réussite d'une politique pérenne de stimulation de la production carcérale.

Le 1/3 de la recette annuelle divisée aux P.P / Effectif par cadre	Administrateur de prison	Intendant de prison	Gardien-chef de prison	Gardien de prison
	08%	13%	22%	57%
91	2.997.702 F.CFA /APs			
264		1.679.111 F.CFA /IPs		
602			1.246.138 F.CFA /GCPs	
2077				935.789 F.CFA /GPs

Source : l'auteur.

- P.P : Personnels pénitentiaires ; -APs : Administrateur de prison ; -IPs : Intendant de prison ; -GCPs : Gardien-chef de prison ; -GPs : Gardien de prison ; - / : par.

[240]Statistiques récoltées en juin 2013 à la DAPEN/SDPAP.

Hypothèse n°2 : détenus corvéables

Si l'on divisait aux détenus corvéables la provision résultant du 1/3 de la production carcérale en une année, à savoir 3.409.887.000F.CFA, et sur l'effectif total[241] actuel de 23.000 détenus dont environ 8000 corvéables[242], la prime annuelle pouvant être allouée à chaque détenu corvéable s'élèverait à une ardoise non négligeable telle que simulée dans l'encadré ci-dessous.

Encadré 4 : Rémunération financière pouvant être versée à chaque détenu corvéable.

- Montant de la provision : 3.409.887.000F.CFA/an ;
- Nombre de détenus corvéables : env. 8000 ;
- 3.409.887.000F.CFA : 8000 corvéables = 426.235 F.CFA/an soit à peu près 35.519 F.CFA/mois/ corvéable.

Source : l'auteur.

À partir des indices de productivité ci-dessus, il est logique d'envisager un futur radieux pour l'A.P. camerounaise, si et seulement si la volonté politique est organisée et les moyens divers requis mobilisés. La gestion desdits moyens et la mise en œuvre de cette politique doivent reposer sur un socle organisationnel rigoureux. En somme, il est question de mobiliser toutes les compétences et toutes les ressources afin d'adapter le cadre normatif, les infrastructures, les structures, les moyens humains, financiers et matériels à la réalité des missions qui sont dévolues à l'Administration pénitentiaire camerounaise. Car, il s'agit pour les pouvoirs publics de creuser un sillon qui produira des effets à court terme et pendant des siècles au profit de toute la communauté pénitentiaire. Ainsi se présente à notre modeste intelligence la voie de notre salut. Alors, pénitentiaires d'ici et d'ailleurs, labourons et moissonnons avec nos pensionnaires, somme toute c'est dans cette besogne que nous trouverons notre trésor.

En somme, s'agissant de la répartition aux producteurs des dividendes découlant du travail carcéral, il importe de relever que la fameuse « loi d'airain »[243] dont faisait l'écho Robert Badinter dans un contexte peu ou

[241]Statistiques récoltées en juin 2013 à la DAPEN/SDPAP.

[242]Les statistiques renseignent que près de 60% de personnes détenues au Cameroun sont en détention provisoire. Ainsi sur 23.000 personnes détenues enregistrées en 2010 dans l'ensemble des centres pénitentiaires, on se retrouverait sensiblement avec environ 8000 corvéables (personnes détenues valides et volontaires au travail rémunéré, surveillé ou libre).

[243]La prison ne doit en aucun cas se départir de l'idée de punition. Ainsi, toute société démocratique doit éviter de « *porter le niveau de la prison au-dessus du niveau de vie du travailleur le moins bien payé de cette société* ». R. Badinter, Déclaration devant la commission d'enquête parlementaire de l'Assemblée nationale, in *La France face à ses prisons*, sous la présidence de Louis Mermaz, Les documents d'information de l'Assemblée

prou similaire, doit bel et bien être tenue en compte, tant en ce qui concerne les détenus que les personnels pénitentiaires auxquels par cynique extrapolation, la "fameuse" loi s'applique le plus souvent, fort malheureusement. En effet, s'agissant des détenus corvéables d'une part, le pécule mensuel qui pourrait leur être alloué est et devrait rester en deçà du SMIG[244], afin d'éviter de donner l'impression que les pouvoirs publics encouragent et font l'éloge de la déviance. La prison est et demeure un lieu de privation ou de restriction des nombreuses libertés dont ils jouissaient pleinement dans la société. Telle est sa vocation historique qu'elle tend, bon gré mal gré, à perpétuer de siècle en siècle. La main-d'œuvre carcérale au Cameroun comme ailleurs est bon marché, doit l'être et le demeurer. La décision[245] n° 4355 du 14 septembre 1951 fixant le taux de cession de la main-d'œuvre pénale dans les régions, signé par délégation de M. Jourdain, le S.G du Cameroun pour le Haut-commissaire, ne trahira pas cet esprit, au regard de toutes les modifications qu'elle a connues jusqu'à date. En son article premier, il est énoncé ce qui suit : « À compter du 1er octobre 1951, le taux de la journée de cession de la main-d'œuvre pénale sera calculé dans chaque région sur la base du salaire minimum d'un manœuvre, augmenté de 1/10e pour frais d'encadrement. Ces taux seront augmentés de 50% en ce qui concerne le travail de nuit ».

D'autre part, en ce qui concerne les personnels pénitentiaires, les quotes-parts qu'ils pourraient percevoir ne devraient pas conduire à penser qu'ils bénéficient d'un surtraitement par rapport aux autres fonctionnaires. Bien au contraire, celles-ci s'inscrivent dans la logique gouvernementale de susciter l'émulation des acteurs-producteurs afin de stimuler la croissance recherchée dans un domaine d'activités. Les quotes-parts allouées aux personnels pénitentiaires et dérivées de la production carcérale ont la même symbolique que les émoluments judiciaires, les primes de rendement versées aux personnels des régies financières (impôts, douanes, trésor, etc.) et des formations sanitaires publiques, etc. La décision du 14 septembre 1951 avait sagement prévu l'incorporation dans la facturation de la cession de la main-d'œuvre carcérale, les frais d'encadrement, sous-entendus ici frais d'escorte et de surveillance pendant les travaux effectués par le détenu. Ces frais étaient non incorporés au salaire et revenaient au personnel pénitentiaire ayant assuré sa tâche.

Il nous apparaît plus clairement maintenant à l'esprit que la place, le rôle et l'importance que les décideurs accordent au travail pénitentiaire

---

nationale, n° 2521, 2000, p.185. Dans le même sillage, Georg Rusche et Otto Kirchheimer ont explicité plus longuement ce concept de « less eligibility ».

244 Au Cameroun, il est de 36 270 FCFA, suivant le décret n°2014/2217/PM du 24 juillet 2014 portant revalorisation du salaire minimum interprofessionnel garanti (SMIG).

245 Journal officiel du Cameroun, 1951, P.1415.

constituent l'un des critères saillants, permettant à un système pénitentiaire d'être en position de rayonnement national, régional, sous-régional ou continental, voire mondial. Les acteurs du maillon pénitentiaire, à travers la pluralité des champs d'intervention qui à la fois les distinguent les uns des autres et les rendent complémentaires, sont les maîtres d'œuvre des activités de préparation des prisonniers à la réinsertion sociale.

Dans cette logique, le travail pénitentiaire se présente comme une soupape axiale favorisant la meilleure exécution de la peine d'emprisonnement au profit de toutes les parties en présence. Celui-ci, outre les attributs que nous lui avons trouvés en milieu carcéral, permet de combattre l'ennui et l'envie, bref de rendre les détenus utiles à eux-mêmes et à la société, au propre comme au figuré. À la suite de Luc Ferry, recourons dans la perspective où nous sommes placés, au fragment131 des *Pensées* de Pascal, pour démontrer encore, ce que le travail carcéral peut contribuer à combattre, chez le détenu : «l'Ennui. Rien n'est si insupportable à l'homme que d'être dans un plein repos, sans passion, sans affaire, sans divertissement, sans application. Il sent alors son néant, son abandon, son insuffisance, sa dépendance, son impuissance, son vide»[246].

Au total, il nous apparaît sans conteste que les mallettes de l'A.P. camerounaise sont emplies de ressources réelles et virtuelles de toutes sortes, qui n'attendent que d'être identifiées, organisées et capitalisées au profit des détenus, des personnels pénitentiaires et de la communauté nationale, en vue de générer la *plus-value* attendue. Les recrutements actuels au sein du corps des fonctionnaires de l'Administration pénitentiaire d'ingénieurs d'agriculture d'une part ; et des médecins vétérinaires conjugués à la disponibilité des techniciens supérieurs et moyens d'agriculture et d'élevage et dont le nombre nécessite d'ailleurs d'être porté à la hausse d'autre part, ont pour but de couvrir équitablement l'ensemble du territoire et d'exploiter toutes les opportunités agropastorales qu'offre, à en croire les spécialistes en la matière, notre riche et diversifiée agro écologie.

C'est donc dire qu'il est inutile pour les fonctionnaires de l'A.P. camerounaise de se trouver dans des situations administratives du genre : ''Dieu sait où en train de faire Dieu sait quoi''. Autrement dit, l'A.P. camerounaise regorge d'un important potentiel intellectuel, technique et économique dont la mise en valeur doit nécessairement empêcher ses personnels de succomber par dépit à la « tentation d'aller voir ailleurs »[247]- qui commence à les hanter avec inquiétude - dans cette quête effrénée

---

[246] Luc Ferry, in *Qu'est-ce qu'une vie réussie ? (Essai)*, Paris, éditions Grasset & Fasquelle, p.25, 2002.

[247]En l'absence de statistiques, contentons-nous de relever que le nombre de personnels pénitentiaires tentés par l'exode des cerveaux et des bras est sans cesse croissant d'une année à l'autre, à tous les niveaux de la hiérarchie des grades.

d'amélioration du bien-être quotidien. Cet exode des cerveaux et des bras observables dans l'A.P camerounaise et résultant de la non-prise en compte, à l'interne comme à l'externe, des possibilités dont elle regorge, nous convie à faire recours à cet aphorisme resté célèbre du journaliste américain, Russel H. Conwell : « Vos diamants ne sont pas dans de lointaines montagnes ni au fond des mers ; ils sont dans votre propre cour, mais vous devez creuser pour les y trouver», dont la substance est contée par Sarah Ban Breathnach[248].

« Peu d'exposés destinés à motiver les gens ont influencé ou inspiré plus de personnes que la célèbre conférence intitulée *Des hectares de diamants.* Russel H. Conwell, ancien journaliste et ministre, prononça son discours plus de six mille fois entre 1877 et 1925. Quand il fut publié, l'exposé devint immédiatement un best-seller et un classique de la littérature d'inspiration. L'histoire présentée par Conwell dans son discours exerça un attrait énorme. Elle racontait la vie d'un fermier persan du nom de Ali Hafed, qui vendit sa ferme et quitta sa famille pour parcourir le monde à la recherche de la richesse ».

Fustigeant le déficit de persévérance et de vision de Ali Hafed, Russel H. Conwell poursuit : « Il chercha partout les diamants tant convoités, mais en vain. Finalement, seul, sans abri, miséreux et en proie au désespoir, il mit fin à ses jours. Sa quête de la richesse avait eu raison de lui. Entre temps, l'homme qui avait acheté sa terre était reconnaissant pour chaque brin d'herbe qui lui appartenait maintenant et prodiguait à sa ferme amour et travail acharné. Le soir, entouré des siens, il mangeait les fruits de son labeur et était un homme heureux ».

Et saluant la clairvoyance et la ténacité de l'acquéreur de la ferme d'Ali Hafed, le narrateur écrit : « Puis un beau jour, il fit une découverte remarquable. Dans l'arrière-cour abandonnée par Ali Hafed se trouvait une mine de diamant : il y avait là un hectare de diamants. Le petit fermier était devenu riche comme il ne l'aurait jamais souhaité dans ses rêves les plus fous! » En fait, précise Sarah Ban Breathnach « Conwell se servait de cette parabole pour illustrer un message extraordinaire : en chacun de nous se trouvent une source d'abondance et des semences aux possibilités infinies. En chacun de nous se trouve un rêve intime qui attend d'être découvert et réalisé. Si nous chérissons notre rêve, puis investissons en nous-mêmes amour, énergie créatrice, persévérance et enthousiasme, nous atteindrons un succès véritable ».

À la lumière de ce mythe, des similitudes avec diverses situations vécues ou observées par les uns et les autres dans l'Administration pénitentiaire camerounaise sont multiples et éclairantes. Il y a donc lieu de se réjouir de ce

---

[248]Sarah Ban Breathnach, in *L'abondance dans la simplicité. (La gratitude au fil des jours)*, Montréal, éditions du Roseau, 1999, p. 49.

mythe qui résonne comme une invite à la prise de conscience du potentiel polymorphe existant et demandant d'être valorisé, car il est susceptible de permettre de façon durable la construction d'une meilleure qualité de vie au travail au sein de l'A.P. camerounaise.

Cette meilleure qualité de vie au travail étant susceptible de transformer en excursion saisonnière motivée par la curiosité culturelle et le développement intellectuel ou académique, l'exode motivé par l'économique, à laquelle ne résiste pas de nos jours le personnel de ce corps de métier tous grades et toutes fonctions confondues. De toute évidence, le travail carcéral épanouit la personne détenue et le personnel pénitentiaire. Il valorise la communauté pénitentiaire dans son ensemble et peut donner lieu à la constitution permanente d'une matière de première main, propice à une communication attrayante et productive dans le milieu carcéral camerounais. Voyons en quoi elle se réfère en l'état actuel.

CHAPITRE V

DES COMMUNICATIONS DE LA PERSONNE DÉTENUE AVEC LE MONDE EXTÉRIEUR TEL QUE PRÉVU PAR LE CPP

« Une vision qui ne s'accompagne pas d'une action c'est du temps perdu.
Une action qui ne découle pas d'une vision c'est du temps perdu.
Une vision suivie d'action peut changer le monde ».

Nelson Mandela

Comparativement au Code d'instruction criminelle, le Code de procédure pénale a mieux protégé la communication de la personne détenue avec le monde extérieur. La modernisation dont est porteur en la matière ledit code s'inscrit dans l'axe du champ des droits reconnus aux personnes privées de liberté en établissement pénitentiaire, lesquels sont en passe de devenir sacrés. Car, ici comme ailleurs, la détention carcérale (quelle que soit la forme qu'elle revêt : mesure préventive ou sentence) se manifeste concrètement par la privation de liberté. Cette dernière, tout en supprimant la possibilité d'aller et venir au délinquant ou au criminel, restreint par voie de conséquence, la jouissance de certains autres droits reconnus à ces derniers. Le souci du CPP est de protéger le droit à la communication de la personne détenue ; cela met en évidence la nécessité de l'exercice et de la jouissance dudit droit, tant pour l'individu que pour la société tout entière. La seule exigence légale[249] à l'exercice du droit à la communication opposable à la personne détenue étant, dans sa forme orale comme écrite, que le membre du personnel pénitentiaire chargé d'en assurer la supervision maîtrise la langue de communication utilisée.

En effet, la communication est au cœur de toute sociabilité[250]. Elle soutient et anime la vie. Grâce à la communication, l'homme opère son ancrage dans son groupe social d'appartenance, acquiert le sentiment de

---

[249] Et quand bien même le membre du personnel pénitentiaire ne maîtriserait pas la langue parlée par le détenu, la loi lui fait obligation de s'attacher les services d'un traducteur ou d'un interprète. Il ne doit en aucun cas priver le détenu de son droit à la communication.

[250]Sean Mac Bride (sous la direction de), in *Voix multiples, un seul monde. Communication et société aujourd'hui et demain.* Documentation française, Nouvelles éditions africaines, UNESCO, 1980. Lire spécialement l'avant-propos d'Amadou Mathar M'bow et le chapitre 2 (pp.17-41)

sécurité en développant le *Self Esteem* (confiance de soi), tout en gagnant le *Community Esteem* (confiance de groupe/communauté). En clair, la communication permet à l'homme de combattre l'angoisse et la peur qui peuvent par moment s'emparer de lui et qui sont engendrées par le silence qui est l'absence de communication.

D'un point de vue psychosociologique, il est démontré que l'homme est un sujet habité naturellement par l'instinct grégaire, qui est la matrice sur laquelle s'élaborent les mécanismes psychiques de socialisation, se traduisant par l'acquisition des valeurs essentielles à la vie communautaire. Au nombre de celles-ci, figure en première place : la recherche du « bien commun »[251].

D'évidence, le vocable communication semble être l'une des notions les plus utilisée partout et par tous, à tort et à travers, comme le font observer le trio constitué de Jean-Pierre Hogue, D. Lévesque et E. M. Morin, au point où il est nécessaire à chaque fois qu'on s'en sert, de s'efforcer de préciser ses contours pour échapper à son utilisation vulgaire. « La communication, terme utilisé à toutes les sauces et dont la signification est un peu galvaudée, devient le remède aux maux du couple, aux relations supérieurs / subordonnés »[252], dénoncent-ils.

Jacques Durand, dans une perspective en totale symbiose avec la phraséologie qui précède, souligne que « tout le monde aujourd'hui parle de « communication ». Les linguistes et les sémiologues, les psychologues et les psychothérapeutes, les publicitaires et les informaticiens. Mais il n'est pas certain qu'elle ait pour tous le même sens ». En effet, Ferdinand Chindji-Kouleu souligne magistralement : le mot *communication*

Est apparu au XIVe siècle et signifiait alors le fait de participer, mettre en commun, être en relation. On est très proche du sens latin communicare. Au XVIe siècle, ce mot subit une évolution sémantique et commence à prendre le sens qu'il a conservé de nos jours, à savoir : partager, faire partager une nouvelle. Et par la suite, le mot a commencé à signifier « transmettre ». Voilà pourquoi Edwin Emery P.H., Ault et W.K. Agee soutiennent que « la communication est l'art de transmettre l'information, les idées et les attitudes d'une personne à une autre[253].

[251] Pour appréhender amplement la notion du Bien commun, lire : Jules Marcel Mandeng Nyobè, in *Economie et entreprenariat social. De nouveaux repères*, L'Harmattan, Paris, février 2009, pp.100 à 180.

[252]J.P. Hogue, D. Lévesque et E.M. Morin, in *Groupe, pouvoir et communication*, Québec, Presses de l'université du Québec, p.110.

[253]Ferdinand Chindji-Kouleu, ibidem, pp. 107-108.

Poursuivant son analyse, il explique magistralement que :

Pour communiquer, il faut avoir un message à faire passer. Un monologue n'est pas une communication. Et comment communique-t-on ? » Pour communiquer avec un autre individu, chacun d'entre nous envoie un message à l'aide de l'un ou plusieurs de ses cinq sens : la vue, l'ouïe, le toucher, le goût ou l'odorat ». Yves Winkin est donc bien fondé d'écrire : « la communication est donc pour certains auteurs un processus social permanent, intégrant de multiples modes de comportement : la parole, le geste, le regard, la mimique, l'espace interindividuel, etc.[254].

Cet universitaire conclut avec force et élégance qu'« Il ne s'agit pas de faire une opposition entre la communication verbale et la communication non verbale : la communication est un tout intégré ». (...) Sans échange de messages, il n'y a point de communication. Tout au plus parlera-t-on d'information »[255].

Partant de ces considérations, retenons que l'homme est un être social, un être relationnel. Il naît, grandit et s'épanouit dans la société qui lui transmet ses règles et ses valeurs, en un mot sa culture. En substance, l'homme est en interaction quasi permanente avec sa famille, son groupe social, constitué d'individus dont il dépend et inversement. Dès lors, il s'ensuit que la qualité de l'interaction que l'homme a avec sa famille et son groupe social, davantage lorsqu'il est privé de liberté en établissement pénitentiaire, joue un rôle déterminant pour le maintien de son équilibre psychoaffectif.

Car, la mesure et la peine privative de liberté en établissement pénitentiaire n'ont pas pour but de provoquer la mort physique ou psychologique de la personne qui en est l'objet, mais elles visent plutôt à susciter la prise de conscience chez celle-ci du mal qu'elle a commis ou dont elle est accusée, afin de protéger la société et de réduire les risques de récidive. En effet, la peine d'emprisonnement en ce qui la concerne ambitionne de parvenir à la conversion du prisonnier, et moult facteurs y contribuent, en l'occurrence la communication. Tel se présente l'enjeu des problèmes résolus ou à résoudre par le respect du droit à la communication avec le monde *extra muros* des personnes vivant *intra-muros*. « Les détenus doivent être tenus régulièrement au courant des évènements les plus importants, soit par la lecture des journaux quotidiens, de périodiques ou de publications pénitentiaires spéciales, soit par des émissions radiophoniques, des conférences ou tout autre moyen analogue, autorisés ou contrôlés par l'administration »[256].

---

[254]Idem.
[255] Idem.
[256]Article 39 de l'Ensemble des règles minima pour le traitement des détenus. Ce texte a été approuvé par le Conseil économique et social des Nations Unies en 1957 et fait office au

En fait, si dans la société libre cet équilibre est nécessaire au citoyen pour s'engager dans des activités productrices, il demeure indispensable en détention, pour que celui-ci ait la force morale nécessaire favorisant son adhésion à un programme qui lui offre de nouvelles perspectives d'avenir, tout en l'aidant à surmonter les effets néfastes de l'emprisonnement. Sans aucun doute, sensibilisé aux effets néfastes de l'emprisonnement de son vivant, Mongo Beti, avec le sens de la formule qu'on lui connaît, souligne qu'« il faut avoir été là-dedans, même un jour, pour imaginer la solitude du détenu, brutalement séparé de tout ce qui lui était familier, et confronté aux quatre murs crasseux et malodorants d'une cellule, sans compter la gueule de cauchemar des flics tortionnaires même quand ils ne te torturent pas encore. De l'extérieur, on n'imagine pas (...) »[257].

En réalité, il est difficile de traiter de la notion de communication[258] sans la rattacher à celle d'information qui lui est consubstantielle. En fait, la communication est une notion très vaste qui ne peut être analysée totalement dans le cadre de ce chapitre qui n'aborde que quelques-uns de ses aspects élémentaires, et même profanes aux yeux des spécialistes. Relativement à ce chapitre, nous nous intéresserons exclusivement au processus d'échange d'informations, d'idées et de messages entre le ou les individus qui vivent en détention carcérale et celui/ceux vivant dans la société libre. Le processus d'échange d'informations entre la société carcérale et la société libre prend le plus souvent diverses formes.

Celles-ci peuvent logiquement être présentées de la manière ci-après :

1- la communication verbale : (conversation en face à face), elle se déroule au parloir de la prison et met en relation communicante la personne détenue et son/ses visiteur/s. Elle intègre également la réception d'aliments et colis contenant des objets divers autorisés par l'A.P. ;

2- la communication épistolaire (courrier) : elle porte sur l'échange entre la personne détenue et son/ses correspondant/s extérieurs autorisés ;

3- la communication par le canal d'un médium (téléphone portable ou fixe) : elle utilise un instrument technologique qui met en relation communicante le détenu et son/ses correspondant/s extérieurs ;

4- la communication médiatisée (journaux, radiodiffusion, télévision, affichage et publication d'ouvrage) : elle utilise les médias de masse et met en relation communicante la personne détenue avec la communauté sociale à grande échelle ;

---

niveau planétaire de pierre angulaire au plan normatif du service public pénitentiaire. Il sert de référence aux États membres signataires, dont le Cameroun.

[257]Mongo Beti, in *Trop de soleil tue l'amour (roman)*, Préface d'Odile Tobner, Terres solidaires, Tunis, 2011, p. 211.

[258] Pierre Albert, in *Les médias dans le monde*, Paris, ellipses, 1994, Pp. 7-16.

5- la communication télématique (emails, appel audio/vidéo, post) : à travers elle, la personne détenue peut faire usage de son ordinateur ou de son téléphone androïde connectés à Internet pour obtenir ou donner des informations, ou même passer des messages à un individu ou groupe d'individus.

Il serait judicieux en l'espèce de souligner que la vue de la personne détenue en soi et la visite d'une prison par les personnes non habituées se présentent le plus souvent comme un évènement inédit. Et même pour le journaliste, c'est souvent une information pouvant devenir « information-spectacle »[259], si tant est que le détenu aperçu ou approché fût jadis ou est une haute personnalité, a été récemment un acteur social de premier plan, ou bien est l'auteur d'un acte d'une barbarie extrême ayant plongé la communauté dans la plus grande des stupeurs.

À l'inverse de la personne détenue qui, en elle-même, fait l'information et est habituellement médiaphile; le personnel pénitentiaire entretient généralement une relation froide à l'égard des organes d'information et de communication de masse. L'*Omerta* qui a longtemps régné en milieu carcéral a contribué à faire prospérer à propos de ce secteur d'activités des représentations stigmatisantes[260] en provenance de l'opinion publique. Les travaux d'Élodie Béthoux[261]ainsi que ceux de Pascal Décarpes[262]nous éclairent sur le silence carcéral en France en particulier et ses effets sur l'opinion.

---

[259]Alain Minc in *Le média-choc*, Paris, éditions Grasset & Fasquelle, 1993, pp.119 et suiv. Il fait recours à Jean Baudrillard, in *La guerre du Golfe n'a pas eu lieu*, Paris, Galilée, 1991. Ce philosophe pense que : « *l'information n'est jamais qu'un missile erratique, à destination floue, qui cherche sa proie, mais se prend à tous les leurres- elle est elle-même un leurre ; en fait, elle arrose les alentours et le résultat n'est pas ciblé : elle ne sait pas où elle touche et peut-être n'a-t-elle pas pour mission de toucher, mais, comme le missile, elle a pour mission essentielle d'être lancée. Les seules images impressionnantes en fait de missiles, de fusées, de satellites sont celles du lancement* ».

[260]Christian Abolo Mbita, « Les médias et la construction de l'opinion publique », Cahier africain des droits de l'homme n° 05, p.23, 2000.

[261]Élodie Béthoux, spécialiste de la sociologie carcérale, étudie de manière prodigieuse l'impact de la politique d'ouverture du milieu carcéral instituée en 1987 en France. cf. Michel Gabriel Ngoo-Djob Litet, in Le traitement de l'information carcérale dans la presse quotidienne camerounaise, de janvier 2003 à décembre 2004. (Le cas de *Cameroon tribune*, *Le messager* et *Mutations*). Mémoire ESSTIC, université de Yaoundé II-Soa, division II, filière journalisme, juillet 2006, sous la direction du Pr Michel Tjadé Eonè.

[262]Pascal Décarpes met en exergue dans son mémoire de DEA en science politique soutenu en 2001, puis dans un article publié en 2004, l'univers carcéral dans ses relations complexes avec les médias. Il déplore et critique le déficit communicationnel qui caractérise les prisons. Il attribue la résurgence des représentations stigmatisantes de l'opinion publique à l'égard du milieu carcéral à ce déficit. Ses réflexions aboutissent logiquement à la nécessité de médiatiser le fonctionnement de l'institution carcérale en vue de contribuer à soigner la mauvaise image sociale qu'elle véhicule. cf. Michel Gabriel Ngoo-Djob Litet, op. cit.

En substance, ces deux chercheurs ont démontré que nombres d'idées et pensées surréalistes construites autour de l'objet prison sont à ranger dans le registre de ce que Vladimir Volkoff appelle la désinformation, c'est-à-dire « une technique permettant de fournir à des tiers des informations générales erronées les conduisant à commettre des actes collectifs ou à diffuser des jugements souhaités par les désinformateurs »[263]. En effet, le « maître du vrai et du faux »[264], relève dans son essai « le mot désinformation est mal fait. Le préfixe de, dé-, des-, dés- indique en français « l'éloignement, la séparation, la privation » (Robert) et non pas la tromperie. On « déshabille », on « désencrasse », on « désorganise », c'est-à-dire qu'on élimine les habits, la crasse, l'organisation. Or, « désinformer » ne signifie pas « priver d'information », mais « fournir une information falsifiée ». Au terme de son exercice d'explication, il affirme qu'« il aurait mieux valu parler de mésinformation comme dans « mésestime », « mésalliance », « mésintelligence » ou de dysinformation comme dans « dyslexie » ou « dyspepsie ». Hélas, le mot désinformation est passé dans la langue et il serait vain d'essayer d'y rien changer ». Après avoir démontré qu'elle n'est ni la propagande ni la publicité ni l'intoxication, il conclut plutôt élégamment que « la désinformation est une manipulation de l'opinion publique, à des fins politiques, avec une information traitée par des moyens détournés »[265]. L'A.P. comme la personne détenue, ici et ailleurs, souffrent du déficit de communication et de la désinformation qui étranglent leur milieu. Et, la durée de leurs souffrances ne présage pas d'une fin imminente, au regard de la volonté politique frileuse observable en cette matière.

En fait, il apparaît que certaines personnes détenues d'origines sociales privilégiées ou modestes affectionnent les médias et s'en servent à bon escient soit pour gagner l'opinion à leur cause soit pour exprimer le désir d'affirmation de leur présence ou d'existence qui les habite. Dans ce contexte, le détenu médiaphile devient donc ce qu'Alain Minc appelle, à juste titre, un « étrange « *homo mediaticus* » »[266]. Des exemples frappants abondent dans ce registre, avec la parution des essais politiques commis par certains hauts commis de l'État, en délicatesse avec la loi pénale et, de ce fait, placés en détention carcérale au Cameroun.

Il s'agit en l'espèce de certains ex-membres du gouvernement, tel d'un ancien ministre d'État, secrétaire général de la présidence de la République, dont l'outrecuidance a été stoppée nette alors qu'il s'apprêtait à dédicacer

---

[263] Vladimir Volkoff, in *Petite histoire de la désinformation (Du cheval de Troie à Internet)*, Monaco, éditions Du Rocher, 1999, p.24.

[264] Nous empruntons la formule accrocheuse par laquelle le chroniqueur littéraire de *Valeurs actuelles* dans sa livraison du 13 mars 1999 le nommait.

[265]Ibid, p. 32.

[266]Alain Minc in *Le média-choc*, op. cit. p.121.

son livre[267] dans la salle d'audience du tribunal, où son procès devait se dérouler quelques instants plus tard ; un ancien ministre de la Santé publique qui, après près de dix années de détention carcérale, a finalement cédé au désir de communiquer à travers la publication d'un livre[268] sur sa situation pénale. Bien avant eux, sur un autre registre, l'ancien directeur général de la Caisse nationale de prévoyance sociale, sous la plume du journaliste Paul Pôh Zock, s'ouvrait totalement au magazine *people* international[269] dans lequel sur six pages illustrées, il avait communiqué sur sa vie précarcérale, sur sa situation pénale et sur ses conditions de détention carcérale. De toute évidence, au Cameroun, l'avenir semble radieux au plan communicationnel en milieu carcéral.

Car, il y a bien là un signe annonciateur de ce que dans la prochaine décennie, la littérature camerounaise s'enrichira de nombreuses contributions d'hommes politiques et de hauts cadres administratifs, se trouvant actuellement en détention carcérale dans le cadre de l'opération d'assainissement de la gouvernance financière publique, dont la thématique aura pour objet le fonctionnement de l'appareil judiciaire et de l'A.P. et son pendant qu'est la vie en milieu carcéral. Sur un autre versant, il importe de souligner que le droit du citoyen à la communication fut-il en détention carcérale, est consacré par la loi constitutionnelle du 18 janvier 1996 de la République du Cameroun, en son préambule. L'esprit de celle-ci, a été profondément inspiré par les théoriciens des droits de l'homme, notamment Alan Gewirth, avec qui nous nous montrons solidaires, lorsqu'il expose ce qui suit :

Car les droits de l'homme constituent, dans leur intégralité ou leur majorité, des droits-revendications. (...) Le droit que revendique une personne entraîne le devoir corollaire d'une ou de plusieurs autres personnes d'agir ou de s'abstenir suivant les modalités requises pour que la première personne dispose de ce auquel elle a droit. Les droits de l'homme sont des droits-revendications, non seulement parce que les pouvoirs publics doivent faire appliquer ou protéger nombre d'entre eux (...), mais parce qu'ils portent- et c'est la raison essentielle- sur certains objets ou biens de toute première importance. (...)[270].

---

[267]Jean-Marie Atangana Mebara, *Lettres d'ici et d'ailleurs : dévoilements préliminaires d'une prise de l'épervier au Cameroun*, Paris, L'Harmattan, 2011.

[268]Pr Titus Edjoa, *Méditations de prison (Yaoundé-Cameroun. Échos de mes silences)*, Yaoundé, édition Du Schabel, 2012. Préface d'Odile Tobner.

[269]*Ici Les gens du Cameroun,* « Pierre Désiré Engo : comment je survis en prison (exclusif) ». N° 008 de septembre 2004. Il fait la Une de ce magazine people et l'article illustré de photographies personnelles à lui consacré s'étale de la page 6 à 11.

[270]Alan Gewirth, ibidem, pp.2-3. Il s'agit d'une traduction du livre publié par The University of Chicago Press, Chicago, III, sous le titre : *Human Rights. Essays on Justification and Applications*.

La formule mathématique dont nous gratifie Alan Gewirth pour favoriser la compréhension de son analyse est encore plus saisissante :

L'on comprendra mieux cet aspect des droits de l'homme et ceux qui s'y rattachent en notant que la structure complète d'un droit-revendication est donnée par la formule suivante : ***À possède un droit à X contre B en vertu de Y.*** *Cinq éléments principaux jouent ici : d'abord le titulaire (A) du droit, la personne qui le possède ; deuxièmement, la Nature du droit ; troisièmement, l'objet (X) du droit, ce à quoi il donne droit ; quatrièmement, la personne assujettie (B) au droit, celle ou celles qui ont le devoir correspondant ; cinquièmement, le fondement ou substrat justificatif (Y) du droit. (...) Il sera donc commode de recourir à cette terminologie dans l'analyse des divers éléments des droits de l'homme*[271]*.*

Ainsi, sauf dérogation spéciale légalement motivée par une autorité judiciaire compétente, le droit à la communication de la personne privée de liberté en établissement pénitentiaire doit être respecté, comme il doit l'être de tous les autres droits protégés par les dispositions légales nationales et supranationales.

Les personnes qui sont envoyées en prison perdent le droit de se déplacer librement, mais conservent d'autres droits en tant que personnes humaines. L'un des plus importants de ces droits est celui du contact avec leur famille. (...)Les administrations pénitentiaires doivent faire en sorte que ces relations puissent être maintenues et développées. La fourniture de tous les niveaux de communication avec les membres de la famille proche doit être basée sur ce principe. Il est donc logique que la perte ou la restriction des visites de la famille ne soit pas utilisée comme sanction, quelles que soient les circonstances»[272], soutient Andrew Coyle.

En fait, toute violation du droit à la communication comme de tout autre droit légalement protégé, expose le contrevenant à des poursuites disciplinaire et/ou pénale. Car, cette violation rentre dans le cadre ce que le Premier président de la Cour suprême au Cameroun appelle la torture[273], notion sur laquelle il a produit une réflexion fort intéressante. Pour se prémunir contre ce fléau, les organismes étatiques et ceux de la société civile ont été créés. Ils sont des relais fiables du Conseil des droits de l'Homme des Nations unies, qui leur donnent toute la légitimité et l'autorité nécessaires pour marquer leur présence sur le terrain. Concluons sur ce fait, avec M. Michel Mahouvé, un haut magistrat camerounais que « (...) la Déclaration universelle des droits de l'Homme et les deux Pactes

---

[271]Idem.

[272] Op cit. p. 98.

[273]Alexis Dipanda Mouelle, in *La torture, cette barbarie de l'humanité*, Yaoundé, Saint-Paul, 1998.

internationaux relatifs, l'un aux droits civils et politiques, l'autre aux droits économiques, sociaux et culturels, sont des réalisations phares. Toute l'évolution normative dans le domaine des droits de l'Homme tire sa source de cette Charte internationale des droits de l'Homme (...) »[274].

Pour l'essentiel, il y a donc lieu de souligner ici que la gestion de la communication verbale et de la communication épistolaire, décrite plus haut pose des problèmes de sécurité et de discipline en milieu carcéral camerounais. En fait, même s'il se dégage que ces deux premières formes de communication ont fait jusqu'ici l'objet d'une réglementation presque sans équivoque ; il convient malheureusement d'observer que le respect des prescriptions légales en vigueur en la matière qui les concerne bat de l'aile dans tous les pénitenciers camerounais.

Plus grave encore, observons dans le cadre de leurs applicabilités que les trois dernières formes de communication, à savoir : la communication téléphonique, la communication par le canal d'Internet et celle à travers les médias de masse, soulèvent un débat intéressant du fait de l'absence de codification dans laquelle elles se trouvent en milieu carcéral camerounais s'agissant de leur utilisation. Cette situation alimente un débat qui oppose diamétralement aujourd'hui deux camps : d'une part, les partisans de la thèse selon laquelle ce qui n'est pas expressément interdit par la loi est autorisé et ; d'autre part les adeptes de l'interprétation extensive des dispositions de la loi régissant l'usage des deux premières formes de communication en milieu carcéral camerounais, à savoir : la communication verbale et la communication épistolaire.

La visée de ce chapitre consiste, au regard de tout ce qui précède, à mettre en évidence le fondement et le cadre légal permettant d'assurer, par le truchement de la communication, dans la mesure du possible, le maintien des liens sociaux : familiaux et amicaux, au profit des personnes placées sous mandat de justice en milieu carcéral[275] camerounais, sans toutefois entraver le cours de la justice ni causer une entorse à la discipline pénitentiaire et à la

---

[274]Dr Michel Mahouvé : « Le conseil des droits de l'Homme des Nations unies : ou l'espoir d'une meilleure protection universelle des droits de l'Homme », in *JUSTITIA* n° 001 (magazine d'informations et de débats du ministère de la Justice au Cameroun), déc. 2007, pp. 22-24.

[275]Cette précision n'est nullement superflue à la lumière d'une part de la carte pénitentiaire en vigueur au Cameroun et, davantage au regard d'autre part de la définition technique de ce qu'est un établissement pénitentiaire. Celui-ci se conçoit comme un service public placé sous l'autorité de l'Administration pénitentiaire et dont la mission est d'assurer, conformément à la réglementation en vigueur, la détention des personnes placées sous main de justice et de toutes celles faisant l'objet d'une mesure prise par une autorité compétente. Cette précision établit le distinguo d'avec les cellules existantes dans les services de sécurité et de défense où sont incarcérés les présumés délinquants ou criminels faisant l'objet d'une enquête de police (enquête préliminaire) avant leur déferrement par le PR ou le JI dans une prison territorialement compétente.

sécurité publique. En effet, il est souvent survenu des conflits[276] et des incompréhensions relevant de l'application du droit à la communication en prison opposant habituellement les composantes de la communauté pénitentiaire, à savoir : les responsables des établissements pénitentiaires et les personnes détenues ; leurs amis, les membres de leurs familles ainsi que leurs conseils ; les associations diverses qui ont pignon sur rue en milieu carcéral…

Les situations conflictuelles entre les membres du personnel pénitentiaire, les personnes détenues, leurs familles, amis et conseils, portent généralement sur : l'autorisation de sortie pour convenances familiales, l'accès au parloir et la durée de la communication, l'accueil des visiteurs, l'envoi et la réception des colis et provisions, la réception et l'acheminement des objets et des courriers ainsi que l'usage du téléphone et de l'ordinateur portable et de bureau par les personnes détenues. Examinons ce qu'en dit le CPP.

I. Du droit du prévenu d'avoir des contacts avec les siens et des conditions à remplir

I.1. Que dit la loi ?

CHAPITRE VII
DES VISITES ET DES CORRESPONDANCES

ARTICLE 238 : (1) En cas de détention provisoire, les conjoints, ascendants, descendants, collatéraux, alliés de l'inculpé ont un droit de visite qui s'exerce suivant les horaires fixés par l'administration pénitentiaire, sur avis conforme du procureur de la République.

(2) Un permis permanent de visite peut être délivré aux personnes énumérées ci-dessus par le juge d'Instruction qui peut, à tout moment, le retirer. Il cesse d'être valable à la clôture de l'information.

ARTICLE 241 : (1) Avant d'être mises en contact avec l'inculpé, les personnes visées à l'article 238 peuvent être préalablement soumises à la fouille aux fins d'éviter qu'elles n'introduisent en prison une arme ou tout autre objet dont la présence ou l'usage est susceptible de troubler l'ordre public ou de faciliter une évasion.

(2) La fouille est effectuée avec dignité au bureau du régisseur de la prison par une personne de même sexe et hors la présence d'une tierce personne.

(3) Après la fouille, la personne est immédiatement introduite auprès de l'inculpé dans une pièce réservée à cet effet.

---

[276] Jean Paul Céré, in *Droit disciplinaire en prison*, Paris, L'Harmattan, 2001, pp.11-76.

I.2. Commentaire

§34 : *S'agissant du droit de visite accordé aux personnes placées en détention provisoire autorisé à leurs conjoints, ascendants, descendants, collatéraux, alliés et amis. On note que : - la pièce requise a changé de nom ; -le permis permanent de visite a remplacé le permis de communiquer ; - l'autorité compétente qui délivre ledit permis a, elle aussi changé. Avant le Code de procédure pénale, c'était le procureur de la République et maintenant c'est le juge d'Instruction. Ces changements méritent une explication.*

Sous l'empire du CIC, le Parquet seul s'occupait de l'information judiciaire. Il était donc normal que ce fût son chef, c'est-à-dire le procureur de la République, qui délivra le permis de communiquer[277] à toutes les personnes le sollicitant. Maintenant, il se trouve que c'est le juge d'instruction qui diligente l'information judiciaire. Il est donc normal que ce soit lui qui délivre désormais ce document, lequel conserve son effet juridique d'antan, même si son appellation a changé. C'est un changement beaucoup plus formel que substantiel. Lequel va de soi. Peu importe qui le délivre, le plus important est que la personne détenue soit en contact avec les siens afin que l'administration pénitentiaire se conforme aux dispositions du Pacte international relatif aux droits civils et politiques, notamment en son article 23, qui énonce que : «la famille est l'élément naturel et fondamental de la société et a droit à la protection de la société et de l'État». Les femmes détenues sont davantage concernées par la question du maintien des liens familiaux. Les bonnes pratiques en la matière font obligation aux administrations pénitentiaires de faciliter surtout les visites des enfants à leurs mères en détention. Celles-ci doivent être aussi régulières que possible et leur durée pourrait s'étendre au-delà d'une demi-heure.

En effet, l'exigence d'assurer l'équilibre psychoaffectif de la personne détenue par le maintien de la cohésion familiale dont la rupture partielle ou prolongée de contact pourrait briser, participe du souci d'humanisation des conditions de détention carcérale favorisant par voie de conséquence, la préparation à une bonne réinsertion sociale de celle-ci. En ce sens, Andrew Coyle souligne :

Le choix d'un établissement pénitentiaire proche du lieu de vie du détenu a des implications culturelles pour le détenu et signifie également que les familles peuvent facilement se rendre à la prison pour les visites. Comme de nombreux détenus sont issus de milieux marginaux et défavorisés, le coût de

---

[277]Autorisation écrite délivrée par le P.R à un membre de la famille ou à un ami de la personne en détention préventive de s'entretenir librement dans les conditions prévues par la réglementation en vigueur.

longs trajets peut devenir prohibitif et les familles ne pourront pas se rendre à la prison si celle-ci est éloignée du lieu où elles vivent[278].

Et, dans l'autre sens, saisissant la problématique du maintien des liens familiaux et sociaux de la personne détenue, il poursuit qu' « on doit également faire des efforts pour rétablir et développer un système permettant aux détenus de rendre visite à leur famille pendant de courtes périodes. S'il n'existe pas de danger pour la sécurité du public ou d'autres membres de la famille, on doit autoriser les détenus à rendre visite à leur famille dans le cadre de dispositions de mise en liberté provisoire»[279], disons plutôt dans le contexte qui est nôtre des permissions de sortie et des autorisations d'absence.

§35 : L*es changements intervenus relativement au niveau de l'autorité habilitée à délivrer le permis de communiquer s'adosseraient sur des motivations sérieuses.*

Le réflexe citoyen et républicain voudrait qu'on admette que c'est la volonté du législateur qui s'est exprimée par rapport à une attente venant de la société. Celui-ci a certainement voulu soulager tout le monde des éventuels tracas liés aux renouvellements fréquents de la validité de cette pièce.

§36 : *On pourrait penser que le permis de communiquer avait une validité de trois (03) mois renouvelables pendant toute la durée de la détention préventive, suivant les termes du CIC. Or, le permis permanent de visite actuel*[280]*, comme son nom l'indique, est de validité permanente.*

Pas du tout ! La validité du permis permanent de visite, conformément aux dispositions du CPP, n'est pas permanente. Le permis permanent de visite cesse d'être valable à la clôture[281] de l'information judiciaire. Et, dès lors, toute visite rendue à une personne détenue relève de la compétence du chef de l'établissement pénitentiaire, qui en fixe les modalités administrative et sécuritaire, conformément à la réglementation en vigueur.

---

[278] Op cit. p. 108.

[279] Idem.

[280]Autorisation écrite délivrée par le J.I à un membre de la famille ou à un ami de la personne en détention provisoire de lui rendre librement visite conformément à la réglementation en vigueur.

[281]Selon la pratique en usage, les visites au détenu sont régies dès cet instant par le régisseur de prison. À cet effet, il est simplement demandé au visiteur outre de se conformer aux heures et jours de visite, mais également de se munir de sa pièce d'identité et d'un carnet indiquant clairement les noms et prénoms du détenu, son quartier et son local. Aussi, il lui est demandé de se soumettre à la fouille par palpation de sa personne physique et à celle des objets et provisions destinés au détenu à visiter. En cas d'obstruction au droit de visite d'un détenu par le régisseur de prison, le visiteur ou le détenu peuvent saisir le PR.

§37 : *Il apparaît clairement que la fouille des détenus comme celle des visiteurs bénéficie d'un meilleur encadrement concernant le respect des droits de l'Homme.*

C'est exact. Tout en veillant à la préservation de la sécurité[282] du pénitencier, à travers l'inspection minutieuse des colis destinés aux détenus et des personnes admises comme visiteuses en milieu carcéral, dans les conditions prévues par le Régime pénitentiaire et le règlement intérieur de chaque établissement pénitentiaire, l'agent carcéral doit se conformer aux dispositions légales édictées par le CPP, sous peine d'être poursuivi pour violation des droits de l'homme en milieu carcéral, par les instances compétentes étatiques et celles issues de la société civile, spécialisées en la matière. En effet, il est attendu que l'article 87 du CPP applicable aux OPJ soit étendu au personnel pénitentiaire, pour donner une meilleure lisibilité à l'article 17 du décret n° 92/052 du 27 mars 1992 portant régime pénitentiaire au Cameroun.

Au regard des dispositions combinées de ces articles, force est de constater qu'elles apportent plus de clarté et de précision à cette importante opération. Ainsi, la fouille[283] du colis, du détenu, du visiteur ou encore celle du personnel pénitentiaire suspect, consiste à retourner avec décence dans tous les sens, à observer les coins et recoins d'un colis, des vêtements, de la coiffure, des sacs et des chaussures, à sonder toutes les cavités corporelles afin de déceler qu'il n'y est pas enfoui un objet ou une substance dont la présence en milieu carcéral est soit formellement interdite soit tout simplement contrôlée. Cette opération délicate doit se dérouler en présence du porteur du colis, et si possible, de son destinataire.

Il est nécessaire de préciser que s'agissant des personnes humaines, la fouille doit se faire avec dignité, c'est-à-dire avec respect et considération de la part de l'agent fouilleur à l'égard du visiteur fouillé. Celle-ci peut revêtir deux formes principales :

---

[282]On peut dire qu'un pénitencier est en sécurité lorsqu'en son sein, il ne se trouve entre les mains d'un détenu agissant seul ou en groupe, ni arme à feu, ni objet contondant, ni outil, ni substance chimique (solide, gazeux ou liquide) susceptibles de faciliter une évasion, de compromettre le travail des personnels pénitentiaires, de provoquer contre eux des blessures ou autres dommages ainsi qu'aux autres détenus. Et lorsque par la suite, un dispositif est mis en place aux alentours (à l'extérieur) dudit pénitencier aux fins d'assurer l'ordre, la sécurité et la paix instaurés à l'intérieur du pénitencier. L'on se trouve au cœur de la dialectique du dedans et du dehors en matière de sécurité pénitentiaire.

[283]Dans sa communication sur le thème la fouille en milieu carcéral, présentée le 14 décembre 2011 lors de la réunion annuelle des délégués régionaux de l'A.P., Ayissi Biyegue (APP, régisseur de la prison centrale de Maroua), s'inspirant des définitions fournies par le Petit Larousse illustré (éd. 2001) et Le Robert de poche (éd.2000), appréhende la fouille dans une optique consacrée par la science pénitentiaire, comme une opération consistant à rechercher (sur les détenus et les visiteurs), à consigner et à confisquer des objets prohibés en vue de sécuriser la prison.

- la fouille sommaire ou par palpation, qui consiste à palper le corps du détenu ou du visiteur de haut en bas, après le lui avoir fait savoir poliment au préalable, en insistant sur les flancs, les aisselles, le dos, le torse, l'entrejambe, les cuisses, les tibias, la plante des pieds et les chaussures. Elle se déroule généralement à l'entrée de la prison ;

- la fouille approfondie ou celle des cavités organiques consiste à dénuder le détenu ou le visiteur à l'effet de soumettre ses cavités organiques telles que : la bouche, les oreilles, le canal anal et la cavité vaginale, à l'inspection par l'introduction des doigts ou des appareils médicaux de prospection. Elle se déroule dans un endroit inaccessible au regard du public : l'infirmerie ou un bureau aménagé.

La fouille dont il est question ici est assurée exclusivement par les personnels médico-sanitaires lorsque de forts soupçons pèsent sur la personne, tandis que celle qui la précède, présentée plus haut, est dévolue à tout membre du personnel de l'Administration pénitentiaire. Le respect du genre est la seule restriction prévue par la loi. C'est-à-dire que les hommes doivent exclusivement fouiller les hommes et en revanche, et les femmes fouiller les femmes. Toutefois, s'il advient le cas où un établissement pénitentiaire est dépourvu de personnel féminin, l'opération de fouille des femmes est exclusivement confiée au personnel médico-sanitaire dudit établissement.

Il importe de relever que les opérations de fouille en milieu carcéral peuvent être classées suivant une nomenclature dépendant de leur importance :

-la fouille ordinaire (elle est quotidienne et systématique pour tous les détenus et visiteurs à la sortie comme à l'entrée du pénitencier) ;

-la fouille périodique (elle est opérée dans les locaux des détenus, les ateliers, les équipements, les installations et le réseau électrique et d'eau, les égouts) ;

-la fouille spéciale (elle procède du renseignement faisant état de la présence d'un objet prohibé et reconnu dangereux pour la sécurité tant du personnel que des détenus).

Ajoutons au demeurant que les objets prohibés ou illicites récoltés par les personnels pénitentiaires lors de la fouille corporelle des détenus et des visiteurs, celle des locaux et des objets destinés aux détenus sont, conformément à l'article 17 du décret n° 92/052 du 27 mars 1992 portant régime pénitentiaire au Cameroun, confisqués et consignés dans un registre prévu à cet effet. Ils doivent être présentés à la P.J. chargée de l'enquête si le régisseur opte pour la poursuite judiciaire du détenu et du visiteur porteur soit de chanvre indien soit d'armes à feu, bref de tout objet ou substance susceptibles de provoquer la mort, des dommages corporels ou matériels. Ils seront donc placés sous scellés et présentés, tour à tour, comme pièce à conviction au P.R, au J.I et au juge.

Sur un autre plan, il apparaît digne d'intérêt de relever que le manque de diligence dont font montre régulièrement les officiers et les agents de P.J. (Gendarmerie et Sûreté nationale), chargés d'enquêter sur les plaintes déposées contre les détenus et les visiteurs attrapés en flagrant délit de possession de cannabis, notamment, suscitent depuis bientôt une décennie au Cameroun, un débat parmi les travailleurs carcéraux. Ces derniers sollicitent une réforme législative qui élargirait leurs compétences, en leur reconnaissant les attributions d'officier et d'agent de police judiciaire à compétence spéciale. C'est dire en clair que les personnels pénitentiaires revendiquent, comme observé dans certains pays, que la loi leur reconnaissent, à l'avenir, la compétence de constater, d'enquêter et de déférer devant les tribunaux les détenus auteurs d'infractions commises dans l'enceinte du milieu carcéral ainsi que les visiteurs et le personnel de prison. Leur argumentaire mobilise trois éléments, non moins convaincants, consistant *premièrement* en l'importance de l'instantanéité de la répression ; *deuxièmement* en la plus grande facilité à rassembler les pièces à conviction de première main en vue de constituer des objets scellés importants, à produire devant les autorités judiciaires et, *ultimo* en le caractère dissuasif qu'une telle compétence peut procurer auprès des détenus et des visiteurs-trafiquants.

Il reste cependant à admettre que tel qu'elle est pratiquée, la fouille des colis, des personnes placées sous les verrous ainsi que celle des personnels, se heurte à de sérieuses limites, comparées à l'ingéniosité galopante dont font montre, jour après jour, les détenus et leurs complices vivant extra-muros. Admettons avec Daniel Njeng[284], un haut fonctionnaire de l'A.P. camerounaise, dans sa communication intitulée *La fouille en milieu carcéral*, que la fouille pénitentiaire mérite d'être modernisée par l'introduction des outils de travail de dernière technologie, tels que les détecteurs de métaux, la vidéosurveillance[285] des détenus et des locaux de détention, les chiens

---

[284]APP et régisseur de la prison centrale de Yaoundé (Kondengui). Communication délivrée lors de la réunion annuelle des délégués régionaux de l'A.P. à Yaoundé, les 14,15 et 16 décembre 2011, élargie aux procureurs généraux près les cours d'appel, aux régisseurs de prisons centrales et au directeur de l'École nationale de l'A.P. (ENAP) de Buea. En outre, ce responsable a relevé qu'au cours de l'année qui s'achève, ses collaborateurs ont saisi entre les mains de certaines personnes détenues et de certains visiteurs et placé sous scellé, un important lot de chanvre indien, de téléphones portables, de médicaments dangereux de contrebande à ne servir exclusivement que sur ordonnance médicale et à n'administrer que sous surveillance médicale ; les cigarettes, les liqueurs et les objets contondants sont en grand nombre.

[285] L'impact de la vidéo surveillance en milieu carcéral sur le renforcement de la sécurité statique de l'établissement pénitentiaire ne fait plus débat. Toutefois, la vidéo surveillance ne

renifleurs pour détecter la présence du chanvre indien et certains médicaments de contrebande (tels que le D10/ Tramole) prisés par des détenus, permettant d'obtenir des effets similaires à ceux provoqués par la consommation des drogues fortes, la construction ou l'aménagement des locaux carcéraux adéquats, la formation et le recyclage des personnels pénitentiaires...

En effet, le retard en équipements modernes de travail dont souffre l'A.P. au Cameroun met ce service public à la traîne. Ce dernier se trouve constamment dans une posture handicapante, en face des techniques de mieux en mieux élaborées puis utilisées par certains détenus, concernant notamment l'acquisition, la dissimulation d'objets et de substances prohibées et le brouillage des pistes d'identification des auteurs de ces actes en contradiction avec la discipline pénitentiaire. Cette inadéquation entre l'absence d'équipements modernes appropriés devant assurer le meilleur fonctionnement d'un service public pénitentiaire d'une part et, d'autre part, la montée en puissance récurrente et rapide des méthodes de contournement et de violation intelligemment organisées des prescriptions disciplinaires qui régissent la vie des usagers dudit service, instaurent entre les deux entités en présence, un jeu désagréable parce qu'éprouvant, semblable à un mouvement de balancier, où l'on trouve d'un côté un personnel pénitentiaire submergé, tenu de veiller sans discontinuer à l'application du code disciplinaire carcéral, et de l'autre côté, une population carcérale entêtée, déterminée à enfreindre ce code, ici ou là, maintenant ou plus tard.

De toute évidence, admettons que l'adaptation disproportionnée et le plus souvent déphasée de l'A.P. à l'évolution des techniques et méthodes de fraude mises en œuvre par certains détenus installe ses personnels dans une quasi-psychose d'abandon sur eux-mêmes. Ils développent le sentiment généralisé que très peu de moyens humains, techniques, matériels, financiers et technologiques sont mis à disposition, pour faciliter leur travail ; par contre et impérativement, d'importants résultats sont attendus d'eux, au double plan de la sécurité des établissements pénitentiaires et du public, du respect scrupuleux des droits des personnes détenues. Les constats qui précèdent nous suggèrent les développements qui suivent.

Le métier de gardien de prison, entendu au sens large personnel pénitentiaire, demande pour l'exercer, d'être teigneux ou du moins d'être dur de caractère, physiquement et mentalement. Car, il s'exerce dans la plupart du temps, sous une pression en spirale : pression des détenus, pression des visiteurs, pression de la hiérarchie, pression des partenaires, pression de la société. Au moins, cinq formes distinctes de pression, les unes aussi

---

doit pas enfreindre le droit des personnes détenues à la vie privée et au respect de leur intimité. Ainsi, si la vidéo surveillance est autorisée dans les aires de jeux, au parloir et dans les ateliers, etc. ; elle est proscrite dans les dortoirs, lavabos et toilettes.

enflammées et ravageuses que les autres, auxquelles le gardien de prison doit apprendre à faire face, en toutes circonstances, pendant toute sa carrière. Et pourquoi ne pas céder à la tentation de dire, en somme, que la réalité laisse penser qu'il faut être taillé pour ce boulot pour l'exercer à la perfection.

II. Du droit du prévenu de communiquer avec les siens et des conditions de restriction ou de suppression dudit droit

II.1. Que dit la loi ?

ARTICLE 239 : (1) L'inculpé détenu peut, sauf prescriptions contraires du juge d'instruction, correspondre sans restriction avec toute personne de son choix.

(2) Ces correspondances sont soumises à la lecture de la prison.

ARTCILE 242 : (1) Les dispositions de l'article 239 (2) ne sont pas applicables aux correspondances entre l'inculpé et son conseil ou l'inculpé et l'autorité judiciaire.

(2) Aucune information obtenue en violation des dispositions de l'alinéa 1er ci-dessus ne peut être retenue comme preuve contre l'inculpé.

ARTICLE 243 : L'ouverture des correspondances aux fins de lecture telle que prévue à l'article 239 (2) a lieu en présence de l'inculpé.

ARTICLE 244 : (1) a- Sous réserve des dispositions de l'article 242, le juge d'instruction peut, par ordonnance, prescrire au régisseur de la prison de lui communiquer tout ou partie des correspondances reçues ou envoyées par l'inculpé.

b- Les correspondances ainsi communiquées sont, après examen et, le cas échéant, reproduction, remises ou expédiées sans délai à leur destinataire, à moins que le juge d'instruction ne procède à leur saisie, auquel cas l'inculpé doit en être avisé.

(2) le juge d'instruction peut prescrire à tout moment au régisseur de la prison d'interdire toute visite ou communication de l'inculpé avec ses codétenus pendant une période de six (06) jours renouvelables une fois. L'ordonnance prescrivant cette mesure est notifiée à l'inculpé et au procureur de la République. Elle n'est susceptible d'aucun recours.

(3) l'interdiction de communiquer prévue à l'alinéa (2) ci-dessus ne s'applique, ni au procureur de la République, ni au conseil de l'inculpé.

II.2. Commentaire

§38 : *Deux problèmes distincts sont à mettre en évidence ici à travers les dispositions des articles ci-dessus. D'une part, il s'agit de la possibilité de* *soumettre le détenu inculpé à une mesure de surveillance judiciaire intra-muros par le juge d'instruction, à la diligence du régisseur de prison. La mesure judiciaire dont il s'agit ici n'est pas à confondre avec la sanction disciplinaire qui elle, résulte de la commission par le détenu inculpé ou condamné d'une infraction pénitentiaire. D'autre part, il est question de s'intéresser à l'éventualité de la violation par le détenu inculpé ou condamné ou par tout autre membre de la communauté pénitentiaire, des dispositions de l'alinéa 2 de l'article 239 du CPP ci-dessus, qui sont en parfaite convergence avec l'article 37*[286] *du décret n° 92-052 du 27 mars 1992 portant régime pénitentiaire au Cameroun ; et dans la même veine, la violation par le responsable d'un établissement pénitentiaire des dispositions de l'article 242 du CPP.*

Évidemment ! Commençons par le dernier élément. Toute violation aux obligations de la charge du responsable de l'établissement pénitentiaire, stipulées par l'article 242 du CPP, constitue une faute professionnelle, qualifiée de violation du secret de la correspondance, par l'annexe C (actes contraires à la discipline), du décret n° 2010/365[287] du 29 novembre 2010 portant statut spécial du corps des fonctionnaires de l'A.P. Elle expose son auteur aux sanctions disciplinaires prévues par ce texte, sans préjudice des sanctions pénales prévues par l'article 300[288] du Code pénal. Est-il besoin de souligner qu'en affirmant dans l'article 242 (1) l'inviolabilité des correspondances entre l'inculpé et son conseil d'une part, l'inculpé et l'autorité judiciaire d'autre part, le législateur leur a conféré un caractère privé ?

Dans le même esprit, soulignons que toute violation des dispositions de l'article 239 de la part d'un détenu inculpé ou condamné, d'un visiteur ou d'un membre du personnel, constitue d'abord une infraction à la loi pénale et ensuite une infraction à la discipline pénitentiaire. Ces deux niveaux d'infractions exposent son ou ses auteurs aux sanctions judiciaire et

[286]« (1) Les condamnés sont autorisés à recevoir les visites des membres de leurs familles et amis en présence d'un ou plusieurs éléments d'encadrement dans les conditions fixées par le règlement intérieur de la prison. Ils peuvent également recevoir des courriers dans les mêmes conditions. (2) Toutefois, l'envoi et la réception de lettres et des colis sont soumis à un contrôle préalable du régisseur de la prison ou des éléments d'encadrement. Les colis ne doivent comporter ni récipient, ni ustensiles, ni objets tranchants, pointus ou contondants. Leur emballage sera composé de feuilles de papier ou autres articles périssables. (3) Échappe au contrôle préalable, le courrier des avocats et des autorités judiciaires ».

[287]Le statut général de la fonction publique de l'État, en ses articles 35, 93 et suivants, réprime également cette faute professionnelle.

[288]« (1) Est puni d'un emprisonnement de quinze (15) jours à un (01) an et d'une amende de cinq milles (5000) à cent mille (100 000) francs ou l'une de ces deux peines seulement, celui qui, sans l'autorisation du destinataire, supprime ou ouvre la correspondance d'autrui. (2) Le présent article n'est pas applicable aux conjoints ou aux père, mère, tuteur ou responsable coutumier à l'égard des enfants mineurs de vingt et un (21) ans non émancipés.

disciplinaire (administrative) prévues respectivement par le Code pénal[289] et le décret n° 92-052 du 27 mars 1992 portant régime pénitentiaire au Cameroun. Enfin, s'agissant de la mesure de surveillance judiciaire en détention carcérale que le juge d'instruction est habilité à ordonner à l'encontre d'un détenu inculpé, conformément à l'article 244, il importe de relever dans ce cas précis qu'il exerce une compétence exclusive. C'est lui qui apprécie l'opportunité et le résultat attendu de sa mesure dont le régisseur assure l'exécution. Toutefois, ce dernier doit veiller en sorte que cette mesure ne vise pas à faire pression sur la personne détenue pendant l'enquête, à l'instruction et à l'information afin d'obtenir d'elle des aveux. Dans cette optique, Andrew Coyle souligne que « les autorités pénitentiaires ne doivent pas accepter les demandes de la police ou du parquet de limiter les conditions des visites des prévenus simplement en vue de faire pression sur eux pour qu'ils avouent leur culpabilité »[290].

§39 : *L'on note que la sauvegarde des droits des personnes en détention, notamment, le droit à la correspondance, incombe désormais au juge d'instruction. Pour des raisons de sécurité et de discipline, le régisseur de prison est dans son droit lorsqu'il décide de retenir le courrier d'un détenu, et puis il se réfère à l'autorité judiciaire compétente pour l'exploitation dudit courrier.*

L'article 239 du CPP est clair et dit deux choses : - l'inculpé détenu peut correspondre sans restriction avec toute personne de son choix ; - ses correspondances sont soumises à la lecture du régisseur. La seule restriction à ces dispositions résulte des prescriptions contraires au juge d'instruction. Le CPP n'a jamais demandé de retenir (sans instruction du juge) les correspondances de l'inculpé. Quel est l'intérêt[291] de lire les correspondances si ce n'est de prendre des mesures adéquates si le contenu présente un quelconque danger. Le régisseur de prison est garant de la sécurité et de la discipline de l'établissement pénitentiaire placé sous sa responsabilité. C'est un auxiliaire de justice qui veille à la représentation des personnes détenues devant les autorités judiciaires et partant, à la manifestation de la vérité.

C'est à ce titre que les dispositions de l'article 239 (2) du CPP lui ont reconnu le droit de lire les correspondances de l'inculpé détenu, à l'exception de celles adressées aux autorités judiciaires et aux avocats. C'est ainsi que dans l'exercice de cette prérogative, il doit se référer à l'autorité

[289]cf. Art. 192 du C.P. « Est puni d'un emprisonnement de quinze jours à six mois celui qui facilite irrégulièrement les rapports d'une personne légalement détenue avec l'extérieur ».

[290] Op cit. p. 111.

[291] Par tradition, l'A.P. est autorisée par la loi à lire les courriers envoyés et destinés aux personnes détenues afin d'intercepter à l'entrée comme à la sortie, les informations dangereuses pour la sécurité de l'établissement pénitentiaire, de ses occupants et du public, qui pourraient s'y trouver et de les transmettre aux services compétents pour exploitation.

judiciaire compétente en cas de découverte de tout élément susceptible d'entraver la recherche de la vérité[292] ou de compromettre la sécurité du pénitencier ou de la société. Ainsi, toute correspondance du détenu n'ayant pas transité par l'A.P. et destinée à atteindre une personne à l'extérieur constitue une faute répréhensible pour son auteur et son porteur.

§40 : *Le régisseur doit ouvrir pour chaque détenu un dossier contenant les copies des correspondances reçues et envoyées.*

Sous réserve de dispositions contraires propres à l'Administration pénitentiaire, tout détenu doit avoir un dossier personnel[293] dans lequel sont classés tous les éléments concernant sa situation pénale et pénitentiaire et des pièces relatives à sa vie en détention de manière générale. C'est dans cette optique qu'outre la formalité légale autorisée de censure ou de lecture des correspondances des personnes détenues à l'administration pénitentiaire, dans certains systèmes en effet, les personnes détenues sont autorisées à envoyer des courriers à leurs correspondants sans limitation du nombre. Les frais d'affranchissement desdits courriers sont supportés par l'État jusqu'au seuil fixé, mais lorsque le quota fixé par mois est atteint, les expéditeurs ou les destinataires des courriers sont soumis au paiement du droit d'affranchissement. Au Cameroun comme ailleurs, ceci justifie donc la raison pour laquelle au plan opératoire aucun argument ne suffit pour motiver la restriction du nombre de courriers qu'une personne détenue peut envoyer et recevoir au cours d'une période donnée.

§41 : *L'on observe qu'avant le CPP, c'est le procureur de la République qui veillait sur les droits des détenus en milieu carcéral. Désormais, cette fonction est dévolue au juge d'instruction. Le procureur de la République semble avoir perdu un pan entier de son pouvoir d'antan, qui faisait dire de lui, selon certains doctrinaires, le « Janus » de la procédure pénale au Cameroun.*

Dans le cadre du CPP, le procureur de la République devient ce qu'il n'a jamais cessé d'être, c'est-à-dire ce fonctionnaire qui, au terme de l'article 78 du CPP, s'occupe de la Police judiciaire, laquelle est exercée par les officiers et agents de Police judiciaire et d'autres fonctionnaires spécialement habilités. Tout ce qu'on lui a enlevé, c'est l'information judiciaire. Mais rassurons-nous, ce haut fonctionnaire de la justice a encore fort à faire dans le cadre du CPP.

---

[292]Sous l'empire du CIC, l'essentiel du travail du magistrat pendant les étapes du procès pénal semblait consister à rapprocher la vérité du droit. Sous l'empire du CPP en revanche, il s'agit de rapprocher la vérité des faits soumis à l'appréciation du magistrat lisant le droit.

[293]Ce dossier personnel est appelé dans le jargon : chemise d'écrou. Elle comprend entre autres : le mandat de détention, la fiche signalétique, l'extrait de la condamnation, le dossier médical, les antécédents disciplinaires… cf. le document didactique intitulé : *Les essentielles du greffe de la prison camerounaise* de M. Simon Forzié Nkem, publié à Buéa, en juin 1994.

§42 : *Dans le continuum de cette préoccupation, abordons un tant soit peu, les relations entre le procureur de la République et le juge d'instruction.*

Les relations entre le procureur de la République et le juge d'instruction sont des relations de collaboration en vue d'une bonne administration de la justice. Ainsi, le procureur de la République en cas de crime ou de délit, saisit le juge d'instruction par un réquisitoire introductif d'instance[294] (article 143 du CPP), aux fins d'ouverture d'une information judiciaire. Ensuite, s'il y a des charges nouvelles, il le saisit par un réquisitoire supplétif[295] (article 145 du CPP). Et enfin, à la clôture de l'information judiciaire, le juge d'instruction transmet le dossier au procureur de la République pour son réquisitoire définitif[296] (article 256 alinéa 1 du CPP). En effet, les relations entre le procureur de la République et le juge d'instruction d'une part, et entre ce dernier et le Tribunal d'autre part, constituent exactement l'objet des 3/5 des dispositions dudit Code.

§43 : *Placés dans la même perspective, intéressons-nous aux relations entre le tribunal et le juge d'instruction, car celles-ci peuvent impacter les relations avec les responsables des centres pénitentiaires.*

En ce qui concerne les relations entre le juge d'instruction et le tribunal, ce sont également des relations de collaboration. Car, hormis le fait que la navette ci-dessus décrite a pour canal le président du tribunal, il se trouve que le tribunal ne peut entamer la phase de jugement que s'il est saisi par une ordonnance de renvoi du juge d'instruction, conformément aux dispositions de l'article 256 alinéas 4 et 5 du CPP.

---

[294]Le réquisitoire introductif d'instance désigne l'acte écrit par lequel le P.R saisit le J.I. Lire : Emmanuel Ndjeré, op cit, pp. 175-177. Ce haut magistrat camerounais souligne que sous réserve des dispositions de l'article 157, le J.I ne peut ouvrir une information judiciaire que s'il est saisi par un acte du P.R. Le réquisitoire introductif d'instance est transmis au J.I par l'intermédiaire du président du Tribunal. Et dès réception du réquisitoire introductif d'instance, le J.I est tenu de rendre une ordonnance à fin d'informer.

[295]Acte écrit par lequel, à toute étape de l'information judiciaire, le P.R requiert le J.I d'accomplir des diligences qui paraissent nécessaires à la manifestation de la vérité, et, spécialement, de procéder à de nouvelles inculpations. Lire : Emmanuel Ndjeré, op cit.

[296]Lorsqu'il a accompli tous les actes d'information qu'il a cru utile de faire et qu'il ne voit pas ce qu'il pourrait faire de plus pour éclairer les faits ou la personnalité du délinquant, le juge d'instruction doit se prononcer sur les suites à donner à l'affaire, et rend alors ce que les articles 175 et suivantes du CPP appellent une *ordonnance de règlement*, que l'on nomme aussi « ordonnance de clôture » de l'information. L'ordonnance de clôture dessaisit le J.I. Lire : Gaston Stefani, Georges Levasseur et Bernard Bouloc, op cit. pp.776 et suivantes.

III. De la planche horaire accordée à un avocat pour accéder à son client détenu en milieu carcéral

III.1. Que dit la loi ?

ARTICLE 240 : (1) Les visites d'un conseil à son client détenu ne peuvent avoir lieu qu'entre six (06) heures et dix-huit (18) heures.

(2) Toute visite en dehors des heures spécifiées à l'alinéa 1er est subordonnée à l'autorisation écrite du juge d'instruction.

III.2. Commentaire

§44 : *Les avocats ne sont pas astreints à la présentation d'un permis permanent de visite lorsqu'ils veulent rencontrer leurs clients placés en détention carcérale. Sur un autre plan, on peut affirmer qu'il en est de même des agents des services de renseignement qui peuvent saisir le régisseur de la prison dans le cadre de la bonne collaboration entre les services administratifs, en vue d'exploiter certains détenus coopératifs leur permettant d'identifier, de démanteler et de mettre hors d'état de nuire leurs complices ou des gangs rivaux opérant hors du pénitencier.*

Premièrement, relevons qu'il n'y a pas de restrictions dans les relations avocat-client (détenu), en dehors du respect des heures d'ouverture et de fermeture du service en vigueur dans l'établissement pénitentiaire, à savoir que celles-ci doivent avoir lieu entre six (06) heures et dix-huit (18) heures. En outre, la communication entre la personne détenue et son client doit se dérouler non à portée de l'ouïe, mais à portée de la vue des membres du personnel pénitentiaire comme l'énonce le cadre légal[297] en vigueur. Elle n'a pas une durée limitée, mais doit rester dans la limite raisonnable. Cela s'inscrit en droite ligne de la promotion des droits de la défense, l'un des principes fondamentaux du CPP. La seule obligation qui incombe à l'avocat cependant, même si elle n'est pas inscrite dans le Code, c'est de justifier de sa qualité d'avocat par la présentation d'une carte d'identité professionnelle.

Deuxièmement, soulignons que l'exigence de présenter une pièce irréfutable attestant de sa qualité, à laquelle l'avocat est soumis, lorsqu'il rend visite à son client détenu, participe de la nécessité d'instaurer de bonnes pratiques dans l'Administration pénitentiaire camerounaise, en ce qui concerne notamment, l'accueil et la prise en charge des visiteurs, en l'occurrence les avocats.

---

[297] *Les entretiens entre la personne détenue ou emprisonnée et son avocat peuvent se dérouler à portée de la vue, mais non à portée de l'ouïe, d'un responsable de l'application des lois.* Ensemble de principes pour la protection de toutes les personnes soumises à une forme quelconque de détention ou d'emprisonnement, Principe 18.

Bien plus, les bonnes relations entre les services administratifs et de surcroît de sécurité, de défense et de renseignement sont bénéfiques non seulement aux acteurs qui les animent, mais également à toute la communauté nationale et même internationale. Aucun service pour des raisons d'efficacité et d'efficience ne saurait fonctionner en vase clos. Vue sous cet angle, l'Administration pénitentiaire doit collaborer, autant qu'elle le peut, lorsqu'elle est sollicitée par les services analogues (Police, Gendarmerie, Armée et DGRE) pour les aider à boucler avec succès des dossiers qu'ils gèrent. Lisons à ce propos les découvertes qu'une bonne collaboration entre services administratifs a pu conduire sous d'autres latitudes.

En France, deux journalistes nous révèlent que :

Les hommes de la BRD (Brigade de répression du banditisme) affirmaient à qui voulait les entendre sans sourire que le tuyau leur avait été donné par un détenu de Fresnes. Cependant, que cela fût vrai ou non, il n'en demeurait pas moins que les quatre dirigeants de la NOVIMO, société d'import-export de matériel électronique en tout genre qui favorisait les transferts de technologie électronique vers les pays de l'Est (...), que ces quatre dirigeants, donc, avaient trempé dans une affaire bizarre. Quand, le 29 juin 1983, le juge Jean-Paul Jean, chargé de l'instruction, ordonne l'ouverture du coffre au siège de la NOVIMO, à Paris, même s'il ne trouve pas les 5 millions en lingots dérobés à un ancien notaire de Poitiers et sur lesquels le prisonnier de Fresnes se serait montré bavard, un trésor d'un autre genre se révèle à lui : une documentation détaillée portant sur les activités politiques du Parti populaire national haïtien (PPNH, un sauf-conduit de la police de l'air et des frontières au nom de Bernard Sansaricq, chef du PPNH en exil au Costa Rica et portant mention, contrairement à la loi, de deux personnes de sa suite, des copies de courrier du leader du PPNH au président François Mitterrand, à son conseiller aux Affaires africaines, Guy Penne, et à son conseiller à la Culture, Régis Debray, un plan de l'aéroport international d'Haïti, des notes sur l'entraînement des révolutionnaires dans l'île, une demande d'armes du PPHN au gouvernement français (3 millions de dollars, soit 18 millions de francs) accompagnée d'une quinzaine de spécialistes chargés d'encadrer les forces de libération (...)[298].

C'est tout dire des avantages de l'intensification de la bonne collaboration entre les services publics ayant des domaines de compétence transversaux, afin que leurs acteurs cessent de gaspiller, comme à leur habitude, quantité d'énergies dans des rivalités de positionnement, qui font le lit de la dilatation démesurée des ego, produisant plus d'effets négatifs que

---

[298]Henry Allainmat et Gilbert Lecavelier, in *Affaires d'État : des dossiers très spéciaux 1981-1987*, Paris, Albin Michel, 1987, Pp.17 et suiv.

positifs. Car, ici comme ailleurs, la culture de l'humilité et l'esprit de solidarité sont conditions inébranlables et inaltérables de résultats déterminants.

Dans cette optique, pensons comme Saint-Exupéry que pour bâtir un temple, il faut que chaque pierre - sous-entendu ici chaque acteur - développe sa capacité à s'assembler avec les autres pierres - acteurs -, en renonçant un tant soit peu à sa singularité, qui ne faisait de lui qu'une simple pierre -acteurs -. Et, Hegel de conclure ironiquement, non sans mettre en relief l'élégance du style dialectique qui le caractérise que « la prise de conscience d'une limite est la preuve de notre illimitabilité ; seul l'idiot est limité parce qu'il ne se reconnaît aucune limite ».

§45 : *Le régisseur de prison peut également en guise de sanction résultant de la commission par un détenu d'une faute disciplinaire, interdire à celui-ci, pendant un moment donné, de communiquer avec ses codétenus ou de recevoir la visite des siens.*

Les infractions à la discipline carcérale ainsi que les sanctions y afférentes n'ont pas été abordées par le CPP. Nous devons donc convoquer à la présente réflexion des textes internes à l'A.P. qui traitent de cette préoccupation et ceux-ci sont, à l'observation, complémentaires au CPP qui, malgré les efforts louables du législateur d'atteindre la perfection, est un document juridique qui a besoin d'être enrichi par d'autres documents extérieurs.

§46 : *On peut valablement évoquer dans le cas d'espèce qui précède, le décret n° 92-052 du 27 mars 1992 portant régime pénitentiaire au Cameroun qui, en ses articles 40[299] et 43[300] d'abord, et en son article 45 ensuite a prévu d'une part, une série de sanctions disciplinaires[301], et*

[299] « (1) Pour des raisons de sécurité et de discipline, le régisseur de la prison peut interdire à un détenu de communiquer avec les autres personnes pour une période de dix jours renouvelables une fois. Dans ce cas, l'intéressé est isolé dans un local prévu à cet effet. (2) Toutefois, pour des raisons d'enquête, le parquet compétent peut demander par écrit au régisseur de la prison d'interdire, pendant une durée déterminée, à un prévenu de communiquer avec les autres. Mention de l'interdiction de communiquer doit être portée au registre d'écrou ».

[300] « Les détenus doivent observer les règles de discipline applicables dans les établissements pénitentiaires, sous peine de sanctions disciplinaires et éventuellement, de poursuites judiciaires ».

[301] « Constituent des infractions à la discipline pénitentiaire et sans préjudice le cas échéant des sanctions pénales, les actes suivants : 1- violation d'une disposition du règlement intérieur ; 2- Voie de fait d'un détenu sur la personne d'un élément d'encadrement, d'un agent en service à la prison ou d'un autre détenu ; 3- Tenue indécente ; 4- Injure ou menaces à l'endroit d'un élément d'encadrement, d'un visiteur ou d'un autre détenu ; 5- Introduction clandestine d'objets prohibés dans la prison ; 6- Destruction ou détérioration délibérée d'un outil, matériel, vêtement ou tout autre objet appartenant à l'État ; 7- Oisiveté ou négligence pendant le travail ; 8- Mutilation intentionnelle de sa propre personne pour se soustraire au

d'autre part en son article 44 enfin, un ensemble d'actes répréhensibles[302], *considérés au Cameroun comme des infractions à la discipline pénitentiaire. La commission d'une ou plusieurs infractions à la discipline pénitentiaire par un détenu l'expose à une ou des sanctions disciplinaires prononcées par le régisseur de prison, sans préjudice le cas échéant, de poursuite pénale.*

Admettons dans la mouvance de Laurent Gras[303] paraphrasant A. Chauvenet[304] que « la prison est la rencontre entre deux populations ennemies - les détenus et le personnel de surveillance - où les conflits et les négociations ponctuent la vie quotidienne ». À cet égard, comme nous l'avons dit plus haut, le régisseur de prison est garant de la sécurité de l'établissement pénitentiaire ainsi que de la discipline de la communauté carcérale qui est composée principalement des détenus, des personnels de l'A.P., des visiteurs, des intervenants occasionnels et permanents, etc. Du fait qu'il assume l'entière responsabilité de l'infrastructure carcérale, en matière d'équipements, de matériels et des personnes humaines qui y vivent ou y travaillent, il est habilité à prendre toutes les mesures qu'il juge nécessaires et opportunes, lorsqu'il constate des faits susceptibles de compromettre la sécurité des détenus et des personnels, la recherche par la justice de la vérité dans une affaire dont elle est saisie, ou même la réussite de la mission qui lui est confiée.

Ainsi, toute sanction disciplinaire prise par le régisseur de prison pour sanctionner ou prévenir la commission d'une infraction de la part d'un ou plusieurs détenus est légale lorsqu'elle respecte les dispositions de l'article 244 (2) du CPP, s'agissant d'une part du détenu inculpé et, d'autre

---

travail ; 9- Sabotage ; 10- Tentative de conspiration ou d'évasion ; 11- Recel d'un objet quelconque ; 12- Complicité dans une infraction à la discipline pénitentiaire ; 13- Réclamations tapageuses ou injustifiées ; 14- Sortie sans autorisation préalable d'un élément d'encadrement responsable du contrôle des travaux ou des corvées ; 15- Présence dans les cours et salles de garde lorsque leur accès est interdit ; 16- Changement, altération ou suppression du numéro ou marque distinctive ; 17- Maniement du mécanisme d'une serrure de la prison, des lampes, des projecteurs ou de tout objet auquel l'accès est interdit ; 18- Appropriation indue du linge ou de l'outillage d'un autre détenu ; 19- Fabrication d'objet à l'insu ou sans permission d'un élément d'encadrement ; 20- Abstention ou refus d'aider un élément d'encadrement en cas d'évasion, de tentative d'évasion ou d'agression sur cet élément ; 21- Refus d'obtempérer à un ordre légitime d'un élément d'encadrement ; 22- Abstention ou refus d'exécution de sa tâche dans les formes prescrites ; 23- Mutinerie ou incitation à la mutinerie ; 24- Tout acte ou attitude contraire à l'ordre et la discipline ».

[302]« Les sanctions disciplinaires pouvant être infligées aux détenus sont : a) les corvées plus pénibles ; b) la mise en cellule de correction pour une période de quinze jours maximums et par tranche de cinq jours suivie chaque fois d'un régime commun ; c) l'enchaînement dans la cellule de correction ou à tout autre lieu pour quinze jours dans les mêmes conditions qu'à l'alinéa ci-dessus ; d) la suppression ou la suspension des visites.

[303]Laurent gras, in *Le sport en prison,* Paris, L'Harmattan (coll. sports en société), 2004, p.18.

[304]A. Chauvenet, in Les cahiers de la sécurité intérieure, « Guerre et paix en prison », n°31,1998, Pp. 91-109.

part s'agissant de tout détenu de celles des articles 46[305] et 47[306]du décret n° 92-052 du 27 mars 1992 portant régime pénitentiaire au Cameroun. Et en cas d'insuffisance de ce dernier, les instruments juridiques internationaux s'appliquent pour régler administrativement ou judiciairement l'incident.

IV. Comment la présence de Dieu en milieu carcéral camerounais fermente la vie spirituelle des détenus et favorise la communication.

§47 : *On ne saurait terminer ce chapitre consacré aux relations entre la personne détenue et le monde intérieur et extérieur sans aborder, même si le CPP n'en a pas fait expressément une préoccupation particulière, l'action des assistants sociaux, des associations et clubs service, des entreprises, des acteurs de la société civile et surtout des aumôniers chrétiens et musulmans des prisons qui, par l'enseignement de la Bible et du Coran, la célébration des cultes religieux, l'encadrement des groupes de prière, l'incitation à la prise des sacrements, l'accompagnement spirituel et l'assistance religieuse..., concourent à l'amélioration des conditions psychologiques de détention et favorisent les perspectives de réinsertion sociale des personnes détenues, dans un contexte particulier de communication.*

Cette ouverture que nous faisons au sujet de la vie spirituelle en milieu carcéral est intéressante. Vous êtes sans ignorer qu'à l'origine[307], la prison ou disons plutôt pour être plus précis, que la peine d'emprisonnement avait pour but d'amener le déviant, à travers la méditation réflexive, la prière et la lecture quotidienne de la Bible à se transformer positivement. Il y avait donc

[305]« (1) Lorsqu'un élément d'encadrement surprend un détenu en faute, il doit le traduire dans les vingt-quatre heures devant le conseil de discipline présidé par le régisseur de la prison qui se chargera de lui infliger la sanction proportionnée à la gravité de la faute. (2) Toutefois, avant que la commission ne se réunisse, les sanctions immédiatement exécutoires peuvent être prononcées par le régisseur sur rapport écrit ou verbal d'un membre du corps en service dans la prison ayant constaté la faute. (3) Les sanctions infligées sont inscrites dans un registre spécial avec indication du motif. Compte-rendu en est fait au ministre chargé de l'Administration pénitentiaire qui peut les cas échéants, les réformer soit d'office, soit sur réclamation du détenu. (4) L'organisation et le fonctionnement du conseil de discipline sont fixés par le règlement intérieur de chaque établissement pénitentiaire ».

[306](1) Les détenus peuvent adresser leurs réclamations par écrit au régisseur de la prison et éventuellement au ministre chargé de l'Administration pénitentiaire. (2) Ils peuvent aussi les faire connaître au parquet compétent ou aux inspecteurs des prisons à l'occasion des visites d'inspection et de contrôle ».

[307]Vers le VIe siècle, la science pénitentiaire nous renseigne que sous l'influence du droit canonique, les premières prisons dignes de ce nom ayant existé étaient construites dans l'enceinte des monastères (la réclusion dans un monastère). Contrairement à celles qui les avaient précédées (dans l'Antiquité), dont le but était d'empêcher le malfaiteur d'échapper au jugement et à l'exécution de sa peine, les prisons monastiques recherchaient à travers la contrition et la pénitence la perfection du pécheur. Le crime et la délinquance étant considérés comme des péchés, l'obligation de faire pénitence relevait d'une véritable pénalité morale.

eu dès le départ, comme un souci non de punir pour faire souffrir simplement, mais plutôt d'amener le malfaiteur à méditer dans la solitude pour prendre conscience du mal qu'il a fait à la société et de prendre la bonne résolution d'y renoncer. Cette méditation sur le mal devrait pousser le malfaiteur à devenir vertueux en prenant la résolution d'abandonner le vice. En fait, il était question de couper la mauvaise graine plantée dans le cœur du croyant par le diable pour y laisser germer et grandir la bonne graine, œuvre de Dieu.

En sus, relevons à l'actif des hommes de Dieu que le christianisme, dès son avènement, parce qu'il a attribué à la prison une vertu moralisatrice, voire réformatrice, avait naturellement pris en aversion : la torture, les supplices et châtiments corporels inhumains, dégradants et cruels[308]. Malheureusement, au cours de l'histoire, la vertu moralisatrice de la prison monastique a été dévoyée par l'avènement de la prison monarchique qui, à la suite des diverses mutations sociale et politique, a engendré la prison des régimes totalitaires[309]. Dans son essai d'investigation littéraire, intitulé : *L'archipel du goulag, 1918-1956 (essai d'investigation littéraire),* Alexandre Soljenitsyne nous sert une fresque émouvante sur le phénomène de la torture, sous toutes ses formes, dans le système concentrationnaire apparu en URSS, au temps de Staline. Au terme de près d'un demi-siècle de sensibilisation des États et des citoyens sur les questions relatives aux droits de l'Homme, fut-il en détention carcérale, la prison acquiert, de plus en plus, les valeurs de la République.

De toute évidence, il a été prouvé que la présence de Dieu en milieu carcéral génère des comportements positifs chez des personnes détenues. La contribution de l'évangélisation au retournement du comportement de certains délinquants et criminels placés sous main de justice, pendant une longue période, a fait l'objet d'une littérature remarquable, qui a permis de dévoiler le phénomène.

À cet effet, il ressort de cela que lorsqu'il est libéré de prison en 1854, Dostoïevski publie un livre dans lequel il encense les vertus « ignorées » de l'univers carcéral. Celui-ci lui aurait permis de rencontrer le Christ, de contempler son visage divin et de méditer sur la miséricorde, la compassion et l'amour du prochain, canons fondamentaux du message évangélique de Jésus-Christ. En substance, Dostoïevski nous confie :

---

[308] Alexis Dipanda Mouelle, idem.

[309] Une prison dans un régime totalitaire est caractérisée par l'usage systématique, dès la phase de l'instruction, de la torture pour extorquer des aveux et briser mentalement et physiquement les auteurs des actes socialement répréhensibles, au nombre desquels se retrouve une bonne brochette d'adversaires politiques de ceux qui gèrent les affaires publiques. Lire : Alexandre Soljénitsyne, in *L'archipel du goulag (1918-1956)*, tome 1, Paris, Seuil, 1974, pp. 83-110 et suiv.

Je considère les quatre années passées en prison comme un temps pendant lequel j'étais enterré vivant dans un cercueil. Je n'ai pas la force de vous dire combien cette expérience était horrible... C'était une agonie interminable parce que chaque heure, chaque minute pesaient sur mon âme telle une pierre... J'ai pensé que si jamais nous arrivions en enfer, il ressemblerait de très près à cet endroit (...)[310].

Vices et vertus, splendeurs et misères, hauts et bas... Dostoïevski ne rate pas son numéro pour réussir à peindre l'univers carcéral dans sa complétude, dans sa double dimension : celle plus connue et celle méconnue ce qui est davantage fort intéressant. Et, par une sage et saisissante conciliation des contraires, Dostoïevski, épiloguant sur son séjour dans un pénitencier russe sous Staline, évoque Héraclite d'Éphèse[311] qui soutenait que « chaque chose a deux anses », pour conclure en ses termes : «La prison m'a sauvé, je suis devenu un homme complètement nouveau. Oui, la prison et la Sibérie sont devenues une grande source de joie pour moi (...). Ce n'est que là-bas que j'ai pu mener une vie pure et heureuse. C'est là que j'ai appris à comprendre le Christ »[312].

§48 *: À l'image de la société libre, lors qu'advient la souffrance, le malheur et la mort, il est normal que le Christ, ou pour être plus précis, Dieu soit invoqué comme dernier rempart, en vue de remettre les pendules à l'heure, dans la vie perturbée de ses enfants. La prison ne déroge pas à ce constat, car Dieu y est, du reste, très présent.*

Cela est absolument vrai. Et ces considérations nous renvoient au souvenir des premières prisons, c'est-à-dire les prisons monastiques ainsi qu'à la vision qui a accompagné leur institution par l'église catholique. En effet, pour punir les moines et les fidèles qui avaient enfreint les règles édictées par le droit canon, les responsables de l'Église avaient pensé qu'il fallait soumettre ces derniers à l'isolement, c'est-à-dire à l'emprisonnement afin de leur permettre de méditer sur leurs fautes et de se repentir, à travers la lecture quotidienne de la Bible, la prière et la pénitence morale. Cette approche a produit de bien patents résultats en son temps.

Parallèlement, comme l'illustre remarquablement le catéchisme catholique, la rencontre de Dieu suivie de sa connaissance n'est possible que par une attitude de repli sur soi-même, de retrait total de l'être humain du

---

[310] Alexandre Dostoïevski, in *Nouvelle vie : liberté et résurrection de la mort*, cité par la Révérende Sœur Jacqueline Atabong, (Société de Sainte-Thérèse de l'enfant Jésus), in *Ouvrir de nouvelles portes : l'œuvre pastorale dans les prisons*, Douala, 2007, Pp. 43-44.

[311] Philosophe grec, présocratique, fondateur du système philosophique du devenir (*Panta rei*). Selon Héraclite d'Éphèse dont les fragments de textes sont contenus dans *Les penseurs grecs avant Socrate. De Thales de Millet à Prodicos*, Paris, Garnier Flammarion, 1964, Pp. 71 à 81 : « Tout coule : on ne se baigne pas deux fois dans le même fleuve ».

[312] Idem.

tohu-bohu quotidien de la vie mécanisée, qui l'environne en le distrayant. À cet égard, l'incarcération semble, à en croire les témoignages de nombre d'anciens prisonniers, faciliter cette ascèse qui conduit à l'élévation spirituelle et rend l'être humain non seulement réceptif au langage de Dieu, mais également apte à la contemplation de son visage et de ses merveilles. Qu'enseigne en substance le christianisme à ce sujet ?

En effet, la doctrine de l'Église catholique romaine enseigne que : « « La sainte Église, notre mère, tient et enseigne que Dieu, principe et fin de toutes choses, peut être connu avec certitude par la lumière naturelle de la raison humaine à partir des choses créées ». Sans cette capacité, l'homme ne pourrait accueillir la révélation de Dieu. L'homme a cette capacité parce qu'il est créé « à l'image de Dieu » »[313]. En outre, elle enseigne comment l'homme peut connaître Dieu :

Dans les conditions historiques dans lesquelles il se trouve, l'homme éprouve cependant bien des difficultés pour connaître Dieu avec la seule lumière de la raison. Par la raison naturelle, l'homme peut connaître Dieu avec certitude à partir de ses œuvres. Mais il existe un autre ordre de connaissance que l'homme ne peut nullement atteindre par ses propres forces, celui de la Révélation divine. Par une décision tout à fait libre, Dieu se révèle et se donne à l'homme[314].

S'agissant enfin du mystère de la révélation de la volonté de Dieu, elle admet avec clarté et précision qu'*Il le fait en révélant son mystère, son dessein bienveillant qu'Il a formé de toute éternité dans le Christ en faveur de tous les hommes. Il révèle pleinement son dessein en envoyant son Fils bien-aimé, notre Seigneur Jésus-Christ, et l'Esprit Saint ». « Il a plu à Dieu dans sa sagesse et sa bonté de se révéler en personne et de faire connaître le mystère de sa volonté grâce auquel les hommes, par le christ, le Verbe fait chair, accèdent dans l'Esprit saint auprès du père et sont rendus participants de la nature divine»*[315].

§49 : *Que l'on soit athée ou croyant et sans prêter le flanc à la tentation de l'apologie de l'emprisonnement, la prison a une force refondatrice au profit de certains de ses usagers. De nombreux témoignages consolident cette conviction séculaire.*

Exactement ! Reconnaissons que sur un plan non distant de celui qui précède, du fait de la convergence apologétique à l'égard de l'emprisonnement qui les lie, la prison constitue l'un des cadres par excellence permettant à l'individu de réaliser son introspection : un dialogue constructif de l'âme avec elle-même. C'est un des moments privilégiés du

---

[313]Lire : *Catéchisme de l'Église catholique*. Paris, Mame/Plon, 1992, pp. 23-26.
[314] Ibidem.
[315] Ibidem.

retrait de l'homme du rythme trépidant et tumultueux de la vie mécanisée quotidienne qui l'a distrait des années durant, où il se révèle à lui-même pour donner un sens fécond à son existence.

La prison a souvent servi de déclic à certains pour la prise de conscience aiguë de l'impératif de s'engager dans un combat pour une cause considérée comme juste et, à d'autres, elle suscite le *mea culpa* nécessaire pour mettre en cause la vie passée et pour développer des mécanismes moraux engendrant un bouleversement radical positif permettant de se lancer à la conquête de la nouvelle vie future. Et les acteurs politiques[316], amateurs et professionnels qui officient sous les tropiques s'en servent comme d'un ascenseur pour parvenir, le plus rapidement possible, aux cimes de la gloire dans leur carrière. Dans cette optique, méditons sur ces quelques lignes emplies de pertinence, extraites de l'essai publié par Françoise Giroud afin de communiquer sur les tranches de vie de son existence non épargnée par l'épisode de la détention :

La prison est un lieu plein d'enseignements. On ne saurait trop recommander que chacun y fasse un stage. Inutile qu'il soit excessivement prolongé : ce sont les débuts qui suffoquent. Ensuite, on est comme anesthésié. J'ai été arrêté en mars 44 par la Gestapo qui cherchait Pierre Dejussieu, chef de l'armée secrète, il se servait souvent de mon appartement. Quelquefois, il apportait du sucre à ma mère pour qu'elle fasse un fondant, dont il raffolait. C'était un militaire de carrière, général sorti du rang, je crois, bouillant, courageux et imprudent comme nous l'étions tous (...)[317].

Résistante de seconde zone pendant les moments de l'occupation, mais convaincue de son engagement, elle relate le contexte politique et militaire et les mobiles de son incarcération. Et chose intéressante, elle nous fait la description physique de sa cellule et l'ambiance qui règne dans la prison :

La cellule où l'on m'enferme, à la prison de Fresnes, est occupée. Trois jeunes femmes assises sur une paillasse me regardent entrer, perchée sur des semelles de bois, mon manteau souillé parce que j'ai passé la nuit couchée par terre dans un cachot. Tout de suite, elles seront amicales. Il va de soi que l'expérience de la prison vécue de la sorte n'est pas assimilable à celle de la prison tout court. Mais il y a des points communs. La promiscuité, l'enfermement, les relations avec les gardiennes, une sorte de frilosité, aussi, qui vous gagne. Quand on vous change de cellule, c'est un drame[318].

---

[316]Robert Mugabe au Zimbabwe, Nelson Mandela en Afrique du Sud, Abdoulaye Wade au Sénégal, Laurent Gbagbo en Côte d'Ivoire, tous représentent entre autres quelques exemples contemporains. Tous sont d'anciens prisonniers devenus par la suite des chefs d'État.

[317]Françoise Giroud, in *Leçons particulières*, Paris, Fayard, 1990, pp.111 et suiv.

[318]Idem.

Le choc pénitentiaire. La psychose carcérale. Une épreuve pour tout détenu arrivant. Françoise Giroud n'en avait pas été épargnée. Car il s'agit pour l'humain de sortir de la réalité du dehors pour embrasser celle du dedans, aux antipodes l'une de l'autre.

On avait un clou où suspendre un vêtement ; on avait un coin où l'on appuyait la tête ; on se sent soudain comme exposé à un grand vent, alors qu'on est faible - comme un oiseau. Ce qui frappe en entrant, bizarrement, c'est la propreté. Le parquet brillait. J'ai appris plus tard à quel prix : tous les jours, nous devions le frotter avec le dos d'une cuiller. Au demeurant. C'était une façon de prendre de l'exercice ? Ce dont nous manquions cruellement. Les premiers jours, la prison rend très malheureux[319].

La réalité du dedans avec ses effets et ses conséquences. Beaucoup de personnes détenues n'y survivent pas. D'autres s'en sortent tant bien que mal et certains d'ailleurs mieux en fonction de bonnes dispositions morales, psychologiques et physiques dont la nature nous a gratifiées.

Il arrive que l'on se suicide. Attaché encore par cent liens à l'extérieur, on se mange les sangs, comme on dit, on est déchiré entre les deux univers, dedans et dehors. Et puis, progressivement, on se déconnecte, on se rabougrit. Immobiles tout le jour, arrêtées au sens propre du terme, arrêtées au bord de la vie, totalement oisives, sans lecture ; sans ouvrage, réduites à nos ressources intérieures, nous aurions dû devenir des légumes. Mais il y avait un orgueil des résistants qui les tenait droits. Et, tous les matins, la peur d'être appelées pour interrogatoire (...)[320].

Quoi qu'il en soit, la prison reste égale à elle-même et la privation légale de liberté qui la fonde et la justifie n'a pas d'égal, comme sanction contre l'antisocialité de certains membres du corps social. À condition qu'elle ne se réduise pas à l'enfermement et conduise à la création d'un univers concentrationnaire.

Pour en finir avec la prison, j'y ai perdu bon nombre de kilos qui n'étaient pas superflus, mais ceci, qui ne compte guère, mis à part, elle m'a plutôt consolidée qu'affectée. Mes points de repère sont restés inchangés. Quand je vois ces reportages sur des prisons modernes, avec sanitaires étincelants et lits bien bordés, je me dis que, rarement, il vaut mieux que les prisons soient aussi confortables que possible et non surpeuplées, mais que le fond du problème n'est pas là. Physiquement, on s'adapte à tout, et très vite. Ce qui est inhumain, au sens propre du terme, c'est l'enfermement. Inhumain (...)[321].

---

319 Idem.
320 Idem.
321 Idem.

V. Des communications téléphoniques en milieu carcéral camerounais

Nous abordons dans ce chapitre d'autres types de communication pouvant s'opérer entre la personne détenue et le monde extérieur, certes non prévus par le CPP, mais dont on retrouve les traces dans le Régime pénitentiaire et, davantage dans la pratique professionnelle des responsables des établissements pénitentiaires au Cameroun. Il serait frustrant de boucler ce chapitre, sans aborder la problématique de l'usage de la communication téléphonique en milieu carcéral camerounais.

Évidemment ! Le CCP a ignoré l'existence de cette revendication légitime de la société carcérale camerounaise qui, de façon systématique, est privée de l'usage de l'outil individuel de communication duale à distance, qu'est le téléphone. Qu'il soit cellulaire ou fixe, l'usage du téléphone est proscrit en prison y compris les autres équipements H*igh Tech* comprenant les ordinateurs portables, Internet... Le retard technologique accusé par le Cameroun dans le secteur des télécommunications et qui l'empêche de faire face aux dangers potentiels engendrés par la mise à disposition des détenus de ces outils modernes de communication à distance, en constituerait sans doute la cause principale.

Cependant, convenons que par l'effet de la contagion planétaire des phénomènes sociaux, la dynamique revendicative qui est lancée ne peut plus être arrêtée. L'A.P. camerounaise connaîtrait une avancée remarquable, si elle autorisait, à très court terme, l'accès des détenus à la communication téléphonique avec les membres de leurs familles, leurs amis et relations, dans un cadre bien organisé et réglementé, soucieux de la sauvegarde de la sécurité des pénitenciers, des pensionnaires, des personnels, des visiteurs et de la société globale, conformément aux dispositions pertinentes de la réglementation internationale.

Dans la mouvance de ce qui précède, il est nécessaire d'envisager l'installation des cabines téléphoniques payantes dans les prisons au Cameroun, en vue de permettre régulièrement aux détenus de s'informer sur ce qui se passe dans leurs familles respectives et d'informer constamment les leurs sur leur quotidien en détention. Cette évolution normative souhaitée est suggérée par le cadre normatif international et inspirée par le respect des droits de l'Homme en milieu carcéral. Sa venue devra contribuer significativement à l'amélioration des conditions psychologiques de détention en milieu carcéral camerounais au profit de la communauté pénitentiaire dans son ensemble. Dans de nombreux pays, affirme Andrew Coyle, les personnes en détention carcérale sont autorisées à passer et à recevoir des appels téléphoniques. Selon les pays cependant, le correspondant qui accepte de recevoir l'appel téléphonique du détenu en supporte le coût financier. Dans d'autres pays cependant, les détenus peuvent acquérir des cartes téléphoniques prépayées qu'ils utiliseront pour communiquer exclusivement avec les numéros autorisés. Et dans d'autres pays, les détenus peuvent communiquer avec leurs familles par vidéoconférence, lorsque celles-ci ne peuvent pas leur rendre régulièrement visite à la prison pour cause d'éloignement.

Mais, quelle que soit la formule choisie, les membres du personnel pénitentiaire doivent s'assurer en tout temps que les communications téléphoniques émises ou reçues par les personnes détenues ne présentent de danger ni pour la prison et son personnel, ni pour le détenu ou les autres détenus ni pour la société. Pour cette raison, les communications téléphoniques des détenus sont écoutées par les membres du personnel pénitentiaire afin d'en évaluer le risque sécuritaire. Dans certains pays, les communications téléphoniques des détenus sont enregistrées sur des bandes, exploitées et conservées pendant une période déterminée avant d'être détruites.

Tableau 10 : Récapitulation des modes de communication avec le monde extérieur auxquels ont droit les personnes privées de liberté en milieu carcéral au Cameroun.

Supports / Détenus-Communicants	Médias						Acteurs judiciaires		Réseaux sociaux		O.S.C.	
	RDS	TV	Jnx	Web	Tél.	Publi	Avocat	Juge/ procureur de la République	Famille	Ami/es	Laïc	Confessionnel
Prévenu/ accusé	Oui	Oui	Oui	Non	Non	Oui	Sans restriction	Sans restriction	Avec restriction 3*	Avec restriction 4*	Avec restriction 10*	Avec restriction 5*
Condamné définitif	Oui	Oui	Oui	Non	Non	Oui	X	Sans restriction	Avec restriction 8*	Avec restriction 9*	Avec restriction 11*	Avec restriction12*

Source : l'auteur.

NB :

- RDS : Radiodiffusion sonore ;
- TV : Télévision ;
- Jnx : Journaux ;

- Web : Internet ;
- Tél. : Téléphone ;
- Publi. : Publication ;
- Fam. : Famille du détenu/prisonnier ;
- O.I.P. : Organismes d'insertion et de probation ;
- O.S.C. : Organisation de la société civile.

Commentaire : Les détenus (prévenus et condamnés) en milieu carcéral camerounais jouissent de leur liberté totale d'accès aux médias de communication de masse. Ils peuvent, à leurs frais, se procurer régulièrement des journaux de leur choix, à défaut de ceux qui leur sont proposés dans les bibliothèques des prisons, là où elles existent, malgré le retard par rapport à la date de parution de ceux-ci. En revanche, les détenus font face aux proscriptions administratives, pour des raisons de sécurité, pour l'accès à Internet et au téléphone en général. Par ailleurs, ils peuvent s'entretenir dans les parloirs des pénitenciers avec leurs avocats à volonté, pendant les jours et heures ouvrables de service (c'est l'unique condition qui leur est opposée).

Concernant les familles et les amis, la présentation d'un permis permanent de visite (délivré par le juge d'instruction, sur avis conforme du procureur de la République, exclusivement lorsqu'il s'agit des prévenus Cf.3*, 8* ; 4* et 9*) et d'une pièce d'identité en cours de validité, sont indispensables à toute réquisition de l'agent pénitentiaire.

Les organisations de la société civile ainsi que les organismes d'insertion et de probation, sont astreints à la présentation au régisseur de la prison, d'une autorisation d'accès délivrée par le ministre en charge de l'Administration pénitentiaire, qui organise sur site les conditions de leur accès et de travail au sein du pénitencier (cf. 5*, 10* ; 11* et 12*).

L'accès des OSC au sein des centres pénitentiaires est subordonné à l'obtention d'une autorisation délivrée par le ministre chargé de l'A.P. Les responsables desdits centres assurent le suivi et le contrôle des activités des OSC et ils adressent périodiquement au ministre chargé de l'A.P. un rapport d'activités desdites organisations. La suspension ou l'interdiction d'accès d'une OSC au sein d'un pénitencier peut être prononcée par le ministre chargé de l'A.P. en cas de constat d'inefficacité ou non-opérationnalisation de ses objectifs ou lorsque ceux-ci sont incompatibles aux missions de l'A.P.

Ce chapitre nous a permis d'examiner le cadre d'exercice de certains droits humains reconnus[322] aux personnes placées sous- main de justice en milieu carcéral camerounais. Par la suite, il nous a conduit à mettre le cap sur les sanctions disciplinaires auxquelles s'exposerait tout représentant de la loi : fonctionnaire de l'Administration pénitentiaire qui, dans l'exercice ou à l'occasion de l'exercice de ses fonctions, foulerait au pied les droits des détenus[323], notamment ceux relatifs à la communication avec le monde extérieur. Il a également été question d'évoquer les sanctions qu'encourraient les usagers de la prison qui seraient pris en flagrant délit, comme coauteurs ou complices, des actes pouvant être considérés comme portant atteinte à la discipline et à la sécurité carcérale, actes commis lors des communications avec les personnes vivant en détention carcérale.

---

[322]Il s'agit à proprement parler des droits de l'Homme de la première génération (droits civils et politiques) d'une part et de la deuxième génération (droits économiques, sociaux et culturels) d'autre part. Car après qu'on lui a retiré la liberté physique, le détenu conserve entre autres : le droit à la vie, à la communication, à la liberté de culte, de conscience, et d'association, à la vie privée et à la propriété privée. Au demeurant, il est strictement interdit de lui faire subir la torture et des peines inhumaines ou dégradantes. Dans le même sillage, le détenu a droit à l'instruction et à l'éducation, à la formation professionnelle et à la pratique d'une activité génératrice de revenus susceptible de favoriser son retour à une vie sociale harmonieuse qui l'éloigneraient de la récidive.

[323]Lire spécialement le Rapport du ministère de la Justice sur l'état des droits de l'Homme au Cameroun en 2005, Yaoundé, octobre 2006 et celui de 2006, Yaoundé, novembre 2007. Ces deux documents mettent en exergue les poursuites disciplinaires et judiciaires concomitantes dont font l'objet les personnels des Armées et des FMO accusés d'atteinte aux droits et libertés des citoyens pendant ou à l'occasion de l'exercice de leurs fonctions.

Le droit à la communication de la personne détenue avec le monde extérieur mériterait d'être considéré comme un droit sacré. La suspension momentanée d'en jouir devrait constituer une dérogation spéciale, découlant des circonstances exceptionnelles qui relèvent de la compétence d'une autorité judiciaire ou pénitentiaire qui ont l'obligation chacune en ce qui la concerne d'acter par écrit sa décision, de la motiver et de circonscrire dans le temps sa validité. La violation du droit à la communication de la personne détenue, par abus ou excès de pouvoir, peu importe la provenance, apparaît comme une grave arriération, un périlleux bond en arrière pour l'administration de la justice et l'administration pénitentiaire. Car, du fait de la faute commise, le détenu est envoyé en prison comme punition et non pas pour y être puni.

Pour toutes ces considérations, il sied de retenir dans la perspective d'Eudoxie Gallardo, que la privation de liberté intra-muros est fille aînée de la détention carcérale. Celle-ci est soit « une mesure d'incarcération d'une personne, de manière préventive, avant tout jugement d'une part et d'autre part une peine criminelle ou correctionnelle venant sanctionner la commission d'un délit ou d'un crime »[324]. La détention carcérale, puisqu'il s'agît bien d'elle, annihile la liberté d'aller et venir à sa convenance. Telle est la première conséquence qu'elle produit dans la vie d'un individu, toute chose qui impose du reste à celui-ci une nouvelle vie.

Au regard de ce qui précède, il découle que la détention carcérale restreint sans en supprimer, certains droits reconnus à la personne humaine, dont le droit à la communication. La restriction du droit à la communication - la seconde conséquence - de la privation de liberté (mesure ou peine) dont est frappée la personne détenue en milieu carcéral, induit que ce droit soit soumis dans son exercice, au contrôle respectif des responsables de l'établissement pénitentiaire, du Parquet et du Siège des juridictions pénales compétentes. Dans le cas où elle a été décidée, la restriction des communications concernant un détenu inculpé prend fin en ce qui concerne le juge d'instruction, à la clôture de l'information judiciaire - dès que l'affaire passe à la première audience devant le juge du jugement -. En ce qui concerne l'A.P. en revanche, la restriction légalement motivée des communications du détenu inculpé et condamné commence à l'incarcération et s'arrête à la libération. Les raisons pertinentes souvent invoquées sont la préservation de la sécurité du pénitencier et partant de la société tout entière.

La connaissance des formalités administratives requises pour jouir du droit de communiquer avec un détenu inculpé ou condamné ainsi que la volonté de s'y soumettre aurait certainement épargné à un régisseur de prison camerounais bien des déboires. Celle-ci aurait empêché à ce dernier

---

[324]Eudoxie Gallardo, in *Le statut du mineur détenu*, préface de Philippe Bonfils, Paris, L'Harmattan, 2008, p. 19.

d'exercer une violence épistolaire inutile à l'endroit d'un agent public qui ne demandait rien de plus aux usagers du service dont il avait la charge, que de se soumettre à la réglementation en vigueur. N'est-ce pas cela aussi vivre dans un État de droit ? Nous vous convions en définitive, à méditer sur l'expression de l'exaspération illégitime, extériorisée par Ferdinand Chindji Kouleu, à travers un extrait de sa lettre ouverte, hélas non parue dans les médias, qu'il rédigea en mai 1998 et destina au régisseur de la prison centrale de Douala-New Bell, par rapport au refus à lui opposé par celui-ci, d'entrer en contact avec un détenu en instance de jugement. Il dit son écœurement en des termes qui laissent transparaître le poids des mots et la profondeur du ton à travers le sens de la dérision qu'on lui connaît :

Permettez-moi de perturber un peu votre paix carcérale en vous exposant les faits suivants : humble et paisible habitant de la capitale politique camerounaise, je me suis vu obligé de faire six va-et-vient, entre Yaoundé et Douala, de janvier à mai 1998, tentant en vain de voir mon frère, Pius Njawé, pensionnaire de la cellule n° 15 de votre maison d'arrêt. Qui a donc décidé qu'on ne doit plus rendre visite à des prisonniers d'opinion ? Grand est mon étonnement de constater votre refus systématique de me laisser le voir, car vous ne me connaissez pas et moi non plus je ne vous ai jamais vu[325].

L'illustre visiteur non reçu s'interroge sur les mobiles du refus du régisseur de la prison de l'autoriser à rencontrer son frère et ami incarcéré et par suite, il croit avoir trouvé une réponse. Mais quelle illusion !

La raison de ce refus, personne ne me l'a indiquée jusqu'ici. Un jour, j'ai tellement insisté que le geôlier a dû prendre ma carte d'identité pour aller vous présenter. Sans aucun résultat positif. Aussi ai-je compulsé tous les ouvrages de droit et singulièrement le Code pénal camerounais à la recherche d'un article interdisant la visite aux prisonniers politiques. Que dalle. (...) Tenez-vous tranquille. Si j'avais à scribouiller sur les prisons infestes du Cameroun, je n'aurais pas besoin de l'exemple de New-Bell, dans la mesure où toutes vos prisons se ressemblent[326].

Illusion et désinformation. On y est, car même si les prisons n'ont pas changé leurs positions géographiques et parfois leurs appellations, le contexte sociopolitique n'est pas resté le même. Ne pas le reconnaître est une erreur.

J'en sais quelque chose, pour y avoir séjourné en 1958, encore sous les Français, pour un but aussi noble que celui de Puis N. Njawé. Vous pouvez le deviner facilement. C'est bien en visitant les cachots (ah ! oui,) que Mgr Georges Siyam me découvrit et réussit à m'en extirper. Si les Blancs interdisaient les visites aux prisonniers politiques, je n'avais aucun espoir de m'en sortir. Même lorsque je me reposais à la tristement célèbre maison

---

[325] Op.cit., pp. 47-48.
[326] Idem.

d'arrêt de Nkondengui, BMM à Yaoundé (1985-1986), tout le monde me rendait visite et je blaguais librement avec tous mes visiteurs, même s'ils le faisaient à leurs risques et périls[327].

L'illustre visiteur « éconduit » laisse exploser sa colère vive, mais injuste et s'interroge, « comment se fait-il qu'à l'heure où notre pays claironne aux bailleurs de fonds, à la suite des luttes populaires, qu'on va bientôt nous accorder quelques bribes de liberté et de démocratie, vous me refusiez de voir un prisonnier injustement enfermé ? Qui va-t-on croire désormais ? (...) »[328].Quelle triste méconnaissance de la loi en cette matière dont s'est rendu coupable cet universitaire camerounais, ancien détenu politique comme il aimait à le rappeler.

Le droit à la communication participe, tant s'en faut, nous avons tenté de le prouver, à la préparation des détenus à la réinsertion sociale. Car, comme l'admet Andrew Coyle, par expérience les détenus qui maintiennent de bons contacts réguliers avec leurs réseaux sociaux (familles, amis, associations, clubs, etc.) sont généralement moins disruptifs au plan disciplinaire. La plupart sont plus respectueux des règles et règlements de la vie carcérale et suivent facilement les programmes de réinsertion qui leur sont proposés ou participent comme intervenants aux activités organisées en faveur d'autres détenus. Le même effet se produit lorsque l'administration pénitentiaire donne des possibilités aux détenus d'avoir accès à un éventail d'informations venant du monde extra mural, afin de les aider comme le soutient Andrew Coyle : « à ne pas oublier qu'à l'extérieur des murs et des barrières de la prison il existe un monde dans lequel ils reprendront un jour place. (...) Tout particulièrement avec les détenus qui purgent une peine longue, l'accès à la télévision leur permettra de rester un peu en contact avec les changements très rapides qui peuvent se produire dans la société hors de la prison »[329].

Le droit de la personne détenue à la communication a une valeur identique, au sens hiérarchique au droit à l'alimentation, à la santé, à l'instruction ou à la formation professionnelle, tous reconnus en milieu carcéral. Chacun desdits droits est autonome et non interchangeable. Dès lors, les acteurs du système de justice pénale doivent veiller chacun à son niveau à la préservation en faveur de la personne détenue du droit à la communication dans toutes ses composantes. Pour cette raison, Andrew Coyle souligne pertinemment en convergence avec l'Ensemble des règles minima pour le traitement des détenus[330] qu'« en plus du maintien du contact

---

327 Idem.

328 Idem.

329 Op cit., p.115.

330 *Les détenus doivent être tenus régulièrement au courant des évènements les plus importants, soit par la lecture de journaux quotidiens, de périodiques ou de publications*

avec la famille et les amis, les détenus doivent pouvoir rester informés des évènements qui se produisent dans le monde. Ils doivent avoir accès régulièrement aux journaux, à la radio et à la télévision. (...) Les administrations pénitentiaires doivent réfléchir soigneusement aux modalités de l'accès à internet »[331].

Au même titre, les décideurs politiques et professionnels doivent œuvrer pour l'évolution constante du droit à la communication de la personne détenue. À l'observation, il ne nous apparaît pas trop tôt d'envisager pour l'heure, que le droit à la communication de la personne détenue avec le monde extérieur revête au Cameroun la composante quasi achevée désignée par l'expression visite familiale ou conjugale prolongée, traduite par la création et l'opérationnalisation des unités soit de vie familiale[332] soit de vie conjugale[333]. Même si une certaine critique dont je partage d'ailleurs la pertinence relève que ces visites familiales ne peuvent pas constituer une vie familiale normale, il est cependant indéniable qu'elles contribuent à créer un environnement acceptable dans lequel la personne détenue resserre les liens avec les membres de sa famille. Le CPP a déjà tracé le cap. Il importe de le maintenir en l'enrichissant des exigences imprimées par l'évolution culturelle et économique de la société camerounaise, réceptive aux apports positifs des dynamiques du dehors.

Sur un autre plan, il nous apparaît que le droit à la communication de la personne détenue pourrait servir de ferment au droit à la communication de l'Administration pénitentiaire elle-même, en tant que service public, concourant par essence au Bien public. En clair, l'accès réglementé de la personne détenue aux supports de communication divers énumérés sur le tableau ci-dessus devrait permettre par voie de conséquence au service public pénitentiaire de concevoir, d'organiser, d'implémenter et d'évaluer

---

pénitentiaires spéciales, soit par des émissions radiophoniques, des conférences ou tout autre moyen analogue, autorisés ou contrôlés par l'administration. Règle 39, RMT.

[331] Op cit., p.115.

[332] Dans certains systèmes pénitentiaires de l'Europe de l'Est et d'Asie centrale, les prisons disposent en leur sein d'un complexe de petits appartements dans lesquels la personne détenue peut être autorisée à vivre pendant 72 heures au plus, avec un ou plusieurs membres de sa famille (ascendants, parents, collatéraux, etc.), en guise de récompense pour le bon comportement dont elle est créditée en prison. Une pratique similaire est observée au Canada et aux USA par l'installation dans le périmètre isolé de certaines prisons des mobile home. Les personnes détenues qui sont éligibles à cette faveur doivent se présenter aux autorités aux heures spécifiques de la journée et de la nuit pour le contrôle de sécurité.

[333] Dans certains systèmes pénitentiaires de l'Europe occidentale (Danemark, Suède, Pays-Bas et Espagne), la personne détenue est autorisée à s'isoler pendant un maximum de trois heures avec son/sa conjoint/e ou compagne de longue date dans un appartement géré par l'A.P. En Amérique latine, la personne détenue est autorisée à recevoir la visite de sa famille le week-end suivant le procédé identique sus décrit moins le formalisme. Les femmes dans certaines prisons reçoivent la même faveur accordée aux hommes.

ses supports[334] externes de communication, susceptibles de favoriser son décloisonnement[335], son ouverture au monde extérieur, celui qui se trouve au-delà des murs physiques et psychologiques, celui qui est perceptible après les barrières naturelles et artificielles. Car, il est de l'intérêt du service public pénitentiaire que le public et les médias de masse soient sensibilisés aux valeurs qu'il promeut, qu'ils soient régulièrement informés sur sa place, son rôle et son importance dans une société démocratique, comme le souligne Andrew Coyle :

Pour que cela se produise, il est important que les membres du personnel pénitentiaire aux échelons supérieurs développent de bonnes relations avec le public et les médias locaux. Il n'est pas normal que le public entende parler des prisons uniquement lorsque des problèmes se produisent ; on doit l'informer des réalités quotidiennes de la vie en prison. Les administrateurs pénitentiaires doivent encourager les directeurs de prison à se réunir régulièrement avec les groupes de la société civile, y compris avec des organisations non gouvernementales, et à les inviter à visiter la prison lorsque cela est approprié[336].

Fort heureusement, une prise de conscience par certains professionnels de la nécessité pour le service public pénitentiaire de communiquer sur lui-même et sur ses usagers ; sur ses programmes et ses défis ; sur ses moyens et ses difficultés est en cours de maturation au Cameroun. Celle-ci mérite d'être encadrée, soutenue et accompagnée manifestement par les décideurs politiques et professionnels à tous les niveaux. L'initiative prise par certains valeureux collègues, sous la houlette de M. Joseph Bissila Ndjana[337], de proposer un hymne à l'administration pénitentiaire camerounaise est pertinente. Car celui-ci constitue à travers ses paroles et sa musicalité, une

---

[334] Lire : Michel Gabriel Ngoo-Djob Litet, Le Traitement de l'information carcérale dans la presse quotidienne camerounaise, op cit.

[335] La politique de décloisonnement des prisons en Chine est reflétée dans l'extrait de l'article de *China Daily* du 26 mars 2004 titré : ``La prison de Shanghai ouvre ses portes au public ``. En substance, il y est relaté que : `` *La prison de Baoshan à Shanghai a présenté jeudi dernier sa nouvelle stratégie de journée portes ouvertes. Désormais, n'importe quel citoyen chinois de plus 16 ans peut visiter la prison, qui se trouve dans la banlieue nord de la ville. La journée portes ouvertes se déroule le dernier jeudi du mois. Le nombre de visiteurs étant limité à 40 personnes par mois, il faut s'inscrire à l'avance. Jeudi dernier, la prison a accueilli son premier groupe de visiteurs individuels. Il s'agissait principalement d'étudiants, d'universitaires, d'officiels du gouvernement local et de parents des détenus. Le surveillant de prison Chen Yaoxin interviewé a déclaré que : `` Nous accueillons chaleureusement les visiteurs individuels ordinaires et nous souhaitons que notre gestion des prisons soit supervisée par la société dans son ensemble. Une telle initiative aura un très grand poids* ``.

[336] Op cit. Pp. 18-19.

[337] Brillant et laborieux fonctionnaire de l'A.P. camerounaise du fait de sa polyvalence : administrateur de prison, psychologue, guitariste et chef d'orchestre. Il est l'auteur du texte *Les commandos du pénitencier* et de la mise en musique de celui-ci, qui pourrait devenir l'hymne de l'A.P camerounaise.

indéniable déclaration d'intention[338] du service public pénitentiaire au Cameroun, laquelle renseigne sans équivoque sur son identité, qui doit être connue et comprise par son personnel et le public.

Par extension, posons en axiome en guise de parenthèse que la communication est un outil de développement dont ne pourrait se passer l'Administration pénitentiaire camerounaise. La communication sociale, puisque c'est d'elle qu'il s'agit précisément, est un vecteur efficace d'échange d'informations, de savoir-faire et savoir-être, ainsi que de données, lequel permettrait à l'A.P camerounaise de s'ouvrir au monde. Il importerait de ce fait pour l'A.P camerounaise d'élaborer et de mettre en œuvre un gigantesque programme[339] communicationnel reposant sur l'utilisation des outils de communication de masse (radiodiffusion sonore, télévision, internet, réseaux sociaux, magazines périodiques d'informations, revues périodiques thématiques, etc.)

Le programme communicationnel ainsi conçu et lancé devrait conduire à terme, à l'édification d'un *lobby* pénitentiaire influent, constitué d'intellectuels de divers horizons, professionnels de la justice pénale, hommes d'Église, etc. ayant pour objectif d'inoculer dans le corps social la sensibilité des problématiques pénitentiaires, afin d'impacter le débat politique au plus haut niveau. Car pour l'heure et depuis lors, les questions carcérales ne préoccupent que l'A.P et, dans une moindre mesure, la petite frange des administrations publiques sectorielles et de la société civile ayant voix au chapitre étant donné leurs rôles.

---

338 La déclaration des valeurs qui sous-tend le travail du *Swaziland Department of Correctional Services* a la même résonance que les paroles de l'hymne de l'Administration pénitentiaire camerounaise. Portée sur la page d'accueil du site web du gouvernement (ministère de la Justice et des Affaires constitutionnelles du Swaziland), celle-ci énonce que : `` *(...) Nos valeurs. La direction et le personnel des Services correctionnels de Sa Majesté sont guidés dans leur travail par les valeurs mentionnées ci-dessus : - Nous respectons la dignité des personnes, les droits de tous les membres de la société et le potentiel de croissance et de développement des personnes, cela nous motive pour réaliser les mesures correctionnelles par l'intermédiaire de programme de réhabilitation et d'intégration. – Nous reconnaissons que le délinquant peut mener une existence respectueuse de la loi : les facteurs environnementaux sont les principales causes de la situation inverse. – Nous sommes convaincus que notre force et nos principales ressources pour atteindre nos objectifs sont les membres de notre personnel, et que les relations humaines sont la pierre angulaire de nos efforts. Nous sommes convaincus que le partage des idées, connaissances, valeurs et expériences, au plan national et international, est essentiel pour réaliser notre mission. – Nous sommes convaincus que nous devons gérer notre service avec ouverture et intégrité et nous devons rendre des comptes au ministère de la Justice et des Affaires constitutionnelles. - Nous sommes convaincus qu'il est nécessaire de détenir et de traiter les délinquants avec humanité et qu'il faut employer des mesures de contrôle des détenus raisonnables, sans risque et équitables* ``.

339 Lire : Michel Gabriel Ngoo-Djob Litet, Le traitement de l'information carcérale dans la presse quotidienne camerounaise, op cit.

CHAPITRE VI

DE LA DÉTENTION DU MINEUR AU REGARD DU CPP

« Si vos projets portent à un an, plantez du riz.
Si votre horizon s'étend jusqu'à vingt ans, plantez un arbre.
Si vous voulez vous organiser pour un siècle, développer des hommes ».

Bouddha

« Ô mères, écoutez-moi.
Ne laissez jamais vos garçons seuls la nuit dans les rues.
Ils iront tout droit en prison ».

Johnny Halliday, *Les portes du pénitencier*, 1970.

« Nanga boko », « enfants de la rue », « enfants sans famille », «enfants en danger», «jeunes délinquants», « jeunes errants», «pickpocket», « fumeurs de colle », « sans pitié », « petits braqueurs ». Ce sont là les principales expressions qui, sans prétention à l'exhaustivité, permettent de désigner avec plus de clarté au Cameroun, non sans les avoir stigmatisés, les cadets sociaux potentiellement et réellement en conflit avec la loi pénale. Sous d'autres cieux, les expressions telles que « racaille », « canaille », « fripouille » ou « vermine » sont également utilisées par les adultes exaspérés pour désigner les mineurs potentiellement ou réellement en conflit avec la loi pénale.

Ici comme ailleurs, ces enfants et adolescents abandonnés à eux-mêmes, parce qu'intégrant difficilement les normes sociétales, représentent à proprement parler la clientèle d'exception[340] des établissements pénitentiaires, et ce, pour plusieurs causes[341], les unes aussi convaincantes que les autres. En plus d'être défavorisés[342] économiquement et socialement, ils le sont plus moralement, intellectuellement, psychologiquement et même

[340] `` *(1) Le placement d'un mineur dans une institution est toujours une mesure de dernier ressort et la durée doit être aussi brève que possible*``. Ensemble de règles minima concernant l'administration de la justice pour mineurs, Règle 19.

[341] Roger Mucchielli, in *Comment ils deviennent délinquants*, Paris, Éditions sociales françaises, 1965.

[342] Lire Guillaume Nana, in *Le cri muet (roman)*, Yaoundé, CLE, 2010.

spirituellement. Le défi des *seniors* sociaux consiste donc, dans la mesure de l'impossible, à corriger la trajectoire prise par les cadets sociaux, en leur donnant des repères solides susceptibles d'être utilisés par eux comme viatique pour affronter la vie en communauté en dépit des aspérités qu'elle présente.

D'évidence, les mineurs évoluant dans la sphère de la délinquance juvénile sont incapables de s'insérer dans les mécanismes gouvernementaux et ceux mis en place par la société civile et qui sont destinés à renforcer leur socialisation et à les prémunir contre la déviance. Ils vivent en marge de la loi et sont prédisposés, vaille que vaille, à faire un, deux, trois voire plusieurs détours par la prison avant d'atteindre la majorité pénale[343]. Pour un nombre relativement considérable d'entre eux, ce manège se poursuit bien longtemps après avoir « eu de l'âge » - pour reprendre fort à propos - une vieille formulation, mais ô combien toujours parlante, utilisée dans *Les Saintes Écritures.*

En effet, le récit de Jean 9, 18-22 se rapportant au recouvrement de la vue, grâce à Jésus Christ, par un jeune homme né aveugle, met amplement en lumière la notion de discernement dont l'absence ou la présence a préoccupé les premiers hommes, afin de déterminer le degré d'imputabilité de la responsabilité des actes devant être portés à charge contre ou à décharge à l'endroit d'un individu en conflit avec la loi devant ses représentants.

Les Juifs ne crurent point qu'il eût été aveugle et qu'il eût recouvré la vue jusqu'à ce qu'ils eussent fait venir ses parents. Et ils les interrogèrent, disant : est-ce là votre fils, que vous dites être né aveugle ? Comment donc voit-il maintenant ? Ses parents répondirent : nous savons que c'est notre fils, et qu'il est né aveugle ; mais comment il voit maintenant, ou qui lui a ouvert les yeux, c'est ce que nous ne savons. Interrogez-le lui-même, ***il a de l'âge****, il parlera de ce qui le concerne. Ses parents dirent cela parce qu'ils craignaient les Juifs (...)*[344].

Du fait de ce qui précède, les mineurs[345] sont considérés dans chaque établissement pénitentiaire comme la première catégorie de détenus

---

[343]Au Cameroun, comme dans la plupart des pays d'Afrique subsaharienne et même dans certains pays de l'Occident, la majorité pénale est fixée à 18 ans.

[344]La Sainte Bible, traduite sur les textes originaux Hébreu et Grec, Louis Segond, 1910, La Ligue Biblique, Chicago, IL, The Bible League, 2001.

[345]La loi camerounaise distingue symétriquement trois catégories de mineurs : (1) ceux âgés de moins de 10 ans, ils sont totalement irresponsables ; (2) ceux âgés de 10 à 14 ans, ils sont pénalement responsables, mais ne peuvent faire l'objet que de mesures spéciales autres que l'emprisonnement prévues par la loi ; (3) ceux âgés de 14 à 18 ans, ils sont pénalement responsables et peuvent faire l'objet de mesures privatives de liberté et/ou de condamnation lorsqu'ils ont commis une infraction (délit et/ou crime). Toutefois, ils bénéficient d'une

vulnérables[346]. Après eux, viennent par ordre d'importance les femmes, les handicapés mentaux - occasionnels-, les handicapés moteurs, les personnes du troisième âge, les étrangers, les réfugiés et les malades occasionnels ou chroniques. La vulnérabilité des mineurs, par rapport à toutes les autres catégories sociales se trouvant en détention carcérale est fondée au plan mental, sur l'absence de discernement moral et intellectuel, c'est-à-dire la capacité par eux de disposer pleinement du libre arbitre, de s'en servir par le truchement de la lumière de l'esprit pour distinguer le bien du mal et de surcroît, de choisir comme une nécessité qui s'impose à eux le bien en toutes circonstances à la place du mal. Au plan physique, elle est fondée sur l'incomplétude de leur croissance morphologique. Ce paramètre déterminant les rendant plus faibles en ce qui concerne le rapport de force physique et psychologique, en face de jeunes adultes ou d'adultes accomplis.

À l'analyse, la réalité historique nous renseigne que chaque système politique ou chaque organisation sociale secrète au fil du temps ses propres « déclassés », encore appelés « marginaux », « laissés-pour-compte », « inadaptés » et mêmes « parasites »[347] dont il n'a malheureusement souvent pas le courage d'affronter l'existence. Dans le même ordre d'idée, comme en ce qui concerne la conflictualité avec la loi qu'aucune société n'est parvenue à empêcher totalement le surgissement, quelle qu'en soit la rigueur du châtiment et l'efficacité des mécanismes de prévention ; aucune société n'est parvenue non plus, à enrayer la mendicité, la maladie mentale, etc. Ainsi, nous conviendrait-il d'admettre dans cette mouvance, en convergence étroite avec la thèse de Roger Bertaux[348] que chaque société humaine organisée mobilise les moyens qui sont les siens pour circonscrire les phénomènes asociaux qui l'affectent dans des proportions acceptables, à travers une prise en charge des auteurs desdits phénomènes d'une part et ; une limitation des facteurs « déviantogènes » auxquels ils sont exposés d'autre part. De ce fait, il importe de souligner que le souci de prise en charge pénale de la délinquance juvénile au Cameroun remonte à la période coloniale.

---

procédure pénale spéciale comparativement à celle applicable aux délinquants et/ou criminels adultes.

346 `` *(3) Les mineurs en détention préventive doivent bénéficier de tous les droits et garanties prévus par l'Ensemble de règles minima pour le traitement des détenus adopté par l'organisation des Nations Unies. (4) Les mineurs en détention préventive doivent être séparés des adultes et détenus dans des établissements distincts ou dans une partie distincte d'un établissement qui abrite aussi des adultes. (5) Pendant leur détention préventive, les mineurs doivent recevoir les soins, la protection et toute l'assistance individuelle – sur les plans social, éducatif, professionnel, psychologique, médical et physique – qui peut leur être nécessaire eu égard à leur âge, à leur sexe et à leur personnalité* ``. Ensemble de règles minima concernant l'administration de la justice pour mineurs, Règle 19.

347 Patrick Meney, in *La kleptocratie (la délinquance en URSS)*, Paris, La table ronde, 1982, p. 14.

348 Roger Bertaux, in *Pauvres et marginaux dans la société française*, Paris, L'Harmattan, 1996.

Car, ce souci figure dans les textes législatifs[349] et réglementaires[350] de cette époque, qui ont servi d'humus, le temps passant, à la constitution au Cameroun d'un service public pénitentiaire qui, sans cesse monte en puissance, à travers le régime des établissements pénitentiaires en cours de maturation et le statut stimulant des personnels de l'État relevant de ce domaine d'activité pertinent. Pour s'en convaincre, la prise en charge de la délinquance juvénile s'est matérialisée au Cameroun, par l'allègement[351] normatif et institutionnel de l'épée de la justice tenue par Thémis, en faveur des mineurs en conflit avec la loi pénale, dès la mise en place des institutions de la jeune République le 1er janvier 1960. Ainsi, à mesure que la vision du législateur camerounais mettait en place des juridictions appropriées à cette typologie d'anormalité, des magistrats spéciaux et des acteurs sociaux spécialisés dans les affaires relevant de la délinquance juvénile étaient également institués, au même titre que des procédures toutes particulières devant être suivies.

De l'autre côté, l'autorité camerounaise investie du pouvoir réglementaire intégrait à son tour dans la gestion du vécu quotidien *intra-muros* de cette catégorie de la clientèle pénitentiaire, la prise en compte scrupuleuse de sa spécificité. En tout état de cause, l'autorité investie du pouvoir réglementaire, éclairée par la vision du législateur, avait encadré la détention[352] du mineur par une palette de dispositions légales spécifiques, à travers lesquelles il nous apparaît que le principe de l'éducatif était censé l'emporter sur celui du répressif.

Pour tout dire, s'agissant de la répression de la déviance juvénile, observons à titre de rappel que le principe de réinsertion sociale a prévalu, depuis lors, sur celui de l'exemplarité de la sanction. La primauté de l'éducatif sur le châtiment concernant cette catégorie pénale et pénitentiaire constitue une ambition séculière, qui a fait des fortunes diverses, d'un pays à

---

[349]Le décret du 30 novembre 1928 instituant les juridictions spéciales et le régime de la liberté surveillée pour les mineurs, modifié par les lois n° 58/203 du 26 décembre 1958 et 67/LF/1 du 12 juin 1967.

[350]L'arrêté du 08 juillet 1933 portant règlementation du régime pénitentiaire au Cameroun, complété par la décision du 14 septembre 1951 fixant le taux des cessions de la main-d'œuvre pénale dans les régions du territoire. Ces deux textes étaient applicables au Cameroun oriental (francophone) ; tandis que *The Prisons Regulations* de 1916 en vigueur dans la fédération du Nigeria, étaient applicables au Cameroun occidental (anglophone).

[351]Nonobstant l'absence de statistiques fiables, on pourrait prendre le risque d'affirmer que la déviance des adultes est plus réprimée au Cameroun que celle des cadets sociaux.

[352] *Aux fins des présentes Règles, les définitions ci-après sont applicables :(a) Par mineur, on entend toute personne âgée de moins de 18 ans. L'âge au-dessous duquel il est interdit de priver un enfant de liberté est fixé par la loi ; (b) Par privation de liberté, on entend toute forme de détention, d'emprisonnement ou de placement d'une personne dans un établissement public ou privé dont elle n'est pas autorisée à sortir à son gré, ordonnés par une autorité judiciaire, administrative ou autre.* Règles des Nations Unies pour la protection des mineurs privés de liberté, Règle 11.

l'autre, dépendamment du contexte social, économique et politique. Toute chose qui a conduit plusieurs spécialistes et observateurs avisés, épiloguant sur les conditions de détention carcérale des mineurs en conflit avec la loi pénale, à relever l'impossible compatibilité entre l'éducation et la correction, bref le difficile maillage entre la mise à l'écart dans un milieu criminogène qu'est la prison et la pratique des activités destinées à la rédemption et à l'insertion sociale se déroulant dans ledit milieu. Cette problématique est formulée plus savamment par Nathalie Dollé[353], lorsqu'elle s'interroge « l'éducation » trouverait-elle une place dans un lieu de « répression » ; « Le choix politique de concentrer les efforts financiers sur les structures fermées aux dépens de l'éducation et de la prévention en milieu ouvert est-il légitime ? » « Mettre les jeunes en prison, est-ce le début ou la fin de leurs problèmes (et des nôtres) ?».

Dans le même sillage, Marie-Rose Moro, chef du service psychiatrie de l'enfant et de l'adolescent à l'hôpital Avicenne de Bobigny, en Seine-Saint-Denis, renchérit :

La prison est sans doute nécessaire, dans nos sociétés, puisqu'on n'a rien d'autre. Mais c'est un lieu de violence terrible, qui fabrique de la délinquance. Ce système destructif a plus d'impact sur des êtres en développement que sur des adultes. Il fixe les adolescents dans un destin négatif, ajoute une nouvelle violence à celles qu'ils ont subies. On fabrique du traumatisme, ce qui n'est pas bon pour la collectivité. Mettre en prison des jeunes de cet âge-là est un constat d'échec de notre société. S'il faut vraiment enfermer les adolescents, il faudrait au moins des lieux spécifiques, où ils bénéficieraient d'un accompagnement éducatif[354].

Il importe d'insister ici sur le fait que la justice pénale et la détention carcérale des enfants déviants ont une longue histoire. Celle-ci est riche et édifiante. En effet, l'histoire de la justice pénale et de la détention carcérale des mineurs, dans le système romano-germanique, remonte au Moyen-âge. Au début de la répression de la délinquance des mineurs, nous renseigne l'historien Jean-Jacques Yvorel[355], l'objectif de l'incarcération demandée soit par les parents soit par la société, était la mise du mineur - malfaiteur - à l'écart de la société pour prémunir celle-ci contre la répétition du mal dont il a été l'auteur. Plus tard, a surgi le souci d' « éduquer en corrigeant », c'est-à-dire d'engager des actions thérapeutiques pendant la mise à l'écart du mineur malfaiteur afin de le détourner du mal. Pendant plusieurs siècles, les deux grandes tendances doctrinales sur la répression de la délinquance juvénile se sont affrontées en s'internationalisant. Elles ont évolué comme dans un

---

[353]Nathalie Dollé, in *Faut-il emprisonner les mineurs ?* Évreux, Larousse, (coll. A vrai dire), 2009, pp.7, 8 et 9.
[354] Ibid., p. 103.
[355] Ibid. P.13 et suiv.

mouvement de balancier entre : répression et éducation. Les politiques publiques dans divers pays en cette matière ont été orientées alternativement, parfois vers un camp et par moment vers l'autre. Il faudra attendre le milieu du XXe siècle, notamment après la IIe Guerre mondiale, pour voir la justice pénale et l'incarcération des mineurs malfaiteurs - amorcer les premiers pas de leur modernisation et de leur humanisation en France.

Au Cameroun, cette œuvre remonte à la période coloniale et s'est poursuivie après 1960 et, à partir de là, elle a pris une bonne impulsion dès le début de la décennie 1990. Des avancées significatives observées théoriquement dans le cadre législatif et réglementaire existant qui organise la protection du mineur, à travers ce qu'il convient de nommer ici, la justice pénale des mineurs d'une part et le statut du mineur détenu d'autre part mériteraient un sursaut d'efforts des pouvoirs publics pour les traduire en actes concrets sur le terrain opérationnel, sur lequel se déploient au plan institutionnel, organisationnel et fonctionnel les structures responsables de ce domaine. Pour le cas de la France dont le Cameroun s'est inspiré, l'ordonnance de 1945 y a joué un rôle cardinal. Non seulement elle a permis de préciser les missions des personnels de l'éducation surveillée, par rapport à leurs homologues de l'A.P., mais elle va fonder la justice pénale des mineurs - malfaiteurs - sur des principes ambitieux, qui reposeront sur des dispositifs précis, comme le relève avec pertinence Nathalie Dollé dont la réflexion est à nouveau convoquée à la démonstration :

Plusieurs grands résistants se mobilisent pour que les « enfants de justice » ne soient plus privés de liberté avec autant de facilité et aussi peu de contrôle public. (...). Une juridiction spécifique : « Désormais, tous les mineurs jusqu'à l'âge de 18 ans auxquels est imputée une infraction à la loi pénale ne seront déférés qu'aux juridictions pour enfants ». La primauté des mesures éducatives et la responsabilité pénale à 18 ans : les mineurs ne pourront faire l'objet que de mesures de protection, d'éducation ou de réforme, en vertu d'un régime d'irresponsabilité pénale qui n'est susceptible de dérogation, qu'à titre exceptionnel, par décision motivée[356].

Participe de cette dynamique, l'avènement d'une juridiction spécialisée pour connaître des infractions commises par les mineurs et de juges spécialisés chargés de dire le droit lorsque la responsabilité de cette catégorie de justiciables est engagée, explique l'essayiste :

L'ordonnance crée la fonction de juge spécialisé des enfants ainsi qu'un tribunal spécifique dont le président sera assisté par deux assesseurs que nous qualifierons aujourd'hui d'« issus de la société civile ». La personnalité de l'enfant devient prioritaire sur l'acte qu'il a commis : car ce qu'il importe de connaître, c'est bien plus que le fait matériel reproché au

[356]Nathalie Dollé, op cit. pp. 39-42.

mineur, sa véritable personnalité, qui conditionnera les mesures à prendre dans son intérêt ». Le texte prévoit que le juge confie l'enquête sociale et les examens médico-psychologiques aux services sociaux spécialisés[357].

La prévention et la répression *extra* et *intra-muros* des infractions commises par les mineurs se restructurent dans un but d'accroissement de l'efficacité. Ce qui fait dire à l'auteur que

Les mesures prises par le juge des enfants sont dorénavant révisables à n'importe quel moment. Pour « lever toute entrave aux chances de relèvement ultérieur », l'ordonnance prévoit « l'effacement pur et simple de la mesure prononcée » du casier judiciaire des mineurs ». C'est dans cet esprit de concorde et d'efficacité bienveillante que l'éducation surveillée et l'Administration pénitentiaire se séparent. La première dépendante structurellement jusque-là de la seconde, les enfants de justice étaient exclusivement logés dans les établissements pénitentiaires[358].

La réforme se poursuit et conduit à la démarcation claire entre les missions des services de l'éducation surveillée et celles de la pénitentiaire « à partir de 1945, et puisque la protection et la sauvegarde de la jeunesse deviennent prioritaires, l'éducation surveillée prend son autonomie et gère ses propres bâtiments. Elle demeure au ministère de la Justice en tant que direction administrative, au même titre que la pénitentiaire[359]. Et, bien entendu, cette réforme se poursuivra. Le Cameroun, dès son accession à la souveraineté internationale, n'a cessé de s'inspirer profondément de l'expérience française pour conduire des politiques publiques pénales et pénitentiaires soucieuses de prendre en charge la délinquance juvénile. Du fait que les mineurs en conflit avec la loi pénale sont placés sous la main de la justice et rendus assimilables, sur le plan physique et mental, à une pâte modelable à merci, prisée par des adultes en détention et obstinés à recruter facilement dans leurs rangs de jeunes adeptes, qu'ils forment soit pour accomplir de basses besognes à leur compte soit pour assouvir leurs vils plaisirs ; la nécessité[360] de mettre les détenus mineurs à l'abri des influences néfastes qu'exercent sur eux les contacts de proximité avec les adultes (délinquants et/ ou criminels) placés sous les fourches caudines de la justice pénale est et demeure une préoccupation incessante. Celle-ci induit de toute évidence la mobilisation des ressources humaines compétentes et financières suffisantes, des infrastructures opérationnelles ainsi que des équipements d'encadrement adéquats, tout ceci en adéquation avec le cadre normatif, qui traduit clairement la politique publique nationale en vigueur dans ce

---

357 Idem.
358 Idem.
359 Idem.
360M. Musi Francis Mac-Tata(Ap), « Le traitement des détenus vulnérables », exposé présenté à la réunion des délégués régionaux de l'A.P., à Yaoundé, les 10, 11 et 12 décembre 2008.

domaine pertinent. Car, il est question de s'attaquer au plus près à tout phénomène qui serait de nature à compromettre les chances de resocialisation des détenus mineurs qui, toute proportion gardée, demeurent le fer de lance de la nation parce qu'ils représentent son avenir même étant en détention carcérale.

Dans son essai remarquable consacré à l'examen de la problématique des enfants en conflit avec la loi pénale au Cameroun, Luc Ndjodo[361], haut magistrat camerounais, met en lumière les mesures particulières de protection visant à prémunir contre les mauvais traitements, les condamnations pénales et les privations de liberté en milieu carcéral dont peuvent être l'objet les enfants délinquants et/ou criminels au Cameroun. Cette contribution intellectuelle à la compréhension des questions se rapportant au traitement de la conflictualité avec la loi pénale des mineurs, passe en revue l'ensemble des instruments internationaux en vigueur en cette matière ainsi que ceux en vigueur au plan national et qui ont permis à son pays de se mettre presque au même diapason que certains pays de vieille culture de respect et de promotion des droits des enfants en conflit avec la loi pénale.

Concrètement, dans le but de limiter (à défaut d'enrayer) la corruptibilité qu'exercerait le milieu carcéral sur la personne du détenu mineur, le CPP a réservé à cette catégorie pénale, objet du présent chapitre, un ensemble de dispositions légales concourant tour à tour à la préservation de sa conscience morale, au renforcement de la protection de son intégrité physique, à la création des conditions d'une rééducation morale, d'une instruction académique et d'une formation pratique. Tous ces mécanismes devant conduire, à terme, à la réussite possible de l'insertion sociale et professionnelle du mineur détenu.

Dès lors, au regard de cet effort normatif fourni par le CPP, les distinctions pénitentiaires femmes et hommes, mineurs et jeunes adultes, adultes et seniors… ne semblent plus être pour la forme. Elles se justifient, à coup sûr, pour le cas d'espèce par le souci de consacrer l'essentiel du séjour en milieu carcéral à l'éducation, à l'instruction[362] et à la formation

---

[361]Luc Ndjodo, in *Les enfants de la transition : une génération en danger ?* Yaoundé, 2000, édition Yonga § Partners, pp. 83-90 (NB : le contenu de cet essai a été actualisé en 2011 par son auteur et publié chez L'Harmattan, du fait de la prise en compte de la nouvelle législation applicable aux mineurs au Cameroun pour prévenir et réprimer la délinquance infantile.

[362]« Prison, l'envers du décor… ». Titre du magazine radiophonique conçu et produit par Michel Gabriel Ngoo-Djob Litet et présenté au jury en guise de réalisation professionnelle lors de l'examen de sortie à l'ESSTIC, Yaoundé, juillet 2006. Il s'agit grosso modo d'un reportage radiodiffusé de 15 mn, sur une journée de classe à l'école des mineurs de la prison centrale de Yaoundé. Au menu : la présentation du fonctionnement de ladite école et les statistiques des résultats obtenus aux différents examens officiels en 2005 et 2006. Réalisation

professionnelle des mineurs en conflit avec la loi pénale. Cette exigence légale se traduit par la présence et l'opérationnalité dans certaines prisons, des écoles et des ateliers de formations pratiques pour mineurs, en attendant l'avènement des prisons-écoles ou établissements pénitentiaires pour mineurs, au sens plein. Pour tout dire, en adéquation avec le Code pénal, le CPP a catégorisé en deux strates distinctes l'âge[363] du mineur délinquant au Cameroun, en précisant dans chaque cas de figure, le traitement qui doit lui être réservé, pendant la phase du procès pénal en amont et, pendant son séjour en milieu carcéral, en aval. Voyons au plus près, exactement, ce qu'il en est.

I. De la protection du mineur âgé de 12 à 14 ans en procédure pénale et en droit pénitentiaire camerounais

I.1. Que dit la loi ?

CHAPITRE II
DE LA DÉTENTION PROVISOIRE DES MINEURS

ARTICLE 704. Le mineur de douze (12) à quatorze (14) ans ne peut faire l'objet d'un mandat de détention provisoire qu'en cas d'assassinat, de meurtre ou de coups mortels.

I.2. Commentaire

§50 : *La présence des mineurs âgés de moins de 15 ans dans les prisons camerounaises serait désormais exceptionnelle, si l'on s'en tient aux dispositions in limine de cet article. Car leur détention ne devrait être ordonnée que pour les infractions comportant une extrême gravité, du fait qu'elles portent atteinte à la vie, en causant la mort d'autrui.*

Exact ! Les dispositions de cet article participent davantage du souci de protection du mineur dont il est question, devant la clameur publique et au risque de vengeance des ayants droit des victimes auxquels il s'exposerait. Puisqu'il s'agit ici de mort d'homme, ce qui en droit pénal représente la faute suprême, c'est-à-dire - irréparable -, il s'avère donc nécessaire de mettre le mineur hors d'état de nuire, dans les locaux carcéraux, pour deux

---

professionnelle sanctionnée par la note de 16/20 par un jury présidé par Dr. Daniel Anicet Noah.

[363] … *Un enfant s'entend de tout être âgé de moins de dix-huit ans, sauf si la majorité est atteinte plus tôt, en vertu de la législation qui lui est applicable.* Convention relative aux droits de l'enfant, Art. 1. *(a) Par mineur, on entend toute personne âgée de moins de 18 ans.* Règles des Nations Unies pour la protection des mineurs privés de liberté, Règle 11. Dans cet esprit, le Comité de l'ONU sur les droits de l'enfant siégeant lors de sa 44e session en 2007 à Genève, a admis qu'un âge minimum de responsabilité criminelle inférieur à 12 ans au plan national n'est pas considéré acceptable au plan international.

raisons au moins : restaurer l'ordre public ainsi troublé par son acte macabre et apaiser les souffrances des victimes. Suivant une analyse largement partagée par la doctrine, l'A.P., à qui est dévolue la mission de gérer le « très jeune délinquant/criminel présumé » ne devrait en aucune façon perdre de vue qu'avant comme après la décision du tribunal sur cette affaire, son action à l'égard du mineur, - puisse que c'est ainsi qu'il convient de le nommer, qui a connu le drame de passer tour à tour de la situation de mis en cause, d'inculpé, d'accusé, et de condamné -, devrait être pédagogique et non un aveuglement coercitif.

Il est question de se montrer soucieux ici non plus du présent, mais de l'avenir, en travaillant sur les possibilités de non-réitération du comportement criminel. Raison pour laquelle, l'action publique pénitentiaire est vouée à prendre ici une orientation éducative, en s'appuyant solidement sur des organismes de la société civile pouvant la soutenir, en vue d'atteindre, dans des proportions raisonnables, les résultats escomptés. La mise en œuvre de deux leviers complémentaires : éducation et instruction et plus tard le troisième, la formation professionnelle au profit du « jeune criminel » est indispensable. Pour cela, l'adaptation rapide des structures carcérales, le développement des capacités des personnels de l'A.P., et une dotation budgétaire conséquente destinées au suivi des programmes d'éducation, de scolarisation et d'apprentissage d'un métier au profit des jeunes criminels devraient permettre de renforcer l'ancrage de la vision du législateur camerounais dans la réalité.

De même, c'est l'occasion de suggérer ici la nécessité de susciter l'émergence d'une plate-forme de collaboration intégrée interministérielle, mettant réellement en synergie respectivement le ministère de la Justice (DAPEN) et suivant les cas : le ministère de l'Éducation de base, le ministère des Enseignements secondaires, le ministère de l'Emploi et de la Formation professionnelle, le ministère de la Jeunesse et de l'Éducation civique d'une part et ; tous les organismes publics opérant dans le domaine de l'insertion socioéconomique des jeunes d'autre part. Cette collaboration interministérielle intégrée soutiendrait plus efficacement les actions de l'A.P. et des juridictions pénales, vouées à corriger et à prévenir la délinquance des cadets sociaux qui, ces dernières années, connaît une hausse considérable, ici et ailleurs.

La délinquance des cadets sociaux mérite, au plus haut point, qu'on s'en préoccupe actuellement, pour ne pas perdre son contrôle à l'avenir. Les efforts attendus ici des pouvoirs publics doivent être orientés vers la limitation des risques de radicalisation culturelle, sur fond d'identification religieuse, provoquée par les partisans de l'avènement hypothétique d'un nouvel ordre du monde fondé sur le chaos, auxquels s'exposent certains détenus et ex-détenus. Au mieux, ces efforts doivent être en mesure de détruire les effets de cette radicalisation, au travers de l'édification d'une organisation sociale mondiale plus humaine, parce que plus incitative et plus intégrative.

En somme, notons encore que sur le plan mondial la norme[364] encouragée est celle qui interdit strictement, comme c'est le cas dans certains pays, de confier les mineurs délinquants ou criminels au service public pénitentiaire, mais mieux à une agence sociale d'assistance aux mineurs asociaux n'ayant par ailleurs aucune relation avec les services de justice criminelle. Car, la détention carcérale comme réponse à l'anti socialité des mineurs doit constituer l'ultime recours et l'A.P. doit prendre des dispositions appropriées lorsque celle-ci est décidée, afin de limiter les effets sur la personne du mineur les éléments coercitifs de la prison. Elle doit parallèlement mobiliser l'ensemble de matériaux et de techniques requis pour la formation et le développement intégral du mineur détenu. Andrew Coyle souligne fort opportunément dans ce sillage : « Les prisons doivent être utilisées pour détenir les personnes qui ont commis des infractions très graves ou qui représentent une menace pour la société. Très peu de mineurs tombent dans ces catégories. Les mineurs qui tombent dans ces catégories doivent être détenus dans une prison uniquement lorsqu'il n'existe aucune alternative »[365].

II. De la protection du mineur âgé de 14 à 18 ans en procédure pénale et en droit pénitentiaire camerounais

II.1. Que dit la loi ?

ARTICLE 705.- Le mineur de quatorze (14) à dix-huit (18) ans ne peut faire l'objet d'un mandat de détention provisoire que si cette mesure paraît indispensable.

II.2. Commentaire

§51: *La détention dans les locaux carcéraux des mineurs âgés de moins de 18 ans pourrait dans ce cas précis, être ordonnée pour toute autre infraction, en sus de celle se rapportant à ôter la vie à un être humain.*

---

[364] *Les États parties veillent à ce que : b) Nul enfant ne soit privé de liberté de façon illégale ou arbitraire : l'arrestation, la détention ou l'emprisonnement d'un enfant doit être en conformité avec la loi, n'être qu'une mesure de dernier ressort et être d'une durée aussi brève que possible.* Convention relative aux droits de l'enfant, art. 37.

``*La détention préventive ne peut être qu'une mesure de dernier ressort et sa durée doit être aussi courte que possible (1) ; Autant que faire se peut, la détention préventive doit être remplacée par d'autres mesures telles que la surveillance étroite, une aide très attentive ou le placement dans une famille ou dans un établissement ou foyer éducatif*``. Ensemble de règles minima concernant l'administration de la justice pour mineurs, Règle 13.

[365] Op cit. p.147.

Il est à noter que quel qu'en soit le cas, c'est ici que le professionnalisme des magistrats chargés du processus pénal (poursuite et instruction) en amont (jugement) en aval, puis (contrôle de l'exécution des condamnations privatives de libertés en milieu carcéral) doit être mis à contribution, pour agir dans le sens de la nouvelle politique pénale, concernant les infractions commises par chaque catégorie de mineurs. Mais quelle que soit l'infraction dont le mineur vivant au Cameroun est l'auteur, il y a lieu de retenir que sa détention est exceptionnellement ordonnée et celle-ci doit s'exécuter dans un cadre approprié aménagé par l'A.P. Le magistrat devra en toute circonstance avoir le souci du mineur, en procédant simultanément à l'appréciation de l'opportunité de sa détention, à la sécurité du cadre d'exécution de celle-ci et aux effets psychologiques et moraux que le séjour en milieu carcéral pourrait produire sur le jeune délinquant/criminel. Et l'A.P. se doit de traduire en actes et faits concrets les préoccupations de sécurité et de protection tant physique, morale que psychologique développées par le magistrat en faveur du mineur.

Par ailleurs, il nous apparaît sans équivoque que les dispositions de l'article en jeu voudraient donner corps au fonctionnement effectif des prisons-écoles, qui ont grande peine à s'implanter dans notre système pénitentiaire pour des raisons diverses. Les principales d'entre elles étant entre autres : la pénurie des ressources financières, l'absence des ressources humaines (non-disponibilité d'offres de formation et de stage dans ce domaine spécialisé), le déficit organisationnel des services centraux de l'A.P. et des établissements pénitentiaires à répondre aux besoins des prisons-écoles, l'inadaptation infrastructurelle des locaux de détention carcérale, le déficit d'ancrage en milieu carcéral camerounais des acteurs qui participent à l'animation des institutions de l'éducation surveillée. L'apport des éducateurs dans ce domaine étant incontestablement déterminant.

II.3. Que dit la loi ?

ARTICLE 706 : (1) Le mineur ne peut être détenu que dans :

- un établissement de rééducation ;
- un quartier spécial d'une prison habilitée à accueillir des mineurs.

(2) À défaut d'un établissement de rééducation ou de quartier spécial, le mineur peut être détenu dans une prison accueillant les majeurs, mais doit être séparé de ceux-ci.

II.4. Commentaire

§ 52 : *Sans aucun* doute, *il nous apparaît d'emblée que la formulation de cette disposition est influencée par les limites qui fragilisent les politiques publiques relatives à la mise en œuvre de la justice pénale pour mineurs d'une part et, d'autre part de la détention carcérale des mineurs au*

Cameroun. Le législateur ne fait pas ici mystère de sa connaissance des faiblesses structurelle, institutionnelle et organisationnelle dont souffre son homologue de l'Exécutif dans le domaine en présence. Pour s'en convaincre, il lui offre trois possibilités différentes et, pour le moins contradictoires, à y regarder de très près, pour prendre en charge efficacement le mineur pris sous les fourches caudines de la justice pénale.

Le réflexe de protection obsessionnelle ou de défense sociale demeure présent et est fortement enraciné au Cameroun comme dans la plupart des sociétés, en dépit de la prise de conscience progressive et déterminante de la nécessité de s'arrimer à la doctrine de la défense sociale nouvelle, en vue d'avoir un autre regard[366] pour et envers le mineur délinquant et le détenu de manière générale. Qu'il soit dans un établissement de rééducation ; qu'il soit dans un quartier spécial d'une prison habilitée à l'accueillir ; qu'il soit dans une prison pour adultes et séparé strictement d'eux. Il est indubitable que le souci primordial du législateur est de donner l'opportunité au délinquant jouvenceau, de mettre à profit son temps en détention carcérale afin d'étudier les préceptes moraux, d'acquérir les connaissances scientifiques et techniques qui le rendront apte à la pratique d'un métier rémunéré à l'avenir. Et bien entendu, ce reformatage mental, social, technique et intellectuel doit se dérouler loin de toute influence corruptive des adultes. Toutes choses qui permettront au mineur en détention carcérale de valoriser son être, de se rendre utile à lui-même, à sa famille et à la société et rompre définitivement avec un passé de déviance.

Convaincus que la détention carcérale du mineur constitue une exception au Cameroun, car n'intervenant que lorsque tous les mécanismes[367] *extra muros* de prévention de la déviance ont échoué, au nombre desquels figurent les placements par une décision du juge judiciaire des mineurs asociaux ou abandonnés dans différentes institutions destinées à les accueillir au cas par cas, telles que :

- (1) les *centres d'accueil et d'observation* (enfants de 10 à 14 ans),
- (2) les *centres de rééducation* (enfants de 12 à 17 ans),
- (3) les *centres d'accueil et de transit* (enfants de 04 à 14 ans),
- (4) les *centres d'hébergement* (enfants de 06 ans à la majorité civile) et,
- (5) les *home-ateliers* (enfants de 14 à 18 ans).

[366]Dans son avant-propos de l'essai intitulé : *Ouvrir de nouvelles portes : l'œuvre pastorale dans les prisons* de la Rév. Sœur Jacqueline Atabong, SST, Cardinal Christian Tumi, souligne que : « Trop souvent, et à tort, on fait l'amalgame entre le prisonnier et le délit qu'il a commis. Il n'est pas et ne sera jamais son crime dont il demeurera à jamais distinct ».

[367]Cf. le décret n°2001/109/PM du 20 mars 2001 portant organisation et fonctionnement des institutions publiques d'encadrement des mineurs et de rééducation des mineurs inadaptés sociaux au Cameroun.

La nécessité de mettre en fonctionnement de manière systématique et véritable les prisons-écoles dans le système pénitentiaire camerounais s'impose. Les prisons-écoles, malgré leur échec observé ici et ailleurs, constaté plus ou moins hâtivement, comme nous le renseigne l'historienne Élise Yvorel, apparaissent comme la meilleure bouée de sauvetage pour les mineurs en déphasage avec la loi pénale. Et, pour la société confrontée au risque que représente la délinquance et dont elle doit impérativement faire face, elle n'en constitue pas moins une. Dans cette optique, admettons avec Nathalie Dollé que :

Si l'acte délinquant est une péripétie dans un parcours de vie, il est nécessaire d'en comprendre les étapes, d'en penser l'avant pour mieux penser l'après. L'éducation surveillée et le juge travailleront donc ensemble pour identifier les difficultés structurelles ou conjoncturelles, celles qui dépendent exclusivement du mineur et celles qui dépendent de son environnement. La modernité de l'ambition réside dans le fait de s'intéresser aux causes et pas seulement aux conséquences, ce qui induit une possible intervention sur le contexte social, familial, scolaire, économique, culturel[368].

À défaut du placement fiable en institution spécialisée, l'incarcération des mineurs délinquants au Cameroun doit être soutenue par un réel projet d'éducation, d'instruction et d'insertion professionnelle en conformité avec les dispositions des normes[369] internationales en cette matière. Pour cela, il est temps comme le souligne Nathalie Dollé, que le jouvenceau déviant soit placé au centre d'un « dispositif kaléidoscopique où se conjuguent divers regards ». De celui-ci devrait jaillir au centre une impulsion permettant d'acter le fonctionnement standardisé des prisons-écoles, en collaboration avec les structures publiques et privées compétentes, à travers la signature des conventions de partenariats public-public d'une part, et public-privé d'autre part.

En effet, la première catégorie de convention mettrait en relation le ministère de la Justice avec respectivement les ministères de l'Éducation de base ; des Enseignements secondaires ; de l'Enseignement supérieur ; de l'Emploi et de la Formation professionnelle ; de l'Agriculture et du développement rural ; de l'Élevage, de la pêche et des industries animales ; des Petites et moyennes entreprises, de l'Économie sociale et de l'artisanat ;

---

[368]Nathalie Dollé, ibid., p.47.

[369] `` *(1) La formation et le traitement des mineurs placés en institution ont pour objet de leur assurer assistance, protection et compétences professionnelles, afin de les aider à jouer un rôle constructif et productif dans la société. (2) Les jeunes placés en institution recevront l'aide, la protection et toute l'assistance – sur le plan social, éducatif, professionnel, psychologique, médical et physique – qui peuvent leur être nécessaires eu égard à leur âge, à leur sexe et à leur personnalité et dans l'intérêt de leur développement harmonieux*``. Ensemble de règles minima concernant l'administration de la justice pour mineurs, Règle 26.

de la Jeunesse et de l'Éducation civique ; etc. Tandis que la dernière catégorie rapprocherait le ministère de la Justice des organisations de la société civile intéressées par le domaine de la réinsertion sociale et professionnelle des mineurs en conflit avec la loi pénale. En prime, la mobilisation des ressources financières suffisantes et humaines expertes devrait servir de lien à ce plan de mise en fonctionnement des prisons-écoles.

L'éducation, l'instruction et la formation professionnelle sont incontestablement l'œuvre d'une pluralité d'intervenants parmi lesquels on retrouve au premier chef : les éducateurs, les assistants sociaux, les instructeurs, les moniteurs, les enseignants, etc. sans oublier les psychologues, les pédagogues et psychopédagogues. Car, puisqu'il est question des enfants vivant dans la marginalité par rapport à la normalité, et qu'il faille préalablement comprendre leurs ressorts intellectuels et moraux ainsi que leur personnalité, afin de les orienter utilement dans un secteur d'activité le plus susceptible de les détourner de l'empire du mal, le rôle du psychologue se situe à quelques encablures de celui du psychiatre criminologiste et même celui du psychanalyste.

Dans de nombreux pays, une proportion importante de jeunes détenus ont perdu contact avec leur famille avant leur période d'emprisonnement ou à cause d'elle. Les administrations pénitentiaires doivent faire des efforts particuliers pour identifier les jeunes qui ont besoin d'un soutien supplémentaire pour rétablir des liens avec leur famille, ou ceux dont les liens familiaux sont irrévocablement coupés. L'objectif principal doit être d'éviter de remettre les jeunes dans les circonstances sociales qui ont contribué à leur délit originel[370].

Le psychologue est donc convoqué, préalablement aux opérations d'insertion du jeune délinquant, dans le but d'aider à faire comprendre les facteurs ayant prédisposé le jeune à la commission de l'acte antisocial pour lequel il est retenu derrière les barreaux. Il doit ensuite faire quelques prédictions raisonnables sur son comportement futur, en opinant sur comment il réagirait face à telle stimulation, ou comment il se conduirait face à telle situation. Son *modus operandi* procède de celui du psychiatre soucieux de dénouer le nœud gordien d'une affaire criminelle dont l'auteur présente une altération insidieuse de la personnalité. Le nec plus ultra de la science de cet acteur important est exposé dans un document inédit[371], à l'intérieur duquel il examine six cas complexes de délinquance et de criminalité constituant l'ossature. Ces diverses situations complexes de conflictualité avec la société sont présentées en épisodes divers intitulés respectivement: « Le fou à la bombe (1) ; Le tueur de Noël (2) ; Le

[370] Andrew Coyle, op cit. p. 151.

[371] *Psychanalyse du crime. Six enquêtes criminelles du Docteur Brussels.* Traduction de Benoit Braun, Paris, édition Tchou, 1970.

maniaque du dimanche (3) ; L'éventreur de Manhattan (4) ; Onze viols à Boston (5) ; Les Coppolino, couple maudit (6) ».

Parallèlement, les articles 5 et 6 du décret n° 2010/365 du 29 novembre 2010 portant statut spécial du corps des fonctionnaires de l'Administration pénitentiaire au Cameroun favorisent la mise en œuvre, dans le temps et l'espace, du fonctionnement des prisons-écoles. En ce sens, les dispositions combinées de ces articles autorisent le recrutement par l'A.P. des agents ayant des qualifications dont elle a besoin en son sein, afin de l'accompagner efficacement dans l'accomplissement de ses missions et n'excluent pas la possibilité de doter ledit personnel au cours de la carrière, de qualifications spécialisantes permettant de développer leurs capacités dans ce domaine pertinent. Cette ouverture futuriste mérite dès à présent d'être capitalisée, à travers des actions concrètes qui repoussent au loin, jour après jour, les limites de l'A.P. camerounaise, en lui permettant ainsi de capaciter son savoir-faire tout en valorisant son statut dans une société camerounaise en quête de constitution et d'expansion des services publics citoyens.

Les membres du personnel pénitentiaire qui travaillent dans les institutions pour jeunes délinquants doivent suivre une formation spéciale. Un grand nombre des aptitudes qu'ils doivent utiliser sont très différentes de celles que doivent posséder les membres du personnel qui travaillent avec les détenus adultes. (...) Le travail avec les détenus mineurs exige un ensemble de compétences spéciales. (...) *Il est important que la partie de l'administration pénitentiaire qui est responsable des enfants et des mineurs développe des liens étroits avec d'autres départements officiels chargés de l'aide sociale et de l'éducation des enfants dans la société civile*[372].

À ce titre, relevons qu'une mobilisation des ressources financières suffisantes ainsi que celle des ressources humaines rompues à la tâche, une orientation institutionnelle précise et un suivi organisationnel rigoureux, une parfaite collaboration entre les acteurs du secteur public entre eux et ensuite avec ceux du secteur privé, peuvent permettre de réaliser au Cameroun avec de meilleurs résultats, l'objectif assigné à la prison-école dès ses origines, à savoir : œuvrer en sorte que la privation de liberté prononcée comme sanction à l'encontre des mineurs délinquants soit utilisée afin de leur permettre de s'instruire, de s'éduquer, de se former et de trouver du travail à la sortie de prison. Cet objectif ne peut être atteint que par le truchement d'une organisation rigoureuse dans la durée des journées d'incarcération. Lisons à ce sujet, ce que nous révèle encore, Nathalie Dollé :

Les journées sont réglées selon un emploi du temps précis et intense : apprentissage d'un métier avec des cours pratiques et théoriques, sport, ménage, loisirs dirigés...Tout est bon pour que les jeunes détenus soient

[372] Andrew Coyle, op cit. p. 150.

occupés et surtout pas livrés à eux-mêmes. Une première période de trois mois minimum se résume à un isolement complet avant un temps d'observation et de mélange aux autres pensionnaires pour des cours d'éducation physique ou d'enseignement général[373].

Elle poursuit la description non sans intérêt :

La deuxième étape de six mois minimum est celle de l'apprentissage professionnel (menuiserie, cordonnerie, plomberie, peinture, électricité, maçonnerie, forge, mécanique... les ateliers proposés diffèrent selon les périodes), qui permet aux jeunes de passer un CAP ou un BEP. La troisième étape autorise les plus méritants à aborder la « phase de confiance » pendant laquelle quelques avantages sont fournis : le parloir libre ou l'écoute de la radio le samedi[374]

En guise de conclusion, elle précise que « les détenus les plus méritants finissent par accéder à la phase de semi-liberté durant laquelle ils travaillent à l'extérieur et rentrent le soir dans un « home » en dehors de la prison-école. Il apparaît cependant que seuls les « meilleurs » éléments profitent du statut et du fonctionnement de la prison-école et qu'une sélection à l'entrée garantit les résultats de sortie (...) »[375].

Ce programme expérimental de prise en charge en établissement pénitentiaire spécialisé de la délinquance juvénile, appliqué au milieu du XXe siècle en France, en vue de parvenir à une meilleure insertion sociale de cette catégorie de la population carcérale, peut utilement éclairer et enrichir la vision camerounaise de la gestion de l'emprisonnement des mineurs, afin qu'elle en tire le meilleur profit.

À l'analyse, force est de constater qu'à défaut de faire fonctionner des prisons-écoles, dans la complétude de cette notion, il se dégage la nécessité impérieuse de créer et d'opérationnaliser les écoles pour mineurs détenus là où il n'en existe pas et, de réorganiser le fonctionnement de celles qui existent déjà. Le fonctionnement du Centre socio-éducatif des prisons centrales de Douala et de Yaoundé ayant peiné, jusqu'alors, à s'ériger en exemple pilote de réussite, une action gouvernementale en faveur des jouvenceaux âgés de 14 à 18 ans vivant en établissement pénitentiaire au Cameroun contribuerait à apporter plus d'attractivité au travail des personnels carcéraux dans le cadre d'un partenariat avec d'autres professionnels externes. Elle donnerait davantage de consistance et par voie de conséquence, de visibilité effective aux missions qui leur sont confiées, aux termes de l'article 2 du décret n° 2010/365 du 29 novembre 2010 portant statut spécial du corps des fonctionnaires de l'Administration pénitentiaire.

---

[373]Nathalie Dollé, Ibid. pp. 45-46.
[374] Idem.
[375] Idem.

Les écoles pour mineurs en détention devraient fonctionner à cycles complets et suivant un programme d'enseignement et un emploi du temps identiques à ceux en vigueur à l'extérieur: primaire, secondaire et supérieur. Ces écoles devraient être sous le contrôle de l'autorité pédagogique compétente, pour chaque cycle d'études, couvrant le ressort de chaque prison. Et l'un allant bien avec l'autre, l'apprentissage professionnel indispensable à l'insertion sociale future des jeunes gens privés momentanément de liberté devrait intervenir après la formation morale et intellectuelle également nécessaires à leur épanouissement présent et futur. Qu'il nous soit donc permis de convoquer à nouveau Andrew Coyle pour souligner que :

Le régime des institutions pour mineurs doit chercher à minimiser les éléments coercitifs de l'incarcération et doit souligner l'éducation et la formation professionnelle. Dans la mesure du possible, on doit associer ce travail à des stages et des programmes destinés aux jeunes dans la société civile. Les enseignants et autres intervenants doivent venir des écoles et collèges locaux et les certificats délivrés aux jeunes doivent être délivrés par des centres éducatifs locaux et pas par l'administration pénitentiaire[376].

III. De la protection en procédure pénale et en droit pénitentiaire camerounais du mineur

III.1. Que dit la loi ?

ARTICLE 707 : En cas de transfèrement de mineurs, de comparution devant le juge d'Instruction ou devant le tribunal, des dispositions doivent être prises pour empêcher tout contact avec des détenus majeurs ou avec le public.

III.2. Commentaire

§53 : *Il transparaît clairement ici, le souci du législateur camerounais, de sauvegarder l'intégrité physique et morale du mineur en détention carcérale, en vue d'une meilleure préparation de sa resocialisation. Cependant, en dépit de la bonne volonté dont font montre la plupart des régisseurs (directeur) de prison, pour implémenter le souci du législateur dans la réalité, l'esprit et la lettre de cette préoccupation se heurtent généralement à l'absence de matériels roulants et d'équipements adéquats. Et, parfois quand il n'y a pas absence, l'inadaptation de ceux mis à disposition fait généralement tomber dans l'inapplicabilité les dispositions en présence.*

---

[376] Op cit. p. 151.

Il est évident que dans l'état actuel de la plupart de nos établissements pénitentiaires, l'application des dispositions de cet article pose des problèmes. Mais à terme, les problèmes ne devraient plus se poser, du moins avec la même acuité, au regard du programme en cours de réalisation au ministère de la Justice, destiné à développer l'acquisition des matériels roulants et des équipements adéquats dont l'A.P. a besoin pour le meilleur accomplissement des prestations qui sont attendues d'elle. C'est d'ailleurs le lieu de rappeler ici, que la loi portant CPP s'inscrit dans une perspective futuriste, visant à poursuivre la modernisation de notre système judiciaire et à parfaire l'humanisation des conditions de détention carcérale. À cet égard, il y a lieu de se réjouir que la loi en présence joue son rôle, celui consistant à donner l'impulsion juridique requise qui doit forcer les institutions et les organisations à s'adapter à ses nouvelles exigences. Au-delà de l'A.P., observons que ce texte touche également les institutions sociales publiques chargées spécialement de l'encadrement des enfants asociaux. C'est dire que des efforts doivent être faits de part et d'autre, afin que la loi soit appliquée sans entraves par chaque partie prenante.

En définitive, soulignons que la détention carcérale ordonnée ici par le magistrat à l'encontre du mineur en conflit avec la loi pénale comme ultime recours, devrait être perçue comme le prolongement des activités dévolues aux institutions[377] d'éducation et de rééducation en milieu ouvert. Le souci primordial étant de récupérer socialement le mineur après la correction à lui infligée par la privation de liberté et ses conséquences sous-jacentes. Au regard de cela, il s'ensuit donc à proprement parler, l'impérieuse nécessité pour le Cameroun d'éviter le saupoudrage qui a jusqu'ici été observé dans le domaine du traitement de la délinquance juvénile, en s'engageant résolument dans la construction des établissements pénitentiaires pour mineurs, autrement dit, des prisons-écoles d'une part ; et en renforçant d'autre part les capacités opérationnelles des centres de rééducation et des organismes de la liberté surveillée pour mineurs.

---

[377]Musi Francis Mac-Tata, op cit. L'auteur de cet exposé cite the Borstal institutions à Buéa, auquel on peut adjoindre le Centre de jeunesse de Douala, le centre d'enfants en détresse de Yaoundé et le Centre de l'enfance de Betamba (vers Ntui) dans le Mbam et Kim. Ces institutions publiques sont placées sous la tutelle du ministère des Affaires sociales.

IV. De la protection en procédure pénale et en droit pénitentiaire camerounais du mineur âgé de 14 ans ou moins

IV.1. Que dit la loi ?

CHAPITRE VI
DES MESURES ET PEINES APPLICABLES

ARTICLE 724.- Si le mineur âgé de quatorze (14) ans ou moins est déclaré coupable, le tribunal doit lui adresser une admonestation avant de prononcer l'une des mesures suivantes :

a) l'attribution de sa garde à ses parents, tuteur, gardien ou à toute autre personne digne de confiance ;

b) la liberté surveillée ;

c) le placement dans un établissement de formation professionnelle ou de soins ;

d) le placement dans une institution spécialisée ;

e) l'engagement préventif.

ARTICLE 725 : (1) Si le mineur de plus de quatorze (14) ans et de moins de dix-huit (18) ans est déclaré coupable, le tribunal, par décision motivée :

a) prononce une peine dans les conditions prévues aux articles 80 (3) et 87 du Code pénal ;

b) ordonne l'une des mesures prévues à l'article 724.

(2) a) Lorsqu'une peine d'emprisonnement ferme est prononcée, elle ne peut être assortie que de la mesure de liberté surveillée.

b) La mesure de liberté surveillée prend effet au terme de la peine d'emprisonnement.

ARTICLE 726.- (1) Lorsqu'une des mesures prévues aux articles 724 et 725 a été décidée, le jugement ordonne le placement du mineur pour tout le temps nécessaire à son éducation, jusqu' à sa majorité civile.

(2) Un mineur est censé, pendant qu'il se trouve placé dans une institution habilitée ou qu'il est en permission accordée par le directeur de ladite institution, être légalement détenu. S'il s'évade ou ne réintègre pas l'institution, mandat d'arrêt est décerné contre lui, et il est ramené à l'institution.

(3) Le tribunal peut, avant de décider au fond, ordonner la mise en liberté surveillée à titre provisoire, pour une période d'épreuve dont il fixe la durée.

IV.2. Commentaire

§ 54 : *La détention carcérale du mineur-malfaiteur âgé de moins de 14 ans ou de 14 ans révolus, est absolument proscrite par le législateur camerounais. Ainsi, seul le mineur-malfaiteur âgé de plus de 14 ans peut, exceptionnellement, être admis en détention carcérale. Et même, au terme de l'exécution de la mesure et/ou de la peine de détention carcérale ordonnée ou décidée à l'encontre de ce dernier par la justice pénale, le mineur-malfaiteur doit être soumis à une mesure de liberté surveillée, jusqu'à l'obtention de la majorité pénale, lorsqu'il aura atteint 18 ans révolus. Les mesures protectrices prévues en faveur du mineur-malfaiteur par le CPP à l'article 724, peuvent s'étendre jusqu'à l'atteinte de la majorité civile (21 ans) par ce dernier.*

Incontestablement, le législateur camerounais a protégé à suffisance le mineur-malfaiteur dans le CPP. Ce texte de droit s'est placé sur la même rampe de lancement que le décret du 30 novembre 1928 qui instituait les juridictions spéciales et le régime de la liberté surveillée pour les mineurs au Cameroun ainsi que ces divers modificatifs, à savoir la loi n°58/203du 26 décembre 1958 et la loi n°67/LF/1 du 12 juin 1967. Alimenté par la même dynamique, le CPP a mis à la disposition des divers acteurs exerçant dans les institutions structurant le corps social, en commençant par la famille, l'école, les éducateurs spécialisés et l'A.P. etc., toute une palette de mécanismes juridiques permettant de réfréner, d'annihiler et de redresser le comportement asocial dont ferait montre le mineur-malfaiteur.

L'observation comparée du traitement *intra-muros* des mineurs asociaux révèle que dans les juridictions de certains pays recourant à des dispositions spéciales pour le traitement des mineurs déviants de plus de 14 ans confiés à l'administration pénitentiaire, ces derniers sont séparés des détenus adultes jusqu'à ce qu'ils aient atteint 21 ans. Cependant, certains détenus mineurs devenus adultes, dans les prisons en Allemagne par exemple, peuvent être maintenus dans les prisons ou quartiers réservés aux mineurs jusqu'à l'âge de 24 ans, en vue de faciliter leur éducation et développement intégral et de les prémunir de l'influence néfaste que peut exercer sur eux des détenus plus âgés et intraitables.

Au total, c'est le lieu de relever encore ici l'intérêt de renforcer la collaboration entre les institutions de l'éducation surveillée des mineurs-malfaiteurs et l'A.P. au Cameroun. Car, si dans la plupart des situations, les institutions de l'éducation surveillée opèrent en amont du système de prévention et de correction du comportement anormal dans la société par rapport à l'A.P., qui exerce son office en aval, dans quelques exceptionnels cas, les positions s'en trouvent inversées, notamment lorsqu'une mesure de liberté surveillée est ordonnée contre un mineur ayant préalablement exécuté sa peine de détention carcérale.

V. L'organisation de la liberté surveillée au profit du mineur en procédure pénale

V.1. Que dit la loi ?

CHAPITRE VIII
DE LA LIBERTÉ SURVEILLÉE DU MINEUR

ARTICLE 730.- La liberté surveillée du mineur est le régime sous lequel il est remis à ses parents, tuteur ou gardien et suivi par des agents spécialisés appelés délégués à la liberté surveillée. Elle consiste en des mesures d'assistance, de protection, de surveillance et d'éducation.

ARTICLE 731.- (1) La rééducation du mineur placé en liberté surveillée est assurée, sous l'autorité du président du tribunal de première instance, par des délégués permanents et par des délégués bénévoles à la liberté surveillée.

(2) Les délégués permanents sont nommés par arrêté conjoint du ministre chargé de la Justice et du ministre chargé des Affaires sociales. Ils ont pour mission de diriger et de coordonner l'action des délégués bénévoles. Ils assurent en outre la rééducation des mineurs que le tribunal leur confie spécialement.

ARTICLE 732.- Le délégué bénévole est désigné, soit dans le jugement, soit par ordonnance du président du tribunal de première instance. Il adresse à ce dernier un rapport sur le déroulement de sa mission suivant la périodicité fixée dans le jugement ou l'ordonnance, et chaque fois que les circonstances l'exigent.

ARTICLE 733.-Les parents tuteur ou gardien du mineur placé sous le régime de la liberté sont tenus de :

a) surveiller, protéger, assister et éduquer le mineur ;

b) s'abstenir d'entraver, de quelque manière que ce soit, le déroulement de la mission du délégué à la liberté surveillée ;

c) présenter le mineur au Président du Tribunal suivant la périodicité fixée dans le jugement ou l'ordonnance.

ARTICLE 734.- En cas de décès, maladie grave, changement de domicile ou absence non autorisée du mineur, ses parents, tuteur ou gardien doivent, sans délai, en informer le délégué à la liberté surveillée.

V.2. Commentaire

§55: *Les articles précédents, pourraient aider les acteurs des juridictions pénales et ceux de l'A.P., à la fois dans leur ensemble et leur plus grande diversité, à comprendre le souci élevé de protection dont a fait montre le* *législateur camerounais, à l'égard des mineurs en conflit avec la loi pénale. Et, lesdits acteurs, en emboîtant le pas au législateur pour s'approprier le souci qui l'habite, devraient parvenir à l'amélioration de la perception qu'ils ont chacun de la détention carcérale des mineurs, une des catégories vulnérables de la société carcérale.*

Assurément ! À toutes les phases du procès pénal et au niveau de chaque acteur de la chaîne, le mineur doit bénéficier d'une protection de la loi du fait de sa minorité, sous-entendue ici, l'absence de discernement[378], c'est-à-dire la faible probabilité ou la non-possibilité totale ou partielle par lui d'user du libre arbitre, de distinguer le mal du bien. Sa détention carcérale qui n'intervient qu'exceptionnellement, ne devrait donc ni trahir le cadre légal en vigueur ni même conduire à son application parcimonieuse. Dans cette mouvance, le décalage profond observé au Cameroun entre la réalité entourant la détention carcérale des mineurs et le corpus juridique à eux appliqué, constitué principalement par : le Code pénal, le Code de procédure pénale et le Régime pénitentiaire, est préoccupant.

Et le contraste frappant qui prévaut entre le fait et le droit, concernant le séjour en milieu carcéral du mineur-malfaiteur, justifie l'attention à lui accordée par les autorités ayant voix au chapitre ainsi que les acteurs de la société civile. Du fait de son appartenance à la catégorie très vulnérable de la société carcérale, sa prise en charge *intra-muros* mérite, au plus vite, d'être portée aux standards internationaux.

À cet égard, pour que des résultats suivent à court, moyen et long termes, d'importants efforts devraient dès lors être déployés, au niveau de l'acquisition des infrastructures, de l'offre nutritionnelle et sanitaire, du recrutement et de l'utilisation des ressources humaines, de la mobilisation des ressources matérielle et financière ainsi qu'au niveau de la programmation des cycles d'études et du suivi des formations théoriques et pratiques adaptées au mineur détenu. Tous ces efforts devant déboucher sur une perspective réelle de réinsertion sociale et professionnelle post pénitentiaire.

En effet, convenons pour notre part que la vision avant-gardiste du législateur camerounais, telle qu'elle nous apparaît à travers les dispositions pertinentes du CPP, relatives à l'incarcération des mineurs-malfaiteurs, tend à suggérer l'urgence d'une réforme structurelle et fonctionnelle des établissements pénitentiaires, afin de leur permettre de rendre effectives et opérationnelles en leur sein, de façon systématique et pérenne, des écoles pour mineurs. Celles-ci seront destinées à la formation théorique et pratique

---

[378]Cette précaution millénaire est présente dans la plupart des instruments relatifs à la répression et à la prévention de la délinquance juvénile. Elle figure également dans la Bible, dans Jean 9, traduction Louis Second.

permanente de cette catégorie pénitentiaire atypique, qui mérite la plus grande attention, au risque de plonger dans le syndrome de la boucle infernale ou encore cercle infernal de la récidive criminelle, bien connu en ce domaine.

§ 56 : *Si tout détenu dispose d'un droit à l'égard des pouvoirs publics de le préparer à la réinsertion sociale, le détenu mineur en dispose encore davantage.*

Nous touchons là un point nodal de la problématique de la détention du mineur. La préparation à la réinsertion sociale des détenus est une des missions de l'A.P. nouvellement consacrée par l'alinéa 4 de l'article 2 du décret n°2010/365 du 29 novembre 2010 portant Statut spécial du corps des fonctionnaires de l'A.P.au Cameroun. Il est donc indispensable de rappeler que l'A.P. doit savoir en tirer le meilleur profit, en vue de poursuivre l'œuvre de construction de son image sociale ; car cette seconde dimension de sa raison d'être contribue additionnellement à sa valorisation tour à tour auprès du détenu, de la victime, de la société et des pouvoirs publics locaux, régionaux et supranationaux, intéressés aux questions se rapportant à la privation de liberté des personnes en établissement pénitentiaire, dans une totale conformité avec le respect des droits de l'Homme.

On ne le dira jamais assez. Une société qui met dans son placard, sans se soucier de leur devenir, ceux de ses citoyens dont les incivilités ont perturbé l'ordre public, la cohésion sociale et ont porté atteinte aux mœurs qu'elle protège et promeut, ne peut efficacement se prémunir contre la réitération de celles-ci de la part de ces derniers. La privation de liberté ne durant qu'un temps, le retour harmonieux du détenu au sein de la communauté familiale et nationale devrait être au cœur de l'exécution de toute peine d'emprisonnement.

Cet axiome met en exergue l'importance de la contribution déterminante de l'Administration pénitentiaire à la prévention *a priori* et *a posteriori* des petites, moyennes et grandes délinquances ainsi que de la criminalité sous toutes les formes dans la société. La participation capitale de l'A.P. a été évaluée positivement, depuis la fin du siècle dernier, dans les pays occidentaux et asiatiques, à travers l'implémentation d'une politique pénale et pénitentiaire intégrée, mobilisant divers acteurs intervenant dans des domaines spécifiques, mais en corrélation les uns envers les autres, au motif de rechercher l'efficience. Il s'agit de la Police, des services sociaux, des écoles, des associations, des institutions religieuses, etc.

Au Cameroun, hélas, en dépit de quelques soubresauts observés ici et là, de la période coloniale à nos jours, la préparation des personnes détenues au retour à la vie libre en communauté est demeurée au stade du balbutiement. Celui-ci a produit une crise des systèmes pénal et pénitentiaire. Les causes de celles-ci sont, somme toute, bien connues. Heureusement qu'à l'unanimité, la cause principale de cette crise n'est pas à ranger dans le registre de l'absence de ressources financières. En fait, la rupture de la chaîne pénitentiaire au Cameroun, provoquée par la faible densité des activités de préparation à la réinsertion sociale des personnes détenues, dilue l'importance voire le rôle sociétal de l'A.P. qui se voit de ce fait même amputée d'un de ses leviers forts. En raison des considérations aussi bien descriptives que théoriques, soulignons que l'A.P. se présente sous une structuration dyadique dans les contrées où elle a réussi à opérer sa maturation. Elle fonctionne en binôme. La présence de chacune des deux entités qui la compose lui permet d'assurer la complétude de ses missions dont la sécurité en amont et, en aval la prévention de la réitération des incivilités chez les sortants de prisons.

Cette structuration en deux composantes de l'A.P. a conduit certains à arguer en faveur de l'instauration d'un clivage entre les deux entités. Ils ont posé en opposant d'une part (1) les services pénitentiaires de sécurité, (constitués de ceux qu'on pourrait appelés les personnels pénitentiaires de surveillance[379]), chargés de la surveillance des personnes détenues dans les locaux de détention ainsi qu'en dehors et ; d'autre part (2) les services pénitentiaires d'insertion et de probation, chargés d'assurer la mise en œuvre des programmes d'instruction, d'éducation, de formation professionnelle, d'insertion familiale, sociale et professionnelle en faveur des détenus. Ils sont constitués des personnels pénitentiaires d'insertion et de probation[380] exerçant sur un double[381] plan *intra et extra-muros*. Chacune des deux

[379]Appellation consacrée en France pour désigner les surveillants de prison.

[380]Appellation usuelle en France pour désigner les professionnels exerçant au profit des prisonniers des activités d'accompagnement à la libération et postlibération.

[381] (1) Lorsqu'elle se déroule en milieu carcéral, la réinsertion sociale renvoie à tout accompagnement moral, éducatif et professionnel en faveur de la personne incarcérée mis en œuvre par l'A.P. au lendemain de l'admission de celle-ci, en recourant aux travaux, moyens éducatifs et culturels et loisirs organisés en prison. Le personnel pénitentiaire d'insertion et de probation a des compétences pour répondre aux besoins spécifiques des personnes détenues. Il conçoit, planifie et conduit des activités susceptibles de répondre aux besoins de leurs clients d'une part et ; il identifie et remédie les facteurs (toxicomanie, instabilité mentale ou psychologique, stress, anxiété, dépression, colère et agressivité) ayant prédisposé leurs clients à la déviance d'autre part. En effet, la nature des relations entre le personnel pénitentiaire et les personnes détenues dans un premier temps, la justesse des dispositions en vigueur destinées à encourager et à faciliter les communications des personnes détenues avec leurs familles, leurs amis et la collectivité dans un second temps, et enfin les possibilités offertes pendant leur séjour carcéral aux personnes détenues de réintégrer progressivement la société à travers les congés (permissions de sortir) et les régimes semi-liberté (placement à l'extérieur), constituent le cœur de la réinsertion en milieu carcéral.

(2) En revanche, la réinsertion postpénitentiaire renvoie à la libération conditionnelle qui représente une mesure visant à assurer la bonne planification sous l'égide des personnels pénitentiaires d'insertion, du passage progressif de la personne détenue qui en est éligible, entre la prison et la communauté. Elle recouvre également toutes les modalités d'aide sociale,

composantes du service public pénitentiaire ci-dessus devrait disposer d'un personnel recruté, formé et recyclé spécialement pour répondre aux objectifs définis et aux résultats recherchés de part et d'autre, comme l'a montré Paul Mbanzoulou[382] dans un ouvrage.

En scrutant les orientations stratégiques pertinentes prises par des pays considérés comme émergents - pour éviter d'évoquer ceux placés au-delà des Tropiques considérés comme développés -, il y a lieu de se soumettre au devoir d'honnêteté et de reconnaître que la réflexion sur les questions pénitentiaires au Cameroun est encore au stade embryonnaire, en témoigne le niveau d'abstraction des problématiques nous interpellant et auquel nous sommes parvenus. En effet, la modernisation de l'A.P. camerounaise engagée depuis la dernière décennie devrait ériger la problématique de la réinsertion sociale des personnes détenues comme son socle granitique, du fait que la pratique des activités de préparation des détenus au retour futur et harmonieux dans leurs communautés d'origine constitue le ventre mou de l'A.P. camerounaise. La prise de conscience de cette lacune doit exciter notre intérêt à participer par les ressources de notre intelligence à cette réflexion. Nous espérons que notre contribution pourrait conduire à l'enrichissement de la réflexion que nous appelons de la part de tous.

Ainsi, nous apparaît-il comme l'un des piliers de cette modernisation, afin de sonner le glas de la confusion durable observée, la réorganisation institutionnelle de l'A.P. camerounaise. Celle-ci viserait d'une part l'établissement de la distinction entre les activités *intra-muros* de préparation à la réinsertion sociale des détenus et celles *extra muros* de réinsertion sociale effective des personnes détenues ; d'autre part la mise en corrélation desdites activités entre elles. La distinction qui s'impose ici devrait porter non seulement sur les contenus et les objectifs de ces activités, mais également sur les acteurs habilités à les implémenter.

Au plan théorique, le réaménagement institutionnel suggéré ici revêt l'avantage de clarifier les déterminants distinctifs des activités de préparation à la réinsertion sociale et celles de réinsertion sociale effective des personnes détenues et, puis de permettre la mise en corrélation de celles-ci, partout où besoin est. Au plan pratique, cette réorganisation institutionnelle devra favoriser la meilleure élaboration ainsi que la programmation desdites activités, de même que la mobilisation des acteurs en jeu dans le cheminement de la personne détenue et de celle qui a cessé de l'être. En

---

du soutien psychologique, matériel et financier que divers acteurs gouvernementaux et non gouvernementaux mettent à la disposition d'anciens prisonniers afin qu'ils subviennent honnêtement à leurs besoins et soient respectueux des lois de la République.

[382]Paul Mbanzoulou, *La réinsertion sociale des détenus. (De l'apport des surveillants de prison et des autres professionnels pénitentiaires)*, préface de Robert Cario, Paris, L'Harmattan, 2000.

outre, elle devra prévoir des organes de suivi et de contrôle ; la création d'un corps de personnels pénitentiaires d'insertion et de probation distinct de celui des personnels pénitentiaires de surveillance ; enfin la structuration à terme de la société civile, de manière à l'inciter à participer avec plus d'efficience à cette œuvre gigantesque, par le truchement de la coopération interinstitutionnelle, interministérielle et interétatique.

§ 57 : *Si la détention du mineur connaît des évolutions par rapport au CPP au Cameroun, celle de la mineure reste dangereusement à la traîne.*

Ce constat colle à la réalité. Cette situation maintes fois déplorée par les professionnels du milieu carcéral et critiquée par les instances nationale et internationale en charge de la surveillance et du contrôle des centres pénitentiaires est préoccupante. Du fait des insuffisances normatives du régime pénitentiaire camerounais amplifiées par le déficit infrastructurel, les chefs d'établissements pénitentiaires au Cameroun se trouvent dans l'obligation de loger les filles en conflit avec la loi pénale dans les quartiers réservés aux femmes détenues. Celles-ci sont donc livrées aux contacts malsains avec les adultes détenues et s'exposent aux dangers de corruptibilité de divers ordres. En réalité, la solution à ce problème réside dans la construction de quartiers spéciaux ou l'aménagement de locaux spécifiques pour les mineures délinquantes, au même titre que sont aménagés dans les prisons, des quartiers spéciaux pour les mineurs-garçons, lorsque leur incarcération ne peut être évitée.

Sur un autre plan, l'insuffisance normative du Régime pénitentiaire camerounais couplée à celle des infrastructures pénitentiaires décrites plus haut, est plus relevée concernant les femmes enceintes et allaitantes. La création des quartiers spéciaux appelés (*prison nursery* ou crèche pénitentiaire) destinés à accueillir momentanément cette catégorie de la population carcérale, devra mettre fin à la présence, par trop gênante des nourrissons et enfants en bas âge appartenant aux femmes privées de liberté dans les prisons camerounaises. Au regard du cadre juridique[383] existant et fonctionnel au Cameroun, susceptible de résoudre le problème qu'elles soulèvent, notamment la garde du bébé ou de l'enfant, il y a lieu de penser que certaines femmes détenues utilisent leurs enfants comme stratégie de contournement ou d'échappement à l'exécution de la peine de détention carcérale et comme moyen de pression sur l'A.P. En effet, ce texte a prévu selon les divers cas ci-après, la prise en charge des bébés et des enfants par certaines structures :

- (1) les *pouponnières* (de la naissance à 06 ans non révolus),
- (2) les *crèches-garderies* (de 08 semaines à 04 ans non révolus) et,

383 Cf. le décret n°2001/110/PM du 20 mars 2001 fixant l'organisation et le fonctionnement des institutions publiques d'encadrement de la petite enfance.

- (3) les *haltes-garderies* (de la naissance à 06 ans non révolus).

Ces institutions publiques sont destinées à accueillir les bébés et les enfants abandonnés ou sur la demande des parents. La nécessaire adaptation de l'A.P. camerounaise aux réalités de son temps, la placerait sans doute, sur un piédestal. La connaissance des insuffisances du cadre réglementaire et celle des infrastructures d'accueil soulignées ci-dessus, de la part des acteurs des juridictions pénales, justifieraient-elles la faible proportion au Cameroun des mesures ou décisions emportant détention carcérale, prises à l'encontre de la gent féminine (mineurs et adultes) comparativement à la gente masculine (garçons et hommes) ? Me Patricia Engwang, tente par l'affirmative, de répondre à cette interrogation.

Dans une communication intitulée : « les mesures alternatives à la détention provisoire du mineur en conflit avec la loi », cette avocate au Barreau du Cameroun démontre, convoquant des statistiques, que les femmes comme les filles (mineurs) bénéficient légalement d'un traitement judiciaire aménagé dont la conséquence se traduit par l'exceptionnalité de leur privation de liberté en milieu carcéral.

VI. Éléments statistiques de la population carcérale féminine et des mineurs

Tableau 11 : Statistiques de la population carcérale féminine au Cameroun au 31 décembre 2014.

N°	Régions pénitentiaires	Prévenues	Condamnées	Total
1	Adamaoua	13	00	13
2	Centre	166	67	233
3	Est	20	11	31
4	Extrême-Nord	23	29	52
5	Littoral	56	30	86
6	Nord	23	09	31
7	Nord-Ouest	06	10	16
8	Ouest	39	15	54
9	Sud	13	09	22
10	Sud-Ouest	06	09	15
Total		**365**	**189**	**554**

***Source** : Rapport du ministère de la Justice sur l'état des droits de l'homme au Cameroun en 2014, Yaoundé, octobre 2015, pp.272-273.*

Tableau 12 : Statistiques de la population carcérale mineure au Cameroun au 31 décembre 2014.

N°	Régions pénitentiaires	Prévenus	Condamnés	Total
1	Adamaoua	27	10	37
2	Centre	217	39	256
3	Est	35	01	36
4	Extrême-Nord	61	07	68
5	Littoral	76	29	105
6	Nord	91	15	106
7	Nord-Ouest	21	04	25
8	Ouest	60	10	70
9	Sud	42	04	46
10	Sud-Ouest	35	09	44
Total		**665**	**128**	**793**

Source : Rapport du ministère de la Justice sur l'état des droits de l'homme au Cameroun en 2014, Yaoundé, octobre 2015, p.273.

Au final, retenons que l'A.P. camerounaise gagnerait d'ores et déjà, après s'être nourri longuement des apports anglo-saxon et romano-germanique, à se préoccuper dans un cadre concurrentiel, du développement continu d'une expertise avérée et exportable, d'abord au niveau sous régional, ensuite continental et enfin international dans le domaine qu'elle exerce. Dans ce sillage, Mark H. McCormack analysant un secteur d'activité non moins apparenté à l'A.P., désigne cette louable disposition d'esprit par la notion de commerciabilité. Ce professionnel de bon renom en *Business administration*, soutient bien à propos que « L'une des formes les plus subtiles de la « commerciabilité », c'est l'introduction des idées dans le produit lui-même, afin de le rendre plus « achetable »[384].

Au regard de cela, l'A.P. camerounaise devrait donc se considérer comme un « produit de luxe » à consommation nationale d'abord et, ensuite exportable sur le marché sous régional, voire mondial. La modernisation de la pratique des activités de préparation à la réinsertion sociale des personnes détenues en établissement pénitentiaire ainsi que celles de réinsertion hors établissement pénitentiaire constituent un ingrédient déterminant d'attractivité et de compétitivité de cette « marchandise » d'un autre genre que l'Administration pénitentiaire camerounaise se doit de "sculpter". Le développement des techniques de surveillance des personnes détenues de

[384] Op. Cit., Pp. 111.

plus en plus modernes, ainsi que celles d'encadrement *intra* et *extra-muros* de ces dernières, afin de limiter au mieux, les effets désocialisants sécrétés par l'incarcération ne sauraient être en reste. Car lesdits effets sont susceptibles d'engendrer chez nombre de personnes détenues, des formes les plus graves de l'antisocialité.

La *RADICALISATION*[385] apparaît en ce moment comme l'une des formes les plus graves de l'antisocialité découlant parfois des séjours de courtes ou de longues durées en milieu carcéral faits par certains jeunes en conflit avec la loi. Ce vocable plutôt à la mode et utilisé[386] à temps et à contretemps, contient l'idée selon laquelle, en fonction du degré où se trouve le détenu ou l'ex-détenu atteint par ce syndrome, que l'emprisonnement peut soit éveiller des pulsions stimulant l'entrée dans une organisation criminelle susceptible de mettre fin ou de donner du sens aux frustrations, soit de provoquer une résistance à sortir du crime organisé, soit de construire sous la bannière d'une organisation mystico-religieuse le refus de renoncer à la participation aux entreprises criminelles.

Ce bouleversement de la personnalité de l'individu détenu ou ex-détenu devant être considéré comme l'antichambre de la folie, ne peut être mieux appréhendé que dans une perspective psychologisante. La situation de résistance à sortir ou de refus de renoncer au crime est mentalement et parfois intellectuellement construite au fil des contacts du détenu ou de l'ex-détenu avec les sermonnaires ou des hommes d'influence porteurs d'une idéologie iconoclaste[387]. Rendre intelligible d'abord et ensuite mettre en

---

[385]Depuis l'entame de l'année 2015, près d'un millier de combattants de la secte islamique *Boko Haram* - qui a fait allégeance à l'organisation de l'État islamique - sont incarcérés dans les prisons camerounaises, où ils sont en contact avec d'autres détenus ainsi qu'avec des personnels à divers niveaux de responsabilité. Il importerait d'ores et déjà de s'intéresser à leur débriefing par les personnels pénitentiaires qualifiés, auxquels on devrait associer d'autres professionnels de l'hygiène mentale, en vue de les accompagner progressivement à regagner leur communauté au terme de l'exécution de la peine de détention carcérale dont ils font l'objet et, par la suite à leur suivi post pénitentiaire, afin d'œuvrer à limiter les risques de récidive auxquels s'exposent la plupart d'entre eux, et par la même occasion, les risques de contagion auxquels certains d'entre eux exposent leur entourage. Comment faut-il prendre en charge les détenus souffrant du syndrome de radicalisation ? Comment faut-il lutter contre la radicalisation de la plupart des détenus ? Que faut-il faire pour amener certains détenus radicalisés à se déradicaliser ? Quelles actions faut-il entreprendre pour parvenir à la contre radicalisation du grand nombre de détenus ? Telles sont les interrogations qui doivent, pour l'heure, nous préoccuper. Et, les solutions qu'elles suggèrent devraient s'inscrire dans un programme gigantesque dont le succès dépendra de la capacité à savoir mobiliser les moyens et les compétences d'une part, et à faire montre d'autre part d'une volonté politique manifestement agissante, à court et à moyen terme.

[386] Lire l'article informatif écrit par Laurent Bonelli et Fabien Carrié, paru dans *Le Monde Diplomatique* (n^{0} 774/septembre 2018), intitulé : Une étiquette unique pour des trajectoires multiples (En finir avec quelques idées reçues sur la radicalisation), pp.12-13.

[387]Lire Alain Pascal, in *La guerre des gnoses (les ésotérismes contre la tradition chrétienne ou Islam et kabbale contre l'occident chrétien)*, Paris, Éditions de l'Ancre, 2001.

œuvre dans le cas du Cameroun, des solutions durables permettant de faire face aux personnes détenues poursuivies pour les actes d'extrémisme violent, constituent la tâche de premier ordre de la première génération de psychologues pénitentiaires camerounais faisant leur entrée dans ce corps de fonctionnaires.

L'extrémisme violent voire l'adhésion à des factions terroristes reposant ici comme ailleurs, selon les professionnels de la science psychologique, sur *le principe de l'obéissance de l'individu à une autorité supérieure*. Ce dossier préoccupant pour tous devrait faire bon accueil aux psychologues pénitentiaires camerounais dans le domaine d'activité qu'ils ont choisi. Actualité oblige ! Ils ont « du pain sur la planche », pour parler simplement. Les regards sont braqués sur eux et les esprits en quête de réponses probantes sur toutes les questions relevant de leurs compétences. Car leur contribution est fortement attendue dans l'entreprise destinée à prémunir le Cameroun de la réitération du crime de la part de toutes les catégories pénitentiaires, mais davantage, de celle plus préoccupante constituée des détenus et ex-détenus *Boko Haram*, atteints d'une démence paranoïde, causée par les sonorités visant à changer le « visage du monde »[388] que leur ont présenté les chefs d'orchestre philharmonique de la violence déferlante structurée et de la mort en masse programmée, sous la coupe desquels ils ploient tous. Il importe du reste de se préoccuper de circonscrire[389] les risques ou conséquences dramatiques encourus par la société, en inscrivant dès à présent dans un programme de prise en charge par les soins de l'A.P. camerounaise, pendant la détention carcérale et après celle-ci, les détenus *Boko Haram,* atteints de troubles importants de la personnalité que la science

[388]Les relations entre les Occidentaux et les non Occidentaux sont basées sur l'injustice, la domination et l'exploitation des premiers par les seconds. La souffrance et la misère sans fin ainsi que le retard au développement qui frappent les non occidentaux sont la résultante du système capitaliste en œuvre depuis la fin de la IIe Guerre mondiale. Toutes les tentatives de s'opposer à l'Occident par la guerre conventionnelle ont connu des échecs. L'unique possibilité susceptible d'ébranler l'Occident partout où il est représenté aux quatre coins du globe est la guerre non conventionnelle (le terrorisme). D'où la nécessité pour chacun de se transformer soit en chef de guerre soit en arme non conventionnelle, en vue de se mettre en ordre de bataille pour détruire l'Occident. Ainsi se présente le visage du monde teinté de vraisemblance pour notre part, exhibé davantage à la jeunesse non occidentale. Et lorsque ce discours est imbibé d'ingrédient religieux, on obtient des résultats importants. Il y a de toute évidence lieu, pour l'Administration pénitentiaire camerounaise, de se préoccuper à tous les titres des détenus et ex-détenus impliqués dans des entreprises criminelles terroristes.

[389] Le suivi pénitentiaire des détenus et post pénitentiaire des ex-détenus présentant une personnalité dangereuse pour la société, ramène à l'esprit au regard de l'actualité carcérale produite par les terroristes ici et ailleurs, l'importance d'instituer au sein de l'A.P. camerounaise d'un service de renseignement pénitentiaire qui travaillerait en collaboration avec la Direction des Renseignements généraux de la DGSN. Lire : Michel Gabriel Ngoo-Djob Litet, in Les relations entre les institutions judiciaires et pénitentiaires dans le système de justice pénale au Cameroun, mémoire ENAP, 1999 ; Dieudonné Mbida, in *La pratique des renseignements généraux (tome II)*, Yaoundé, éditions CLE, 2009.

psychologique présente de manière caricaturale, mais non moins saisissante comme suit :

On sait comment les manuels de psychologie présentent aux étudiants la fameuse différence entre les névroses et les psychoses : le psychotique, nous disent-ils en substance, est celui qui a acquis la conviction inébranlable que deux et deux font cinq. Et tous ceux qui tentent de le persuader du contraire sont des rusés, tout disposés à lui nuire. Le psychotique a perdu le contact avec la réalité. Comme lui sans doute, le névrosé pense que deux et deux font cinq...mais, à la différence du premier, ça l'ennuie terriblement ![390]

Luc Ferry, soucieux de clarté du fait de la complexité du sujet analysé, poursuit l'explication :

Par où l'on voit qu'il tient encore au réel, ne serait-ce que par son angoisse. Une anecdote, inventée, je crois, par un auteur allemand, dit la même chose de façon plaisante et ce n'est pas tout à fait par hasard qu'elle emprunte au modèle du rêve éveillé : le névrosé est celui qui construit des châteaux en Espagne, le psychotique y habite (ce qui est déjà plus fâcheux)... et le psychiatre encaisse le loyer ![391]

Comment se construit ce syndrome chez l'individu ? Quels sont ses effets et jusqu'où peuvent-ils arriver ? Comment peut-on parvenir à déconstruire ce syndrome chez l'individu qui en est atteint ? Voilà entre autres les articulations sur lesquelles reposera le travail attendu des psychologues. Parallèlement, l'ENAP, l'institution de formation à vocation sous régionale[392] doit jouer un rôle axial dans cette quête de compétitivité de l'A.P. camerounaise, notamment dans le domaine de la réduction des effets désocialisants de la détention carcérale. Cette école, pour réaliser son ascension fortement attendue, devra nécessairement se débarrasser de la triple inadéquation qui la gangrène depuis sa création. Il s'agit de l'inadéquation des infrastructures d'accueil et des équipements de formation ; de l'inadéquation de l'offre de formation par rapport aux évolutions des métiers de l'A.P. camerounaise et ; enfin de l'inadéquation du plateau pédagogique amplifiée par l'absence de profil de carrière du corps enseignant, pour n'évoquer que celles-là.

---

[390]Luc Ferry, in *Qu'est-ce qu'une vie réussie ?* Paris, Grasset, 2002, pp. 11-12.

[391] Idem.

[392]Des six pays constituant la sous-région Afrique centrale, à savoir : le Tchad, le Centrafrique, le Congo, le Gabon, la Guinée Equatoriale et le Cameroun, seul ce dernier dispose d'une école à cycle complet chargée de la formation initiale et continue des fonctionnaires de l'A.P. Cet effort louable du Cameroun devrait être capitalisé par le gouvernement local d'abord et par les gouvernements des autres États communautaires afin de crédibiliser cette institution de formation à travers l'accroissement de la compétitivité de ses produits.

De fait, d'importantes réformes institutionnelle, fonctionnelle, normative et managériale attendues ici devraient favoriser la prise des décisions qui maximisent l'émergence de bonnes options, lesquelles à moyen et à long terme, permettront tant au niveau national que régional, le positionnement de l'A.P. camerounaise sur le piédestal continental. Autrement dit, il est loisible que l'entregent des personnels pénitentiaires soit continuellement structuré sur l'accompagnement des décideurs politiques et professionnels et que celui-ci produise l'introduction permanente dans le « produit » A.P. camerounaise des valeurs positives (*the best practices*) désirables tant par la société camerounaise que par la société mondiale. Ce serait en somme en ce domaine, pour le décideur politique comme professionnel faire une œuvre politique visionnaire, parce que productive à long terme de plus-value et ; pour l'agent public pénitentiaire, contribuer à une production professionnelle triplement rentable, c'est-à-dire pour son compte d'abord, celui du client ensuite et enfin celui du gouvernement.

Le chemin restant à parcourir dans ce chantier est sans conteste encore long et très long même. Toutefois, il y a lieu de se satisfaire des résultats engrangés jusqu'ici et qui représentent à tout le moins, sous l'égide des pouvoirs publics, de réconfortantes récompenses d'un demi-siècle d'efforts individuels et collectifs consentis par les personnels pénitentiaires camerounais. Ces résultats encore modestes pour l'heure, se traduisent depuis 2010, par la participation relativement massive aux Antilles françaises et en Afrique subsaharienne, des fonctionnaires de l'A.P camerounaise aux Opérations de Maintien de la Paix (*Peace Keeping Operations*), organisées par le Département éponyme. Ce, sous l'égide de la Communauté internationale, l'Organisation des Nations unies, à travers l'entité administrative spécialisée dénommée « *The Rule of Law and Security Institutions Office*[393] (Bureau de l'État de droit et des institutions chargées de la sécurité ; du Service consultatif du droit pénal et des questions judiciaires) », basée à son siège à New York. Haïti, Burundi, République Démocratique du Congo, Côte-d'Ivoire, République Centrafricaine, Mali sont des pays où des fonctionnaires pénitentiaires camerounais ont exercé ou sont en train d'exercer leur office en qualité d'experts, sous la supervision des fonctionnaires onusiens.

Connaissant les besoins auxquels font face les pays se trouvant en situation difficile de post conflit armé, en matière de restauration de la sécurité, du droit et de la justice dans les établissements pénitentiaires notamment, il importe de prendre conscience de la nécessité de s'investir

---

393Au travers de ce Département de l'ONU en charge des questions relatives à l'application de la loi dans le cadre des situations de post conflit armé, guerre civile ou catastrophe naturelle ayant frappé certains pays, les pénitentiaires camerounais sollicités participent à la MONUSCO, MINUSCA, ONUCI, MINUSMA et MINUSTAH.

sans relâche afin que l'expérience des plénipotentiaires camerounais dans ce secteur d'activité reste à la hauteur des attentes des Nations unies. Relevons que depuis une décennie, plus ou moins, le Secrétariat général de l'Organisation des Nations unies s'est engagé résolument dans l'important chantier de promotion et de protection des droits des personnes détenues dans les prisons, au profit des pays sortant d'une guerre sanglante.

L'introduction ou l'extension toute récente en Afrique du volet promotion et défense des droits de l'homme en milieu carcéral à l'intention des personnels pénitentiaires, officiant dans le cadre des missions de maintien de la paix, sous l'égide des Nations unies, conduit au bouclage de la chaîne sécuritaire. Celui-ci permettant d'assurer l'efficacité et l'efficience de son fonctionnement, à travers la mise à contribution de tous ses maillons, en fonction de la spécificité et de la technicité de chacun, partout où besoin est. Le volet pénitentiaire intervient ici en complément respectivement aux volets militaire, judiciaire et policier. Son impact est déterminant pour l'instauration d'une paix juste et durable.

Il est bénéfique pour tous les acteurs de la chaîne de sécurité ainsi que celle de la justice pénale que la boucle soit ainsi bouclée. Car, le maintien de la paix aussi vrai qu'il implique premièrement le militaire dont la compétence est avérée en matière de désarmement des factions armées belligérantes, de leur maintien en cantonnement et du respect par elles des accords de paix, même sous l'effet de la contrainte pouvant conduire dans certains cas, à l'organisation de la reconversion des anciens combattants à la vie civile. Ce maintien de la paix interpelle secondairement le policier dont la mission est de sécuriser les biens et les personnes dans la cité, afin de la rendre vivante et viable pour tous les acteurs sociaux, conformément au pacte républicain en vigueur et librement instauré. Enfin, le maintien de la paix interpelle le fonctionnaire des services correctionnels dont le champ d'action se trouve au sein des centres pénitentiaires et en dehors, où il y joue un rôle déterminant. Car, il contribue d'une part à la restauration de la justice pénale rendue au nom du Peuple dans toutes ses facettes (dissuasion, rétribution, neutralisation et réadaptation), avant et après le conflit armé ayant affecté un pays ; et d'autre part au rétablissement du règne du droit au sein de la communauté pénitentiaire (personnel pénitentiaire, personnes détenues, leurs familles et amis, société civile, etc.).

Ainsi, sous l'égide des N.U., la participation du personnel des services correctionnels aux opérations de maintien de la paix en période de post conflit armé dans une communauté politique, a pour objectif prioritaire de soumettre la gestion des prisons aux règles et principes éthiques internationalement et nationalement admis, à travers lesquels l'État de droit pourrait objectivement être jaugé. Car par expérience, pendant et après un conflit armé, la position dans laquelle se trouvent les personnes qui détiennent le pouvoir ou qui ont acquis le pouvoir, peut très facilement se transformer en abus ou excès de pouvoir à l'égard de celles en détention carcérale (adversaires) qui ont perdu le pouvoir ou qui n'ont pas pu l'acquérir.

Pour tout dire dans cette optique, conformément aux diverses résolutions[394] du Conseil de sécurité des Nations unies relatives au retour de la paix et au respect de l'ordre constitutionnel en République centrafricaine dont celles n°s 2301, 2339 et 2387 respectivement des 26 juillet 2016, 27 janvier et 15 novembre 2017, les experts internationaux des services correctionnels fournis par les pays contributeurs appuient la partie nationale notamment pour :

- la mise en œuvre des mesures temporaires d'urgence relatives à la détention des malfaiteurs présumés puis leur transfert aux autorités nationales (1) ;

- la modernisation du cadre normatif applicable au service public pénitentiaire national afin de le rendre compatible dans l'esprit et la lettre aux standards internationaux (2) ;

- l'application des règles en vigueur relatives à la sécurité (statique, dynamique et procédurale) des prisons et à la bonne gouvernance pénitentiaire (3) ;

- la conduite des projets de réhabilitation et d'opérationnalisation et, s'il y a lieu, de construction des prisons suivie et de leur équipement, en vue de la restauration et de l'extension de l'autorité de l'État (4) ;

- la mise en œuvre des programmes de formation en vue de capaciter les ressources humaines pénitentiaires nationales (5) ;

- le suivi du respect des droits fondamentaux des personnes détenues, en vue de garantir l'État de droit et d'assurer la mission de service public dévolue à l'État républicain (6).

Le chapitre consacré à l'une des catégories vulnérables de la société carcérale nous a permis d'abord de revisiter les éléments objectifs sur lesquels est fondée leur fragilité, et d'observer ensuite chemin faisant, comment celle-ci est insuffisamment prise en compte par le CPP. Au regard de cela, notre esprit est envahi par les quelques constats suivants. Le réflexe de protection ou de défense sociale bien que fortement répandu dans notre société, devrait être édulcoré par l'intérêt collectif de développement des mécanismes de prévention de la déviance et d'organisation des perspectives

---

[394] Le mandat de la MINUSCA est clairement défini et au fur et à mesure réactualisé sur le terrain compte tenu des difficultés rencontrées par les différentes composantes de la Mission et des attentes des populations civiles et du gouvernement.

avérées de réinsertion sociale. Ainsi, il nous apparaît que ce n'est qu'en s'abreuvant à la fontaine des mécanismes de prévention de la déviance que ledit réflexe gagnerait en tonicité. Cela est davantage valable concernant au premier chef les mineurs âgés de 14 ans, dont l'encadrement carcéral requiert le développement des programmes susceptibles de leur offrir des possibilités de préparation à la réinsertion sociale, à travers l'éducation et l'instruction, ainsi que la formation professionnelle disponibles en établissement pénitentiaire et en dehors.

D'où la nécessité, pour ce qui nous concerne, de mettre fin au hiatus entre les dynamiques du dedans et celles du dehors qui s'opèrent en cette matière. D'ailleurs, plus que l'instruction diplômante dont ils bénéficient dans quelques écoles fonctionnelles des établissements pénitentiaires où ils exécutent leurs peines de détention carcérale, nous sommes d'avis qu'au Cameroun en particulier et en Afrique en général, la formation professionnelle orientée vers l'acquisition des qualifications modernes, dans les domaines relevant de l'agropastorale, du bâtiment, de l'artisanat, l'informatique, etc. serait plus profitable aux mineurs détenus. Ces derniers étant pour la plus grande part socialement et économiquement déshérités, et par conséquent incapables de pouvoir supporter le coût de longues études, la formation professionnelle soit en agriculture, soit en bâtiment, soit en informatique, soit en artisanat, offrirait à court terme l'opportunité aux mineurs détenus d'apprendre un métier générateur de revenus. Puis après leur libération, celle-ci leur donnerait la possibilité d'être immédiatement opérationnels dans le circuit économique, et d'être à long terme ou pour toute leur vie, soit des salariés soit des ouvriers ou techniciens qualifiés ou mieux encore des entrepreneurs dans un domaine de leur choix.

Mais pour y arriver, il faudrait que les pouvoirs publics en Afrique et au Cameroun parviennent au préalable à opérer la catharsis mentale populaire indispensable, en expurgeant de nos consciences l'un des vieux carcans hérités de la colonisation, à savoir le dédain du travail manuel et de la terre, adroitement dénoncé par René Dumont en ces termes :

En liaison avec son caractère livresque, totalement détaché de la nature - ce beau grand livre tout ouvert, qu'il faut aussi apprendre à « lire » - cet enseignement accentue encore un mépris déjà poussé du travail manuel ; car il n'y exerce pas, ou si peu et si mal. La France forme ainsi, dans ses écoles, collèges et lycées, des infirmes de leurs dix doigts ; sans comprendre qu'une intelligence uniquement cérébrale, oubliant l'habileté manuelle et l'acquis des cinq sens, ne peut être complète (...)[395]

---

[395]René Dumont, in *L'Afrique noire est mal partie*, Paris, Éditions du Seuil, 1962, p.82. (Édition revue et corrigée en 1973). Il est conseillé pour mieux appréhendée la pensée de cet

L'agronome de la faim, dont on connaît le sens de la critique pertinente, pointe du doigt un élément essentiel :

Dans une telle ambiance, le gosse qui sort de l'école en arrive vite à mépriser son frère, qui pioche la terre (...). L'école ne devrait donc pas détacher le jeune élève de son monde rural originel ; mais le former, pour qu'il soit réellement en mesure de le faire progresser, dans l'ordre technique et économique. Ceci nécessite une totale révision de la conception même d'un enseignement qui se dit « humaniste » ; alors que, en réalité, il accroît d'abord le mépris du travail manuel[396].

La nécessité de faire collaborer la plume et la pioche, pour reprendre le titre d'un essai à succès d'un sociologue camerounais de très grand renom[397], a été depuis belle lurette mise en évidence. De ce fait, l'éducation, l'instruction et la formation professionnelle débouchant sur une bonne insertion professionnelle et sociale représentent les moyens inégalés de lutte contre la réitération de la délinquance chez les détenus mineurs et adultes. Sur ce point, s'agissant du Cameroun, l'impérieuse intensification de la collaboration entre les travailleurs sociaux issus majoritairement, pour l'heure, des effectifs des fonctionnaires relevant du ministère des Affaires sociales ainsi que des éducateurs et enseignants issus des ministères soit de l'Éducation de base, soit des Enseignements secondaires, soit de l'Emploi et de la Formation professionnelle, soit de la Femme et de la Famille, est indispensable. Cette collaboration, pour être féconde, doit s'intensifier, en attendant raisonnablement que l'A.P. elle-même procède au recrutement, à la formation, à l'intégration puis au déploiement dans ses structures de ces catégories de professionnels dont elle a tant besoin pour l'accomplissement efficace et efficient des missions qui lui sont confiées.

C'est donc dire en définitive qu'en la matière qui nous intéresse ici, est considéré comme un pis-aller, la répression systématique du mineur -

---

africaniste de première heure, de lire également *L'Afrique étranglée*, Le Seuil, Paris, 1980, essai co-rédigé avec Marie-France Mottin.

396Ibidem.

397Jean Marc Ela, in *La plume et la pioche. (Réflexion sur l'enseignement et la société dans le développement de l'Afrique noire)*, Yaoundé, Éditions Clé, 1971. Cet ouvrage est classé parmi les écrits de jeunesse de cet imminent penseur de regrettée mémoire, malgré sa vieillesse, il reste encore d'actualité. À travers celui-ci, il critique les politiques publiques relatives au développement de l'agriculture mises en œuvre en Afrique au lendemain des indépendances, marquées d'une part par la valorisation de la bureaucratie administrative à laquelle on accède en alignant soit les diplômes académiques soit divers titres qui donnent droit à des avantages exorbitants et ; d'autre part par la dévalorisation de l'entreprenariat agricole qui n'offre aucun avantage à celui qui l'exerce. En d'autres termes, Jean Marc Ela a perçu très tôt cette dérive culturelle et a critiqué le mode de gouvernance publique dans ce domaine précis qui consiste à encourager le peuple à se désintéresser du travail de la terre en général ou du travail manuel (acharné) tout court, afin de s'investir dans d'autres domaines d'activité (services) offrant de gros gains, avec outrageusement une contrepartie d'efforts disproportionnelles.

malfaiteur-, à travers la condamnation à la privation de liberté en milieu carcéral. Le recours à l'emprisonnement sans se soucier du devenir du mineur-malfaiteur, représente non moins que l'échec et le désarroi manifestés par divers acteurs sociaux intervenant dans le processus d'apprentissage et de reproduction du comportement socialement correct, attendu de chaque membre d'une communauté. La prison est *de jure et de facto* l'ultime levier requis dans l'aventure insolite de socialisation de l'Homme. Elle vient à la rescousse pour essayer de rattraper la série d'échecs enregistrés par les institutions sociales qui la précèdent. Le dernier recours qu'elle représente dans le processus de socialisation de l'individu justifie d'évidence toutes les attentions, tous les moyens et toutes les intelligences qui mériteraient d'être mobilisés en son sein et au tour d'elle, en vue de lui permettre de maximiser les résultats escomptés. Le rôle des personnels pénitentiaires, dans leur structuration en binôme, est plus que jamais affirmé ici, en vue de construire une dynamique sociale et politique agissante, conduisant à l'édification d'activités de réinsertion sociale et professionnelle en faveur des mineurs détenus.

CHAPITRE VII

LE RÉGISSEUR (DIRECTEUR) DE PRISON, NOUVEL ACCOMPAGNATEUR DE LA PERSONNE DÉTENUE AU PROCÈS PÉNAL EN APPEL

« Il faut être enthousiaste de son métier pour y exceller ».
Diderot

Ce chapitre se propose, à la lumière du CPP, de mettre en évidence la substance des innovations matérialisées par l'apparition de nouvelles attributions consolidant le rôle et la place du régisseur de prison dans le procès pénal. En fait, du moment où la loi dit expressément que le régisseur doit tenir, transmettre et suivre les dossiers judiciaires des personnes se trouvant en situation de privation de liberté dans l'établissement dont il la charge, celle-ci lui donne désormais une place importante dans le processus d'administration de la justice pénale. Si autrefois, le régisseur de prison accomplissait cet office de façon peu ou prou informelle, la nouvelle loi vient opportunément l'officialiser, à travers une codification sans équivoque, qui détermine la marge de manœuvre et le rayon d'action de cet acteur dans le procès pénal en appel au Cameroun.

De toute évidence, en prenant en main les dossiers judiciaires de certaines personnes détenues ayant intenté des recours en appel à la suite d'une condamnation par les tribunaux d'instance, le régisseur de prison se dévêt indubitablement du manteau d'acteur passif pour revêtir celui d'acteur actif de la chaîne judiciaire. Soucieuse sans conteste de favoriser l'accès de tous à la justice, en tout temps et en tout lieu, et considérant le niveau de responsabilité du régisseur de prison dans la chaîne pénale, la loi camerounaise portant Code de procédure pénale le met davantage en labeur. Cette loi consolide, du point de vue de la normativité, le rôle de relais voire de courroie de transmission de première main, que le directeur de la prison doit désormais jouer entre les détenus appelants[398] et cassationnaires[399] qui séjournent dans le pénitencier où il exerce ses fonctions et les juridictions d'appel de son ressort connaissant des affaires dont elles sont saisies.

---

[398] Délinquants/criminels condamnés par les tribunaux d'instance, mais qui, non satisfaits de ces condamnations ont saisi la Cour d'appel.

[399] Délinquants/criminels dont les affaires sont portées devant la Cour suprême après avoir été jugées respectivement par les tribunaux d'instance et d'appel.

En effet, connaissant bien l'organisation judiciaire, le directeur de la prison anime dès lors à travers ses services compétents et sans faire concurrence aux avocats, le point focal initial susceptible d'offrir des prestations gratuites aux personnes détenues dont il a la charge, en vue d'orienter et de canaliser leurs dossiers introduits auprès des autorités judiciaires compétentes pour connaître les recours.

L'article 3 de la loi n° 2006/015 du 29 décembre 2006 dispose que l'organisation judiciaire au Cameroun comprend : la Cour suprême, les Cours d'appel, les juridictions inférieures en matière du contentieux administratif, les juridictions inférieures des comptes, les tribunaux militaires, les tribunaux de grande instance, les tribunaux de première instance et les juridictions de droit traditionnel[400], commente un magistrat camerounais.

L'organisation des juridictions se présente dans cette optique comme suit, expose le rédacteur de l'article de presse convoqué au débat :

En fonction des ordres auxquels elles appartiennent, les juridictions sont, afin de permettre l'exercice des voies de recours, hiérarchiquement articulées suivant le schéma ascendant ci-après : tribunaux d'instance et chambres inférieures, cour d'appel et cour suprême. Ce schéma réfléchit sur l'organisation de la magistrature et conduit aux appellations suivantes : juge d'instance, juge d'appel et juge de cassation[401].

La croissance des attributions du régisseur (directeur) de prison provoquée par le CPP, exige donc désormais de la part de celui-ci une parfaite maîtrise de l'administration de la justice afin d'assumer au mieux sa tâche. Toute chose qui l'oblige désormais tout en s'appropriant l'organisation judiciaire en vigueur, de s'informer régulièrement auprès du responsable du service compétent (le greffe pénitentiaire) de l'établissement pénitentiaire qu'il dirige, des étapes[402] des dossiers en procès dans lesquels sont engagés les pensionnaires dont il a la charge. L'implication du régisseur (directeur) de prison dans la transmission des dossiers d'appel pourrait influer, un tantinet, sur la connaissance profonde et constante de la situation pénale de chaque pensionnaire placé sous son autorité. L'accompagnement judiciaire qui lui incombe à ce stade devrait favoriser la collecte exhaustive des informations et la circulation fluide et fiable de celles-ci, entre d'une part le greffe de l'établissement pénitentiaire, celui du parquet et enfin celui du

---

[400]Joseph Fogang, « La magistrature camerounaise et son organisation » in *Justitia* n° 02 de juin 2008, pp.21-23.

[401]Ibidem.

[402]Roger Perrot, in *Institutions judiciaires*, Paris, Montchrestien (coll. Domat droit privé), 6e édition, 1994, donne d'amples informations générales sur cette problématique que Roger Sockeng, in *Institutions judiciaires au Cameroun*, Douala, Macacos (coll. Lebord), 2005, réussit avec succès à contextualiser.

siège des juridictions saisies d'autre part, concernant les dossiers jugés en instance et ayant fait l'objet de recours à en appel.

Conformément aux dispositions du *Code de conduite pour les responsables de l'application des lois*[403], l'implication du régisseur (directeur) de la prison dans le procès pénal en appel notamment comme relais pour la constitution, la transmission et le suivi des dossiers des personnes détenues dont il a la charge, condamnées par les tribunaux d'instance, mais ayant soit interjetés appel soit s'étant pourvus en cassation, pourrait contribuer à garantir les droits de ces dernières à un procès juste, équitable et se déroulant dans les délais raisonnables. Bien plus, son implication pourrait contribuer à inverser la double tendance dominante depuis au moins trois décennies au Cameroun (et dans de nombreux pays) selon laquelle quelle que soit la prison, sur un échantillon de dix (10) personnes détenues au moins six (06) parmi elles se trouvent en détention provisoire tandis que les quatre (04) autres sont définitivement condamnées. Sans compter l'inflation[404] de la population carcérale d'année en année. Ainsi, tout en œuvrant dans le sillage du PR pour la protection des droits des personnes détenues, s'agissant du rôle qui est dévolu à ce dernier dans la procédure pénale, conformément aux dispositions des *principes directeurs applicables au rôle des magistrats du parquet*[405], le régisseur (directeur) de

---

[403] ``*Dans l'accomplissement de leur devoir, les responsables de l'application des lois doivent respecter et protéger la dignité humaine et défendre et protéger les droits fondamentaux de toute personne* ``. (Art. 2).

[404] *Reporterre* (le quotidien de l'écologie), dans sa livraison du 10 décembre 2013 nous informe que selon les données recueillies par le Centre international d'études pénitentiaires, les cinq pays qui ont la population carcérale la plus élevée au monde sont, par ordre décroissant : 1- les États-Unis (2.239.751 personnes emprisonnées, soit 716 détenus pour 100 000 habitants), 2- la Chine (1,64 million de détenus, soit 121 personnes incarcérées pour 100 000 habitants), 3- la Russie (681 600 personnes en détention, soit 475 détenus pour 100 000 habitants), 4- le Brésil (548 003 prisonniers, soit 274 personnes privées de liberté pour 100 000) et 5- l'Inde (385 135 personnes incarcérées, soit un taux de 30 détenus pour 100.000 habitants). Au nombre des pays ayant une population carcérale réduite figurent Malte, la Guinée équatoriale, le Luxembourg, la Guyane française et Djibouti.

Par ailleurs, la Suède occupe la 112e place parmi les pays non affectés par l'inflation carcérale du fait de la politique efficace de réinsertion sociale et de réhabilitation des détenus qu'elle applique, au point où elle est l'un des rares pays au monde qui ferme certaines de ses prisons faute de détenus. Car depuis les 10 dernières années, le taux d'incarcération diminue de 1 % chaque année, du fait de la mise en œuvre des mécanismes judiciaires se rapportant aux mesures et peines alternatives à l'incarcération et au développement des mécanismes de lutte en milieu carcéral contre la récidive reposant sur diverses techniques telles que : les « sas de sortie », « maisons de mi-parcours », « généralisation de la libération conditionnelle aux 2/3 de la peine » et le « renforcement des moyens et compétences des services de probation », etc.

[405] *(11) Les magistrats du parquet jouent un rôle actif dans la procédure pénale, y compris l'engagement de poursuites, et, lorsque la loi ou la pratique nationale les y autorise, ils participent aux enquêtes criminelles, supervisent la légalité de ces enquêtes et l'exécution des décisions des tribunaux et exercent d'autres fonctions en qualité de représentants de l'intérêt public.* (12) *Les magistrats du parquet exercent leurs fonctions conformément à la loi, en*

prison ne perd pas de vue sa mission consistant à assurer leur préparation à la réinsertion sociale intra et extra-muros. Examinons de plus près les dispositions du CPP relatives à la problématique objet du présent chapitre.

I. Tenants et aboutissants du rôle du régisseur de prison pendant la procédure d'appel

I.1. Que dit la loi ?

ARTICLE 444 : (1) Lorsque l'appelant est détenu, son appel peut également être interjeté, soit par déclaration au greffe du Tribunal de Première ou Grande Instance du lieu de détention, soit par lettre adressée au greffier en chef sous couvert du Régisseur de la prison où l'appelant est détenu.

(2) En cas d'appel par déclaration au greffe du tribunal, le régisseur de la prison est tenu de faire conduire l'appelant détenu devant le greffier en chef du tribunal concerné.

(3) En cas d'appel par lettre, le régisseur de la prison, sous le couvert duquel elle est adressée, est tenu :

a- de la transcrire dans un registre spécial tenu à cet effet ; cette transcription est datée, signée par le régisseur de la prison et contresignée par l'appelant ;

b- d'établir en trois exemplaires un récépissé mentionnant la date du dépôt de la lettre et son objet ;

c- de remettre sur-le-champ un exemplaire à l'appelant, classer le deuxième au dossier pénitentiaire de l'intéressé et annexer le troisième à la lettre d'appel ;

d- de transmettre cette lettre et le troisième exemplaire du récépissé dans les quarante-huit (48) heures par tout moyen laissant trace écrite, au greffier en chef du tribunal qui a rendu le jugement frappé d'appel.

(4) Dès réception des pièces visées à l'alinéa 3 (c) ci-dessus, le greffier en chef procède comme indiqué aux articles 443 et 445.

ARTICLE 445 : (1) Le greffier en chef adresse immédiatement au procureur de la République ainsi qu'aux autres parties, copie du procès-verbal ou de la déclaration d'appel, par lettre recommandée avec accusé de réception ou par tout autre moyen laissant trace écrite au dossier.

---

toute équité, de manière cohérente et diligente, respectent et protègent la dignité humaine et défendent les droits de la personne humaine, contribuant ainsi à garantir une procédure régulière et le bon fonctionnement du système de justice pénale.

(2) À l'expiration du délai de production du mémoire fixé à l'article 443, le greffier en chef met en état le dossier de procédure qui comprend notamment :

- l'acte d'appel ;
- la procuration s'il y a lieu ;
- le procès-verbal visé à l'alinéa 1er ;
- les procès-verbaux d'enquête de police judiciaire ;
- les actes de procédure ;
- les conclusions et mémoires produits par les parties devant le tribunal ;
- les notes d'audience ;
- toutes les décisions avant dire droit rendues par le tribunal ;
- une copie du jugement attaqué.

(3) ce dossier est immédiatement transmis au greffier en chef de la Cour d'appel.

I.2. Commentaire

§58 : *Le régisseur de prison est désormais impliqué, plus que par le passé, dans le processus pénal. Il s'occupe de la réception et de la transmission auprès des juridictions compétentes, des dossiers des détenus appelants de l'établissement dont il a la charge. La codification de cette pratique, qui fait date, a sans aucun doute des motivations.*

Même sous l'empire de l'ancienne loi, c'est-à-dire le CIC, le détenu qui n'avait pas de conseil était obligé d'utiliser le canal du greffe de la prison et du régisseur pour transmettre ses lettres destinées au Tribunal, y compris les voies de recours. Il n'y a donc pas de changement fondamental à ce stade. Le législateur a opportunément réglementé et mieux organisé une pratique qui existait déjà. Les choses devraient donc se passer plus rationnellement désormais, conformément aux dispositions pertinentes de la présente loi, ayant conduit à la signature, pour en favoriser sa mise en œuvre efficiente, la lettre circulaire[406] du 29 décembre 2014.

Par ailleurs, le régisseur de prison doit également veiller, à travers l'établissement systématique par ses soins, suivi de la transmission diligente respectivement au P.R, P. G et à sa hiérarchie administrative, des états statistiques mensuels de la population carcérale séjournant dans le pénitencier dont il a la charge. À l'instar des statistiques judiciaires dont le garde des Sceaux, Royer en 1877, relevait qu'elles peuvent permettre «au

---

[406]La circulaire n°003/13/0004/PPE/DAPG du 29 janvier 2014 relative à la mise en état des dossiers de pourvoi et d'appel.

moraliste de suivre le mouvement de la criminalité et au jurisconsulte de rechercher les points de la législation qui sont susceptibles de réformes »[407], les statistiques carcérales dont l'importance[408] est également incontestablement admise, devraient *primo* servir à tout moment de tableau de bord fiable tant au régisseur (directeur) de prison, au procureur de la République, au procureur général, au juge d'instruction qu'au garde des Sceaux, pour obtenir des informations de première main sur le volume et la nature des dossiers traités pendant une période donnée par chaque juridiction ayant abouti à l'incarcération des mis en cause. La production systématique des statistiques carcérales par les responsables des établissements pénitentiaires permettrait ensuite d'apprécier judicieusement l'évolution ou l'involution de la population carcérale dans chaque établissement pénitentiaire pendant une période donnée et de faire des analyses comparées. Elle faciliterait *ultimo* le travail des organes de contrôle *a posteriori* effectuant des missions portant sur le respect des délais impartis par le CPP au P.R. et au J.I. concernant la détention provisoire en matière correctionnelle ou criminelle, l'exécution des mandats de justice emportant privation de liberté en milieu carcéral, etc.

Somme toute, il se dégage clairement que si un effort est consenti afin que les statistiques carcérales soient élaborées systématiquement et de façon rigoureuse, et exploitées rationnellement par les acteurs et les décideurs, elles peuvent contribuer à donner une meilleure visibilité, une bonne lisibilité et une parfaite traçabilité à l'activité de la machine pénale et pénitentiaire au Cameroun. Et de surcroît, les statistiques carcérales peuvent servir d'indicateur de performance de notre système de justice pénale. Parce qu'elles renseignent à suffisance sur le réel et le souhaité, elles peuvent éclairer les orientations politiques et professionnelles, les options d'investissement et les choix d'actions. La nécessité de développer les capacités des ressources humaines à l'élaboration des statistiques carcérales puis à leur utilisation, ainsi que la mobilisation des ressources financières à

---

[407] Robert Badinter, *La prison républicaine (1871-1914)*, Paris, Fayard, 1992, p.104.

[408]Les statistiques, relève Tamagne, ingénieur statisticien, « ont toujours été à la base des décisions au sein des organisations et administrations modernes. C'est pourquoi l'on a pu dire « qu'il n'y a pas de gouvernement sans statistiques. » Cette assertion à elle seule indique toute l'importance des statistiques dans une nation. » Cf. Exposé intitulé : Les statistiques judiciaires. Présenté le 07 novembre 2011, à l'occasion de la réunion annuelle des chefs de cours d'appel à Yaoundé, présidée par le vice premier ministre, ministre de la Justice, garde des Sceaux, Amadou Ali. Cette brève réflexion de bonne facture, le moins qu'on puisse dire, propose un canevas d'élaboration des statistiques judiciaires au Cameroun. Convaincu du caractère stratégique des informations que les statistiques en général et carcérales en particulier procurent, et qui servent comme outil de décision politique et technique, la nécessité de s'investir résolument à leur promotion est une bonne option qui s'impose à l'ère du temps.

leur production, constitue un enjeu capital dans le domaine soumis à l'analyse dans ce paragraphe.

§59 : *Il serait intéressant parlant des statistiques carcérales et mêmes judiciaires, d'aborder à ce stade,* ***le principe du numerus clausus***[409]*, dont le respect constitue l'un des problèmes phares à la résolution duquel le CPP a fait la promesse ferme de s'attaquer, mieux d'y apporter des solutions. Mais qui hélas, près d'une décennie après son entrée en application, ces solutions restent toujours attendues. Inutile de dire que du non-respect de ce principe résulte la* ***surpopulation carcérale*** *ambiante au Cameroun et qui s'est érigée comme une épine pour les régisseurs de prison, en ce sens qu'elle sécrète en chaîne, divers autres problèmes eux aussi majeurs, qui infestent insidieusement la vie en milieu carcéral tant du côté des personnes détenues, des personnels pénitentiaires que des visiteurs. Elle contribue à juste titre à renforcer la réputation de zone névralgique collée aux établissements pénitentiaires par les politiques et les professionnels des services de sécurité.*

Il faudrait à la vérité reconnaître que la persistance du phénomène de la surpopulation carcérale au Cameroun, pour le cas d'espèce, figure pour l'heure, incontestablement dix années sensiblement après la mise en œuvre du CPP, parmi l'une des attentes non satisfaites par ce texte. Statistiquement, les chiffres sont décevants. La catégorie pénale constituée par les prévenus, c'est-à-dire les personnes en attente de jugement, l'emporte toujours largement sur celle des personnes soit condamnées en instance, soit définitivement condamnées. En comparant la période d'avant et celle d'après, il ressort de cela qu'il n'y a pas eu de variation d'un iota à la baisse de la population carcérale, entre la période ayant précédé l'entrée en application du CPP et celle l'ayant suivie.

Cette situation trahit l'une des promesses phares faites à la communauté nationale et internationale par le gouvernement pendant la campagne de vulgarisation de cet instrument juridique de premier ordre, caractéristique d'une société moderne ; et même bien avant, lors de sa défense devant la représentation nationale à l'assemblée, en témoigne l'exposé des motifs du gouvernement. Toutes ces promesses non tenues sont sans susciter des réflexions chez les acteurs chargés de la mise en œuvre du CPP au plan

---

409 Il est mis en œuvre notamment en France vers le début de ce millénaire et permet de contrôler le nombre de détenus séjournant dans chaque prison afin de contraindre les acteurs du système de justice pénale au respect de la capacité d'accueil de chacune. Bref d'éviter la surpopulation carcérale qui paralyse le traitement pénitentiaire de la déviance ayant vocation à lutter contre la récidive. Au détriment des maisons d'arrêt, ce principe a été appliqué dans un premier temps aux établissements pour peine avec cet impératif de ``une place, un condamné `` dans une prison. Sa non-application ayant naturellement provoqué, au bout de quelques années un engorgement des maisons d'arrêt, le principe du *numerus clausus* a été par la suite étendu progressivement à tous les établissements pénitentiaires.

politique et professionnel et de l'évaluation de son niveau d'ancrage au plan de la modernisation attendue des pratiques et des prestations de service rendues aux justiciables.

À l'occasion de la rencontre annuelle traditionnelle avec certains acteurs majeurs du système de justice pénale au Cameroun, les 6 et 9 décembre 2011, le ministre de la Justice, garde des Sceaux d'alors, le vice-Premier ministre Amadou Ali, avait fort opportunément inscrit au programme des travaux, un exposé destiné à recenser les difficultés qui subsistent dans la mise en œuvre des dispositions du CPP. L'exposé de quinze minutes de chacun des dix chefs de Cour d'appel a permis de mettre en évidence nombre des difficultés majeures rencontrées. Parmi lesquelles figurent les éléments suivants particulièrement pendant la phase de la procédure pénale appelée l'information judiciaire:

- le non-respect des délais impartis au Parquet pour rétablir les dossiers au cabinet du juge d'instruction après le réquisitoire définitif ;

- le non-respect des dispositions du CPP qui confient les diligences de transmission aux fins d'exécution des titres d'arrestation et de détention exclusivement au Parquet ;

- la tendance à la systématisation du placement sous mandat de détention provisoire.

À ces trois difficultés, on pourrait également ajouter, à la phase de jugement, la rédaction tardive des décisions de justice.

Au regard de ce qui précède, il convient de retenir que l'action des magistrats du Ministère public d'une part et, celle de ceux du jugement d'autre part, sont au centre des efforts conduisant au décongestionnement de la population carcérale. Une prise de conscience de la réalité de cette situation devrait être renforcée auprès de ces acteurs, assortie d'un accompagnement institutionnel hiérarchique préventif et répressif. Considérant que conformément aux dispositions du CPP, le délai de la détention provisoire court lorsque la procédure pénale est encore en information judiciaire, et que le juge d'instruction ne peut être dessaisi au profit de la juridiction de jugement tant que l'information judiciaire n'a pas été clôturée, le décalage saisissant entre le nombre des prévenus par rapport à celui des condamnés en milieu carcéral camerounais sera toujours porté en accusation contre les magistrats, acteurs centraux du système de justice pénale. Car le destin des justiciables et l'image de l'administration de la justice reposent entre leurs mains. Du côté de l'A.P., la réponse apportée au phénomène de l'inflation carcérale, à travers la construction de nouveaux établissements pénitentiaires, demeurera inopérante.

Il importe donc pour conclure sur cette question épineuse, que soit renforcée au niveau hiérarchique, la sensibilisation des magistrats du Parquet et du Siège, sur la nécessité par eux de considérer le CPP comme un « antidote », qui doit les guérir définitivement du « syndrome d'immunodéficience acquis » sous l'emprise du CIC, ayant favorisé le phénomène de surpopulation carcérale ambiant décrié aujourd'hui. Leur forte implication à lutter contre la propagation de ce syndrome permettra de donner un visage plus humain à la justice camerounaise, c'est-à-dire un visage qui est en adéquation avec les droits du temps présent des justiciables et les obligations des acteurs du système de justice pénale. Le respect des droits fondamentaux des justiciables et des obligations des acteurs du système de justice pénale passe par la pratique d'une ascèse mentale chez les seconds et susceptible de les aider à combattre, ici comme ailleurs, les maux tant décriés qui minent la Justice, que Jean-Pierre Fogui[410] dans une de ses brillantes allocutions a, avec pertinence souligné en des termes qui collent admirablement à la réalité des fléaux décrits, au nombre desquels figurent :

- *l'ivresse des hauteurs (1)* consistant pour le magistrat, à plonger selon les termes de Claude Imbert, dans l' « outrecuidance euphorique que l'on contracte à l'air des cimes » et, qui lui fait malheureusement oublier qu'il est et demeure un être humain, c'est-à-dire limité. D'où la nécessité pour lui de ne cesser de cultiver l'humilité tant au niveau professionnel que social ;

- les *lenteurs judiciaires (2)* consistant pour ceux que la société a sanglés dans les toges, à se prononcer tardivement sur des affaires portées devant eux, au mépris du principe qui énonce qu'une justice tardive équivaut à un déni de justice ;

- la *corruption (3)* consistant pour ceux dont la société a armé la main de l'épée de *Thémis*[411], à céder irrésistiblement aux puissances notamment de l'argent, lorsqu'ils prennent des mesures ou rendent des décisions dans l'exercice de leurs fonctions, contribuant ainsi à brouiller les jalons axiologiques de la société. En ce sens, admettons avec lui que :

Il est particulièrement choquant d'entendre parler de « corruption » dans un Corps (comme le vôtre) dont l'entrée est conditionnée par un serment solennel et aussi puissant ; car l'avez-vous remarqué ?- dans l'expression « corrompre », il y a évidemment le verbe « rompre »... Oui, un juge

[410]Universitaire camerounais, il assume la fonction de ministre délégué auprès du ministre de la Justice, garde des Sceaux, suivant le décret n° 2011/410 du 9 décembre 2011 portant formation du gouvernement.

[411]Déesse de la Justice dans la mythologie grecque.

corrompu est donc d'abord et avant tout un haut Commis qui a rompu - et donc trahi - son serment...[412].

- la *tentation de l'empathie (4)* consistant pour le magistrat à briser les distances devant absolument exister entre lui et les différends qu'il doit trancher. Convoquant d'Alembert, il poursuit : « Dans quelques circonstances et pour quelque grand intérêt de corps que ce puisse être (de) ne jamais être que des magistrats, sans parti pris et sans passion, comme les lois qui absolvent et punissent sans aimer ni haïr (...) »[413].

L'accroissement des infrastructures judiciaires, la modernisation des équipements de travail, le renforcement des ressources humaines, l'amélioration permanente de leurs capacités ainsi que le changement de mentalité des acteurs du système de justice pénale sont des chantiers importants qui interpellent la Justice camerounaise. De leur réalisation urgente dépendra l'avenir que nous souhaitons radieux pour cette institution.

§60 : *Mais des professionnels, plutôt de plus en plus nombreux, jugent par ailleurs incomplètes et inachevées, les évolutions insufflées par le Code de procédure pénale. Ils s'attendaient expliquent-ils, à ce que celles-ci soient parachevées par la reconnaissance de la qualité d'OPJ et d'APJ aux personnels de l'Administration pénitentiaire, pour connaître spécialement des infractions commises en milieu carcéral par les détenus, les visiteurs y compris les personnels eux-mêmes.*

Cela est-il légalement envisageable ? Cela est-il réellement opportun ? En fait, il nous apparaît bel et bien que si la légalité de cette aspiration s'inscrit juridiquement dans l'ordre du possible, sa pertinence en revanche, doit encore être travaillée de fond en comble. Car relevant de l'ordre du politique, le travail censé susciter la validation de la circonstance opportune de cette aspiration doit être orienté vers la mise en évidence de la *plus-value* que peuvent apporter les personnels pénitentiaires aux actions menées en faveur de la prévention et à la répression des atteintes à la loi pénale en milieu carcéral. Cet apport ainsi mis en relief en ce domaine pourrait désamorcer les oppositions tapies dans les couloirs et les refus embusqués dans les bureaux du cheminement conduisant à l'autorité habilitée à entériner l'admission ou l'intégration de l'A.P. à la famille de la police judiciaire.

Convenons à l'observation dans cette foulée que des problèmes importants, tels que l'absence de célérité lors du déclenchement des

---

[412]Extrait de l'allocution prononcée le 20 octobre 2014 à Abidjan, en Côte-d'Ivoire, lors de la cérémonie de rentrée judiciaire de la Cour commune de justice et d'arbitrage (OHADA) et d'ouverture du Colloque international sur les modes alternatifs de règlement des différends commerciaux.

[413]Ibidem.

poursuites pénales d'une part et, le déficit d'efficacité dans la conduite de la procédure pénale d'autre part, pour ne citer que ces deux-là, surgissent régulièrement lorsque des APJ et OPJ légalement et actuellement reconnus comme tels, sont saisis par le régisseur de prison aux fins d'identifier des auteurs et d'en rassembler les preuves d'infractions commises, le plus souvent en flagrant délit, au sein du pénitencier et dans son périmètre externe. La lourdeur qui caractérise les descentes sur les lieux (en prison) de la plupart des APJ et OPJ afin de déférer devant le procureur de la République les auteurs d'actes proscrits en milieu carcéral par la loi pénale demeure, pour l'heure, à l'avantage aussi bien des détenus, des visiteurs que des personnels de l'A.P. coauteurs ou complices de la commission desdits actes.

Et, c'est à juste titre que cette aspiration ne manque, à notre sens, ni de légitimité ni de pertinence. Il est donc loisible de se situer dans la mouvance de la recherche des voies qui permettraient de débarrasser la société camerounaise de cette entrave qui freine le déclenchement efficace et efficient de l'action publique contre les malfaiteurs, de plus en plus en grand nombre, opérant en milieu carcéral et dans son périmètre. Il existe sans doute de nombreuses pistes conduisant à résoudre le problème soulevé, mais celle que nous proposons semble être pour notre part l'une des plus adéquates. Elle demande du temps. Et elle prendra le temps nécessaire admis pour mûrir la prise de conscience collective sur la question, laquelle devra impulser, sans doute au moment opportun, la prise de décision politique.

À cet effet, les personnels pénitentiaires gagneraient à laisser les choses au temps et à se conformer à ce qui se passe actuellement. Car le temps, c'est-à-dire la patience active, est un facteur important permettant de mûrir une cause et de conquérir le soutien d'une bonne frange de la société, la masse critique. Mark H. McCormack, manager américain de bon renom, dit un mot fort intéressant au sujet de la nécessité de « savoir attendre » l'évolution du cours des choses.

Je m'étonne toujours de voir comment, avec le temps, une situation peut changer du tout au tout, comment des problèmes peuvent se résoudre d'eux-mêmes et d'autres perdre de leur importance, comment les affrontements s'apaisent et de nouvelles perspectives s'offrent à nous. « Patience passe science » ; on devrait tatouer ces mots sur la poitrine de tous les jeunes cadres « trop » dynamiques[414]

§61 : *Oui ! Mais on peut penser qu'entre le temps qui sépare la commission de l'infraction, la saisine et le transport sur le site des OPJ et APJ, il peut y avoir dissimulation, altération, suppression et même destruction de la et /ou des preuves par le détenu, le visiteur ou le personnel*

[414]Op.cit., pp. 64-65.

pénitentiaire incriminé. Tel paraît être l'un des problèmes de fond méritant modestement d'être porté à incandescence.

Encore une fois, admettons que le problème est clairement perçu. À l'analyse il nous semble à maints égards que l'une des solutions pertinentes et pérennes qu'on puisse proposer pour le résoudre, consiste en la reconnaissance de la qualité d'OPJ et d'APJ à compétence spéciale, aux personnels de l'Administration pénitentiaire. Selon la compréhension modeste que nous avons de la question, il y a très peu de voies envisageables à long terme, si l'on veut gagner en efficacité et en efficience, en ce qui concerne la prévention et la répression des atteintes à la loi pénale dont certains détenus, visiteurs et pénitentiaires sont les auteurs ou complices en prison. L'état d'esprit du moment est en faveur de la pratique dont nous venons de dénoncer les limites. Il est de bon ton, considérant la composition actuelle du système de police judiciaire et afin de se prémunir contre les effets néfastes relevés ci-dessus et engendrés par ladite composition, d'organiser et de conduire des actions de plaidoyer et de lobbying pouvant provoquer sa recomposition.

La restructuration ou recomposition de la police judiciaire par l'arrivée de nouveaux protagonistes - à compétence spéciale, il importe de le préciser - issus de l'A.P., est assurément porteuse de croissance, en termes de rendement fonctionnel du système de justice pénale et de couverture parfaite de certaines aires territoriales rendues particulières par le statut juridique qui s'applique à elles. Le statut juridique des centres pénitentiaires, cela saute à l'esprit, ne favorise pas le meilleur ancrage dans leur enceinte du dispositif actuel de police judiciaire. Ledit dispositif laisse apparaître, çà et là, de fréquents instants et périodes de dégrèvement qui déteignent sur son efficacité en milieu carcéral. Ces points de rupture fréquents et répétitifs ou moments de perte d'ancrage du dispositif actuel de P.J. observés en milieu carcéral camerounais tendent malheureusement à être érigés en principe.

Les scènes qui s'offrent habituellement en spectacle à nous font remonter en surface le constat d'un manque. Celui d'un partenaire dont la présence devient nécessaire. Simplement parce que son implication dans le système permettrait à celui-ci de s'activer jusqu'au bout de lui-même. Un sursaut intellectuel s'imposerait donc en ce point de vue. Il devrait conduire, sous la pression des faits, de l'actualité, des victimes et de l'idéal qui se profile dans l'esprit des artisans de ce projet, à provoquer la prise de conscience des enjeux de la question chez le décideur politique afin qu'il accède à la compréhension des défis en présence et à la solution pratique proposée par les professionnels. Au total, l'innovation que nous préconisons pourrait constituer à long terme une avancée notable pour l'A.P. camerounaise dans le sens du renforcement de ses interactions avec les actants de la justice pénale.

II. La libération conditionnelle, instrument primordial d'incitation des détenus à la réinsertion sociale

(Susciter l'amendement du détenu et lui offrir de réelles possibilités de regagner la société en étant une personne transformée, tels sont entre autres, les objectifs de la peine d'emprisonnement prescrits par la politique pénale et pénitentiaire).

II.1. Que dit la loi ?

TITRE XIII
DE LA LIBÉRATION CONDITIONNELLE

CHAPITRE I
DES DISPOSITIONS GÉNÉRALES

ARTICLE 691 (1) La libération conditionnelle est la mise en liberté anticipée du condamné à une peine privative de liberté ou soumis par la décision de condamnation, a une mesure de sûreté de même nature. Elle est accordée et révoquée par décret.

(2) Un décret fixe les conditions générales et les modalités de l'octroi et de la révocation de la libération conditionnelle.

(3) La mise en liberté anticipée du condamné, si elle n'a pas été révoquée, devient définitive à l'expiration de la durée de la peine.

II.2. Commentaire

§62 *: Restant dans le sillage de l'article 691 du CPP ci-dessus, parlons à présent de la section III*[415] *du Code pénal camerounais, intitulée de la*

---

[415]L'article 61 du Code pénal camerounais énonce que : « (1) la libération conditionnelle est la mise en liberté anticipée du condamné à une peine privative de liberté, ou soumis, par la décision de condamnation, à une mesure de sûreté de même nature. Elle est accordée et révoquée par décret. (2) Un décret fixe les conditions générales et les modalités de l'octroi et de la révocation de la libération conditionnelle. (3) La mise en liberté anticipée du condamné, si elle n'a pas été révoquée, devient définitive à l'expiration de la durée de la peine ». Les articles suivants énoncent les délais pour l'octroi de la libération conditionnelle d'une part et les conditions dans lesquelles la libération conditionnelle peut être révoquée d'autre part.
Art. 63 : « (1) La libération conditionnelle ne peut être accordée au condamné qu'après l'accomplissement de la moitié de sa peine ou de la moitié de l'ensemble des peines en cas de cumul, compte tenu, le cas échéant, des mesures de grâce. Elle ne peut être accordée au récidiviste qu'après l'accomplissement des deux tiers de sa peine. (2) La libération conditionnelle ne peut être accordée au relégué qu'après cinq (05) ans ».
Art. 64 : « (1) La libération conditionnelle ne peut être révoquée en cas de condamnation pour crime ou délit commis ultérieurement ou d'inobservation des conditions générales ou spéciales de la libération (2) En cas de révocation, le temps passé en libération conditionnelle n'est pas imputé sur le reste de la peine à subir ».

libération conditionnelle, dans l'optique de nous interroger sur les raisons qui ont conduit à son entrée en hibernation au cours de la dernière décennie, à la lumière du constat que nous avons fait. Ainsi, nous ne savons qui des régisseurs de prison ou des magistrats avaient en premier lieu perdu de vue cette pratique qui, au demeurant, contribue non seulement à désengorger les prisons, mais également à donner des possibilités à la personne détenue d'être partie prenante aux perspectives de réinsertion sociale qui s'offrent à elle, et surtout à celles de la libération avant terme prévue, en contrepartie du bon comportement affiché en milieu carcéral. Restant sur ce terreau, une enquête que nous avons menée au cours de la dernière décennie nous révèle qu'effectivement, non seulement qu'on n'en a pas entendu parler ; mais davantage aucun dossier de libération conditionnelle abouti ou en cours de traitement ne nous a été signalé à la Chancellerie.

Cela est possible. Étant entendu que la libération conditionnelle s'inscrit dans un cadre légal qui fait intervenir tour à tour, de la base au sommet, le détenu requérant, le régisseur de prison, l'autorité judiciaire, l'autorité administrative, le garde des Sceaux et le chef de l'État, la lubrification de cet engrenage[416] mériterait d'être inscrite à l'ordre du jour.

À bien y regarder, il y aurait certainement dans cet engrenage une ou des manettes qui ne fonctionneraient pas bien pour avoir pris de la crasse ou pour avoir sauté de leur habitacle. Est-ce au niveau des textes en vigueur ou des hommes chargés de les appliquer qu'il conviendrait de rechercher les causes de l'hibernation dont nous avons parlé ? En tout état de cause, il nous semble que nous gagnerions à réfléchir dans le sens de trouver des solutions qui permettraient de donner une impulsion déterminante au système de justice pénale camerounais, notamment dans ce volet pertinent qu'est la mise en œuvre des dispositions relatives à la libération conditionnelle afin de les faire bénéficier aux personnes détenues méritantes.

Les expériences engrangées par certains pays tant en Amérique qu'en Europe, en Asie comme en Afrique, peuvent aider le Cameroun à bâtir un système de libération conditionnelle plus efficace, parce qu'il serait en adéquation avec les attentes de la société. Celui-ci tiendrait nécessairement compte des facteurs sociologiques, juridiques, politiques et historiques

---

Le sénateur français Bérenger déclarait en 1884 : « La libération conditionnelle est un moyen très efficace, très direct d'associer le détenu aux efforts qu'on fait pour lui inspirer de bonnes résolutions, car elle lui offre pour récompense l'abréviation de sa détention, et l'y maintient, une fois en liberté conditionnelle, par la menace de la réintégration. » in *La prison républicaine*, op cit. chap. 2 : « Les succès de la libération conditionnelle »

[416] Le décret n° 237 du 24 mai 1966 en ses dispositions (D1, D2, D3, D4, D5, D6, D7, D8, D9, D10, D11 et D12) détermine la procédure d'introduction d'un dossier de libération conditionnelle, les étapes à suivre par ledit et les différentes autorités compétentes devant se prononcer pour l'octroi de celle-ci.

impérativement convoqués ici et là lors de l'élaboration, de la mise en œuvre et de l'évaluation de cet instrument vital des politiques pénale et pénitentiaire qu'est la libération anticipée. S'appuyant essentiellement sur la bonne conduite en détention carcérale, la libération conditionnelle est un instrument de rédemption proposé à la personne détenue ; une possibilité idéale qui lui est offerte de saisir la perche qui est tendue par la communauté nationale afin de l'aider à sortir de la cage dans laquelle elle l'a confinée, en guise de sanction pour la faute qu'elle a commise. La libération anticipée est justifiée par la conscience qui habite la société, selon laquelle : « les plus grandes souffrances », dit une sagesse populaire, « peuvent parfois être accoucheuses de merveilleuses réussites ».

III. De la libération conditionnnelle : conditions d'octoi et de révocation

II.1. Que dit la loi ?

CHAPITRE III
DES CONDITIONS D'OCTROI

ARTICLE 693 : (1) La libération conditionnelle ne peut être accordée au condamné qu'après l'accomplissement de la moitié de sa peine ou de la moitié de l'ensemble des peines en cas de cumul, compte tenu, s'il échait, des mesures de grâce. Elle ne peut être accordée au récidiviste qu'après l'accomplissement des deux tiers de sa peine.

(2) En cas de révocation, le temps passé en libération conditionnelle n'est pas imputé sur le reste de la peine à subir.

CHAPITRE IV
DE LA RÉVOCATION

ARTICLE 694 : (1) La libération conditionnelle peut être révoquée en cas de condamnation pour crime ou délit commis ultérieurement ou d'inobservation des conditions générales ou spéciales de la libération.

(2) En cas de révocation, le temps passé en libération conditionnelle n'est pas imputé sur le reste de la peine à subir.

(3) Le tribunal peut, avant de décider au fond, ordonner la mise en liberté surveillée à titre provisoire, pour une période d'épreuve dont il fixe la durée.

II.2. Commentaire

§63 : *Il s'ensuit donc que la réactivation*[417] *du recours à la libération conditionnelle est une nécessité aujourd'hui dans notre environnement sociopolitique.*

La libération conditionnelle est une mesure moderne de clémence. Elle offre une chance au condamné qui présente des gages sérieux de réadaptation sociale susceptibles de provoquer sa libération par anticipation, d'être ainsi récompensé pour sa bonne conduite en milieu carcéral et des promesses qu'il fait de continuer à bien se comporter dans la société. En clair, la libération conditionnelle s'appuie sur le mécanisme de la liberté surveillée et, elle constitue pour la société à l'égard du prisonnier, le moyen de faciliter la transition entre les restrictions voire les privations de la vie en institution carcérale et la jouissance des libertés voire la prise en main des responsabilités qu'impose la vie en société.

Appréhendée par la société comme un pont méticuleusement construit entre la vie en milieu carcéral et la vie en communauté libre, la libération conditionnelle repose sur un examen rigoureux de renseignements à caractère social, psychologique, pénitentiaire, etc., et une évaluation du risque concernant le prisonnier demandeur. Pour cette raison et bien d'autres, la libération conditionnelle est de toute évidence soumise ici comme ailleurs, en vue d'appréhender son importance pour toutes les parties en jeu, à certaines conditions[418] et au respect d'un formalisme[419] administratif et judiciaire mettant en synergie une diversité d'acteurs[420].

---

[417]Les expériences des pays développés à l'instar de la France, de la Grande-Bretagne, du Canada...pourraient nous éclairer pour réveiller la pratique de la libération conditionnelle après une rénovation structurelle et fonctionnelle des organes intervenants. Lire : La libération conditionnelle : Pour la sécurité du public, document de la Commission nationale des libertés conditionnelles, Canada, février 1998, 27 pages.

[418]La loi et la réglementation camerounaises régissant la libération conditionnelle si elles sont claires en certaines de leurs dispositions, elles le sont moins dans d'autres, notamment celles relatives à la détermination des conditions d'admissibilité à la libération conditionnelle des détenus qui la sollicitent. Le décret cité plus tôt dispose que : « (D1) *Le décret de libération conditionnelle est précédé de l'avis : a) du comité consultatif institué à l'article 61 ; b) du ministre des forces armées pour les individus condamnés par les juridictions militaires ; c) du ministre de la Justice* ». « (D2) - *Les régisseurs des établissements pénitentiaires peuvent proposer d'office à la libération conditionnelle des détenus remplissant les conditions légales et donnant toute satisfaction tant par leurs efforts d'amendement que par leur travail et leur conduite en détention. - Ils sont tenus de transmettre, conformément à l'article 61 les requêtes des détenus remplissant les conditions légales d'admission à la libération conditionnelle. Ils ne peuvent procéder au classement des requêtes émanant des détenus qui ne leur paraîtraient pas réunir les conditions légales que sur l'avis conforme et écrit du parquet dans le ressort duquel est situé leur établissement. – Le régisseur qui propose d'office un détenu à la libération conditionnelle ou procède à l'instruction d'une requête établit en deux exemplaires au moins une fiche conforme au modèle fixé par le ministre de la Justice. – Le premier exemplaire est transmis au ministre de la Justice, accompagné d'un relevé des punitions*

disciplinaires, et, le cas échéant, de la requête du condamné, et dans tous les cas de l'avis du régisseur. – Le second exemplaire est versé au dossier pénitentiaire du détenu ».

419 En effet, quelles sont ces conditions légales ? C'est là la première interrogation. Ensuite, quels sont les critères d'évaluation de la conduite en prison et des efforts d'amendement ? Il nous semble que ces imprécisions répétées de la loi et du décret concourent à la mise sous le boisseau de la libération conditionnelle au Cameroun par tous les acteurs intervenant dans le processus. L'A.P. camerounaise devrait travailler intellectuellement pour proposer des réponses appropriées aux interrogations qui préoccupent son quotidien, ceci en vue de susciter une réflexion nationale accoucheuse de solutions consensuelles sur les problèmes du présent et ceux à venir concernant la libération conditionnelle. « (D3) *Les transmissions prévues à l'article 61 ont lieu directement du régisseur au ministre de la Justice* ». « (D4) *Le ministre de la Justice prescrit alors soit le classement sans suite, soit la constitution du dossier prévu à l'article 61 au vu duquel il peut saisir pour avis le comité consultatif* ». « (D5) (1) *Le dossier soumis au comité comprend les avis : a) du régisseur de l'établissement pénitentiaire ; b) du parquet général près les juridictions dont émanent les condamnations en cours d'exécution ; c) du préfet du département dans lequel est situé l'établissement pénitentiaire ; d) en outre, lorsque la période comprise entre la libération conditionnelle et la libération définitive doit excéder un an, du préfet du lieu où le condamné se propose de se retirer. (2) La consultation des préfets prévue ci-dessus est subordonnée à la communication à ces autorités d'un rapport sur les faits à la base de la condamnation et la conduite du condamné en détention, ses efforts d'amendement depuis sa condamnation et ses possibilités de reclassement. (3) Les avis prévus au présent article sont censés favorables à défaut de réponse dans les deux mois suivant la date de la demande* ». « (D6) (1) *Le comité consultatif se compose : À- Pour les individus détenus au Cameroun oriental : a) du président de la cour d'appel de Yaoundé, président, qui peut déléguer ses fonctions à un magistrat du siège de sa juridiction ; b) d'un fonctionnaire en service à Yaoundé, désigné par le ministre chargé de l'Administration territoriale fédérale ; c) d'un fonctionnaire en service à Yaoundé, désigné par l'autorité chargée de l'Administration pénitentiaire. B- Pour les individus détenus au Cameroun occidental : a) d'un magistrat du siège, désigné par le Chief Justice, président ; b) d'un fonctionnaire en service à Buea, désigné par l'inspecteur fédéral de l'Administration ; c) d'un fonctionnaire en service à Buea, désigné par l'autorité chargée de l'Administration pénitentiaire. (2) Les autorités visées ci-dessus peuvent, chacune en ce qui la concerne, désigner un ou plusieurs suppléants pour les cas d'absence ou d'empêchement du titulaire. (3) Les présidents du comité peuvent adjoindre au comité, avec voix consultative, toute personne spécialisée soit dans l'action sociale, soit dans l'assistance aux détenus ou libérés* ».

420 En effet, l'application des dispositions du décret ci-dessus pose quelques problèmes de fond et de forme, au vu du réaménagement institutionnel que le Cameroun a connu au lendemain de l'avènement de l'État unitaire. Il y a donc lieu de mobiliser toutes les forces vives aux fins d'adapter lesdites dispositions à la configuration institutionnelle de l'heure. « (D7) *Le comité consultatif émet son avis au vu d'un dossier constitué et transmis par le ministre de la Justice et qui, pour chaque détenu comprend : a) un rapport du ou des parquets compétents sur les faits ayant motivé la ou les condamnations en cours d'exécution ; b) un bulletin n° 2 du casier judiciaire ou, au Cameroun occidental, un relevé établi par le Legal Department des condamnations antérieures ; c) Les avis des autorités énumérées à l'article 61* ». « (D8) *Le comité émet à l'intention du ministre de la Justice et éventuellement du ministre des forces armées un avis motivé sur les suites à réserver aux dossiers qui lui sont soumis. Il propose : a) soit le classement sans suite ; b) soit l'ajournement de toute décision à l'expiration d'un délai d'épreuve supplémentaire dont il suggère la durée ; c) soit la libération conditionnelle, d) soit une remise de peine totale ou partielle, conditionnelle ou non* ». « (D9) (1) *Le comité se réunit sur convocation de son président. (2) Il délibère valablement quel que soit le nombre des membres présents, sous condition que les*

Qu'elle soit souvent mise en œuvre ou pas, il reste que c'est une mesure qui existe dans l'intérêt de la société qui ne gagne rien en refusant de donner une chance à la personne détenue de retrouver légalement aujourd'hui la

---

convocations aient été remises à leurs destinataires trois jours au moins avant la réunion. La voix du président est prépondérante en cas de partage. (3) La convocation s'accompagne d'un résumé succinct des faits dont le détenu a été reconnu coupable, des antécédents judiciaires et des divers avis préalablement recueillis ». « (D10) (1) *Le libéré conditionnel est soumis de plein droit aux obligations générales de l'article 41* du Code pénal. (2) Le décret de libération conditionnelle fixe la résidence du libéré et peut l'astreindre à tout ou partie des obligations prévues par l'article 42** du Code pénal. (3) Le libéré conditionnel reçoit, au moment de son élargissement, un livret d'identité spécial qui mentionne, avec les dates de condamnation, d'écrou, de libération conditionnelle et de libération définitive, des conditions spéciales de résidence, de surveillance ou autres conditions énumérées dans le décret de libération conditionnelle. (4) Le contrôle de l'exécution de ces obligations est exercé par l'autorité de police du lieu de résidence du libéré qui vise le livret spécial dès l'arrivée du libéré et, sauf disposition contraire du décret de libération, renouvelle ce visa tous les six mois jusqu'à l'expiration de la peine. (5) Les conditions assortissant un décret de libération conditionnelle ne peuvent être modifiées que par décret précédé de l'avis du comité institué à l'article 61. Toutefois, pour motifs graves et à charge d'en rendre compte immédiatement au ministre de la Justice, le sous-préfet du lieu de résidence peut autoriser le libéré conditionnel à s'absenter de la résidence qui lui est imposée pour un délai qu'il fixe et qui peut excéder trois mois. (6) Les modalités d'application de l'alinéa 3 ci-dessus sont fixées en tant que de besoin par arrêté conjoint du ministre de la Justice et du ministre chargé de l'Administration territoriale fédérale* ». « (D11) (1) *La libération conditionnelle ne peut être révoquée qu'après avis du comité consultatif émis sur le rapport du parquet et du préfet du lieu de résidence.*

(2) En cas d'urgence et à charge d'en rendre compte immédiatement au ministre de la Justice, le parquet peut faire procéder à l'arrestation provisoire du libéré conditionnel ».

« (D12) *Toute décision d'octroi ou de révocation de libération conditionnelle est mentionnée au casier judiciaire* ».

*Les obligations générales qui s'imposent de plein droit au condamné sont les suivantes : 1) établir son domicile en un lieu déterminé ; 2) répondre aux convocations de l'autorité chargée de la mission de surveillance et d'assistance ; 3) recevoir les visites du surveillant et lui communiquer les renseignements ou documents de nature à permettre le contrôle de ses moyens d'existence ; 4) informer le surveillant ou justifier auprès de lui les motifs de ses changements d'emploi ou de résidence ; 5) prévenir le surveillant de toute absence excédant quinze (15) jours et l'aviser de son retour ; 6) obtenir l'autorisation préalable de l'autorité chargée de cette mission avant tout déplacement à l'étranger. **Outre les obligations générales imposées par l'article 41 ci-dessus, la juridiction peut imposer au condamné tout ou partie des obligations suivantes : 1) établir sa résidence en un ou plusieurs lieux déterminés ; 2) ne pas paraître en certains lieux déterminés sauf autorisation spéciale et temporaire ; 3) exercer une activité professionnelle, suivre un enseignement ou recevoir une formation professionnelle ; 4) se soumettre à des mesures de contrôle, de traitement ou de soins, même sous le régime de l'hospitalisation, notamment aux fins de désintoxication; 5) contribuer aux charges familiales ou acquitter régulièrement les pensions alimentaires ; 6) réparer les dommages causés par l'infraction ; 7) ne pas conduire certains véhicules déterminés par les catégories de permis en vigueur ; 8) ne pas fréquenter certains lieux tels que les débits de boisson, champs de courses, maisons de jeux ; 9) ne pas engager de paris ; 10) s'abstenir de tout excès de boissons alcoolisées ; 11) ne pas fréquenter certains condamnés, notamment les coauteurs ou complices de l'infraction ; 12) s'abstenir de recevoir ou d'héberger à son domicile certaines personnes.

liberté qu'elle a perdue hier. C'est certainement ce qu'a voulu manifester le législateur camerounais en maintenant et en complétant les dispositions relatives à la libération conditionnelle dans le CPP. Robert Badinter, dans son ouvrage de référence précise : « mais la libération conditionnelle était désormais une des composantes du système pénitentiaire. Espérance pour le détenu, instrument disciplinaire pour l'administration, économie budgétaire pour le Trésor, chacun y trouverait son avantage »[421]

§64 : *Pour nombre d'experts et d'observateurs attentifs, cette mesure légalement encadrée est considérée comme la perche tendue de la société à l'endroit du déviant incarcéré. Bien plus, il est admis que la pratique de la libération conditionnelle revêt des avantages pour la justice, l'Administration pénitentiaire et même pour la société tout entière.*

Évidemment ! Si l'on admet que la raison d'être de la peine de détention carcérale ne se réduit pas à l'impératif de punir, mais s'étend à celui de réinsérer autant que possible le malfaiteur, la société a donc tout intérêt à aménager pour ses membres qui se sont trompés de voie des passerelles juridiques susceptibles de les aider concrètement à réintégrer harmonieusement leur communauté.

La libération conditionnelle devrait s'achever par la réinsertion du condamné dans la société, grâce à l'action des sociétés de patronage qui le prendraient en charge dès la prison et veilleraient à lui trouver le gîte et le travail nécessaires dès sa sortie. Ainsi, la libération conditionnelle apparaît comme une institution complexe où se conjuguaient, pour prévenir la récidive, assistance et surveillance, encouragement et menace »[422].

Telle est donc la visée fondamentale de la libération conditionnelle.

En outre, relevons en effet que dans la perspective d'accroître le rôle dans le système de justice pénale des agents pénitentiaires au Cameroun, il y aurait été expédient de leur assigner en aval, la mission d'insertion et de probation, en marge de la mission de sécurité placée en amont, puis au niveau intermédiaire, celle tendant à la préparation des prisonniers au retour à la vie communautaire. L'expérience de la France[423] est fort édifiante à ce sujet.

---

[421] Robert Badinter, *La prison républicaine*, op cit. pp. 178-179.

[422] Robert Badinter, La prison républicaine, op cit. p.175.

[423] En France, l'A.P est une composante du ministère de la Justice et elle comprend d'une part le personnel pénitentiaire de sécurité et d'autre part le personnel pénitentiaire d'insertion et de probation. (1) Au sein du **personnel pénitentiaire,** l'on trouve les surveillants pénitentiaires (catégorie C) * : ils sont les premiers interlocuteurs des personnes détenues et les aident à résoudre les difficultés de la vie courante en prison. Ils participent activement à la gestion de la détention de jour comme de nuit) ; les lieutenants pénitentiaires (catégorie B)** ils sont les seconds interlocuteurs des personnes détenues et encadrent les surveillants pénitentiaires de jour comme de nuit dans l'accomplissement de leurs tâches ; et les directeurs des services

Les enjeux de la mission de préparation des personnes détenues au retour à la vie communautaire par l'A.P. ont été précédemment développés. Il apparaît sans conteste à ce stade, la nécessité à travers la loi portant Code pénal, de boucler le triangle pénitentiaire par la création au sein du corps des fonctionnaires de l'A.P. camerounaise, d'une spécialisation professionnelle susceptible de favoriser la symbiose prison et société, répondant aux attentes fortement exprimées par la société et les détenus condamnés.

Cela induit à notre avis deux grandes mutations au Cameroun dans l'A.P. La première renvoie à une réorganisation[424] de la formation initiale et continue du personnel pénitentiaire susceptible de favoriser la professionnalisation de leur corps de métier et d'impacter la gestion de leurs carrières. Et la seconde consiste à un réaménagement[425] structurel et fonctionnel du service public pénitentiaire afin de renforcer son opérationnalisation et de favoriser la réalisation de sa double mission.

---

pénitentiaires (catégorie A)*** ils constituent les troisièmes interlocuteurs des personnes détenues en assurant la gestion des ressources humaines, matérielles et financières allouées pour le bon fonctionnement de la prison. Ils veillent à la réalisation des missions assignées au service public pénitentiaire. (2) Au sein du **personnel pénitentiaire d'insertion et de probation** l'on trouve les conseillers pénitentiaires d'insertion et de probation travaillant en milieu fermé et ouvert (catégorie B) * ils aident les juges à prendre des décisions judiciaires emportant restriction ou privation de liberté afin que celles-ci s'adaptent aux possibilités de réinsertion future du délinquant en vue d'éviter la récidive; les éducateurs de la protection judiciaire de la jeunesse (catégorie B) ** ils travaillent comme les conseillers pénitentiaires d'insertion, mais avec une dimension éducative beaucoup plus marquée notamment sur des problématiques concernant la délinquance des adolescents et des enfants ; et les directeurs pénitentiaires d'insertion et de probation (catégorie A) *** ils sont responsables de l'organisation et du fonctionnement des services pénitentiaires d'insertion et de probation. Ils sont placés sous l'autorité hiérarchique des directeurs fonctionnels des SPIP ayant une compétence interrégionale et une vocation plus opérationnelle en matière d'insertion et de probation).

424 La formation générale dispensée au personnel pénitentiaire à l'ENAP devrait être repartie en trois modules distincts : la sécurité des prisons (1) la gestion des prisons (2) la réinsertion intra et extra-muros des personnes détenues (3) dont le contenu tient compte de leur niveau de recrutement à l'entrée (catégories A, B, C et D). Chacun des trois modules devant offrir aux agents pénitentiaires des possibilités de spécialisation en cours de carrière ainsi que de nomination ou d'affectation à des fonctions précises. À cet effet, les choix devraient être encouragés pendant la formation initiale et en cours de carrière en faveur desdites spécialités et activer les ouvertures permettant le développement des capacités professionnelles par les stages et voyages d'études. À partir de cette segmentation au niveau de la formation initiale et au cours de la carrière, l'on favoriserait l'avènement au Cameroun de spécialistes dans les trois domaines stratégiques très en vue ci-dessus indiqués du service public pénitentiaire. La spécialisation revêtant l'intérêt d'apporter plus de consistance au contenu du travail fait par le personnel pénitentiaire et par ricochet plus d'efficacité au niveau des résultats.

425 L'A.P. camerounaise s'en trouverait enrichie par une diversité de structures animées par une pluralité de spécialistes autonomes, mais complémentaires, concourant à l'accomplissement de sa mission sociétale.

Ces deux mutations d'envergure souhaitées au sein de l'A.P. camerounaise visent à l'évidence une meilleure mise en symbiose des tâches qui lui incombent dans une société moderne en vue de réaliser sa mission sociétale. Elle agit, rappelons-le encore, au profit des personnes détenues et de la société. D'abord la sécurité (garde et surveillance), ensuite la rééducation (préparer à la réinsertion sociale) en milieu carcéral et en dehors et enfin l'insertion socioprofessionnelle (l'accompagnement en partenariat) hors pénitencier à l'expiration de la peine d'emprisonnement ou à la suite d'une libération anticipée.

En tout état de cause, il s'agit là d'un travail de recherche d'un équilibre parfait, certes difficilement réalisable, caractéristique de la double voire triple dimension de la tâche pénitentiaire dont la typicité n'est pas toujours évidente à l'égard de tous à cerner. Pour l'accomplissement de chacune des deux dimensions plutôt complémentaires de la tâche pénitentiaire, des ressources profondément et manifestement différentes et diverses sont convoquées. Malheureusement, au Cameroun pour l'heure, toutes celles-ci se trouvent entre les mains des mêmes professionnels, peu ou prou détenteurs d'une double formation générale qui s'avère inopérante pour dire vrai, pour relever les défis en jeu. Si la sécurité, la première dimension de la tâche pénitentiaire recourt indubitablement à l'esprit de marbre qui caractérise le scientifique en général ; la préparation à la réinsertion sociale et professionnelle, constituant la seconde tâche quant à elle, demande au personnel pénitentiaire de se vêtir d'empathie pour exercer efficacement la profession - puisque l'esprit de marbre n'est à la vérité d'aucune utilité ici.

En effet, la première dimension du métier de fonctionnaire pénitentiaire rapproche celui-ci du biologiste qui, selon Louis Pasteur opère son office sous l'empire d'un protocole contenu dans la formule *je ne te demande pas qui tu es, ni ce que tu fais, ni ce que tu crois, mais ce dont tu souffres*. A contrario, la seconde dimension du métier de professionnel du milieu carcéral en le domaine qui nous intéresse, lui fait obligation de se préoccuper de l'être entier de la personne détenue, à travers le protocole dont les termes suivent :

- écouter attentivement la personne détenue afin de s'enquérir d'abord de son passé, de ses besoins (présents) de ses attentes (futures) ;

- rattacher logiquement ensuite ses besoins à son présent et ses attentes à son futur ;

- envisager enfin, dans la mesure du possible, de bâtir pour lui avec sa totale participation, un avenir meilleur.

En d'autres termes, le gardien de prison dans le cadre de son office s'évertue, même s'il y parvient difficilement, à apporter des réponses aux interrogations ci-après concernant la connaissance de son client :

- comment la personne détenue avait-elle vécu avant sa détention carcérale ? (1) ;

- comment son passé a-t-il influencé le présent ? (2) ;

- comment peut-on corriger significativement la propension qui l'habite à s'écarter de la norme ou qui l'excite à préférer l'écart à la norme? (3) ;

- quel avenir peut-on bâtir, en l'y associant pleinement, pour son bien et celui de la communauté ? (4).

Pour ce faire, le personnel pénitentiaire devrait s'efforcer dans le cadre de son office de s'approprier à la perfection de ce qu'il conviendrait de nommer ici pour les besoins de la cause, les techniques de communication affective, décrites par David Servan-Schreiber[426] dans son ouvrage remarquable. Celles-ci comprennent la communication passive d'une part, la communication agressive d'autre part et enfin, la communication émotionnelle non violente, ou communication assertive. La première modalité communicationnelle pourrait aider le pénitentiaire communicant d'éviter momentanément et le plus souvent, un conflit non essentiel notamment envers une personne détenue en ``position d'autorité `` agaçante. La seconde modalité quant à elle lui fait obligation de savoir recourir à tous les moyens légaux, afin que force revienne et reste à la loi en toutes circonstances. La dernière modalité communicationnelle revêt le mérite de procurer au pénitentiaire communicant des facilités pour transmettre et recueillir les informations dont il a besoin, dans le grand respect des besoins de la personne détenue ainsi que des possibilités personnelles du communicant.

La communication affective est complexe et requiert de l'entraînement pour sa parfaite maîtrise pour quiconque en fait recours. La personne détenue étant un individu se trouvant la plupart du temps en situation de détresse profonde, déboussolée physiquement et mentalement, l'usage de la communication affective par le pénitentiaire communicant conduirait à donner à celle-ci de l'énergie dont elle a besoin pour reprendre les rênes de son existence. Pour y parvenir, le pénitentiaire communicant doit savoir ce qu'il ne doit jamais dire à la personne détenue et comment il doit dire ce qui doit l'être.

Entraîné à éviter ce que David Servan-Schreiber appelle dans un contexte apparenté au nôtre « l'apocalypse de la communication », le pénitentiaire communicant doit veiller à garder intact son équilibre limbique et celui de son interlocuteur, en s'abstenant de faire usage des quatre éléments énoncés par le neurobiologiste des émotions, reprenant Gottman, à savoir, formuler

---

[426] Médecin et psychiatre (spécialiste de la neurobiologie des émotions) et auteur de *Guérir le stress, l'anxiété et la dépression sans médicaments ni psychanalyse*, chez Robert Laffont, publié à Paris en 2003.

systématiquement des critiques, faire montre de mépris, contre-attaquer ou battre en retraite inopportunément pendant l'acte communicationnel avec la personne détenue. En somme, toutes ces précautions devraient conduire le pénitentiaire communicant à être apte à écouter la personne détenue avec le cœur et, à savoir agir avec la raison, pour aller au-devant de ses requêtes.

Pour toutes ces raisons, il est attendu que la modernisation du statut de la personne détenue mette suffisamment en relief la spécificité du métier de « gardien de prison »[427] qui à l'observation ne s'exerce jamais et nulle part « en état d'apesanteur »[428]. C'est un métier caractérisé particulièrement par une inflation de sujétions, un traitement médiocre et une faible reconnaissance sociale. La formation du « gardien de prison » devra insister sur la nécessité d'inculquer et de maintenir vivace dans l'esprit de la recrue, la raison d'être de l'A.P. dans la société politique où celle-ci exerce son office. Les questions ''pourquoi devient-on « gardien de prison », et c'est quoi un gardien (surveillant) de prison ?'' revêtent à cet égard toute leur pertinence.

Pour y répondre, convoquons d'une part Jean-Paul Céré dont l'analyse est en convergence avec nos préoccupations actuelles selon lui :

La mission première de l'Administration pénitentiaire se résume à un devoir de garde du détenu de nature à éviter qu'il ne s'évade. (...) Parce qu'elle dénature au plus haut point la fonction primaire de la prison, qu'elle porte atteinte à l'autorité de la justice, l'évasion engendre, selon les cas, une scission ou une association de la répression entre le droit disciplinaire et le droit pénal[429].

Par suite, l'on serait tenté de répondre, on devient « gardien de prison », dans le but de contribuer à la sécurité publique et à la prévention, s'il y a lieu, de la déviance en établissement pénitentiaire et en dehors. À cet égard, le « gardien de prison » au Cameroun, en l'espèce, doit être formé à faire face, de façon déterminante, dans la zone interstitielle où sa profession l'a installé, aux tirs croisés venant d'une part des autres forces de défense, de sécurité et de maintien de l'ordre présentant ostensiblement quelques fois des tendances oligarchiques et, d'autre part, de la société habitée

---

[427]Expression globalisante utilisée pour désigner les personnels de l'A.P. indépendamment de leurs grades et de leurs fonctions.
Cette formule est empruntée du Premier président de la Cour suprême du Cameroun, Alexis Dipanda Mouelle qui, lors de sa communication à l'occasion de la rentrée judiciaire en 2014, rappelait qu'« aucun jugement de magistrat n'est conçu en état d'apesanteur ».

[428] Cette formule est empruntée du Premier président de la Cour suprême du Cameroun, Alexis Dipanda Mouelle qui, lors de sa communication à l'occasion de la rentrée judiciaire en 2014, rappelait qu'« aucun jugement de magistrat n'est conçu en état d'apesanteur ».

[429]Jean-Paul Céré, in *Droit disciplinaire en prison*, Paris, L'Harmattan, 2001, p.43.

généralement par le syndrome de la négation, du noircissement et de néantisation.

De fait, l'A.P. est l'un des rares domaines d'activités où les résultats sont attendus sans la moindre défaillance. L'exigence de résultats en ce qui concerne l'action de l'A.P. est, contrairement à d'autres corps de métier, dénuée de toutes considérations d'atténuation de la réalité immédiate qui s'offre au regard et à l'esprit et pareillement, délesté de tout effort de patience marqué par un temps de recul afin de mieux observer la réalité avant de formuler un jugement. Tout est présenté ici sous le prisme des évasions récurrentes et parfois spectaculaires, de la violation des droits des personnes en détention carcérale, de l'indiscipline des personnels, des mauvaises conditions de détention, etc. Quelques clichés charrient les conversations ici et là : un détenu s'évade sur un effectif global de mille, la prison est considérée aussitôt comme une passoire et le « gardien de prison » comme un fonctionnaire complaisant, voire inefficace ; un détenu régulièrement et habituellement permissionnaire commet une exaction un jour sur cent et sur un quota de mille au cours d'une année et, du coup, sont remises en cause sans appel les autorisations de sortie délivrées par les bons soins du « gardien de prison ».

Quel autre service public comme la prison (camerounaise) est victime de cette tendance prononcée à la systématisation de la marginalité, à la généralisation de l'écart qui, au vu et au su de tous, se présente comme dérisoire parce que ne survenant que sporadiquement, singulièrement. Quid donc de ce qui est essentiel ? Où est donc passé le sens des proportions et de la mesure ? Permettez-nous de faire un rapprochement anecdotique avec la santé publique : la médecine, les hôpitaux publics. Savons-nous pourquoi les morgues sont construites dans les hôpitaux ? Il nous semble que la réponse la plus pertinente résiderait dans la prise de conscience des insuffisances intrinsèque et extrinsèque de la science médicale. Car, la médecine malgré ses prouesses n'est jamais parvenue à faire disparaître la maladie qui, en s'opposant à la santé, continue de côtoyer la mort. Soit !

Mais pourquoi l'évasion[430] du détenu bascule-t-elle généralement dans notre microcosme à la dramatisation ? Pourquoi tout jugement consistant à

[430]Dans une perspective extensive, l'évasion du détenu se définit comme le fait pour celui-ci de sortir par effraction, violence ou corruption de la prison où il exécute sa peine ou mesure privative de liberté, en violation des prescriptions légales ou réglementaires ou de se soustraire à la garde à laquelle il est soumis à l'intérieur comme à l'extérieur de la prison en usant personnellement ou par l'entremise d'un tiers de corruption, de violence et de tout autre moyen pour ne pas la réintégrer. En son article 193, le C.P camerounais perçoit l'évasion du détenu en ces termes et la punit ainsi qu'il suit : « *Est puni d'un emprisonnement d'un (01) an à trois (03) ans, celui qui, étant légalement privé de sa liberté, s'évade ou qui, étant admis ou à travailler hors de la prison, s'éloigne sans autorisation du lieu où il est employé. (2) La même peine est applicable à celui qui libère un individu légalement privé de sa liberté. (3) La*

mettre en relief l'acceptation de la marge d'erreur du « gardien de prison » sur l'appréciation de la personnalité du détenu est rejeté sans appel ? Pourquoi ce dernier est-il régulièrement perçu comme un suspect, un complice ? Pourquoi est-il toujours stigmatisé et réprimé parfois sans discernement ? Pourquoi perdons-nous de vue le plus souvent que le défi du « gardien de prison » reste et demeure le maintien vaille que vaille, en détention des suspects et des auteurs d'actes illicites et ; qu'en revanche, les efforts de ceux-ci sont déployés au quotidien pour se soustraire, à tous les prix et à tous les coups, aux souffrances indirectes et directes que leur infligent les mesures ordonnant la privation de liberté ou les décisions prononçant à leur encontre la condamnation à la peine privative de liberté.

L'évasion d'un détenu, lorsque le gardien de prison en est responsable, est dans la plupart des cas douloureusement vécue par ce dernier, cela ne devrait pas être perdu de vue. Et il en vient à perdre le sommeil. Le sait-on ? Pas assez ! Il doit tout recommencer. Il doit tout refaire. Il doit tout reconstruire. Car, l'évasion du détenu dont le gardien de prison assure soit la garde soit l'escorte, traduit incontestablement l'échec d'un dispositif ou d'un système de sécurité qu'il incarne. C'est manifestement le constat d'un échec, d'un manquement grave à sa mission de participation à la protection de la société et de concourir à l'exécution d'une mesure prise ou une décision rendue par la justice. En somme, c'est la découverte des lacunes de tout ou partie du système mis en place, qui s'est indubitablement écarté de la norme. L'évasion du détenu est une faute lourde pour le personnel pénitentiaire qu'il en soit la victime ou le complice. Elle représente, quoi qu'il en soit, une tache noire sur le costume blanc de l'A.P.

L'impact négatif de l'évasion d'un détenu sur le personnel pénitentiaire qui en est responsable, est ressenti au plan social, professionnel et psychologique et se poursuit au plan pénal par la sévérité de la répression qu'il doit subir, ceci dans le but de ne pas normaliser l'écart. C'est dans cette optique sans doute que, stigmatisant la recrudescence du nombre d'évasions dans les prisons camerounaises entre 2011 et 2014, devrait être appréhendée les propos de Laurent Esso[431] lorsqu'il souligne que :

Une décision de justice n'a de sens que si elle est entièrement exécutée, et son exécution incombe en ce qui concerne la privation de la liberté à l'Administration pénitentiaire (...). Les prisons ne sauraient être des

---

peine d'emprisonnement est d'un (01) à cinq (05) ans, en cas d'évasion ou de libération avec bris ou violence ; elle est de cinq (05) à dix (10) ans, si l'évasion ou la libération s'effectue avec armes. (4) La peine est de cinq (05) à dix (10) ans d'emprisonnement, au cas où le détenu est inculpé de crime ou condamné à une peine supérieure à dix (10) ans ».

[431]Ministre d'État, ministre de la Justice, garde des Sceaux, lors de son discours d'ouverture de la 8e réunion annuelle des délégués régionaux de l'A.P. tenue à Yaoundé, les 14 et 15 décembre 2014.

passoires ni des lieux de tourisme. (...) L'évasion ne devrait donc pas être considérée comme un fait divers. En tout état de cause, les détenus devraient rester en prison, car la privation de liberté est un acte de souveraineté qui relève du pouvoir judiciaire.

Ces propos devraient résonner comme une rengaine dans la mémoire de tous les pénitentiaires camerounais.

Quant à la seconde question d'autre part, je vous partage non sans pointe d'ironie en guise de réponse, un texte d'un écho extraordinaire dans mon esprit, qui m'a émerveillé un soir du 13 décembre 2017, partagé à travers les réseaux sociaux par Puissance Ouedraogo, un collègue Burkinabé, *Corrections Officer* à la MINUSCA. Il rend compte de l'épreuve mémorable subie par un père audacieux voulant satisfaire la curiosité de son enfant aimable : *Papa, c'est quoi un surveillant de prison ?*

« Un surveillant de prison est une personne qui doit être un mélange de tous les hommes. Il est à la fois un saint et un pécheur, un vaurien et un dieu. Il est à la fois le plus demandé et le moins désiré parmi les hommes. Il est un être étrange qu'on appelle « surveillant » en face, et « sale chien » dans le dos. Le surveillant doit être suffisamment diplomate au point de pouvoir régler une altercation entre deux détenus, tout en laissant croire à chacun qu'il a gagné. Il doit être capable de maîtriser deux hommes qui sont deux fois plus gros que lui sans endommager son uniforme et sans être brutal. Si l'on réussit à le frapper, c'est un peureux! Si c'est lui qui frappe, c'est une brute, il est entendu par sa hiérarchie, voir plus...

Le surveillant doit prendre une décision en un instant, alors qu'il faut plusieurs mois à un magistrat pour en prendre une. Au mirador, il doit être un expert dans le maniement des armes à feu. Il doit pouvoir utiliser l'arme au pas de course et atteindre l'objectif là où ça ne fait pas mal et ensuite expliquer à tous pourquoi il a tiré. Un surveillant doit tout connaître et tout savoir... mais ne rien dire. Il doit savoir où sont commis les péchés de la prison, mais n'en faire aucun dans sa vie. Il doit décrier les incidents, donner le nom du coupable. S'il y parvient, il est chanceux, sinon, c'est un fainéant. Le surveillant doit travailler pour trouver un témoin qui a tout vu... mais qui refuse de se rappeler. Il écrit des rapports afin d'établir une preuve infaillible qui sera détruite par de « savants » confrères aux cols blancs.

Le surveillant doit être : un pasteur, un travailleur social, un psychologue, un diplomate, un sapeur-pompier, un dur et un gentilhomme à la fois !! Et, surtout il doit être un génie, car il doit élever une famille qui sera sans reproche... Si toutefois il vit assez vieux pour voir ses enfants grandir... (espérance de vie moyenne 62 ans et 30 % de suicides en France) voilà aussi l'individu qu'on appelle si peu souvent un ami » ».

De toute évidence, le métier de gardien de prison au Cameroun comme ailleurs reste dominé par une complexité difficilement surmontable. Voulant mettre en musique les exigences des droits humains et les impératifs de sécurité en milieu carcéral, il a le sentiment de réaliser un travail interminable à l'image de celui donné à *Sisyphe*[432]. Tout tient dans la référence à ce mythe, qui colle parfaitement le gardien de prison au collet de la tenue de travail. Travail illimité. Travail difficilement clarifié. Travail s'exerçant dans la conflictualité permanente. Travail de rejet. Travail complexe tant en ce qui concerne son organisation, ses moyens, ses techniques que ses résultats...

Le personnel pénitentiaire, en dépit du florilège d'incertitudes troublantes qui entourent son métier, doit avoir toujours la tête haute afin de réussir son aventure professionnelle. Il doit en tout état de cause, s'approprier et considérer comme viatique, les cinq préceptes suivants énoncés par le Cardinal Mazarin[433] - et qui, bien qu'élaborés pour s'appliquer à un autre domaine -, lui commande d'apprendre à savoir : - *simuler* (1) en ne dévoilant à personne ses sentiments ; - *dissimuler* (2) en fardant son cœur comme on farde un visage ; - *ne se fier à personne* (3) en contrôlant les bons et mauvais sentiments développés envers les gens ; - *dire du bien de tout le monde* (4) en se donnant pour règle absolue et fondamentale de ne jamais parler inconsidérément de/à qui que ce soit - pas plus en bien qu'en mal - et de ne jamais révéler les actions de quiconque bonnes ou mauvaises ; - *prévoir avant d'agir (5)* en attribuant entre autres ses réussites et succès à autrui.

Vite fait ! L'on nous reprochera certainement ici de prêcher pour notre chapelle. Un plaidoyer *pro domo* diront-ils. Errata... Il ne s'agit aucunement ici pour notre part de faire montre de corporatisme, en prenant fait et cause pour une dérive que personne ne voudrait voir prospérer, ce d'autant plus qu'elle nous écarte de la norme pour tenter de normaliser l'écart. Nous souhaitons plutôt et de loin, comme en toute chose, de faire appel au sens de l'équité et de la justice rétributrice. Car, il nous semble qu'en ce domaine, comme dans bien d'autres, la sagesse commande la mesure qui peut, fort heureusement, tempérer la propension de « l'homme d'être plus sensible au mur qui s'écroule qu'au blé qui pousse » ; à développer un intérêt compulsif pour les « trains qui n'arrivent pas à l'heure annoncée ou même qui

---

[432]Selon la mythologie grecque, Sisyphe désigne un homme très fort qui, ayant échoué à défier les dieux lors d'un duel, fut condamné par ces derniers en guise de sanction à défaut de le faire périr, à rouler une lourde pierre du bas d'une colline jusqu'à son sommet ; et chaque fois qu'il y parvenait, celle-ci redescendait et il se vit contraint de recommencer le travail qu'il croyait avoir achevé.

[433]Jules Raymond Mazarin fut un diplomate et homme politique français qui naquit en 1602 et mourut en 1661. Il servit respectivement la Papauté, les rois Louis XIII et XIV et succéda au cardinal Richelieu comme principal ministre d'État de 1643 à 1661. Il publia *Breviario para politicos* (*Bréviaire des politiciens*) suivant la traduction française.

déraillent qu'à ceux qui arrivent toujours à l'heure H ». Bon an mal an, répondant positivement alors et seulement alors, à cette inclination de la nature humaine, le faisceau de la publicité reste toujours braqué sur la face opposée des choses. Et, l'A.P. camerounaise d'en souffrir.

IV. Éléments statistiques relatifs aux évasions

Tableau 13 : Statistiques des évasions par région pénitentiaire (1er janvier 2011 - 30 novembre 2014).

Statistiques / **Rég. Péniten.**	**Nombre d'évadés**	**Population carcérale**
Adamaoua	192	1172
Centre	542	6769
Est	318	1001
Extrême-nord	137	2919
Littoral	113	3582
Nord	64	2006
Nord-ouest	157	1048
Ouest	225	2453
Sud	144	1100
Sud-ouest	87	1059
	Total national des détenus évadés : **1979**	Total national des détenus : **23100**

Source : l'auteur

-Stat. : Statistiques ; -Rég. Péniten. : Région pénitentiaire.

Commentaire : Lorsqu'on applique le nombre d'évadés pendant la période de référence à la population carcérale générale, nous avons un taux d'évasion de 9 % environ. En la matière, par rapport à la norme permissive de tolérance modérée, l'on peut être amené à conclure que c'est beaucoup ; et par rapport à la norme rigide de tolérance zéro, la conclusion coule de source. Dans l'un comme dans l'autre cas, la situation est très préoccupante et mérite qu'on y réfléchisse, afin de limiter ce fléau chevillé au pied de l'administration pénitentiaire, à défaut de l'enrayer.

Tableau 14 : Statistiques des évadés repris par région pénitentiaire (1er janvier 2011- 30 novembre 2014).

Statistiques / Rég. Péniten.	Nombre d'évadés	Nombre d'évadés repris	Nombre de détenus en état d'évasion
Adamaoua	192	43	149
Centre	542	176	366
Est	318	149	169
Extrême-nord	137	74	63
Littoral	113	20	93
Nord	64	37	27
Nord-ouest	157	25	132
Ouest	225	71	154
Sud	144	30	114
Sud-ouest	87	00	87
	Total national **1979**	Total national **625**	Total national **1354**

Source : l'auteur

-Stat. : Statistiques ; -Rég. Péniten. : Région pénitentiaire.

Commentaire : Le gap très élevé entre le nombre d'évadés repris et celui des évadés non repris nous interpelle. Il renforce la conviction que l'évasion du détenu est l'une des fautes suprêmes que puisse commettre l'administration pénitentiaire dans un État de droit. Car, l'évasion du détenu sape la crédibilité de l'administration pénitentiaire, plus grave encore, elle porte atteinte au pouvoir judiciaire en rendant nul et de nul effet la décision qu'il a rendue. À cet égard, afin que la sanction judiciaire emportant privation de liberté soit effectivement exécutée jusqu'à son terme légal, sous réserve des aménagements de peines prévues par les dispositions légales, la mobilisation de tous les acteurs est nécessaire pour limiter la survenance des évasions de détenus et faciliter la reprise des détenus évadés.

IV. Acteurs et cheminement du dossier conduisant à l'octroi de la libération conditionnelle à une personne détenue

Tableau 15 : Liste des acteurs intervenant dans la procédure de libération conditionnelle par ordre croissant conformément au C.P. camerounais.

Président de la République (6) ❖ Il octroie la libération conditionnelle par un décret. ❖ Celui-ci fixe les obligations générales et spéciales auxquelles est soumis le libéré conditionnel. ❖ Au cas où celles-ci ne seraient pas respectées par le libéré conditionnel, le P.R peut, après avoir consulté le Comité consultatif, révoquer le décret ayant octroyé la liberté conditionnelle.
Comité consultatif (4) ❖ Ayant une composition qui est fonction du lieu d'incarcération du détenu (Cameroun francophone et Cameroun anglophone), le Comité consultatif statue en le fond et en la forme sur le dossier de libération conditionnelle qui lui a été soumis. ❖ Il donne son avis à l'autorité (ministre de la Justice ou au ministre de la Défense) l'ayant saisi. ❖ Il peut proposer soit le classement sans suite du dossier (1), soit l'ajournement du dossier (2), soit l'acceptation de la libération conditionnelle (3), soit la remise de peine totale ou partielle, conditionnelle ou non (4). Tout dossier de demande de libération conditionnelle soumis pour avis au Comité consultatif doit contenir : - un rapport du parquet ou des différents parquets compétents ayant connu l'affaire ou les affaires objets de la ou des condamnations en cours d'exécution ; -un bulletin n° 2 du casier judiciaire ; -l'avis du régisseur de prison compétent ; -l'avis du parquet général compétent ; -l'avis du préfet du département dont dépend administrativement l'établissement pénitentiaire ; -l'avis du préfet de la circonscription territoriale où le demandeur de la libération conditionnelle se propose d'élire domicile (lorsque la période qui sépare la libération conditionnelle et la libération intervenant à l'expiration de la peine est supérieure à un an). ***Nota*** *: à défaut de réponse et au terme d'un délai de deux mois à compter de la date de la saisine, les avis des différentes autorités ci-dessus sont considérés comme favorables.*

<table>
<tr>
<td>Garde des Sceaux (3a)
❖ Il reçoit du régisseur de prison le dossier du détenu de droit commun sollicitant la libération conditionnelle.
❖ Il l'examine, donne son avis motivé et
❖ le transmet pour avis au Comité consultatif, etc.</td>
<td>Le ministre chargé des Forces armées (3b)
❖ Il reçoit du régisseur de prison le dossier du détenu condamné par une juridiction militaire sollicitant la libération conditionnelle.
❖ Il l'examine, donne son avis motivé et le transmet pour avis au Comité consultatif, etc.</td>
</tr>
<tr>
<td colspan="2">Régisseur de prison (2)
❖ Il reçoit la demande du détenu sollicitant la libération conditionnelle,
❖ l'examine, donne son avis motivé et constitue un dossier y relatif puis
❖ le transmet impérativement et directement au ministre de la Justice, garde des Sceaux ou du ministre chargé des Forces armées selon les cas.
❖ Il peut également d'initiative proposer d'office à la libération conditionnelle les détenus séjournant dans la prison dont il a la charge et qui remplissent les conditions légales.</td>
</tr>
<tr>
<td colspan="2">Détenu définitivement condamné (1)
❖ Il introduit auprès du régisseur de prison une demande de libération conditionnelle. Celle-ci doit avoir un objet explicite (libération conditionnelle) et les motivations légales qui la fondent (état de services dans la prison et dans la société depuis la condamnation, situation disciplinaire, projet social, etc.).</td>
</tr>
</table>

Source : l'auteur.

Eu égard à tout ce qui précède, il est de toute évidence d'importance de premier ordre pour les pouvoirs publics de renforcer les capacités professionnelles de l'A.P. camerounaise, aux fins de mieux la préparer à assurer le meilleur accompagnement possible dans le suivi des peines s'exécutant intra et extra muros, infligées par la justice pénale aux personnes qui sont en conflit avec la loi. L'efficacité recherchée de l'accompagnement *intra* et *extra-muros* de l'A.P. en faveur des personnes en conflit avec la loi pénale qui lui sont confiées, vise à réduire substantiellement le récidivisme. Et celle-ci découlerait de l'élaboration et davantage de la mise en œuvre rigoureuse d'un cadre normatif viable. La viabilité du cadre normatif tiendrait du fait qu'il devrait viser d'abord à corriger les erreurs du passé, ensuite à détruire les pesanteurs et à recadrer les errements de l'instant, et enfin à prendre manifestement en compte les préoccupations du présent tout en structurant les attentes du futur.

Rangées dans une autre espèce cependant : peines alternatives à l'emprisonnement, liberté surveillée, semi-liberté, remise de peine, etc., ne sont certes pas trop distantes de la libération anticipée, du fait de la convergence de leur objectif. La Suède nous offre une belle fresque des mécanismes de lutte contre le récidivisme criminel intégrant la quasi-totalité des réalités de la carcéralité, dont une remarquable consœur travaillant pour *Libération*, a brillamment fait le portrait, sous le titre fort évocateur qui suit. Lisons plutôt !

V/ Petite fresque de bonnes pratiques du système pénitentiaire suédois

Suède : les prisons se vident

Depuis des années, le nombre de détenus diminue. Plusieurs raisons à cela, le succès des peines alternatives et un faible taux de récidive dû à la prise en charge originale des détenus : thérapie, méditation et « sas » de fin de peine.

Avec ses maisons de briques à un étage et son terrain de foot recouvert de neige, Skänninge a des allures de pensionnat. Pas de mirador à l'entrée, ni de barreaux aux fenêtres. Seuls les barbelés au-dessus des grillages et les portes fermées à double tour indiquent qu'on se trouve dans un des plus gros établissements pénitentiaires de Suède. La prison, au niveau de sécurité moyenne, située à plus de 200 kilomètres au sud de Stockholm, héberge 234 détenus, qui y purgent des peines d'un mois à la perpétuité. Tous les après-midi, Emil travaille à l'imprimerie. Casquette grise réglementaire vissée sur la tête, le jeune homme apprécie l'activité : *« Dehors, je n'ai jamais gardé un boulot plus d'un mois ou deux. Ça me fait de l'expérience ».* Le matin, il suit une thérapie : *« Pour la première fois depuis mes 13 ans, quand j'ai commencé à me droguer, je dors bien »,* s'émerveille-t-il, rappelant quand même que *«la prison reste la prison ».*

Skänninge est une machine bien huilée. *« On passe énormément de temps et d'énergie à organiser, structurer et planifier »,* affirme le directeur, Joachim Danielsson, à la tête d'une équipe de plus de 200 personnes. Les détenus vivent en groupe de neuf, dans de petites unités composées d'une cuisine, d'une salle de séjour et de cellules individuelles : 7 mètres carrés, avec écran plat au mur et salle de bains attenante. Les gardiens ne sont pas armés. Aucun membre du personnel n'a été agressé depuis des années. En journée, chacun vaque à ses occupations. Six heures par jour, cinq jours par semaine, les détenus travaillent, suivent une formation ou une thérapie. *« L'an dernier, six ont passé l'examen théorique du permis bateau, et tous l'ont réussi »,* raconte fièrement le directeur. Les prisonniers peuvent faire du yoga, enregistrer des histoires pour leurs enfants. Il y a même un *« couvent »,* où deux prêtres travaillent avec les longues peines sur la réhabilitation par la méditation.

Qu'on ne s'y méprenne pas : Skänninge est une prison tout ce qu'il y a de plus typique en Suède. Si toutes ces activités sont possibles, le directeur reconnaît volontiers que c'est d'abord parce que le système pénitentiaire suédois ne souffre pas de surpopulation chronique. Au contraire : les détenus ne sont plus assez nombreux pour remplir les prisons du royaume. Quatre ont déjà fermé. Plusieurs sont en travaux. Selon Nils Oberg, patron de l'administration pénitentiaire, la baisse a commencé en 2004, puis s'est accélérée depuis 2010. Avec 4 300 détenus pour 9,7 millions d'habitants, la Suède affiche désormais un des taux de détention les plus bas d'Europe (autour de 44 pour 100 000 habitants, contre plus du double en France). Le recul de la grande criminalité et la transformation de la délinquance y sont pour beaucoup. *« Les meurtres et violences sur les personnes sont en baisse »,* constate Sven Granath, analyste au Conseil de prévention du crime (BRA). Même chose pour les vols de voitures et les cambriolages de villas. *« Par contre, la fraude sur Internet et la criminalité organisée ont progressé, mais il est souvent difficile d'obtenir des arrestations et des condamnations ».* D'où le recul du nombre de détenus. Un jugement de la Cour suprême, en 2011, a accéléré la tendance en imposant des peines plus courtes dans les affaires de drogue.

Bracelet électronique dès 1994

L'éventail des peines alternatives à l'incarcération a aussi contribué à dépeupler les prisons. *« Notre système judiciaire est basé sur une tradition humaniste. Nous privilégions toujours la réhabilitation à l'enfermement »,* commente Lennart Strinäs, juge au tribunal de première instance de Malmö. La détention, dit-il, *« nuit plus souvent qu'elle n'aide ».* Notamment dans le cas des courtes peines. Mais aussi pour les premières condamnations, qui mènent très rarement à l'incarcération. Pas de prison non plus pour les mineurs, qui encourent une peine maximale de quatre ans de réclusion en centre éducatif fermé. De manière générale, les condamnations excèdent rarement dix ans, et même les condamnés à la perpétuité peuvent demander une réduction de leur peine à dix-huit ans. Les magistrats ont à leur disposition un arsenal de sanctions alternatives. En 1994, la Suède a été le premier pays à tester les bracelets électroniques.

Le placement sous surveillance électronique peut s'appliquer pour des condamnations allant jusqu'à six mois de privation de liberté. Les tribunaux peuvent aussi avoir recours à la contrainte pénale : sursis avec mise à l'épreuve, travail d'intérêt général, injonction de soins... Résultat : si 4 300 condamnés sont sous écrous, 13 000 purgent leur peine dehors. Pour les deux groupes, l'objectif est le même, martèle le directeur de l'administration pénitentiaire, Nils Oberg : éviter la récidive, qui tourne autour de 40 % sur trois ans. Punir ne suffit pas : *« Presque 100 % des détenus vont retourner un jour dans la société. Il faut les préparer, les équiper, pour éviter qu'ils se retrouvent de nouveau derrière les barreaux. Notre tâche est de faire en sorte que toute condamnation, à l'enfermement ou non, apporte quelque chose ».* Stigmatiser le détenu est contre-productif : *« En prison, vous avez les mêmes droits et les mêmes obligations qu'à l'extérieur. La seule différence est que vous ne pouvez pas les exercer de la même façon. C'est ce qui constitue votre sanction ».* La peine doit donc être purgée dans la dignité.

En Suède, on insiste donc sur la réhabilitation : *« Le système est basé sur l'idée que tout le monde peut changer. Notre objectif est de trouver des solutions et des alternatives adéquates, qui correspondent aux besoins de chacun ».* La sémantique est symbolique : en suédois, le terme pour désigner l'administration pénitentiaire, *Kriminalvarden,* combine l'univers carcéral et celui des soins. *« C'est essentiel que les deux aspects, la sécurité et le traitement marchent la main dans la main »,* résume Joachim Danielsson, le directeur de Skänninge. Mais pour que fonctionnent les programmes de lutte contre les addictions ou la délinquance certifiée par l'administration, il faut que les anciens détenus puissent continuer à les suivre une fois dehors. Les prisons suédoises collaborent de plus en plus avec d'autres administrations (services sociaux, psychiatrie, agences pour l'emploi) chargées de prendre le relais. *« Supprimer le temps de latence à la sortie est déterminant pour lutter contre la récidive »,* assure Erika Sallander, enquêtrice au Conseil de la prévention du crime.

« Vivre comme un Svensson »

La remise en liberté est préparée longtemps à l'avance. *« On veut éviter un système où les détenus purgent leur peine jusqu'au dernier jour et, comme dans les films américains, se retrouvent dehors, devant les grilles, un sac en plastique à la main »,* résume Nils Oberg. Contrairement à la France et à ses 80 % de sorties sèches, la Suède a mis en place un *« sas de sortie »,* qui permet l'accompagnement progressif des prisonniers vers la liberté. Les *halvvagshus* (maisons de mi-parcours) en sont un exemple. Leurs résidents ont souvent purgé de longues peines. *« Ce sont des gens qui n'ont rien à l'extérieur et qui ont besoin de soutien, mais aussi d'un certain niveau de contrôle »,* explique Anders Jansson, inspecteur pénitentiaire à Malmö.

Toujours dans le même esprit, la Suède a généralisé la libération conditionnelle aux deux tiers de la peine. Le service des probations n'a pas seulement la responsabilité de surveiller les ex-détenus, mais aussi de leur fournir un programme de traitement, en cas de dépendance à l'alcool, à la drogue, ou de problèmes de violence. Si, en France, chaque conseiller d'insertion et de probation suit autour de 130 cas, selon les syndicats, en Suède, c'est plutôt de 30 à 35. Par ailleurs, les agents publics sont épaulés par plus de 4 000 « superviseurs » bénévoles, quand l'administration estime qu'un soutien supplémentaire est nécessaire.

Sorti en 1997, après vingt-quatre ans derrière les barreaux, Tommy Persson, 69 ans, était terrifié : *« J'avais tellement peur de me retrouver tout seul ».* S'il s'en est sorti, c'est en partie grâce à son superviseur, un gardien de prison *« qui s'est investi à fond ».* Ils se voient toujours régulièrement. La mort de sa mère, dit-il, a été un déclic : *« Pour la première fois, je ne voulais qu'une chose, vivre comme un Svensson [un Suédois moyen, ndlr], ce que j'avais toujours méprisé ».* Si Tommy a réussi, c'est parce qu'il avait longuement préparé son retour à la vie civile : *« J'ai suivi plusieurs programmes en prison, puis j'ai terminé ma condamnation dans un centre de désintoxication ».* À la sortie, des anciens détenus de l'association Kris l'attendaient (...).

Par Anne-Françoise Hivert, Envoyée spéciale à Skänninge (Suède) — 17 février 2015 à 17 : 06

www.libération.fr/planete/2015/02/17/suède-les-prisons-se-vident-1204515

Ce chapitre nous a permis de mettre entre autres en débat certaines dispositions du Code de procédure pénale permettant de clarifier le rôle et les responsabilités dévolus aux directeurs des établissements pénitentiaires au Cameroun. Il s'agit en l'occurrence de la prise en charge par ces derniers des personnes préalablement détenues ou non, condamnées à des peines d'emprisonnement ferme par les juridictions d'instance et ayant interjeté appel ou introduit des recours en cassation. Si tant est, qu'en capitalisant le contact quasi - quotidien qu'ils doivent entretenir avec les personnes placées en situation privative de liberté dans les institutions carcérales dont ils ont la responsabilité, les chefs d'établissements pénitentiaires et leurs collaborateurs jouent un rôle important dans le système de justice pénale au côté des responsables de premier plan des institutions judiciaires: (PR, JI, juge et greffier en chef)

Outre l'accompagnement des personnes détenues condamnées par les juridictions d'instance et ayant interjeté appel ou introduit des recours en cassation qui séjournent dans l'établissement pénitentiaire dont ils ont la charge, le rôle et les responsabilités des directeurs des établissements pénitentiaires au Cameroun sont davantage mis en exergue, d'un point de vue processuel, s'agissant notamment de la libération conditionnelle. Car, la loi leur fait obligation d'être les déclencheurs de la procédure de libération conditionnelle. En ce sens, aux termes de la loi en vigueur, l'avis motivé du régisseur de prison est nécessaire et indispensable à la réception, à l'instruction et à la transmission auprès de toutes les instances compétentes, des dossiers de libération conditionnelle introduits par les personnes détenues. D'évidence, le régisseur de prison doit donc être considéré comme le sommier de la procédure de libération conditionnelle au Cameroun. D'où la nécessité, en vue de sa réactivation, d'affûter la prise de conscience de celui-ci sur le rôle qu'il joue et la place prépondérante qu'il occupe dans la procédure la libération conditionnelle et par extension dans sa mise en œuvre.

La nouvelle loi portant Code de procédure pénale vient, sans aucun doute, revigorer une procédure manifestement et curieusement se trouvant en état d'asphyxie prolongée dans notre système de justice pénale, du fait des pesanteurs humaines et techniques qui avaient fini par emballer son moteur. L'état d'enlisement continu de ladite procédure ayant conduit à la mise sous le boisseau de la clarté qu'irradie la vision que revêt les dispositions relatives à la libération conditionnelle, s'articulant sur la prise en compte juste, et c'est là son mérite, des intérêts de toutes les composantes de la communauté pénitentiaire (A.P, administration judiciaire, victime, communauté locale et société). Objectivant de lutter contre la récidive criminelle chez la personne détenue d'une part et d'autre part la satisfaction des attentes légitimes de justice exprimées par les victimes, leurs familles et la société ; la libération conditionnelle permet à l'A.P. d'implémenter des activités et programmes susceptibles de préparer progressivement la personne détenue à réintégrer harmonieusement sa communauté.

En somme, la libération conditionnelle est un outil de grande importance pour l'A.P., car elle contribue à donner espoir à la personne détenue en contrepartie de la correction qu'il apporte lui-même à son comportement, la société peut l'absoudre puis l'accueillir et le réintégrer à nouveau en son sein. Dès lors, il nous apparaît que la libération conditionnelle devrait apporter à court terme, une solution à l'engorgement[434] dont souffrent les

[434]Les établissements pénitentiaires camerounais abritaient en décembre 2007 une population carcérale estimée à 23.000 détenus pour une capacité d'accueil de 10.000 places, soit un taux de surpopulation de 230 %. Lire : l'Agp Ovale Ze, directeur de l'A.P., « Modernisation de l'Administration pénitentiaire, le gouvernement déroule sa feuille de route. », in *JUSTITIA n° 001 de décembre 2007,* magazine d'informations et de débats du ministère de la Justice, p. 30. Cette estimation est légèrement en deçà des résultats de l'étude conduite par le spécialiste britannique sur les questions pénitentiaires, Roy Walmsley, publiée dans le bimensuel américain *Foreign Policy* dont l'hebdomadaire *Jeune Afrique* a fait l'écho dans sa livraison

établissements pénitentiaires au Cameroun et à l'indiscipline pénitentiaire qui va avec, et par laquelle s'illustrent certaines personnes détenues. Pour qu'elle y parvienne cependant, il est attendu qu'elle soit astreinte à une bonne articulation[435], couplée à une égale rigueur dans la mise en œuvre de ses dispositions par différents acteurs et intervenants, sans omettre le méticuleux suivi-évaluation de ses bénéficiaires et de ses actants. La libération conditionnelle est l'un des mécanismes d'aménagement des peines parmi tant d'autres non négligeables, conduisant sûrement au salut de la fonction pénitentiaire. La réalité des choses observées dans l'optique du travail carcéral et bien d'autres nous conforte.

n° 2420 du 27 mai au 2 juin 2007, qui estimait l'inflation carcérale au Cameroun à 296 % (3e rang mondial) juste derrière le Bénin (307 %, 2e) et la Zambie (331 %, 1er rang mondial).

[435]Il s'agit de faire une relecture visant à l'actualiser et en l'enrichissant, la procédure de libération conditionnelle d'antan, objet des articles 61 à 64 (section III) du Code pénal camerounais.

CHAPITRE VIII

LE CPP ET LA GESTION DE LA PEINE DE DÉTENTION CARCÉRALE

« L'essentiel n'est pas de fixer un objectif.
C'est de déterminer comment vous allez réaliser ce plan et vous y tenir ».

Tom Landry

La fonction de la peine d'emprisonnement occupe une place de choix dans les recherches en science pénitentiaire. Ici comme ailleurs, lorsque la sanction emportant privation de liberté est prononcée à l'encontre d'un infracteur, il convient dès lors en bonne justice, de se soucier de l'objectif poursuivi et de la finalité de celle-ci, tant pour celui qui la subit que pour la société qui l'inflige, à travers son représentant légal qu'est le juge. À cet égard, trois composantes parfois aux intérêts divergents doivent être prises en compte : la société d'une part – donnant son pouvoir au juge de punir l'infraction commise en prononçant la sanction que le malfaiteur doit exécuter ; la victime d'autre part qui a souffert ou souffre encore des effets de l'infraction commise et qui attend réparation ; et enfin le délinquant ou criminel - qui subit les effets directs et indirects de la sanction infligée.

Trois entités différentes et le plus souvent chacune pleine d'attentes antinomiques font ici leur apparition, à savoir : la décision du juge, la situation de la victime et le devenir du condamné. Et, il conviendrait à défaut de pouvoir prendre en compte chacune d'elle, mais tout au moins de ne perdre de vue aucune d'elle. Sur ce terreau et de manière générale, les pénologues retiennent que l'exécution de la peine d'emprisonnement repose sur deux grandes finalités. Il s'agit du tandem **expiation** et **prévention**. Celui-ci alimente depuis lors les théories de la peine, regroupées autour de deux traditions philosophiques majeures distinctes, dominées d'une part par l'utilitarisme[436] de plus en plus en perte de vitesse et, d'autre part par le

---

[436] Les partisans de la théorie utilitariste de la peine se préoccupent de répondre à la question suivante : « comment peut-on combattre le crime par le droit pénal et la peine ?» C. Beccaria (la peine dissuasive) ; J. Bentham (la peine économique) ; Lombroso, Garofalo, Ferri (la peine éducative) sont considérés comme les principaux défenseurs de cette théorie dont l'une des critiques formulées contre elle concerne les peines injustes qui peuvent être infligées aux innocents, pris comme boucs émissaires, dans le souci de préserver l'ordre social.

rétributivisme[437] plutôt en regain de vitalité. De par leurs contenus, ces deux notions qui alimentent le droit pénitentiaire aujourd'hui sont exclusives l'une de l'autre.

En effet, le substantif expiation dérive du verbe expier, qui signifie se faire pardonner la faute commise en accomplissant en guise de réparation le châtiment déterminé par la société. La notion d'expiation concentre donc l'essentiel de sa force au passé du délinquant et du criminel, afin de proportionner dans une perspective de rachat social - au terme de la souffrance que la société leur a infligée -, la peine à la gravité de l'infraction commise par l'un et l'autre. Au sens où Durkheim l'avait perçue, la peine est le facteur essentiel de la vie communautaire, car sa fonction est de préserver la cohésion sociale, en maintenant vivace son exemplarité dissuasive à la conscience collective, en vue de l'expiation sociale du crime et du criminel. C'est à travers la notion d'expiation que Durkheim avait réussi clairement à justifier la loi d'airain[438]. La notion de prévention en revanche, se préoccupe du futur de la personne humaine privée de liberté en établissement pénitentiaire, en vue de créer des possibilités réelles lui permettant, s'il le désire effectivement, après en avoir été momentanément exclu de redevenir un membre à plein titre de sa communauté dont il doit désormais respecter en y vivant, les règles de bonne conduite nécessaires à une vie plus harmonieuse sur tous les plans.

Observons, à juste titre, que la notion de prévention en droit pénitentiaire a gagné du terrain, du fait de l'évolution des mentalités provoquée par la postmodernité, après plusieurs siècles de combat. L'homme postmoderne a réussi l'alchimie[439] d'articuler l'intimidation et la resocialisation dans la sanction pénale. C'est-à-dire la mise en connexion du besoin d'obtenir l'exemplarité de la peine et celui du redressement du malfaiteur pendant l'exécution de la sanction pénale. En clair, l'homme postmoderne se montre de plus en plus soucieux de punir le comportement déviant tout en se préoccupant d'éliminer chez le délinquant les facteurs d'anormalité qui font leur irruption ou intrusion dans sa vie quotidienne et l'empêchent de se normaliser. Préoccupé de barrer la voie aux influences négatives qui

[437] La théorie rétributiviste de la peine est basée sur le concept de « *just desert* », ou « juste dû ». En effet, les partisans de cette théorie défendent l'idée d'après laquelle « toute peine est justifiée si elle inflige uniquement au coupable la souffrance qu'il mérite et rien de plus ». En d'autres termes, il faut calculer et proportionner la peine infligée au coupable en fonction de sa conduite passée et de la gravité de l'infraction. Ainsi, distinguent-ils : le rétributivisme négatif (seul le coupable doit être puni au prorata de la gravité de sa faute) ce qui conduit à la non-imposition de la peine en cas de non-identification du coupable ; le rétributivisme positif (tout coupable doit être puni proportionnellement à la faute commise, car c'est ce qu'il mérite).

[438] La loi d'airain voudrait que la condition pénitentiaire soit toujours plus rigoureuse que la condition des hommes libres, même misérables.

[439] Il serait une erreur de considérer qu'il s'agit ici d'un mélange équitable, du genre 50%.

infestent la vie du délinquant, l'homme postmoderne fonde le plus grand espoir de le préparer à une vie meilleure, afin de le rendre utile à l'avenir à lui-même, à sa famille et à la communauté.

Le professeur Georges Kellens, obsédé sans doute par le sens du détail, écrit Gérard De Coninck[440], nous éclaire davantage en passant en revue en des termes plutôt simples, les conceptions classiques ayant jalonné l'histoire de la finalité attachée à la peine en général et à celle d'emprisonnement en particulier. Il rappelle que la peine au cours de l'histoire a visé : « 1- la **vengeance** (faire payer au délinquant et laver l'offense subie par la victime) ; 2- l'**expiation** (racheter la société et le délinquant) ; 3- l'**intimidation** (rappeler par l'exemple la sévérité de la sanction à tous) ; 4- l'**amendement** (remettre à sa place et redresser le délinquant) ; 5- la **défense sociale** (éliminer le délinquant de la société pour le soigner) ; 6- le **travail social** (surveiller et aider le délinquant à se faire pardonner) et 7- la **conciliation** (vider le différend entre le délinquant, la victime et la société) ».

À l'analyse, il se dégage sans équivoque que le CPP, notamment en son article 555, s'inscrit davantage dans la tendance constituée par le tandem expiation et prévention lors de la répression du crime en milieu carcéral camerounais. Loin de s'exclure, les éléments de ce tandem se complètent. Ils participent pourrait-on dire de la contribution du Cameroun en guise de réponse à la question formulée par Antoine Garapon[441] « *comment punir en démocratie ?*». À celle-là, accolons la suivante qui revêt une acuité particulière : « *quelle prison pour quels délinquants ?*», qui résulta des débats parlementaires nourris, entre la fin du VIIIe et le début du XIXe siècle en France, lorsque le gouvernement se préoccupait de la réforme du système pénitentiaire. Toutefois, relevons que la double tendance expiation/prévention pour laquelle se prononce le CPP camerounais ne peut produire de bons résultats que si, à travers la politique pénitentiaire, la gestion de la peine d'emprisonnement fait l'objet d'un cadrage légal efficace et efficient, ayant dans son épicentre, à la fois le souci de susciter la repentance du malfaiteur, celui d'aboutir à la satisfaction de la victime et, celui enfin de parvenir à la sécurisation de la société.

Attaché à l'importance de l'élaboration et de la mise en œuvre d'un cadre légal de cette envergure lequel est destiné à donner plus de vitalité à la politique publique appliquée dans le domaine en présence, nous proposons comme matrice de ce chapitre, un plan d'exécution de la peine

---

440 Gérard De Coninck, *La Formation des surveillants de prison : mission impossible ?* (Coll. Technologie de l'action sociale), préface de Guy Lemire, Paris, L'Harmattan, 2001, pp.31-32.

441 Antoine Garapon oppose naturellement dans l'interrogation qu'il formule, cette forme de gouvernement (la démocratie) dans ses principes et ses pratiques, à toutes les autres formes de gouvernement avec lesquelles elle est diamétralement en conflit.

d'emprisonnement au Cameroun. Celui-ci se présente modestement comme une copie syncrétique[442], parce qu'il s'inspire de diverses pratiques observées et tendances doctrinales analysées à travers le monde. Nous sommes convaincus qu'il pourrait convenir, pour l'heure, aux attentes du système pénitentiaire camerounais, engagé dans l'entreprise de modernisation de ses textes, de son fonctionnement et de ses pratiques. Le plan proposé vise de toute évidence, à théoriser les faits et pratiques, afin de faciliter leur meilleure compréhensibilité et favoriser à bon escient leur praticabilité par les professionnels de la carcéralité.

Car l'effort, en tout lieu et en tout temps, consistant à donner du sens à la peine d'emprisonnement en l'occurrence et d'en faire tirer profit à toutes les parties prenantes contribue au progrès de l'humanité. Et ce n'est guère aisé à quiconque ni d'y penser ni de formaliser le protocole devant conduire aux résultats attendus. En ce sens, le président de la République française François Mitterrand avait pleinement raison, déjà en son temps, d'exprimer sa sympathie à l'égard de ceux qui se donnent le loisir de sacrifier au devoir de réfléchir pour le bien-être commun et qui stimulent en le faisant l'action soit des acteurs sociaux soit des décideurs, en ces termes : « J'envie et j'admire ceux de mes compatriotes dont la pensée modèle la société des hommes avant que ne s'exerce l'action. La politique est la servante et l'humble interprète de la philosophie »[443].

Pour tout dire, l'approche que nous proposons pour l'élaboration d'un plan d'exécution de la sanction de détention carcérale au Cameroun se veut donc plus complète, plus englobante et moins discutable. En cela, nous l'avons revêtue de l'exigence de rationalité bâtie sur quatre déterminants forts empruntés à Jean Guiton. Ceux-ci sont « mathématique, juridique, logique et même syllogistique »[444], suivant une expression propre à ce philosophe français dont tout le monde admire le sens de la belle formule. Explications : le plan d'exécution de la peine d'emprisonnement que nous proposons ambitionne d'être : - premièrement **mathématique**, parce que rigoureux ; - deuxièmement **juridique**, parce que nécessitant l'élaboration et la mise œuvre d'un cadre légal - contraignant- ; - troisièmement **logique**, parce que cohérent et ; finalement **syllogistique**, parce que ses résultats escomptés ne contredisent pas la méthodologie qu'elle emprunte. Découvrons plutôt.

---

[442]Le plan d'exécution de la peine d'emprisonnement (PEPE) proposé ci-dessous s'inspire des éléments tirés des systèmes pénitentiaires latino-germanique et anglo-saxon.
[443]*Ma part de vérité (de la rupture à l'unité)*, Paris, Fayard, 1969.
[444]Jean Guiton de l'Académie française, in *Mon testament philosophique*, Paris, Presses de la Renaissance, 1997, p. 203.

I. De la primauté des établissements pénitentiaires pour l'accueil de toute personne faisant l'objet d'un mandat de justice emportant privation de liberté

I.1. Que dit la loi ?

TITRE II :
DE L'INCARCÉRATION

ARTICLE 551 : Toute personne détenue en vertu d'un mandat de justice est incarcérée dans une prison.

I.2. Commentaire

§65: *Les dispositions de cet article nous inspirent moult interrogations, en l'occurrence : qu'est-ce qu'une prison ? Quelles sont les conditions cardinales exigées pour que la privation de liberté d'un individu appelée détention ou emprisonnement au sens du présent article revête légalement les attributs d'une détention carcérale ? Ya-t-il une ligne de démarcation juridique entre les cellules des institutions publiques exerçant les missions de police judiciaire et les locaux de détention des établissements pénitentiaires ?*

En tout état de cause, cette digression nous permet de faire le constat selon lequel le Cameroun, après un court moment d'évolution partielle dans une zone de non-droit, qui s'est étalée de 1996 à 2012, a fini par rentrer honorablement dans la légalité. À titre d'illustration, certaines personnalités appartenant au landernau politique camerounais ainsi que leurs coaccusés, présumés[445] *en délicatesse avec la loi pénale, ont séjourné dans les cellules des structures spécialement aménagées en leur temps pour assurer la garde à vue judiciaire des suspects. Par un arrêté en date du 25 mai 2012 du garde des Sceaux, ces structures ont été érigées en établissements pénitentiaires. Avant cette date, ces structures pouvaient-elles être légalement considérées comme des prisons, au sens que le proclame la doctrine ?*

Du point de vue de la doctrine du droit pénitentiaire, est considérée comme prison : toute institution sécurisée appartenant à l'État et placée sous l'autorité de l'Administration pénitentiaire, dans laquelle est privée de liberté, sur la base d'une décision de justice, et éventuellement un acte administratif, toute personne ayant violé la loi pénale ou qui est suspectée de

[445] La plupart des affaires inspirées par ce commentaire sont en cours de jugement ou font l'objet de décisions de condamnation non devenues définitives.

l'avoir fait. Cette analyse est influencée par l'esprit des dispositions de certains textes internationaux[446].

Sous ces considérations, il est logique de conclure que la condition *sine qua non* pour que l'on parle de prison, au sens que le proclame la doctrine du droit pénitentiaire, il faut impérativement et cumulativement qu'il existe : (1) une infrastructure immobilière construite par l'État, lui appartenant ou acquise (bail) par lui ; (2) celle-ci doit avoir été conçue et aménagée à l'effet d'assurer la bonne exécution des mandats de justice et des ordres de garde à vue administrative emportant privation de liberté à l'encontre des malfaiteurs ou ceux présumés comme tels émis par les autorités compétentes ; (3) la gestion de ladite infrastructure ainsi que celle de ces occupants et résidents relèvent de l'autorité de l'A.P. à travers ses fonctionnaires.

Eu égard à ce qui précède, la ligne de démarcation entre la prison et tout autre instrument utilisé par l'État et servant à la privation de liberté, disons mieux plutôt, à la restriction des libertés est perceptible et même sans équivoque. Dès lors, il importe de retenir que l'A.P. camerounaise à qui incombe la gestion des établissements pénitentiaires doit être perçue comme un service public administratif dont le rôle premier consiste à faire usage des moyens de contrainte physique disponibles lui permettant de mettre hors d'état de nuire les malfaiteurs ou ceux présumés comme tels, qui lui sont confiés par les autorités compétentes. Son second rôle est de recourir aux moyens éducatifs, moraux, spirituels, matériels et curatifs et à toutes formes d'assistance sociale et de soutien psychologique adaptées au besoin de chaque catégorie de malfaiteurs bénéficiaires de ces programmes de traitement, afin d'œuvrer dans la mesure de ses possibilités, à leur inculquer une bonne conduite citoyenne qui les aidera à être utiles à eux-mêmes et à la société une fois retournés à la vie libre. De toute évidence, c'est ainsi que le service public pénitentiaire camerounais contribue à protéger durablement, au présent et au futur, la société contre le comportement déviant qui perturbe sa tranquillité, son bon ordre et sa sécurité.

En ce sens et pour terminer, il sied d'arguer que les personnels pénitentiaires camerounais comme leurs collègues d'ailleurs accomplissent une mission pour laquelle ils ont reçu la formation nécessaire requise. Car, les tâches de surveillance et d'encadrement *intra et extra muros* des personnes purgeant des peines ou exécutant des mesures de réclusion qu'ils accomplissent, en vue de susciter d'abord en celles-ci le désir de s'amender,

---

[446]Principes relatifs à la prévention efficace des exécutions extrajudiciaires, arbitraires et sommaires et aux moyens d'enquêter efficacement sur ces exécutions, art. 6 ; Déclaration sur la protection de toutes les personnes contre les disparitions forcées, art. 10 ; Ensemble de règles minima pour le traitement des détenus, règles 7, 24 et 35 ; Ensemble de principes pour la protection de toutes les personnes soumises à une forme quelconque de détention ou d'emprisonnement, principes 13, 16 et 18.

et ensuite de leur offrir les possibilités de se réinsérer socialement et professionnellement, leur incombe sans partage.

II. La consécration de la complémentarité entre la Gendarmerie, la Sûreté nationale et l'Administration pénitentiaire lors du transfèrement et l'escorte des détenus

II.1. Que dit la loi ?

ARTICLE 552 : L'exécution des réquisitions de transfèrement ou des mandats d'extraction est assurée soit par la police ou la gendarmerie, soit par l'Administration pénitentiaire.

II.2. Commentaire

§66: *Objectivement, l'on serait tenté de saluer la précision rédactionnelle de cet article par rapport à l'article 347 qui, nous l'avons abordé plutôt, énonce que : «* Le prévenu détenu est conduit à l'audience par la force de maintien de l'ordre. Il comparait sans menottes *».*

Assurément ! C'est une précision qui vaut son pesant d'or. Les personnels de l'Administration pénitentiaire exercent leurs missions alternativement comme auxiliaire de justice et comme force régulière[447]. Partant de ce postulat, admettons d'une part chemin faisant que les personnels de l'A.P. constituent le bras séculier du service public de la justice répressive et ils jouent un rôle de choix dans le système de justice pénale. Ils exercent d'autre part leurs missions dans une posture de complémentarité - et non de conflictualité - à l'égard des autres forces régulières de maintien de l'ordre, de sécurité et de défense. La distinction pertinente faite par Jules Marcel Mandeng Nyobè, par rapport à la plurifonctionnalité et/ou à la pluridimensionnalité de l'A.P., suffit pour appréhender le rôle et la place de cette dernière, à la fois dans le système de justice pénale d'abord, dans la chaîne de sécurité publique de l'État ensuite, et enfin au sein de la machine administrative de réformation sociale des personnes ayant des comportements asociaux subissant les affres de la loi pénale.

[447]Si en 1968 (cf. le décret n° 68-DF-33 du 29 janvier 1968 fixant les missions des forces régulières, supplétives et auxiliaires), l'A.P. camerounaise était considérée comme une force supplétive, est-il réaliste et juste de continuer de la considérer en 2016 comme telle ? La modernisation en cours depuis le début de ce millénaire des missions de l'A.P., les méthodes et techniques de travail qu'elle utilise, l'accroissement en volume de ses effectifs ainsi que la diversité des spécialités de son personnel, sans omettre la densité et la complexité du travail qui lui est confié, ne témoignent-ils pas à suffisance en faveur d'un réajustement mental ?

III. De la prise en charge par l'Administration pénitentiaire des détenus en instance de jugement

III.1. Que dit la loi ?

ARTICLE 553 (1) Les inculpés, les prévenus et les accusés détenus provisoirement, sont incarcérés dans un quartier spécial séparé de celui des condamnés et sont soumis, autant que possible, au régime de l'emprisonnement individuel. Ils sont, s'ils le désirent, employés aux travaux d'entretien de la prison.

(2) Les effets personnels des détenus sont laissés à leur disposition, sauf décision contraire, soit de l'autorité pénitentiaire, dans un souci d'ordre, de sécurité ou de propreté, soit de l'autorité judiciaire dans l'intérêt de l'information judiciaire.

ARTICLE 554.- Le régime de l'emprisonnement se substitue de plein droit à celui de la détention provisoire dès que la décision de condamnation est devenue irrévocable.

III.2. Commentaire

§67: *L'alinéa premier de cet article introduit à proprement parler une révolution en ce qui concerne la répartition des personnes détenues dans les établissements pénitentiaires au Cameroun ainsi que le régime d'emprisonnement qui doit leur être appliqué dépendamment de leur statut. Au regard de la réalité observable sur le terrain, caractérisée entre autres par la grande promiscuité entre les différentes catégories pénale et pénitentiaire, la pratique de l'encellulement collectif, l'absence d'un plan rigoureux et uniformisé d'exécution des peines d'emprisonnement, il est de bon ton de relever que d'importantes ressources financières, matérielles et humaines sont requises afin de traduire en acte concret cette disposition.*

Cela est absolument nécessaire. Les pouvoirs publics doivent s'atteler à mobiliser les différentes ressources attendues dans le secteur en présence comme dans d'autres pour être en conformité avec les dispositions de la loi en vigueur dans ce domaine pertinent. Nous ne le dirons jamais assez ! Ce texte est futuriste et commande une restructuration complète des infrastructures pénitentiaires et une refondation des pratiques professionnelles au Cameroun. Il consacre deux régimes de détention et met en relief chacun d'eux : l'un appliqué aux personnes en attente de jugement et non définitivement condamnées et l'autre appliqué aux personnes dont les condamnations ne peuvent plus faire l'objet de recours. Cette distinction de régimes devrait être matérialisée au plan infrastructurel pour être perceptible à celui organisationnel et produire les effets escomptés au plan fonctionnel dans les établissements pénitentiaires, s'agissant notamment des exigences relatives à la sécurité et au respect des droits reconnus aux personnes détenues (présomption d'innocence, possibilités d'amendement et de préparation à la réinsertion sociale) en fonction des catégories auxquelles elles appartiennent.

Le législateur camerounais a voulu mettre à la disposition de ses compatriotes un texte qui s'approprie les grands enjeux, les problématiques et défis actuels et futurs des droits de l'Homme en milieu carcéral. Et, si concernant le traitement des détenus le Cameroun est soucieux d'être en accord avec sa législation et sa réglementation dans un premier temps, de parfaire son image au sein de la communauté internationale dans un second temps, il gagnerait à faire des efforts sur lui-même, sur divers plans, pour raccourcir la distance qui le sépare, et dans le meilleur des cas, de rattraper certains pays bien avancés dans le domaine du respect des droits des personnes détenues et de la lutte contre la récidive. À l'observation, certains pays du Sud ont commencé depuis plusieurs décennies à fournir des efforts en matière de modernisation du traitement des personnes détenues et les résultats à ce jour sont élogieux à tous égards.

L'impératif respect des droits de l'Homme en milieu carcéral dont il est question ici ne concerne pas que les relations entre le personnel d'encadrement et les détenus. Il s'impose également aux relations détenus et détenus d'une part, détenus et visiteurs d'autre part et personnel et visiteurs enfin. Car, il est une lapalissade que dans chaque établissement pénitentiaire, il y a des « prédateurs » et des « proies » ; il y a des « loups » et des « agneaux ». Et le rôle du personnel de surveillance et d'encadrement pénitentiaires est de s'interposer entre les uns et les autres ; de protéger les plus faibles contre les exactions potentielles ou avérées des plus forts. Et, en prime, mieux qu'un « berger ordinaire », être le « berger exceptionnel », qui sait prendre soin d'un côté du « loup », tout en espérant sa conversion future ; et assurer la « brebis » de l'autre côté, quant à son existence épanouie en milieu carcéral. Dans le cas contraire, on court le risque de voir la prison se transformer en une jungle. Et, l'irruption[448] d'une société anarchique en établissement pénitentiaire ferait voler en éclat l'ordre, la paix et la sécurité qui y sont attendus et compromettrait l'avènement de la prison républicaine, c'est-à-dire celle dans laquelle le personnel pénitentiaire assume la plénitude de ses missions, celle pour laquelle les pouvoirs publics mobilisent les ressources requises en vue d'humaniser les conditions de

[448] Il ne s'agit aucunement d'une vue de l'esprit, car des exemples permettant d'illustrer cette situation bien que marginale sont légions. Le quartier Kosovo de la prison centrale de Yaoundé en est un des cas concrets. Le personnel pénitentiaire y a un accès limité, l'administration interne dudit quartier étant assuré en bonne partie par les détenus eux-mêmes. Imaginer le reste. Des cas plus alarmants de la perte de contrôle par l'A.P de certains quartiers de la prison ou de la prison tout entière ont été également observés à la maison d'arrêt et de correction d'Abidjan, en Côte d'Ivoire et à la prison de Ngoma en RDC.

détention et favoriser la réinsertion sociale de ses occupants, sans toutefois se départir de ses fonctions punitive et dissuasive ; selon le sillage tracé par Robert Badinter.

Parlons à présent de l'un des rôles importants du gardien de prison et pour lequel il est victime la plupart du temps de la méconnaissance voire de l'amnésie sociale, face à la non-prise en compte quasi générale de la difficulté voire de la complexité de la tâche qu'il doit accomplir. Côtoyer en vue de redresser ceux des membres de la société qu'elle a rejetés, après qu'elle a échoué elle-même à les redresser. Considérons qu'une personne a été rejetée par la société, en guise de châtiment, parce qu'elle lui a causé de graves torts. Mais pendant cette période de mise momentanée à l'écart de la société, il se trouve qu'une autre personne, c'est-à-dire le gardien de prison, a reçu mandat de la société de la côtoyer tous les jours et parfois, à subir directement et indirectement, dans la « pénombre » entretenue qui caractérise son environnement de travail, le milieu carcéral, son agressivité, ses récriminations envers la société qui l'a condamnée. Le temps passant, il pourrait finir par devenir sympathique envers la personne que la société a rejetée et inversement (le syndrome de Stockholm).

Du fait qu'il est astreint à avoir un tête-à-tête quotidien avec certains marginaux « fabriqués » par la société, le gardien de prison court le risque de devenir lui-même - en l'absence de suivi psychologique adéquat - par un effet d'assimilation, hélas, un marginal dans sa société d'appartenance. La proximité du surveillant pénitentiaire vis-à-vis du criminel/délinquant s'exerçant dans les limites autorisées par le cadre légal, peut finir par lui faire perdre de vue la dangerosité de l'acte criminel/délictuel ayant motivé l'incarcération de ce dernier. Quoi de plus normal, dans l'optique de la réinsertion sociale pour laquelle il s'affaire. Car le malfaiteur ne devra pas être identifié par son acte et davantage, celui-ci ne devra pas être utilisé pour le définir.

De nombreux efforts, heureusement, sont faits et doivent continuer d'être fournis auprès des collectivités locales par les organes de la société civile, au plan mental et intellectuel en faveur des citoyens ; par les pouvoirs publics étatiques au double plan institutionnel et normatif, en vue de l'amélioration des conditions de travail, l'enrichissement de la formation continue, l'activation de la recherche et du développement, le relèvement du profil de carrière et du traitement en faveur des personnels du service public pénitentiaire. Ces actions conjuguées pourraient briser irréversiblement la vision relativement scabreuse de la fonction pénitentiaire, transcendant le temps et l'espace, qui établit souvent le parallèle entre le rôle de cet agent public et celui du croque-mort, dont on ne saisit l'importance, selon les partisans de cette allégorie, que lorsqu'on a sur la main un cadavre à conserver pour une inhumation ultérieure, ou à retirer pour une inhumation imminente.

Tableau 16 : Indication de l'origine et de la destination légales des différents mandats de justice servis au Cameroun, dans l'interaction Prison – Juridictions pénales

Origines / Destinations	Procureur de la République	Juge d'instruction	Tribunal
Régisseur de prison	Mandat de détention provisoire (MDP)	Mandat d'arrêt (M.A)	Mandat d'arrêt (M.A)
Régisseur de prison	Mandat d'extraction (M.E)	Mandat de détention provisoire (MDP)	Mandat de détention provisoire (MDP)
Régisseur de prison	Ordre de mise en liberté (OML)	Mandat d'extraction (M.E)	Mandat d'extraction (M.E)
Régisseur de prison	X	Ordonnance de mise en liberté (OML)	Mandat d'incarcération (M.I)
Régisseur de prison	X	X	Décisions d'audiences (condamnations) fixant le quantum des peines et/ou ordonnant la libération de certains détenus (DA)
Total	**03**	**04**	**05**

Source: l'auteur.

Commentaire : Le tableau ci-dessus s'évertue de mettre en évidence et de préciser le nombre et la nature des mandats de justice que chaque acteur du maillon judiciaire du système de justice pénale, est autorisé en fonction de sa place, à servir à son homologue appartenant au maillon pénitentiaire.

IV. Du suivi et des modalités d'exécution de la peine d'emprisonnement au Cameroun

IV.1. Que dit la loi ?

ARTICLE 545. (1) Les présidents des cours et tribunaux doivent s'assurer de l'exécution des décisions et ordre de leurs juridictions.

(2) Les ordres et décisions judiciaires d'arrestation, de détention ou de mise en liberté sont immédiatement exécutoires, à la diligence du parquet qui les transmet directement aux autorités chargées de leur exécution.

(3) Le Ministère public et les parties poursuivent, chacun en ce qui le concerne, l'exécution des décisions devenues irrévocables.

ARTICLE 546. Il est institué au greffe et au parquet de chaque juridiction, un registre d'exécution des décisions judiciaires.

ARTICLE 547. Sous réserve des dispositions des articles 545 (2) ci-dessus et 22 du Code pénal, une décision est exécutoire lorsqu'elle n'est plus susceptible ni d'opposition, ni d'appel, ni de pourvoi en cassation, le tout, sauf disposition contraire de la loi.

ARTICLE 555. (1) Les condamnés à une peine privative de liberté sont répartis dans différentes catégories de prisons.

(2) Les conditions d'exécution des peines privatives de liberté sont définies par un texte particulier. Elles doivent tenir compte de la nature de l'infraction, du quantum de la peine, du sexe, de l'âge, de l'état de santé mentale ou physique et de la conduite du condamné, de manière à concilier la nécessité de la réinsertion sociale de celui-ci et les impératifs de la discipline.

IV.2. Commentaire

§68: *Voilà encore quelques révolutions cardinales. À la lecture de ces articles, on est en droit de penser que non seulement les interactions entre l'A.P. et les juridictions pénales vont s'intensifier, s'agissant du suivi de l'exécution des décisions de justice emportant privation de liberté ; mais davantage, il apparaît clairement à l'esprit de tous qu'on s'achemine inexorablement et avantageusement au Cameroun, vers la mise en œuvre d'une pratique en vigueur en France appelée PEP (Projet d'exécution de peine).*

Au regard de ce qui précède, il en ressort la nécessité de militer favorablement ici en faveur de l'avènement urgent du texte particulier annoncé à l'alinéa 2 de l'article 555 ci-dessus. Car, la détermination des conditions d'exécution de peines privatives de liberté par un texte applicable dans tous les pénitenciers camerounais, aurait le mérite de soumettre les directeurs (régisseurs) de prison et leurs divers collègues dont les gardiens de prison (surveillants pénitentiaires) et les magistrats chargés du contrôle de la détention carcérale, à une réglementation qui détermine rigoureusement ce qui est permis et interdit, à chaque étape de l'exécution de la peine, ainsi que les sanctions négative ou positive qui en découleraient en faveur ou en défaveur de la personne détenue et des acteurs administratifs en jeu.

L'avènement d'un cadre légal de cet acabit devrait donc contribuer à repousser au loin les limites de l'arbitraire, de l'amateurisme, de la complaisance et du clientélisme, etc. qui dominent à présent la gestion de la quasi-totalité des catégories de la population carcérale par nombre de responsables administratifs intervenant dans l'observation, l'évaluation et la gratification du comportement de la personne détenue pendant l'exécution en milieu carcéral de la peine à lui infligée par la société.

Exactement ! Cela coule de source. Étant entendu que l'article 2 du décret n°92-052 du 27 mars 1992 portant régime pénitentiaire au Cameroun donne le ton en classant les prisons en catégories[449] distinctes, et considérant les déviations observées sur le terrain du fait de l'absence d'une réglementation pertinente applicable à la gestion des condamnés définitifs, l'avènement d'un texte fixant les conditions d'exécution des peines privatives de liberté en établissement pénitentiaire au Cameroun serait salutaire, à ce seul titre, pour le moins. À regarder de très près ce qui se passe sous d'autres latitudes, par exemple en France, il nous revient que le PEP (Projet d'exécution de peine), officialisé depuis 1996, est une excroissance du régime progressif[450]. Il satisfait à trois objectifs adossés chacun à l'impératif de favoriser le retour harmonieux du prisonnier dans sa communauté, au terme de sa peine, tout en préservant la sécurité de la société.

Ces objectifs sont les suivants :

1- mettre en œuvre une approche particulière d'accueil, d'écoute, de prise en charge et d'accompagnement adaptée à la personnalité de chaque

---

[449]Cet article stipule que suivant la nature de leurs activités, les prisons sont classées en cinq catégories : les prisons d'orientation ou de sélection ; les centres de relégation ; les prisons de production ; les prisons-écoles ; les prisons spéciales. Les articles 3, 4, 5, 6 et 7 informent davantage sur le contenu de ces dénominations.

[450]Le régime progressif est adossé sur la thèse du traitement pénitentiaire. Selon Martine Herzog-Evans, in *La gestion du comportement du détenu : essai de droit pénitentiaire*, Paris, l'Harmattan, 1998, p.15, il a été expérimenté en France à partir de 1945 et s'est généralisé jusqu'en 1958 à partir du Code de procédure pénale. Mais la loi de 1978 fera disparaître cette référence au CPP. Elle relève que le régime progressif « *(...) consiste à répartir les détenus en différentes phases au régime variable qui, passant par diverses étapes, va de l'emprisonnement cellulaire à la liberté, ce, en fonction de leur comportement. C'est donc avant tout un outil de maintien de l'ordre dans les établissements pénitentiaires* ».

personne détenue. Avec l'appui de ses partenaires institutionnels relevant du régime tant du droit public que privé. Cette approche devrait être soucieuse de donner plus de cohérence à l'exécution de la peine privative de liberté, par le fait qu'elle intègre totalement le prisonnier dans la gestion de sa peine pendant toute la durée de son incarcération ;

2- prévoir pour l'A.P. avec l'appui de ses partenaires, une batterie de mesures spécifiques conduisant à favoriser le respect du principe de l'individualisation administrative et judiciaire de l'exécution de la peine privative de liberté en établissement carcéral, dans le but de parvenir à proposer au juge, entre autres, un cadre rationnel sur lequel il pourrait fonder objectivement sa décision accordant des allégements de peines aux personnes détenues faisant montre d'un « bon comportement »[451] carcéral ;

3- concevoir un système d'observation et de suivi des prisonniers susceptible d'assurer aux personnels d'encadrement de l'A.P. une meilleure identification et connaissance des attentes de la personne détenue et une adaptation de leurs tâches aux exigences de l'heure du métier. Toute chose qui devrait à moyen terme, valoriser leur mission et leur image dans la société et, impacter positivement la sécurité des établissements pénitentiaires, à long terme, tout en influant sur des actions conduisant au reclassement social des personnes détenues.

À la lumière du document intitulé : *Administration pénitentiaire, rapport annuel d'activité, 1997, ministère de la Justice*, il est loisible d'apprendre, s'agissant spécifiquement de l'expérience française que :

Le dispositif PEP visait à faire du détenu l'acteur principal de sa peine (...). La mise en place du PEP a sans aucun doute institutionnalisé des échanges entre les services. Il en a résulté une meilleure communication au sein des établissements ainsi que l'émergence d'une reconnaissance mutuelle entre les différentes catégories de personnels. Le PEP a modifié le mode traditionnel de transmission des informations, en remplaçant l'oral par l'écrit. Il a contribué à revaloriser les missions pénitentiaires, particulièrement celles des surveillants et des gradés (…)[452].

Le régime progressif des temps modernes incarné par le PEP devrait constituer de toute évidence un bol d'oxygène pour les personnels pénitentiaires camerounais :

Le PEP contribue à satisfaire au besoin légitime des personnels pénitentiaires d'être reconsidérés dans leur mission. Il a été vécu dans plusieurs établissements comme apportant une « bouffée d'oxygène » nécessaire pour redynamiser leur action. La valorisation du travail des

[451]Martine Herzog Evans, ibidem.

[452]Lire: Administration pénitentiaire, rapport annuel d'activité, 1997, op cit, pp. 97-102.

surveillants impliqués dans le processus résulte de la prise en compte de leur travail d'observation et de la reconnaissance de cette mission par les autres acteurs. La mission de synthèse des observations et de coordination attribuée aux gradés doit valoriser et légitimer le travail d'encadrement de cette catégorie de personnel[453].

Et pour les personnes détenues, le régime progressif incarné par le PEP représenterait un instrument quasi parfait destiné à canaliser le potentiel moral, spirituel et intellectuel ainsi que le savoir-faire qu'elles possèdent en vue de forger le savoir-être « le PEP peut insuffler un rôle plus actif au détenu dans la gestion de sa peine. Il permet de prendre en compte le détenu de manière plus globale en le replaçant dans son histoire. Le PEP a pour effet de responsabiliser davantage le détenu en l'incitant à accomplir les efforts nécessaires à son amendement et à sa préparation à la sortie»[454].

V. Des faiblesses méthodologiques et techniques des régisseurs de prison pendant la gestion des personnes placées sous la main de la justice au Cameroun

§ 69 : *Les développements qui précèdent nous suggèrent de nous pencher pour le déplorer, sur le manque de cohérence au niveau conceptuel et pratique et l'absence d'efficacité au niveau managérial, qui caractérisent chez les directeurs (régisseurs) de prison, la gestion des personnes exécutant des peines privatives de liberté en établissement carcéral au Cameroun. Examinons comment les régisseurs de prison gèrent les prisonniers pendant leur séjour carcéral.*

Considérant les préoccupations qui précèdent, soulignons pour s'en convaincre que l'une des forces du CPP est d'une part d'avoir perçu le problème de la mal gouvernance régnant au sujet de la gestion de la population carcérale par la quasi-totalité des responsables d'établissements pénitentiaires au Cameroun et, d'autre part de s'être soucié d'indiquer une voie pour y remédier. En effet, le législateur a perçu l'ampleur du phénomène ainsi que sa complexité et, en vue d'y mettre fin, a fait le choix d'une option courageuse destinée à le résoudre, en soumettant à une étude sérieuse par les experts et les praticiens, les déviations observées. La nécessité de procéder donc à l'encadrement légal de l'exécution de la peine d'emprisonnement au Cameroun s'impose. Car, celui-ci apporterait une plus-value au fonctionnement de l'A.P. et améliorerait, sans coup férir, son image au sein de l'opinion publique. L'observation des splendeurs apportées au fonctionnement de l'A.P. sous d'autres latitudes, tant d'obédience latine qu'Anglo-saxonne, du fait de l'élaboration suivie de la mise en œuvre d'un

453Idem.
454Idem.

plan ou programme ou encore canevas permettant de suivre l'exécution de la peine privative de liberté en prison par un individu, et d'évaluer progressivement sa capacité d'insertion sociale, suscite notre grande fascination.

L'avènement du texte particulier annoncé à l'alinéa 2 de l'article 555 de la loi n° 2005/007 du 27 juillet 2005 portant Code de procédure pénale au Cameroun viendrait résoudre un amas de problèmes restés hors de portée du décret n°92-052 du 27 mars 1992 portant régime pénitentiaire au Cameroun. Loin de toute dérive spéculative sur la maîtrise du comportement humain et, qui plus est de la personne humaine en détention, concluons que le bien-fondé d'un programme d'exécution de peine pour l'A.P. camerounaise consisterait en la création des conditions permettant au secteur public comme au secteur privé de booster les activités accomplies dans nos établissements pénitentiaires en faveur du potentiel humain qui s'y trouve. En donnant davantage de consistance aux activités de rééducation, de travail et de formation professionnelle organisées en faveur de la personne détenue, le personnel pénitentiaire s'en sort valorisé dans ses missions.

Le texte particulier attendu en matière d'exécution de la peine d'emprisonnement au Cameroun devrait, pour être efficace, œuvrer à apporter des réponses au questionnement ci-après :

- Les régisseurs (directeurs) de prison disposent-ils pour l'heure d'un canevas uniformisé et normalisé leur permettant de suivre le comportement en détention d'un individu en vue de donner un pronostic avisé sur ses indices de dangerosité et ses possibilités de reclassement social ?
- Les régisseurs (directeurs) de prison se subordonnent-ils en ce moment à un canevas logique permettant l'évaluation fiable de la dangerosité des personnes détenues ?
- Les traitements de faveur que les régisseurs (directeurs) de prison accordent aux personnes détenues découlent-ils d'une traçabilité de la conformité aux normes ou d'une adaptabilité de leurs comportements aux règles *intra-muros* en vigueur ?
- Les régisseurs (directeurs) de prison peuvent-ils expliquer logiquement et chronologiquement les raisons qui les poussent parfois à réserver un traitement de faveur à une personne détenue, puis par la suite le lui refuser ou de le lui faire perdre ?
- Quels sont les acteurs qui interviennent dans le processus de sanction du comportement carcérale des personnes détenues ?
- Sur quelle période s'étend cette opération ?

- Quels outils utilisent les régisseurs (directeurs) de prison et leurs collaborateurs pour le faire ?
- Quel est le *modus operandi* utilisé par les régisseurs (directeurs) de prison ?
- Quelle est la fiabilité des résultats auxquels ils prétendent être parvenus ?
- Quelle est la validité desdits résultats ?

C'est donc le lieu de constater ici avec regret la trop grande disparité qui existe en cette matière d'une prison à l'autre, d'un responsable à l'autre. En effet, le traitement de faveur ou de rigueur réservé aux personnes privées de liberté en établissement pénitentiaire au Cameroun, à la suite d'une décision de justice émanant d'une autorité compétente, peut profondément varier d'une prison à l'autre et d'un régisseur (directeur) de prison à l'autre, alors que lesdites personnes détenues ont commis la même infraction (nature et circonstance) d'une part et présentent d'autre part un profil social, psychologique et pénitentiaire identique. En usant « du bon sens », ou du « flair du gardien de prison », dit-on, certains régisseurs (directeurs) de prison fondent leur sympathie ou leur inimitié sur la personne détenue, en fonction de certains éléments, pour le moins subjectifs dont ils ont connaissance, avant ou pendant la détention carcérale.

Au nombre de ceux-ci, figurent entre autres :

- le motif d'incarcération ;
- les antécédents judiciaires ;
- l'âge ;
- le statut social avant la décision ayant ordonné la détention ;
- la moralité en détention ;
- les gages satisfaisants présentés pour la réinsertion sociale ;
- le temps d'emprisonnement restant à purger pour retrouver la liberté.

Au regard de ce qui précède, il est incontestable que ces hauts responsables administratifs jugent empiriquement leurs « clients » détenus. Et intrinsèquement, nous sommes au fait de la nature, l'ampleur et la fréquence des insuffisances que produisent les jugements basés sur cette approche méthodologique.

En conclusion de ce qui précède, l'on constate que les aménagements des conditions de détention résultant du « bon comportement » accordés aux personnes en conflit avec la loi et mises hors d'état de nuire en établissement pénitentiaire sont laissés à la libre et seule appréciation des régisseurs (directeurs) de prison. Ces aménagements résultent de divers procédés et connaissent curieusement des fortunes diverses, d'une prison à l'autre et d'un régisseur de prison à l'autre, malgré la convergence des facteurs identiques relatifs à la sécurité, l'amendement et la resocialisation présentés par les personnes détenues en jeu. Plus grave encore, disons-le d'emblée ! L'amalgame observé ici est insusceptible de permettre aux acteurs en présence de produire des explications plausibles tant auprès de leur hiérarchie qu'auprès de l'espace public, de nature à justifier la pertinence des options qu'ils ont prises concernant les impératifs de sécurité et de réinsertion sociale et professionnelle qu'ils voudraient satisfaire lorsqu'ils accordent, refusent ou retirent un aménagement des conditions de détention aux personnes détenues.

Cette pratique devrait sortir de l'informel pour être formalisée à travers une codification claire et précise mettant en évidence au Cameroun le niveau de compétences d'une part des responsables de l'A.P et, d'autre part celui des responsables des juridictions pénales, dans l'octroi à certaines personnes détenues des mesures pénitentiaires gratifiantes telles que la permission de sortie, le placement à l'extérieur, l'admission à la semi-liberté. L'avènement d'un cadre juridique spécifiant le contenu des situations carcérales désignées ci-dessus, les conditions de leur octroi ainsi que l'identité des acteurs habilités à y intervenir, mettrait un terme aux polémiques[455] parfois enflammées qui apparaissent et subsistent pour le moins, entretenant la confusion ennuyeuse dans les esprits avec les aménagements de peines - plutôt bien codifiés - relevant quant à elle, de la compétence exclusive du président de la République, s'agissant de l'espace géographique qui nous concerne.

Dans le prolongement de la réflexion sur les possibilités d'aménagement des conditions de détention concernant d'une part les prévenus et de peines concernant d'autre part les condamnés, permettez-nous dès l'abord ce petit commentaire qui va planter le décor. Établissons d'entrée de jeu un distinguo entre le prévenu et le condamné. Dans les prisons du Cameroun, les

---

[455]En septembre 2014, certains détenus admis en corvée libre (permition de sortie sans escorte) par le régisseur de la prison centrale de Yaoundé avaient été interpellés par les forces de l'ordre et conduits au poste de police pour être entendus sur les motifs et les circonstances de leur présence temporelle hors du milieu carcéral. Le même jour, le régisseur de la prison, initiateur de ces autorisations de sortie sans escorte, avait été convoqué puis entendu à son tour sur la légalité de cet acte. Cette pratique pourtant très répandue dans les pénitenciers camerounais et parfois incommodante pour certains responsables d'établissements, mérite d'être juridiquement et solidement encadrée, pour produire pleinement les résultats espérés. L'exemple de la RCA, inspiré du modèle français, pourrait aider le Cameroun dans cette réflexion. Aux termes des dispositions de la loi 12.003 du 12 avril 2012 fixant les principes fondamentaux du régime pénitentiaire en République centrafricaine, en ses articles 71, 72, 73, 74 et 75, les aménagements de peines sont de la compétence du juge d'application des peines et de la commission éponyme. Le décret n^0 160090 du 16 février 2016 portant règlement intérieur type applicable aux établissements pénitentiaires en République centrafricaine qui en a résulté comme l'un des textes d'application, précise en ses articles 42 à 47 les conditions, la procédure et le rôle de chaque acteur.

personnes en attente de jugement, désignées globalement par le terme prévenu, continuent de côtoyer sans gêne, de jour comme de nuit, dans les locaux d'incarcération comme dans les aires de jeux, de recréation, de lecture, les personnes purgeant les peines de réclusion ou d'emprisonnement qui sont désignées globalement quant à eux, par le terme condamné. Or, la nécessaire et indispensable séparation entre ces deux grandes catégories de la population carcérale conduirait à appliquer à chacune d'elles, le traitement pénitentiaire qu'elles méritent, lequel devrait être basé sur les effets du statut juridique que confèrent leurs situations distinctes.

Parallèlement, soulignons que si les prévenus devraient bénéficier, en vertu de la présomption d'innocence, d'un régime de détention plus souple, caractérisé entre autres par les facilités d'accès à la restauration, à la santé, aux loisirs, au sport, à la communication avec l'extérieur, sous réserve d'une dérogation spéciale de l'autorité judiciaire compétente, sans que celui-ci en aucune façon, ne compromettre les impératifs de sécurité et de leur représentation devant la Justice ; les condamnés devraient quant à eux, en sus des aménagements sus-énoncés, avoir les possibilités diverses de suivre systématiquement un programme d'études, de travail ou de formation professionnelle qui les préparerait à effectuer un retour harmonieux au sein de leur communauté, à l'issue de la durée de la peine d'emprisonnement.

VI. Suivre autrement le comportement de la personne détenue en milieu carcéral au Cameroun

La contrainte de séparation des catégories pénale et pénitentiaire consacrée par les instruments juridiques internationaux induit nécessairement la mise en œuvre systématique au Cameroun, pour mettre définitivement un terme à la cacophonie observée, *d'un plan directeur d'exécution des peines d'emprisonnement (PDEPE),* qu'il serait loisible de déployer suivant une forme kaléidoscopique. Ce plan devrait être élaboré en amont et servir de viatique au processus de préparation à la réinsertion sociale et professionnelle des personnes détenues. Devant déboucher à terme sur l'édification de divers profils types de détenus ou profils de « carrière carcérale »[456] des détenus, ce plan devrait permettre de mieux organiser leur prise en charge par leur orientation plus conséquente vers les options favorisant la réalisation des objectifs de la peine privative de liberté en établissement pénitentiaire.

---

[456]Nous empruntons cette expression insolite de H. Becker qui, dans son ouvrage intitulé : *Outsiders, études de la sociologie de la déviance*, Métailié, 1963, renvoie à l'idée d'un parcours balisé d'étapes bien définies par l'A.P. que doit suivre le détenu de l'incarcération à la libération en vue de le préparer favorablement à réintégrer la société et le monde du travail.

Le plan directeur d'exécution des peines d'emprisonnement (PDEPE) devrait se concevoir dans le cadre d'un processus dynamique et chronologiquement construit, comportant dix (10) étapes corrélées ou paliers imbriqués, à savoir :

- l'observation préliminaire (a) ;
- l'évaluation par les pairs suivie de celle des personnels d'encadrement (b) ;
- l'observation active suivie du déchiffrement de l'ego du détenu (c) ;
- la mise à l'épreuve indirecte (d) ;
- la mise à l'épreuve directe (e) ;
- les encouragements (f) lorsque l'évolution est positive, ou le rappel à l'ordre, ou le blâme (g) lorsqu'il y a, a contrario, involution de la situation du point de vue du comportement ;
- les gratifications de premier degré, la révocation (éventuelle) des gratifications de premier degré ;
- les gratifications de second degré ;
- la consolidation des acquis ;
- la libération avant terme.

La personne détenue aurait donc l'obligation de bâtir sa trajectoire carcérale avec le soutien de tous les acteurs du système de justice pénale, en acceptant d'emprunter le parcours sus-énoncé qui, pour certains pourrait paraître étendu et escarpé. Mais, il nous semble que c'est le prix à payer pour mériter à nouveau la confiance de la société, à travers ses représentants légaux. Car ceux-ci prennent le risque de remettre avant terme en communauté, un des leurs qui avait été légalement extrait, en réaction à la violation par lui du pacte qui les lie. Ils font ici usage d'autres artifices légaux, pour lui exprimer leur humanité, en contrepartie de la volonté de se repentir exprimée par le reclus et observée chez lui, pendant l'exécution de la sanction qu'il purge. Qu'on ne perde pas de vue, qu'il s'agit ici, d'une lourde responsabilité de la part des représentants de la société chargés de la gestion de l'exécution des peines d'emprisonnement, car tout mauvais jugement[457], non seulement leur est impardonnable, mais surtout leur est

[457]Montaigne ne savait pas si bien le dire en son temps : « *L'homme est un être ondoyant et divers* ». Le pronostic que le travailleur carcéral, le juge de l'application des peines, les personnels de probation et d'insertion, etc. émettent sur les capacités de réintégration dans la communauté du prisonnier ayant présenté en prison des gages exceptionnels de réadaptation sociale n'est qu'une projection voire une prévision qui peut ou ne pas se réaliser. Ainsi, celle-ci a souvent conduit, par ci et par là, à de bien douloureuses déceptions. Car de l'avis des psychologues, l'individu est et demeurera un objet d'étude qui résiste et résistera toujours à toute tentative de le saisir totalement et définitivement. Et selon certains esprits avisés, cette

imputable, du fait des conséquences graves qu'il fait subir une nouvelle fois à la société, en termes soit de perte en vie humaine, d'atteinte aux biens, aux mœurs, à l'honneur et à la considération d'autrui.

Le plan directeur d'exécution des peines d'emprisonnement (PDEPE) devrait permettre d'évaluer objectivement les efforts fournis par le prisonnier, pour avancer sur le long cheminement carcéral, au bout duquel il peut être déclaré « bon » ou « mauvais » pensionnaire et, recevoir la sanction positive ou négative afférente à cette identité. Appréhendant aussitôt l'intérêt de la connaissance du comportement du détenu et de sa gestion dans le cadre de la conduite des actions de lutte contre la récidive, menées par les acteurs en charge de ce domaine d'activités, Paul Alain Yana Ekelle[458], inspiré par les travaux de Martine Herzog-Evans[459]et Paul Mbanzoulou, étudie avec minutie ce phénomène. En nous appuyant sur les travaux des chercheurs sus évoqués, il nous apparaît que pour acquérir son efficacité et son efficience, la mise en œuvre souhaitée du plan directeur d'exécution des peines d'emprisonnement (PDEPE) devrait s'accompagner de réformes importantes.

Celles-ci devraient être respectivement orientées à trois niveaux : judiciaire, pénal et pénitentiaire.

- Le niveau judiciaire se caractériserait par l'institution de la fonction de juge d'application des peines d'emprisonnement (JAP), sorte d'interface entre la personne exécutant une peine de réclusion pénale, l'Administration pénitentiaire et la société.

- Le niveau pénal reposerait sur une retouche du CPP et du CP, conduisant à la prise en compte des problèmes relatifs à l'exécution des peines d'emprisonnement d'une part et, des peines alternatives à l'incarcération d'autre part et enfin des aménagements de peines.

- Le niveau pénitentiaire porterait d'abord sur la révision du régime pénitentiaire afin de le conformer aux problématiques et enjeux actuels et futurs du domaine d'activité qu'il est censé régir. Ensuite, sur la création d'un organisme étatique à vocation délibérative, ayant compétence de trouver des solutions aux problématiques touchant la réinsertion sociale et professionnelle des personnes détenues au Cameroun et de lutte contre la

situation est l'une des preuves manifestes de la complexité de la mission de réinsertion dévolue à l'A.P.

458Lire : La connaissance du comportement du détenu en milieu carcéral camerounais : le cas de la prison centrale de Yaoundé. Mémoire présenté et soutenu publiquement en vue de l'obtention du diplôme d'intendant de prison, ENAP-Buéa, novembre 2010. Cette recherche, supervisée par Michel Gabriel Ngoo-Djob Litet, avait été qualifiée meilleure mémoire de l'année, par le jury présidé par Yenshu, enseignant de sociologie à l'université de Buéa, et avait été sanctionnée par la note de 18/20.

459Op. cit,

récidive, et qui fonctionnerait comme une Commission nationale. Et enfin, sur la révision du statut des personnels de l'A.P. avec une option plus marquée vers la spécialisation, qui pourrait se traduire par l'institution d'une démarcation nette entre les deux leviers principaux du métier pénitentiaire, d'un côté les personnels pénitentiaires de probation et d'insertion et de l'autre les personnels pénitentiaires de sécurité ou de surveillance.

Dans cette mouvance, au plan social il serait également judicieux que le secteur public administratif incite le secteur privé à développer des dynamiques sociales, à travers la création de réseaux sociaux spécialisés sur les problèmes relatifs à l'exécution des peines d'emprisonnement, notamment ceux concernant l'insertion et la probation, l'assistance aux personnes détenues et aux libérés, la formation professionnelle péri et post pénitentiaire. Dans la mise en œuvre du plan d'exécution des peines d'emprisonnement, l'implication totale et successive de toutes les parties prenantes est primordiale. Du prisonnier aux personnels d'encadrement carcéraux en passant par les services de probation et d'insertion, les structures de probation et d'assistance aux libérés et l'autorité judiciaire, chaque entité doit pleinement jouer son rôle. Car, dès que le prévenu devient condamné, il est éligible audit plan dont la durée s'étale sur toute la période d'emprisonnement. Il doit être informé amplement sur ce qui est attendu de lui, à chaque séquence du processus de préparation à sa libération. Il doit être mis au courant des moyens mis à sa disposition pour l'accompagner vers l'idéal recherché, ainsi que des récompenses auxquelles il est en droit de s'attendre, s'il résiste tout au long de ce parcours éprouvant, à succomber à la tentation du récidivisme.

Probablement, la démarche proposée par le PDEPE pourrait s'avérer prétentieuse pour certains, du fait qu'elle promet de saisir la personne détenue dans sa totalité voire dans son absoluité, avec pour objectif de la récupérer. Que non ! Nous souscrivons à la difficulté d'appréhender dans la durée et avec exactitude l'homme dans sa complétude. Cette difficulté a été établie par les sciences sociales et affirmée entre autres par Claude Levi-Strauss[460]. Cette difficulté est toutefois surmontable par petits bouts et c'est la conscience de cette possibilité qui engendre le défi qui est le nôtre. Pour l'agent carcéral, cette prise de conscience s'enracine donc dans la connaissance du passé de la personne détenue, dans la saisine des

---

460 « Les sciences humaines ne sont des sciences que par une flatteuse imposture. Elles se heurtent à une limite infranchissable, car les réalités qu'elles aspirent à connaître sont du même ordre de complexité que les moyens intellectuels qu'elles mettent en œuvre. De ce fait, elles sont et seront toujours incapables de maîtriser leur objet. (…) Je suis tout à fait conscient qu'il y a des choses qui échappent et échapperont probablement toujours à notre compréhension (…). Plus le savoir progresse, plus il comprend pourquoi il ne peut aboutir (…). En avançant, la connaissance se convainc de son infirmité ». In *Le Monde* du mardi 08 octobre 1991 (rubrique débat).

motivations présentes qui sont siennes et qui peuvent l'aider à se projeter réellement dans un futur plus sûr. Il s'agit ni plus ni moins que d'une ambition carcérale pertinente, empreinte d'humilité pour toutes les parties prenantes, mais au demeurant noble parce qu'engendrant un projet carcéral qu'on pourrait à juste titre rattacher à la *Logique* d'Emmanuel Kant, exprimée dans la formule savante ci-après :

- *Que puis-je connaître* ? (de la personnalité du détenu) ;
- *Que dois-je faire* ? (pour aider le détenu à préparer sa réinsertion) ;
- *Que m'est-il permis d'espérer* ? (du détenu pendant et après la préparation à sa réinsertion) ;
- *Qu'est-ce que l'homme* ? (détenu).

En somme, admettons qu'il nous apparaît que le PDEPE tel qu'élaboré ci-dessus, se rapproche de l'idéal voire de la source originelle de l'objectif de la détention carcérale. Sur un autre angle, admettons que la modernisation suggérée ici permettrait de donner un « supplément d'âme »[461] à l'accomplissement des missions dévolues à l'A.P., notamment dans les aspects relevant de la préparation à la réinsertion sociale et de lutte contre la réitération des comportements illicites chez les prisonniers. Car, non seulement celle-ci permettrait d'encadrer légalement certaines pratiques reconnues très polémiques jusqu'ici, aux yeux de certains, le moins qu'on puisse dire, mais également provoquerait l'instauration et la réactivation d'autres pratiques positives, mais malheureusement mises sous le boisseau, pour cause du délitement du sens d'initiative des personnels pénitentiaires habilités pourtant à provoquer leur émergence.

Dans cette optique, citons à notre profond désespoir et par ordre d'importance, quelques pratiques éludées par le CPP, participant pourtant sous d'autres systèmes judiciaires, des mécanismes avérés d'atténuation de la privation de liberté en milieu carcéral en vue de la réinsertion sociale des personnes détenues, il s'agit des :

- autorisations de sortie sous escorte (1);
- transfèrements (2);
- évacuations sanitaires (3);
- extraditions (4);
- permissions de sortie sans ou sous escorte pénitentiaire (5);
- admissions à la semi-liberté (6);
- placements à l'extérieur (7);

---

[461]Expression empruntée à Henri Bergson, in *Les trois sources de la morale et de la religion*, Paris, PUF, 1965.

- réductions de peines d'emprisonnement (8);
- fractionnements ou suspension de peines d'emprisonnement (9);
- éligibilités à la libération conditionnelle (10) et;
- travaux d'intérêt général (11).

VII. Gérer autrement la peine privative de liberté en milieu carcéral au Cameroun

Fort de ce qui précède et avant d'épiloguer sur les pratiques ci-dessus énoncées, revenons-en d'abord, un tant soit peu, sur les dix piliers qui devraient constituer l'ossature du plan directeur d'exécution des peines d'emprisonnement (PDEPE) dont nous proposons l'avènement au Cameroun. Pour sa meilleure compréhensibilité, nous essayerons de le dérouler en l'appliquant, comme hypothèse scientifique, à un prisonnier condamné à deux ans d'emprisonnement ferme, pour escroquerie.

Avant d'y arriver, il serait judicieux de préciser tout d'abord le principe sur lequel repose le PDEPE :

Le gardien de prison (surveillant pénitentiaire), tout en étant regardant sur le motif d'incarcération de son client (la personne détenue), ne perd pas de vue qu'il ne lui revient pas en premier comme en dernier ressort de la juger, encore moins de juger la société qui l'a condamnée ; mais il doit œuvrer sans relâche de façon à permettre à la personne détenue - mise au ban de la société - à se repentir, afin qu'elle s'offre elle-même des opportunités saines de retrouver dans la communauté une place meilleure que celle qu'elle occupait avant la détention carcérale. Mais comment le gardien de prison peut-il rationnellement l'aider y parvenir ?

Une série d'étapes peuvent être envisagées, dans le circuit de suivi de la personne détenue, parmi lesquelles :

➢ **La première (1re) étape :** *l'observation préliminaire.* Elle consisterait à recueillir des informations idoines favorisant la connaissance suffisante de la personnalité du détenu, ainsi que de son dossier judiciaire à partir de l'information judiciaire. Elle peut utiliser entre autres comme outils : « l'entretien direct et régulier »[462], le questionnaire d'enquête sur la personnalité, la vie sociale et professionnelle *ante muros*, la discipline de vie observée en détention. Cette séquence, que l'on qualifierait, à juste titre,

---

[462]Celui-ci revêt une importance cardinale, car il permet de briser les barrières. Saisissant cette importance, Paul Mbanzoulou, in *La réinsertion sociale des détenus : de l'apport des surveillants de prison et des autres professionnels pénitentiaires*, citant V.S. Buffard, in *Le froid pénitentiaire*, soutient que : « L'importance de l'écoute n'est plus à démontrer pour toute personne, a fortiori pour la personne enfermée. Les surveillants devraient être formés à cette technique puisque les détenus souffrent beaucoup d'un grand besoin d'écoute ». pp.72- 73.

comme une collecte d'informations standardisée, devrait s'achever quelques jours après la condamnation. En effet, dans l'hypothèse où les dispositions du CPP relatives à la durée de la détention provisoire notamment en matière correctionnelle sont stricto sensu respectées, la condamnation intervient soit à la fin du sixième mois soit à la fin du douzième mois de détention.

D'évidence, en encensant les bienfaits de l'écoute dans l'encadrement des détenus en vue de leur meilleure réinsertion sociale, Paul Mbanzoulou précise que :

Savoir écouter (les détenus) est une technique qu'il conviendrait d'apprendre aux surveillants afin de mieux comprendre les détenus dans ce qu'ils veulent dire (leurs paroles) et ce qu'ils veulent dire se situe d'ordinaire à deux niveaux : il y a d'abord l'enchaînement superficiel des mots, le contenu explicite, dont le sens est à la portée de la plupart d'entre nous. Mais, il ne s'agit pas de s'arrêter là. Il faudrait aller au-delà des mots pour écouter le message et tendre une oreille attentive pour en saisir le sens caché[463].

L'écoute transformative requise ici de la part du gardien de prison a pour but de mieux connaître la personne détenue afin de lui apporter une aide efficace, c'est-à-dire celle dont elle a besoin pour commencer le traitement devant le conduire à ne pas récidiver. Il poursuit :

Pour cela, la technique d'entretien et d'écoute devrait faire partie des outils communicationnels du surveillant de prison. Celui-ci devrait être sensible aux questions du genre : le détenu a-t-il des problèmes ? Est-ce un appel d'aide ? Que se passe-t-il au juste ? Lorsque les détenus se rendront effectivement compte de l'intérêt que les surveillants portent à leurs propos, ils prendront le temps d'agencer leurs paroles, de se faire comprendre et de se confier[464].

La maîtrise des techniques d'écoute par les surveillants de prison, mieux dit l'écoute transformative, explique l'essayiste, apporterait un bol d'oxygène aux professionnels de la carcéralité et soignerait leurs relations avec les personnes détenues. Il soutient justement :

À ce moment-là, les surveillants et les détenus parviendront au stade de la vraie communication, indispensable dans tout travail de réinsertion et pour le moins, dans toute relation. C'est le même problème que soulève M. Tourbez lorsqu'il affirme : « Il me semble avoir appris mon métier en maison d'arrêt, ici. L'expérience m'a montré que je fais un métier

---

[463]Paul Mbanzoulou, in *La réinsertion sociale des détenus : de l'apport des surveillants de prison et des autres professionnels pénitentiaires (*préface de Robert Cario), coll. Sciences criminelles, Paris, L'Harmattan, 2000. pp.73-74.
[464]Idem.

intéressant. Pour comprendre, il faut avoir la vocation, être, en particulier, prêt à parler avec les détenus et voir que parler les soulage et peut les aider à saisir où ils en sont[465].

Les témoignages de certains surveillants de prison recueillis sur le sujet le conduisent à illustrer la pertinence de son analyse en ces termes :

Surtout en maison d'arrêt, où les prévenus attendent d'être jugés, parfois jusqu'à cinq ou six ans. Au lieu d'avoir une attitude immédiatement coercitive, on peut essayer de voir pourquoi un tel, habituellement correct, crée un incident, est injurieux, perd un moment le contrôle de soi... Aujourd'hui, il nous est demandé de tenir un rôle éducatif, mais nous n'avons pas la formation psychologique indispensable, si ce n'est celle de l'expérience acquise ». Les travailleurs sociaux aussi regrettent que les surveillants ne soient pas mieux formés à la communication, à l'observation et à l'écoute active, afin de mieux apprécier l'urgence d'une situation[466].

En guise d'exemple, pour des raisons d'uniformisation, d'efficacité opératoire et de cohérence, la mise en œuvre de la première étape de ce processus devrait induire l'élaboration d'un programme informatique (logiciel) qui faciliterait l'établissement du questionnaire, son remplissage et son exploitation par tous les acteurs en jeu.

➢ **La deuxième (2e) étape** : *l'évaluation par les pairs suivie de celle des personnels d'encadrement du prisonnier*. Elle se réduirait préalablement aux avis produits par les personnels d'encadrement, consistant à recueillir auprès de certains prisonniers soigneusement sélectionnés, des renseignements sur le comportement du prisonnier récemment admis au PDEPE. Ces derniers seront sélectionnés sur la base de la durée de leur séjour en milieu carcéral et de la franche collaboration dont ils font montre avec l'administration de la prison, et qui leur a permis d'accéder à la notabilité. Le programme informatique évoqué ci-dessus devrait être convoqué à ce niveau, pour faciliter le déroulement des tests successifs auxquels devraient être soumis le prisonnier, en vue de permettre sa prise en charge et son accompagnement dans différents programmes de préparation à la vie post pénitentiaire à laquelle on le prépare, s'il collabore.

Ces renseignements sont indispensables, car émanant de ceux qui passent le meilleur de leur temps avec les sujets placés en observation. Étant de leur côté, ils permettent aux personnels d'encadrement pénitentiaire d'avoir des éléments fiables d'appréciation pour engager un prisonnier dans « le tunnel pénitentiaire ». Afin de rendre les avis d'autres prisonniers objectifs, autant que faire se peut, on pourrait opter pour l'instauration des principes de parrainage et de cautionnement, sous la supervision des personnels de l'A.P.

---

[465]Idem.
[466]Idem.

Cette option les amènerait à servir respectivement de parrain et de caution morale au nouveau prisonnier. Ainsi, les déviations constatées chez les seconds (filleuls) pouvant révoquer le régime de faveur dont bénéficient les premiers (parrains).

➢ **La troisième (3e) étape** : *l'observation active suivie du déchiffrement de l'ego du détenu.* Elle se préoccuperait de mener une enquête pénitentiaire plus large sur la connaissance de la personnalité du prisonnier ainsi que sur la durée de sa peine, ses relations amicales pénitentiaires et extra pénitentiaires, sa famille, ses soucis, ses difficultés, ses attentes à l'égard de l'A.P. Elle pourrait utiliser entre autres comme outils : l'évaluation objective de la discipline de vie observée avant la condamnation, l'entretien direct, la filature *intra-muros*, le recoupement, la capacité des agents d'encadrement pénitentiaire à exciter la disponibilité et les dispositions du prisonnier à suivre un programme de réinsertion intra et extra-muros ou de participer à la réalisation des travaux rémunérés ou non, pour le compte de l'Administration ou des particuliers.

À cet égard, à partir de cette phase, peuvent déjà être envisageables, selon les cas, les sorties en escorte surveillée hors du pénitencier, en collaboration avec le juge d'application des peines d'emprisonnement (JAP), si l'évaluation de la discipline observée pendant les six ou les douze mois précédant la condamnation a été favorable. Selon notre hypothèse de base, on devrait considérer que le prisonnier a déjà purgé, à ce stade, soit six soit douze mois du quantum de sa peine fixée à vingt-quatre mois, c'est-à-dire (deux ans). Il lui resterait donc à purger soit douze soit dix-huit mois.

Toutefois, soulignons que cette étape peut s'avérer dangereuse pour certains prisonniers qui surpris par la condamnation - imaginons la possibilité suivant laquelle le procès a tourné en leur défaveur - pourraient être tentés de s'évader. C'est donc dire qu'en matière de connaissance du comportement de l'Homme et a fortiori du détenu, rien n'est à considérer comme acquis, tout est en devenir ; d'où l'importance de savoir raison gardée tant pour le régisseur de prison que pour ses collaborateurs. Bref, ces acteurs devraient se mettre quotidiennement dans la posture de conquête permanente de la réalité carcérale.

➢ **La quatrième (4e) étape :** *la mise à l'épreuve indirecte.* Elle se ramènerait à soumettre, à son insu, le prisonnier admis à ce régime de faveur, c'est-à-dire en corvée surveillée hors du pénitencier, à une batterie d'épreuves pour sonder l'effectivité des gages qu'il présente afin de poursuivre le programme de réinsertion qui lui convienne. À partir d'une fiche préconçue et permettant d'établir fidèlement au jour le jour l'historique de l'exécution de sa peine d'emprisonnement, les agents carcéraux devront informer le juge d'application des peines du nombre et de la nature des corvées réalisées par le prisonnier au bout d'un certain temps. Si cette fiche de suivi nécessairement exhaustive - parce qu'elle devra mettre en évidence les diverses tentations auxquelles a résisté le prisonnier- ne relève aucune mention défavorable, le prisonnier devrait être proposé au régime de faveur immédiatement supérieur, au bout des trois prochains mois. Selon notre hypothèse, il resterait à notre prisonnier à purger une peine de huit mois.

➢ **La cinquième (5e) étape :** *la mise à l'épreuve directe.* Elle comporterait une série d'épreuves permettant de mesurer le niveau d'adaptabilité du prisonnier à diverses situations et à suivre le programme de réinsertion. Le prisonnier doit être informé à l'avance de ce qu'on attend de lui et des risques qu'il encourt, s'il enfreignait la norme en vigueur. Il peut déjà être autorisé à sortir sans escorte du pénitencier, pendant une durée bien délimitée, pour se rendre à des destinations précises, pour des raisons pertinentes. En l'occurrence : le rétablissement des liens familiaux et amicaux, la rencontre d'un employeur, le passage des épreuves d'un examen scolaire ou professionnel, les consultations médicale ou psychologique. Ce régime pourrait durer trois bons mois. Selon notre hypothèse, la peine qui reste à purger est maintenant de six mois.

➢ **La sixième (6e) étape :** *les encouragements formels de l'Administration pénitentiaire.* Ils sont destinés au prisonnier ayant marqué des points positifs dans « le tunnel pénitentiaire ». Ils doivent intervenir lorsque l'évolution est positive. A contrario, lorsqu'il y a involution de la situation du point de vue du comportement du prisonnier, l'A.P. doit recourir au rappel à l'ordre ou au blâme, suivant la gravité de la déviation constatée par rapport à la norme, avec pour conséquence la perte immédiate des avantages acquis antérieurement.

➢ **La septième (7e) étape** : *les gratifications de premier degré.* La semi-liberté. Au vu du bon comportement dont a fait montre le prisonnier à ce stade du « tunnel pénitentiaire », il mériterait qu'il soit admis au régime de la semi-liberté ou liberté contrôlée par l'A.P., le juge d'application des peines (JAP), les réseaux sociaux chargés de la probation et de l'assistance aux détenus et aux libérés et des services de probation et d'insertion. L'admission à la semi-liberté du détenu s'inscrivant dans l'optique du réchauffement des liens familiaux, de la réintégration progressive du milieu professionnel ou de la poursuite d'un apprentissage, du redémarrage provisoire d'activités professionnelles, ou génératrices de revenus. Ce régime devrait intervenir lorsque le prisonnier a purgé les deux derniers tiers de sa peine et quand il est rendu à la seconde année d'emprisonnement. Le régime de la semi-liberté devrait être révoqué ainsi que les avantages acquis à la cinquième étape, s'il advenait au prisonnier, d'abuser de la confiance qu'on lui a faite en fautant, quelle qu'en soit la raison.

➢ **La huitième (8e) étape :** *les gratifications de second degré.* Le placement à l'extérieur. Il repose sur l'efficacité et la rigueur de la surveillance qu'exerce l'A.P. et le juge d'application des peines (JAP) sur des prisonniers admis à ce régime souple d'emprisonnement et les autres acteurs partie prenante. Placé à domicile, pour ceux qui ont des domiciles fixes, ou dans un centre d'accueil privé ou public, le prisonnier ayant fait montre d'un bon comportement pendant la durée d'exécution de sa peine pourrait être autorisé à poursuivre l'exécution de celle-ci hors du pénitencier. Continuant d'être sous l'œil vigilant de l'A.P., ce régime doit être révoqué si le prisonnier bénéficiaire venait à violer les dispositions légales qui devraient le réglementer. Le placement à l'extérieur pouvant également profiter à un détenu qui a besoin de suivre des soins appropriés auprès d'une institution sanitaire spécialisée (cure de désintoxication, psychothérapie, apprentissage ou formation professionnelle, etc.) en vue de décupler ses possibilités de réussir sa réinsertion sociale après l'expiration complète de sa peine privative de liberté.

➢ **La neuvième (9e) étape :** *la consolidation des acquis et les gratifications de troisième degré.* Elles consistent en des réductions de peines. C'est l'ultime étape qui consacre la réussite de l'opération engagée au lendemain de la condamnation. C'est le couronnement final qui atteste que les acteurs en présence ont fait le bon choix et ont appliqué une méthode efficace et efficiente pour récupérer un des leurs, et de le faire sortir du fourneau qui le guetterait. Le prisonnier auquel il reste à purger le dernier tiers de la peine d'emprisonnement c'est-à-dire trois mois sur vingt et un mois purgés devrait être admis à la libération anticipée pour cause de bonne conduite en milieu carcéral.

➢ **La dixième (10e) étape :** *la gestion de la libération avant terme.* Elle devrait être soumise à une surveillance légère de l'A.P. et du juge d'application des peines (JAP). En cas d'infraction commise avant l'expiration effective de la peine prononcée par le tribunal, ce régime pourrait être révoqué d'office, avec risque de perte des acquis antérieurs, en cas d'une nouvelle incarcération.

En dernière analyse, il nous apparaît que la mise en œuvre d'un plan directeur d'exécution des peines d'emprisonnement (PDEPE) au Cameroun devrait s'accompagner de l'établissement impératif et urgent (là où il est inexistant), du renforcement de certaines dispositions et de l'affichage systématique de ce qu'il conviendrait désormais de nommer, au regard de l'importance que nous accordons à ce document, le règlement intérieur. L'élaboration suivie de la publicité du code disciplinaire de la personne exécutant une peine d'emprisonnement dans chaque établissement pénitentiaire est une nécessité impérieuse dans la mise en œuvre du PDEPE. Celui-ci devrait codifier avec un souci de précision, d'exhaustivité, de clarté et de concision manifestes les comportements et les actes proscrits aux détenus, et devant être considérés comme des fautes disciplinaires, exposant leurs auteurs et complices aux sanctions administratives (disciplinaires) prévues par le décret n° 92/052 du 27 mars 1992 portant régime pénitentiaire[467] ; ainsi que pénales et civiles prévues par la législation en vigueur.

Tous ces instruments juridiques devraient logiquement créer de meilleures conditions de restauration de l'ordre et de la discipline rétributive en milieu carcéral, et faire de celui-ci, un monde régi par le droit positif[468] applicable à tous. Tous ces instruments juridiques donneront un coup de semonce à toutes les considérations de nature à développer le sentiment de l'arbitraire en milieu carcéral camerounais, tant en ce qui concerne les gratifications accordées aux personnes détenues que les sanctions qui leur sont infligées.

Fort de ces considérations, soulignons que le code disciplinaire pénitentiaire devrait parallèlement induire la création de certains organes essentiels, tels que les Conseils de discipline pénitentiaire au niveau de chaque établissement pénitentiaire ainsi qu'au niveau de chaque région pénitentiaire. Il devrait par suite, préciser la constitution de chaque organe ainsi crée, fixer les attributions de chaque organe disciplinaire, leur mode de fonctionnement et de saisine, prévoir les voies de recours pour les justiciables qui les saisiraient. Bien plus, cette innovation devrait induire la refonte des programmes de formation à l'ENAP[469] de Buea, institution où les personnels pénitentiaires au Cameroun acquièrent la théorie du métier qu'ils vont exercer, en vue de l'approfondissement des enseignements de psychologie, de sociologie, de philosophie, de criminologie, de droit de l'Homme et de management des ressources humaines, matérielles et financières. L'étude de toutes ces disciplines étant orientée notamment vers la maîtrise parfaite de l'institution carcérale, celle de la communauté qui y vit et celle qui l'entoure.

Cet arrimage de la formation initiale et continue aux évolutions souhaitées de leur métier, armerait mieux les personnels pénitentiaires au

---

[467] Relevons ici que le régime pénitentiaire en vigueur au Cameroun est vieux d'une vingtaine d'années. Par conséquent, il mériterait d'être également actualisé pour s'arrimer aux nouvelles exigences relatives à la proscription de l'usage de la torture et autres traitements inhumains, cruels ou dégradants, bref au respect des droits de l'Homme en milieu carcéral. En guise d'illustration, en son art. 45, ce décret prescrit : « l'enchaînement dans la cellule de correction ou à tout autre lieu pour une durée de quinze jours… ». Il est attendu, fort heureusement, dans un avenir proche, la signature d'un nouveau décret portant régime pénitentiaire au Cameroun. Ce texte a tenu compte, pendant sa longue période d'élaboration des évolutions en cours et en attente dans l'Administration pénitentiaire.

[468] Jean-Paul Céré, in *Droit disciplinaire en prison*, Paris, L'Harmattan, coll. Traité de sciences criminelles, 2001.

[469] La lecture de l'ouvrage de Gérard De Connick, intitulé : *La formation des surveillants de prison : mission impossible ?* Serait d'un apport bénéfique pour l'élaboration et la mise en œuvre de la refonte des programmes de formation à l'ENAP.

Cameroun, de façon à ce qu'ils soient aptes tant avec leurs bras, à « travailler avec la tête ou avec la cervelle »[470] qu'avec tout autre organe de leur corps dont la mobilisation est nécessaire pour la réalisation de la mission à eux confiée par la société. L'articulation bienfaisante des dispositions dont regorgent le corps et l'esprit les conduirait à la maîtrise quasi parfaite de la gestion de la peine d'emprisonnement dont ils ont principalement la charge dans le système de justice pénale. À cet égard, convenons avec Paul Mbanzoulou que :

Aujourd'hui, la profession de surveillant de prison répond bien aux critères d'un métier, à savoir : une activité qui trouve son utilité dans la société ; une activité déterminée, reconnue et tolérée dont on peut tirer ses moyens d'existence ; une occupation permanente, possédant certaines caractéristiques propres et une occupation indiquant une habilité, un savoir-faire (manuel et/ou intellectuel) que confère l'expérience[471].

De toute évidence, les missions de l'Administration pénitentiaire camerounaise se précisent de mieux en mieux et ses personnels se montrent de plus en plus à la hauteur de celles-ci. En effet, l'unité de travail occupée par l'A.P. au sein de l'appareil administratif de l'État constitue l'un des points focaux de la vie politique, économique et sociale du gouvernement de la République du Cameroun. Cette unité de travail est le lieu physique et symbolique qui donne à ce corps de métiers son identité sociale, en le distinguant des autres, au regard des autorités publiques et de la communauté nationale. L'unité de travail étant pour ainsi dire, pour paraphraser Christian Henriot et Shi Lu[472], le cadre à travers lequel un corps de métier perçoit, définit et exprime son rapport à la société et au pouvoir politique.

Fort de ce qui précède, concluons s'agissant du PDEPE dont nous souhaitons l'avènement, que cette modeste proposition est une contribution à l'effort de modernisation de l'Administration pénitentiaire camerounaise, qui nous interpelle chacun à son niveau et en fonction de ses capacités. Effort en conformité avec l'instruction[473] toute récente du ministre, secrétaire général à la présidence de la République, adressée au garde des Sceaux, disant en substance qu'en vue de favoriser

l'émergence de la nouvelle vision d'une administration pénitentiaire professionnelle » au Cameroun, « *respectueuse des droits de l'homme, qui*

---

470 Paul Mbanzoulou, ibid. p.104.

471 Ibid., p.60.

472 Christian Henriot et Shi Lu, in *La réforme des entreprises en Chine (les entreprises shanghaiennes entre État et marché)*, France, L'Harmattan (coll. Dynamiques d'entreprises), 1996.

473 S.E. Ferdinand Ngoh Ngoh, lettre du 22 novembre 2012, sous les références n°B1243/SG/PRC, relative au programme pluriannuel de recrutement des personnels au sein de l'Administration pénitentiaire.

contribue plus efficacement à la sécurité publique et offre des possibilités de préparation à la réinsertion sociale des détenus », il est attendu, entre autres qu'il soit procédé à « *la relecture des programmes de formation de l'école nationale de l'administration pénitentiaire de Buea* » et au « *réaménagement du cadre juridique de l'exécution des peines ainsi que de l'organisation et du fonctionnement des établissements pénitentiaires.*

C'est tout dire de la volonté du président de la République d'engager l'A.P. camerounaise tout entière dans un chantier de modernisation. Près d'une demi-décennie plus tard, quel bilan pouvons-nous faire ? Les différents travaux relatifs à ce chantier semblent n'avoir pas encore été lancés. Faute de moyens et non de bonnes intentions, nous rassure-t-on. Confiants, mais pas naïfs à l'égard de l'intérêt du gouvernement de commencer et d'achever les travaux de cet important chantier, nous nous abstiendrons de nous interroger comme Robert Badinter[474], sans doute dépité, lorsqu'il accusa son pays la France de duplicité, face au refus dont elle fit montre de réformer les prisons, faute de moyens financiers. « Pourquoi la République s'est-elle refusée à prélever les ressources nécessaires pour changer la prison, en finir avec la misère, la promiscuité, la corruption de la vie carcérale, toujours dénoncées et toujours reconduites ? »

Travailler à l'ouverture et l'achèvement de ce chantier gigantesque incombe donc au premier chef à nous tous, pénitentiaires camerounais. Nous tous qui avons été jusqu'ici, au sortir de l'ENAP, sanglés de l'uniforme pénitentiaire et de ses attributs de grade. Nous tous qui avons été parés du titre de fonctionnaire de l'A.P. par la suite et qui en sommes fiers. Car pour autant que cela puisse être vrai, il nous apparaît avec saillance que servir l'A.P. camerounaise est à la fois un choix professionnel et un choix de vie. Il est donc nécessaire que nous, personnels de l'A.P. camerounaise, portions l'étendard de la communauté carcérale pour aller au combat de la modernisation de la vie carcérale.

En effet, l'A.P. camerounaise comme toute autre est un chantier et non pas une plage : on n'y entre non pas pour se relaxer et se prélasser, mais pour se mettre en labeur et y apporter sa contribution à l'avancée des textes et des pratiques professionnelles ; on y prend place pour contribuer à l'insertion de l'institution carcérale au sein de la communauté tant locale que nationale. L'A.P. camerounaise est une officine. L'A.P. camerounaise est une manufacture et non pas un banquet : on y entre non pas pour prendre place à la mangeoire, faire bombance et cambrer le torse, mais plutôt pour manipuler avec dextérité son instrument de travail en vue de sonder la part d'ombre qui jalonne la carcéralité afin d'y installer une lanterne, notre part de lumière. En

---

474 Avocat de profession et ministre de la Justice, garde des Sceaux (sous François Mitterrand), il est l'un des principaux artisans de l'abolition de la peine de mort en France en 1981.

somme, on entre dans l'A.P. camerounaise non pas pour se servir, mais pour servir la communauté pénitentiaire.

C'est donc reconnaître que la tâche est immense, les moyens toujours limités, les ouvriers le plus souvent peu nombreux et l'environnement parsemé continuellement à la fois de pesanteurs et d'embûches. D'où la nécessité pour nous, les personnels pénitentiaires camerounais de trouver les moyens pour nous surpasser, pour nous transcender voir pour nous tuer à la tâche, s'il y a lieu, afin qu'à chaque fois et en toutes circonstances, nous triomphons. À cet effet, cette formule accrocheuse empruntée de Sa Sainteté, le Pape Jean Paul II, devenu saint, qui résonne encore dans le cœur de tous les chrétiens, devrait nous servir de viatique dans notre conquête de la modernité : « Tu dois aller vers le haut, à contre-courant, hâte-toi, cherche, ne renonce pas »[475]. Pour tout dire, qui mieux que nos aînés, du haut de leur expérience tant professionnelle que sociale, doivent associer leurs voix à la nôtre, pour rasséréner les jeunes pénitentiaires, que l'argent n'est que la fausse monnaie du bonheur[476].

[475]Dernière exhortation apostolique du Saint-Père adressée aux chrétiens du monde entier.

[476]Un aîné me demanda un jour le cœur enflammé, au sortir d'un conseil de discipline auquel j'avais pris part comme rapporteur : « quand vous aurez achevé pour votre compte personnel la course de l'appât du gain dans l'A.P. que vous restera-t-il à faire ? ». Confus, je ne puis lui répondre. J'étais invité là par lui, quoi qu'injustement - il en était d'ailleurs conscient -, de payer les pots cassés par certains de mes congénères et cadets dans la profession, réputés pour leur fébrilité reconnue en ce domaine qui, pour autant ne les disqualifient pas de la compétition aux postes de responsabilité de premier plan.

Tableau 17 : Récapitulation sous forme d'escalier du traitement progressif qui pourrait être réservé au détenu, à travers le PDEPE proposé ci-dessus, en vue d'une meilleure gestion de la peine d'emprisonnement en établissement pénitentiaire au Cameroun.

Étapes / Acteurs	**10e Libér. avant terme**	**9e Réductions de peines**	**8e Placement à l'extérieur**	**7e Semi-liberté**	**6e Encour. formels de l'A.P.**	**5e Mise à l'épreuve directe**	**4e Mise à l'épreuve indir.**	**3e Obs. active suivie du déchiffrement de l'ego.**	**2e Eval. par les pairs suivie de celle des pers. d'encadre.**	**1ère Obs. Prélm.**
10 Pers. A.P. et org. d'inser. et de proba. JAPE et Chancellerie	**10e**									
09 Pers. A.P. et org. d'inser. et de proba. JAPE et Chancellerie		**9e**								
08 Pers. A.P. et org. d'inser. et de proba. JAPE			**8e**							
07 Pers. A.P. et org. d'inser. et de proba. et JAPE				**7e**						

06 **Pers. A.P. et org. d'inser. et de proba. et JAPE**					**6e**					
05 **Pers. A.P. et org. d'inser. et de proba. et JAPE**						**5e**				
04 **Pers. A.P. et org. d'inser. et de proba. et JAPE**							**4e**			
03 **Pers. A.P. et org. d'inser. et de proba.**								**3e**		
02 **Pers. A.P. et détenus collabo.**									**2e**	
01 **Pers. A.P.**										**1ère**

Source : l'auteur

NB :- **Obs. Prélm. :** Observations préliminaires; -**Eval. :** Évaluation ; - **Obs. Active :** Observations;-**Encour. :** Encouragements; -**Libér. :** Libération ; - **Org. d'inser. et de proba. :** Organismes d'insertion et de probation; -Pers. AP. : Personnels de l'Administration pénitentiaire, - **JAPE :** Juge de l'application des peines, - Collabo. : Collaborateurs.

Le tableau ci-dessus propose de façon détaillée, la représentation des étapes successives d'évolution du traitement susceptible d'être administré à toute personne privée de liberté en milieu carcéral au Cameroun, objet du présent chapitre. Sa conception procède du souci d'apporter aux personnels pénitentiaires, à ceux des juridictions pénales ainsi qu'à ceux des organismes d'insertion et de probation, une meilleure articulation, une bonne traçabilité et une bonne lisibilité de leurs actions, en vue d'optimiser les résultats escomptés. Dans la même optique, ce tableau voudrait procurer à chacune des catégories professionnelles en jeu, une approche objective tenable, sur laquelle elles pourraient faire asseoir les actions de sécurité et de réinsertion sociales péri et post pénitentiaires qui leur sont dévolues. Car, l'exécution de la peine d'emprisonnement devrait s'insérer dans un canevas bien structuré, connu de la personne détenue, de tous les acteurs ayant voix au chapitre et de la société civile, afin de mieux appréhender ses jeux et ses enjeux.

De toute évidence, comme le souligne Nathalie Dollé, si l'on considère que la déviance conduit *ipso facto* à l'emprisonnement, ses jeux et enjeux doivent être au début comme à la fin, bien pensés, pour que le détenu et la société en tirent le plus grand profit. Elle souligne fort opportunément que « si l'acte délinquant est une péripétie dans un parcours de vie, il est nécessaire d'en comprendre les étapes, d'en penser l'avant pour mieux penser l'après »[477].

VIII. Appropriation de certains phénomènes pénitentiaires en vue de permettre, dans la mesure du possible, leur duplication au Cameroun.

§ 70 : *Analysons à présent la substance de certains phénomènes carcéraux ayant cours au Cameroun et engendrant ce que nous appellerons ici mauvaises pratiques fréquemment rencontrées dans les prisons - rappelons cependant que ces phénomènes ont été éludés par le CPP-. Nous en retiendrons dix, organisés en quatre groupes distincts en vue de mettre en évidence leur affinité.*

---

[477]Nathalie Dollé, *Faut-il emprisonner les mineurs ?* Évreux, Larousse (Coll. À vrai dire), 2009, p.47.

VIII.1. Phénomènes pénitentiaires du 1er groupe, motivés par les contraintes judiciaire, pénitentiaire et sociale

1-1) L'autorisation de sortie sous escorte : c'est une mesure exceptionnelle légale et ponctuelle prise par la juridiction d'instruction ou de jugement, si le détenu est en attente de jugement ou par la JAP, s'il est condamné qui l'autorise, même lorsqu'il est soumis à une période de sûreté, à sortir du pénitencier en vue d'accomplir un acte légal requérant sa présence physique. Dans certains cas et lorsque cela s'avère nécessaire, l'élément d'escorte pénitentiaire ou non peut être dispensé du port de l'uniforme. L'autorisation de sortie sous escorte dans sa substance est distincte de la permission de sortie.

1-2) Le transfèrement du détenu à l'intérieur d'un même pays : c'est une mesure légale qui permet de procéder à l'affectation administrative ou judiciaire d'un détenu d'une prison à une autre prison. La demande de transfèrement doit être motivée et peut être accordée pour diverses raisons, telles que : sociale, familiale, judiciaire - appel interjeté après une condamnation en instance -, disciplinaire, sécuritaire, utilisation judicieuse de la main-d'œuvre pénale - offrir de bonnes possibilités d'insertion professionnelle -, etc. La demande de transfèrement peut émaner du détenu ou de l'A.P.

Par souci de rigueur cependant, mentionnons qu'il existe au Cameroun deux formes distinctes de transfèrement du détenu. Il y a d'un côté le transfèrement d'un détenu d'une prison à une autre à l'intérieur d'une même région pénitentiaire et de l'autre côté le transfèrement d'un détenu d'une prison à une autre relevant chacune d'une région pénitentiaire différente. Quelle que soit la forme qu'elle est appelée à prendre, le transfèrement du détenu à l'intérieur du Cameroun est encadré par le décret n° 92-052 du 27 mars 1992 portant régime pénitentiaire au Cameroun, en ses articles[478] 21, 22 et 23. Qu'elle soit à l'initiative du détenu ou de l'A.P., toute demande de transfèrement est subordonnée à l'autorisation préalable et écrite du garde des Sceaux, davantage lorsqu'elle conduit le détenu à sortir d'une prison pour entrer dans une autre implantée dans une région pénitentiaire dont ne

---

[478]L'art. 21, 22 et 23 disposent respectivement que : “Les prisonniers peuvent sur décision du ministre chargé de l'Administration pénitentiaire être transférés d'une prison à une autre en vue d'une utilisation judicieuse de la main-d'œuvre pénale, pour des raisons de sécurité ou de santé ou sur leur demande motivée. L'exécution de la décision de transfèrement incombe aux services de l'Administration pénitentiaire » ; « Le dossier de transfèrement comporte les pièces suivantes : -l'extrait du registre d'écrou, -l'extrait du jugement ou de l'arrêté de condamnation, -un certificat médical constatant l'état de santé général du détenu, -la fiche signalétique, -l'inventaire des objets et valeurs appartenant au détenu ». ; « Après le transfèrement du détenu, les objets et valeurs lui appartenant sont transmis avec inventaire au régisseur de la prison de transfèrement. Celui-ci est tenu d'en accuser réception dans un délai de sept jours ».

relevait pas la précédente. Les dérives inhabituelles observées à ce stade ne viennent pas de l'absence de clarté de la norme, mais plutôt des motivations plurielles amenant certains acteurs impliqués dans la mise en œuvre de ce phénomène pénitentiaire, à transgresser « impunément » quelques fois la norme.

1-3) Le transfèrement du détenu d'un pays d'accueil à son pays d'origine : au plan international, il est également admis sous ce rapport, qu'un Camerounais ayant commencé à purger une peine privative de liberté dans un pays étranger, où il a été jugé et condamné pour une infraction de droit commun, peut solliciter par des voies légales[479], de poursuivre et d'achever sa détention carcérale dans son pays d'origine. La demande de transfèrement dont il est question ici aboutit[480] généralement lorsqu'un ressortissant d'un pays étranger, condamné dans son pays d'accueil, s'est acquitté au préalable de tous ses engagements pris au cours de son procès, le paiement en l'occurrence des amendes et frais de justice prononcés contre lui, les honoraires d'avocat qui ont plaidé sa cause, les dommages et intérêts prononcés en faveur de la partie civile au procès, le titre de transport pour lui-même. Les personnels de l'A.P. mis en mission, pour le rapatriement de leur compatriote, doivent obtenir de leurs homologues du pays d'accueil le dossier pénitentiaire du détenu.

1-4) L'extradition du détenu : elle est une mesure judiciaire qui permet de remettre, peu importe sa nationalité, un détenu à un pays qui le réclame, en vue de faire aboutir contre lui des poursuites pénales pour des faits commis sur le territoire dudit pays ou tout simplement pour permettre à ce dernier de purger sa peine en toute sécurité dans le pays qui le réclame. L'extradition est encadrée juridiquement[481], à travers une procédure qui met en relation concomitamment les ministères en charge, dans les deux pays, des questions diplomatiques d'une part, et de la Justice d'autre part. Il faudrait au préalable que le pays qui a mis hors d'état de nuire le prévenu ou l'accusé, ou même le condamné étranger soit lié obligatoirement, par des accords d'extradition et de coopération judiciaire avec celui qui le sollicite. L'extradition est soumise, par ailleurs, à des conditions légales relatives notamment à la sécurité et à la protection des droits du détenu à extrader. Ainsi, aucun pays ne saurait accéder à une demande d'extradition d'un

---

[479]C'est-à-dire par la saisine tour à tour de la représentation diplomatique de son pays d'origine implantée dans son pays d'accueil, le ministère en charge des relations avec l'extérieur et le ministère de la Justice de son pays d'origine.

[480]Il nous semble que cette panoplie d'exigences serait à l'origine du blocage qui aurait été observé pendant longtemps concernant la demande de transfèrement formulée par un artiste musicien camerounais jugé, condamné et incarcéré en France en 2012 pour un problème de mœurs.

[481]Cf. La loi camerounaise n° 64-LF-13 du 26 juin 1964 fixant le régime de l'extradition, modifiée par la loi n° 67-LF-1 du 12 juin 1967.

détenu étranger se trouvant sur son territoire, s'il a des raisons évidentes de penser que le détenu contre qui est formulée la demande d'extradition coure des risques d'être exécuté ou torturé par le pays demandeur. En effet, si les phénomènes pénitentiaires du premier groupe ci-dessus étayés ne semblent pas rencontrer de problèmes majeurs dans le cadre de leur mise en œuvre au Cameroun, tel est loin d'être le cas de ceux du second groupe qui suivront.

VIII.2. Phénomène pénitentiaire du 2e groupe, motivé par les contraintes de santé

2-1) L'évacuation sanitaire du détenu : elle est une mesure légale qui accorde l'hospitalisation de courte ou de longue durée, hors de l'établissement pénitentiaire, à un détenu. Dans certains cas, elle peut s'effectuer hors[482] du territoire national sur la demande du détenu et du médecin traitant. Il faut relever qu'au Cameroun, cette pratique est utilisée dans la plupart des cas comme une astuce pour échapper à la détention en établissement carcéral par certains détenus, avec la connivence de certains acteurs du système de justice pénale. Pour limiter la marge de manœuvre desdits acteurs et émousser l'engouement de certains détenus à solliciter et à obtenir des évacuations sanitaires non nécessaires, inopportunes et pour le moins douteuses, la non-inclusion du temps passé en hospitalisation - hors de l'établissement pénitentiaire par le détenu non gardé - du décompte de la durée de la peine d'incarcération qui sera/a été prononcée par les juridictions pénales pourrait contribuer à normaliser les comportements.

2-2) La suspension de la peine privative de liberté pour des raisons médicales très graves : sous d'autres juridictions, c'est une mesure légale prise par le JAP ou le tribunal de l'application des peines, consistant en l'interruption de l'exécution de la peine d'emprisonnement à un détenu lorsque sa santé est profondément dégradée, au point que son pronostic vital est engagé d'une part ; et lorsque son état de santé est incompatible avec le maintien en détention d'autre part. Cette mesure ne tient compte ni de la durée de la peine prononcée ni celle restant à purger, encore moins de l'infraction commise et des risques de trouble à l'ordre public présenté par le détenu bénéficiaire. Toutefois, les détenus souffrant de troubles mentaux admis en établissement de santé et ceux s'opposant à leur traitement en établissement en sont exclus.

Autrement dit, il conviendrait de procéder ici comme en France. Lorsqu'un détenu a bénéficié d'une évacuation sanitaire hors de l'établissement pénitentiaire, le compteur du calcul de la peine

[482]C'est par ce mécanisme qu'incarcérée à la prison centrale de Yaoundé le 8 octobre 1999 pour complicité de détournement de deniers publics, une détenue de nationalité camerounaise fut évacuée en France pour recevoir des soins médicaux. Jugée et déclarée non coupable à l'audience du TGI du Mfoundi le 28 novembre 2003, elle fut libérée le 17 décembre 2003.

d'emprisonnement est systématiquement arrêté. En cas de condamnation, le temps passé à l'hôpital pendant la détention provisoire ou par suite, pendant l'emprisonnement, ne doit pas être pris en compte, lors du calcul de la durée de la peine. Cette pratique rigoureuse paraît dissuasive à suffisance, pour court-circuiter la propension dont font montre certains détenus qui, avec la complaisance de certains professionnels de la santé, obtiennent des évacuations sanitaires hors pénitencier pour se soustraire aux effets de l'environnement carcéral. Au bout du compte, il est récurrent de remarquer que deux voire quatre détenus sur dix passent le tiers du temps de la détention à l'hôpital pour des raisons non évidentes de santé.

En amont de l'évacuation sanitaire se trouvent les consultations médicales hors pénitenciers, sollicitées par certains détenus ou prescrites par certains membres du personnel de l'A.P. appartenant au corps de la santé. Ce phénomène rentre dans l'exigence du respect du droit à la santé des personnes détenues, mais cache des déviations qui conduisent quelques fois certains personnels pénitentiaires à prendre des risques importants pour leur carrière administrative et même pour leur casier judiciaire.

VIII.3. Phénomènes pénitentiaires du 3e groupe, motivés par les contraintes de réinsertion sociale et de maintien des liens sociaux et familiaux

3-1) La permission de sortie du détenu avec ou sans escorte pénitentiaire*[483]*: elle renvoie à l'autorisation accordée par le régisseur de prison au condamné, de sortir momentanément du pénitencier pour se rendre à un lieu précis, afin d'y résoudre un problème personnel, à jour et heure précise, seul ou accompagné d'un ou de plusieurs éléments d'encadrement. Notons que lorsqu'il s'agit d'un prévenu, l'autorisation est accordée par le parquet et le régisseur de prison en assure l'exécution. La permission de sortie vise, sans prétention à l'exhaustivité et selon les circonstances : -le réchauffement des liens familiaux, -la réalisation des opérations financières, -la présence à certains évènements familiaux tristes ou joyeux, -la mise en œuvre de certaines formalités d'affaires, d'embauche et d'insertion professionnelle. C'est une mesure qui participe des actions de préparation à la réinsertion sociale du prisonnier, l'un des volets non moins importants de la mission de l'A.P.

Toutefois, soulignons que toutes les permissions de sortie accordées au détenu ne connaissent pas la même issue. Quelques rares fois,

483 À ne pas confondre avec l'autorisation de sortie sous escorte qui est de la compétence du juge d'application des peines, du juge d'instruction ou jugement ou du magistrat qui en fait office ; et elle intervient lors d'une circonstance exceptionnelle et n'est nullement soumise aux conditions de la permission de sortie

malheureusement, elles s'achèvent soit par une évasion[484] soit par la commission de crime ou délit soit par un homicide et soit encore par un suicide[485] sans antécédent psychiatrique. En l'absence d'une réglementation et d'une législation applicable et fiable en cette matière, depuis l'accession du Cameroun à la souveraineté internationale, il nous semble pertinent de relever que le CPP aurait dû aborder ce phénomène assez répandu, en vue de l'encadrer, de façon telle qu'il ne puisse plus donner lieu en milieu carcéral camerounais, au *tohu-bohu* qui y est observé, et qui met à mal les relations entre le ministère public, les OPJ, les juridictions pénales et l'A.P. d'une part, et entre cette dernière et la société d'autre part.

En effet, fondant leur argumentaire sur le principe de droit qui énonce que « ce qui n'est pas interdit est permis' », certains régisseurs de prison partisans de ce principe sont parvenus à créer une sorte de *no man's land*. Certains d'entre eux semblent se complaire d'évoluer dans cette « zone de non-droit », en galvaudant un phénomène plutôt bien réglementé ailleurs. Le défaut de réglementation de ce phénomène contribue à ternir l'image du corps auquel ils appartiennent. En examinant les dérives engendrées par la permission de sortie du détenu avec ou sans escorte, il est dévoilé l'existence de connivences indécentes jonchant les relations entre certains personnels pénitentiaires et certaines personnes privées de liberté dans les prisons.

Disons-le, le CPP aurait été plus efficace et efficient dans le cadre de la mise en œuvre de la nouvelle politique pénale et pénitentiaire, notamment dans les aspects liés à la discipline carcérale et à la préparation à la réadaptation sociale, s'il avait fixé les modalités et les conditions d'octroi des permissions de sortie aux personnes détenues (prévenus et condamnés) de l'enceinte des centres pénitentiaires. Le problème majeur ici étant de donner des fondements juridiques de la permission de sortie du milieu carcéral accordée à certains détenus par les régisseurs de prison. Parallèlement, le CPP aurait pu soit détruire soit conforter les éléments de l'argumentaire qu'ils développent le plus souvent pour se donner bonne conscience. À cet effet, pour mieux comprendre la logique de ces responsables, posons-nous les questions ci-après :

---

[484]Les statistiques des évasions survenues à la prison centrale de Yaoundé, Douala, Bafoussam, Bamenda, Buea, Bertoua, Maroua, Garoua, Ngaounderé et d'Ebolowa au cours de l'année 2011 sont révélatrices de l'importance du phénomène.

[485]Le cas le plus saisissant jusqu'à date est celui de Macaire Ebe, ex caissier principal à l'université de Douala qui, extrait régulièrement de la prison centrale de Douala et placé sous « bonne escorte » pour se rendre à son domicile pour convenances personnelles, est retrouvé pendu au bout d'une corde à Logbessou, dans sa maison, le 11 juin 2011, après avoir « semé » le gardien d'escorte.

- Qu'est-ce qu'une corvée ?
- Que veut dire sortir du pénitencier pour exécuter une corvée sous escorte?
- Et davantage, que veut dire être en corvée libre ?
- Bien plus, qu'est-ce qu'une évasion ?
- À quel moment un détenu est-il considéré comme évadé ?
- Quelle est l'autorité habilitée à constater l'évasion d'une personne privée de liberté en établissement pénitentiaire ? Ce questionnement est une invite à la réflexion objective, pour chacun des professionnels de l'A.P. et, au-delà, pour tout acteur du système de justice pénale.

3-2) L'admission du détenu à la semi-liberté : c'est une mesure légale, sous d'autres juridictions, permettant au détenu de se retrouver hors de l'établissement pénitentiaire sans surveillance continue, pour des raisons de réinsertion sociale et professionnelle, de réchauffement familial et de suivi médical ou éducatif, etc. Elle est décidée par la juridiction de jugement ou le JAP, sous certaines conditions et modalités. Parallèlement, elle est considérée comme une mesure pénitentiaire d'allègement de la peine d'incarcération, exécutée par un prisonnier amendable. Elle vise à procurer un accompagnement pénitentiaire, aussi bien au prisonnier purgeant une courte peine qu'à celui qui purge une longue peine, afin de les prémunir des conséquences de l'emprisonnement, notamment celles les plus connues, à savoir la rupture prolongée avec le milieu familial ou socioprofessionnel voire avec la communauté. La semi-liberté vise donc pour le détenu qui s'achemine vers la fin de l'exécution d'une longue ou courte peine, à se préparer à sa libération en intégrant l'exercice d'une activité professionnelle, en suivant une formation professionnelle, en participant à l'entretien de la vie de sa famille.

Cette mesure pénitentiaire est pratiquée au Cameroun, elle consiste à l'octroi d'une possibilité d'aménagement de la peine du détenu en cours d'exécution, par le régisseur de prison. Mais cette pratique souffre en l'état, de moult approximations, qui conduisent à un amas de confusions et d'incompréhensions, tant de la part de l'autorité judiciaire (Parquet) chargée du contrôle de l'effectivité de la détention, de la communauté (l'opinion publique), que du fonctionnaire qui l'accorde (le régisseur de prison), tout ceci en raison de l'absence d'une codification rigoureuse qui encadre tous ses contours. Tant du point de vue du terme utilisé pour désigner cette pratique, que de ses conditions d'octroi et de contrôle ainsi que de sa révocation, l'encadrement législatif ou réglementaire de la semi-liberté devrait contribuer à chasser l'ombre qui l'enveloppe et mettrait en lumière les sorties des prévenus et des condamnés, bref des détenus en corvée sous toutes leurs formes au Cameroun.

Restant sur la même longueur d'onde, la semi-liberté dans son essence se présente comme une phase de transition rigoureusement construite, au cours de laquelle le détenu est placé dans une perspective qui favorise sa réinsertion sociale à l'issue de sa peine. Ce dernier peut donc être soumis à un apprentissage de la responsabilité, en vue de se préparer progressivement à assurer son intégration sociale et professionnelle. En remontant historiquement le cours de l'histoire de cette pratique, nous apprenons utilement que la semi-liberté :

Est une mesure ancienne qui a été expérimentée en France pour la première fois en 1948 auprès d'un public de condamnés, à titre d'épreuve avant l'obtention de la libération conditionnelle. Pendant les années cinquante, elle devient une modalité d'exécution des courtes peines d'emprisonnement et son taux de réussite justifie une consécration législative en 1959[486].

À ce niveau également, nous pouvons affirmer que le CPP a manqué d'inspiration prospective. Car il n'a pas voulu s'attaquer à des phénomènes complexes dont nous souhaitions l'avènement et le développement, dans le secteur pénal et pénitentiaire au Cameroun, en vue de donner de la consistance au métier des personnels de l'A.P., à travers la mise en exergue du second pan - de surcroît le plus mal connu - de leur mission[487] , qui est la préparation à la réinsertion sociale des personnes exécutant des peines d'emprisonnement qui leur sont confiées, afin de réduire les risques de récidive encourus par ces dernières. Le second volet de la mission des personnels pénitentiaires contraste, naturellement, avec le premier, qui consiste à l'exécution des décisions et des sentences de justice, en vue de protéger la société, par la mise hors d'état de nuire des malfaiteurs présumés ou coupables.

---

[486]Administration pénitentiaire, rapport annuel d'activité, ministère de la Justice, France, 1997, p.59.

[487]Suivant respectivement les articles 2, 3 et 4 du décret n° 2010/365 du 29 novembre 2010 portant statut spécial du corps des fonctionnaires de l'A.P. au Cameroun, il en ressort que : « Le corps des fonctionnaires de l'A.P. est chargé de : a) l'application des décisions de justice portant privation ou restriction des libertés ; b) la sécurisation des établissements pénitentiaires et du maintien de l'ordre en leur sein ; c) la surveillance , la protection et la rééducation des personnes placées sous la main de la justice ou faisant l'objet d'une mesure de garde à vue administrative ; d) la préparation à la réinsertion sociale des personnes placées sous la main de la justice ; e) la production pénitentiaire à travers la valorisation du potentiel humain en détention » ; « (1) Le fonctionnaire de l'A.P. fait partie des éléments civils chargés du maintien de l'ordre au sein des institutions pénitentiaires, des services relevant de l'A.P. ou en tout autre lieu ; (2) Il est astreint au port d'armes, d'uniformes et d'insignes de grade ; (3) Il peut, sur réquisition de l'autorité compétente et concurremment avec d'autres forces, participer aux opérations de maintien de l'ordre, de sécurité et de défense, conformément aux lois et règlements en vigueur » ; « Un texte particulier détermine les uniformes, les insignes de grade et la composition du paquetage individuel du personnel de l'A.P. ».

Au-delà de l'A.P., la pratique rigoureuse de la semi-liberté contribuerait à donner à la justice un visage plus humain, car il ne sert pas à grand-chose d'infliger des peines à des individus, si l'on ne se soucie pas de ce qu'ils pourraient devenir pendant et après l'exécution de celles-ci. Autrement dit, si le but de la peine n'est pas d'aider l'Homme à opérer, dans sa conscience morale, la mutation positive attendue, c'est-à-dire d'accepter le passage de l'être vicieux à l'être vertueux, alors toute sanction pénale est peine perdue. On ferait donc l'économie du temps et des moyens en procédant à l'élimination physique totale et immédiate du malfaiteur. Toute chose qui procurerait d'ailleurs à la société le gain d'un procès suivi d'une incarcération du malfaiteur.

Mais, dans quelle société humaine nous situerons-nous donc, à ce moment de l'histoire de l'humanité ? Nous aurions honteusement reculé de plusieurs années lumières par rapport à nos ancêtres. Heureusement que de jour en jour, les mécanismes juridiques existants ainsi que les structures opérantes, qui sont l'émanation de l'élévation morale, intellectuelle et spirituelle atteinte par la conscience humaine, nous éloignent résolument d'une telle arriération mentale. En effet, la mise en œuvre de la semi-liberté au Cameroun, s'inspirant de la pratique française, induit impérativement la réforme des structures administratives (ministère des Affaires sociales, ministère de la Promotion de la femme et de la famille, ministère de la Jeunesse, ministère de la Justice), en charge de la répression et de la prévention de la délinquance et de la criminalité, ainsi que l'organisation de la société civile dans la perspective d'aboutir à la création de structures privées ou organismes associatifs soucieux du devenir du prisonnier, bref de son existence post pénitentiaire. De la permission de sortie à la semi-liberté, nous apercevons un autre phénomène.

3-3) Le placement du détenu à domicile : c'est une pratique bien connue au Cameroun qui se rapproche du placement sous surveillance électronique appliqué en France. Mais, contrairement à cette dernière, elle souffre d'une absence de cadrage juridique (…). Elle revêt une appellation locale : le détachement, qui ravive les incompréhensions. Cet état de fait génère, au regard de ce qui précède, des situations somme toute dépréciatives pour certains acteurs de la chaîne pénitentiaire, à savoir : le régisseur de prison, le prisonnier corvéable et le cessionnaire d'une part ; et un faisceau d'incompréhensions entre l'A.P., la communauté et l'autorité judiciaire, d'autre part. Le placement à domicile ou détachement[488]- pour utiliser une expression

---

[488]Nous sommes d'avis avec certains professionnels que cette expression est impropre et mériterait d'être actualisée pour alléger, à défaut d'y mettre un terme, à la controverse que la pratique qu'elle recouvre engendre.

bien ancrée dans le vocabulaire carcéral au Cameroun- consiste pour le régisseur de prison, à confier un ou des détenus à un particulier, sous la surveillance d'un personnel d'encadrement pénitentiaire. Le détachement est subordonné à une demande régulière introduite à cet effet, auprès du garde des Sceaux par l'intéressé (e) et ayant obtenue impérativement et au préalable une réponse favorable de ce dernier. Le détachement permet de réaliser au profit du cessionnaire et contre rémunération, pendant une période de trente jours renouvelables suivant la même procédure, des travaux de divers ordres, dans le ressort administratif de la prison où les prisonniers sollicités sont incarcérés. Le détachement peut également être accordé à un particulier ne résidant pas ou à une administration publique implantée en dehors des limites géographiques de la circonscription administrative dont dépend le pénitencier. Dans ce cas, il faut que l'unité administrative où s'effectuent les travaux ne dispose pas d'une prison susceptible de fournir la nature de la main-d'œuvre sollicitée.

Bien plus, le régisseur de prison a l'obligation de veiller en sorte que le travail pour lequel les pensionnaires dont il a la charge sont sollicités, se déroule dans les conditions idéales, sinon identiques à celles qu'exigeraient les travailleurs libres, du point de vue de la sécurité, du respect du nombre d'heures de travail par jour, du recours aux équipements appropriés pour faire face aux intempéries (pluie, soleil, odeur, etc.) de la juste rémunération[489] des travailleurs et de la satisfaction du bénéficiaire des travaux. Dans ce cas de figure aussi, le CPP aurait gagné à mieux réglementer cette pratique, en vue de la sortir de l'opacité qui la caractérise et, qui serait causée par le monopole de fait accordé à l'A.P. L'irruption du juge d'application des peines ici s'avère également indispensable. En l'état actuel des choses, il nous apparaît important de noter que les conditions d'éligibilité des corvéables ainsi que les modalités d'exercice du placement à l'extérieur varient d'un établissement pénitentiaire à l'autre, d'un régisseur de prison à l'autre.

3-4) Le placement à l'extérieur du détenu : il est décidé soit par la juridiction de jugement soit par le JAP. Il peut être exécuté selon la modalité ordonnée, avec ou sans surveillance pénitentiaire, par l'autorité compétente. Seuls les détenus remplissant certaines conditions requises peuvent en bénéficier et suivant des modalités particulières.

[489]Cf. les arrêtés n° 213/A/MINAT/DAPEN du 28 juillet 1988 et n° 044/A/MINAT/DAPEN du 8 mars 1993 fixant respectivement les conditions d'utilisation et les taux de cession de la main-d'œuvre pénale d'une part et ; fixant les modalités d'attribution du pécule aux détenus d'autre part.

Dans le *continuum* de ce constat, les bénéfices réalisés tant par l'A.P. que par les détenus admis à ce régime sont sous-estimés. Cet entrelacs d'incohérence produit par l'A.P. en cette matière, a fini par venir à bout de la bonne volonté d'un bon nombre des cessionnaires de main d'œuvre pénale. Conséquence, les demandes et les recettes afférentes à cette sollicitation se réduisent, d'année en année, comme une peau de chagrin.

VIII.4. Phénomènes pénitentiaires du 4e groupe, motivés par la volonté de récompenser le bon comportement carcéral du détenu ou social du citoyen

4-1) La réduction des peines d'emprisonnement : cette mesure est totalement méconnue de l'univers carcéral au Cameroun. Elle consiste à accorder comme son nom l'indique, des diminutions de peines à certains détenus définitivement condamnés qui ont, soit fait preuve de « bonne conduite »[490] pendant toute la durée de leur réclusion, soit qui ont été déclarés admis à un examen scolaire, universitaire ou professionnel officiel, pendant la détention carcérale. Sous d'autres systèmes pénitentiaires, les réductions de peines sont basées sur le crédit de réduction de peine (1), en cas d'inobservation d'inconduite carcérale chez un détenu pendant une période déterminée ; elles deviennent de ce fait automatiques. Les réductions de peine supplémentaire (2) sont aussi accordées lorsque le détenu s'illustre par des efforts de réadaptation sociale pendant son séjour carcéral. Enfin, les réductions de peine sont accordées au détenu ``repenti `` (3) lorsque celui-ci a collaboré avec les autorités pénitentiaires et judiciaires pour faire cesser ou empêcher la commission d'autres infractions ,c'est de toute évidence, une mesure d'incitation au respect de la discipline carcérale et de mise en évidence objective des gages de réadaptation sociale attendus du détenu. Tous ces efforts observés et analysés constituent un prélude au respect des règles de vie en communauté auxquelles l'ex-détenu devra se soumettre. Les réductions de peines d'emprisonnement mériteraient d'être adaptées au contexte du Cameroun, en vue de donner un coup de fouet aux actions recherchant l'apaisement du climat social dans les établissements pénitentiaires et, surtout d'apporter une dynamique pérenne aux actions de réinsertion sociale dévolues à l'A.P. en partenariat comme en solitaire.

---

[490]À l'instar de la société extrapénitentiaire ou libre, il n'y a pas de meilleur baromètre d'appréciation de l'adaptabilité du malfaiteur au milieu carcéral que le respect par lui des prescriptions disciplinaires qui régissent ledit milieu. Le débat qui a cours sur ***la critique de la « culture de l'hypocrisie »*** - que les politiques publiques cultivent en milieu carcéral et qui argue qu'il - n'avantagerait que les personnes prises par l'étau de la justice et vivant en institution pénitentiaire, qui de surcroît acceptent de jouer le jeu de l'hypocrisie, semble de notre modeste point de vue manquer de sens pratique. Si cela est valable pour les prisonniers, quid des citoyens libres vis-à-vis de la loi de manière générale? Combien d'entre nous deviennent civilisés en présence du gendarme et aussitôt, basculent dans l'animalité lorsque celui-ci disparaît ?

Toutefois, il importerait à la réflexion de traiter cette modalité de recouvrement légal de la liberté par la personne détenue sous le double aspect, pour le moins antagoniste, à travers lequel elle se présente. Il s'agit d'une part de la réduction de peine dont peut bénéficier individuellement et personnellement une personne détenue, en contrepartie de la bonne conduite dont elle a fait montre en prison ; et d'autre part de la réduction de peines dont peuvent bénéficier de façon collective et anonyme certaines personnes détenues, à travers le recours au mécanisme (constitutionnel) du pardon social qui, comme le relève Jules Marcel Mandeng Nyobè, s'applique « sans aucune contrepartie éthique », pendant le séjour du détenu en milieu carcéral.

L'apaisement du climat social en institution pénitentiaire constituerait en France, le fondement de la pratique des réductions systématiques de peines d'emprisonnement. À titre d'exemple, l'A.P. est autorisée, pour tout prisonnier faisant montre de « bon comportement », à lui accorder une réduction de peine à hauteur d'une semaine pour toute condamnation de quatre semaines. Suivant ce procédé, tout prisonnier faisant montre de « bon comportement » et purgeant une peine de huit semaines peut voir celle-ci être réduite de deux semaines ; celui qui purge une peine de douze semaines peut bénéficier d'une réduction de trois semaines ; celui exécutant une condamnation de cinquante-deux semaines peut au finish, n'exécuter qu'une peine de quarante semaines soit une réduction de douze semaines, etc. En conclusion de ce qui précède, relevons qu'en France, l'article 721 du CPP accorde des réductions de peines aux condamnés présentant des gages exceptionnels de réadaptation sociale. Dans cette perspective, sept réductions de peines sur dix pour cause de bonne conduite en prison ont été accordées dans les maisons d'arrêt et une sur quatre dans les centres de détention en 1997. Le document[491] de référence fondant notre argumentaire sur cette question nous renseigne que les proportions des réductions de peines ci-dessus, si elles ne restent pas équivalentes, d'année en année, ne reculent aucunement pas.

Au Cameroun a contrario, les résultats obtenus par l'application des remises collectives de peines sont, statistiquement parlant, bien faibles comparativement à la France. Une étude faite par un haut magistrat camerounais, intitulée *L'application des remises de peine dans les prisons,* nous indique qu'il existe une palette d'instruments légaux permettant de dispenser, tant sur le plan du fond que de la forme, un condamné d'exécuter tout ou partie de sa peine, et même, de l'effacer lorsque l'exécution a été achevée. Celui-ci, à ce sujet, cite de manière exhaustive : - la remise de peine, -la commutation de peine, -la libération conditionnelle, -l'amnistie et la réhabilitation.

---

[491]Administration pénitentiaire, op cit, pp. 68-69.

De manière générale, tous ces instruments d'aménagement des peines d'emprisonnement bien qu'intrinsèquement distincts les uns des autres, sont considérés selon la compréhension à laquelle nous renvoie *Le lexique des termes juridiques*[492] cité par l'exposant, à la notion générique de grâce, qui est définie comme « une mesure de clémence, décidée par le chef de l'État usant d'un droit qu'il tient de la Constitution, en vertu de laquelle un condamné est dispensé à sa requête (le recours en grâce) de subir tout ou partie de sa peine ou doit exécuter une sanction plus douce que celle initialement prononcée ». En effet, en poursuivant le raisonnement de l'exposant, préoccupé visiblement de mettre au clair le distinguo entre toutes ces notions voisines, il convient en définitive de retenir que :

La remise de peine est en fait une mesure qui tient à diminuer la peine. En cela, elle se rapproche des notions voisines telles que la libération conditionnelle et l'amnistie qui, elles aussi, visent à dispenser le condamné de l'exécution de tout ou partie de sa peine. Tandis que la libération conditionnelle est une mesure de remise en liberté anticipée et conditionnelle d'un condamné qui intervient par décret présidentiel comme la grâce, l'amnistie quant à elle est une mesure législative qui efface la condamnation et met fin à toute peine principale et accessoire et à toute mesure de sûreté, à l'exception de l'internement dans une maison de santé et de la fermeture de l'établissement. Par cette spécificité d'effacement de la condamnation et de l'arrêt de l'exécution de toute peine accessoire et toute mesure de sûreté, l'amnistie se rapproche de la réhabilitation (article 69 et suivants du Code pénal (CP)), mais cette dernière n'intervient toutefois que lorsque le condamné a déjà exécuté sa peine.

Précisons cependant que les remises de peine accordées par décret présidentiel[493] à l'occasion de grands évènements marquants la vie de la nation camerounaise, ne sont ni à confondre ni à assimiler ni à rapprocher de la *remise systématique* ou de la *remise conditionnelle*, que nous allons amplement décrire et dont nous souhaitons la mise en œuvre et la réactivation au Cameroun. Car, il existe entre ce que nous nous proposons d'appeler ici, pour les besoins d'argumentation théorique, une différence de magnitude qui repose non seulement sur le fond, mais également sur la forme, entre d'une part la *remise occasionnelle* (qui intervient épisodiquement suivant le « calcul politique » du prince) et, d'autre part la *remise systématique ou conditionnelle* qui est subordonnée exclusivement à la participation favorable de la personne détenue, sous la houlette des

---

[492]Paris, Dalloz, 17e édition, 2009.

[493]Chaque année, à l'occasion de la fête nationale commémorant l'avènement de l'État unitaire au Cameroun, le 20 mai, le PR, Paul Biya, signe un décret portant remise et commutation des peines. Cette tradition a été respectée lors de la célébration du cinquantenaire de l'indépendance du Cameroun en 2010.

personnels pénitentiaires et de certains de leurs partenaires, au projet qui lui est proposé d'exécution de sa peine.

En ce sens, considérons que si la *remise systématique* et la *remise conditionnelle* de peines ont toutes les deux comme point de convergence le souci de développer des gages de réadaptation sociale chez la personne détenue qui peut en être la bénéficiaire, au moment de leur entrée en application, parce que fondées sur la contrepartie éthique ; la *remise occasionnelle* de peines quant à elle s'en démarque, le moins qu'on puisse dire, du fait qu'elle n'en tient nullement compte. L'unique exception qu'elle soulève, est qu'elle exclue de son champ d'application les détenus se trouvant en situation d'évasion à la date de sa signature.

Dans l'ordre du discours, il apparaît que les remises de peine accordées occasionnellement au Cameroun par le président de la République, participent principalement du souci de décongestionnement des établissements pénitentiaires et d'apaisement du climat social prévalant dans lesdits établissements qui, de manière générale, subissent le double phénomène de l'inflation carcérale[494] d'une part et, d'autre part de l'inflexion du ratio[495] entre les détenus et les personnels d'encadrement pénitentiaire en faveur des premiers. L'avènement du CPP et sa mise en œuvre depuis bientôt une décennie, en dépit des promesses faites et des espérances suscitées, peinent à favoriser la maîtrise de l'inflation carcérale par les acteurs du système de justice pénale. Le tableau qui suit s'efforce de mettre en relief, sous un angle comparatif, les statistiques de la population carcérale au Cameroun, avant et après l'entrée en application du CPP. Découvrons plutôt les données révélées par lesdits tableaux.

---

[494]Selon Ovale Ze, directeur de l'A.P., lors de son exposé présenté à l'occasion de la réunion annuelle des chefs de cours d'appel, les 2 et 5 novembre 2010, la population carcérale au Cameroun s'élevait à 24.656 détenus pour une capacité d'accueil de 17.000 places, réparties sur 74 établissements pénitentiaires fonctionnels, regroupés en trois catégories ainsi qu'il suit : 10 prisons centrales, 48 prisons principales et 16 prisons secondaires. En 2013, cette capacité aurait évolué du fait de l'enrichissement de la carte pénitentiaire, à travers la création de nouvelles prisons, portant le nombre d'établissements pénitentiaires au Cameroun à 87 dont 77 fonctionnels.

[495]Selon la même source, à la même période, 2470 personnels pénitentiaires encadraient 24.656 détenus, soit un ratio brut d'environ 10 détenus pour 01 élément d'encadrement. Pourtant, la norme internationale admise par les Nations unies est de 02 détenus pour 01 personnel de surveillance. Si l'on retranche de l'effectif de 2470 agents ceux travaillant dans les services centraux, dans les délégations régionales de l'A.P., dans les services administratifs des établissements pénitentiaires et ceux en détachement, le ratio pourrait diminuer de 03 à 04 détenus par agent au niveau national. Il est donc évident que les personnels pénitentiaires au Cameroun travaillent en sous-effectif. Cette situation corrélée au manque d'équipements appropriés de travail et à l'inadaptation de la majorité des édifices carcéraux aux standards internationaux engendre de la part de ceux-ci un surcroît de travail, qui à son tour est sans avoir des conséquences sur leur rendement.

Tableau 18 : Statistiques de la population carcérale par région pénitentiaire au Cameroun en 2007 et en 2010

Catégories / Régions Pénitentiaires	Prévenus		Condamnés		Total	
					Prévenus	Condamnés
	2007	**2010**	**2007**	**2010**	**2007**	**2010**
Adamaoua	454	343	707	412	797	1119
Centre	3994	3944	2415	2078	7938	4493
Est	607	420	438	501	1027	939
Extrême Nord	1297	1340	1351	1429	2637	2780
Littoral	2547	3085	1112	990	5632	2102
Nord	1104	955	1154	1054	3203	2202
Ouest	1700	1503	868	822	3203	1690
Sud	394	625	396	1036	1219	1432
Nord- Ouest	497	679	417	390	1176	807
Sud- Ouest	485	574	354	483	1059	837
Total	**27.891**	**13.468**	**9212**	**9195**	***27.891***	***18.407***

Source : DAPEN/SDPEP/SPPRSD

Commentaire : Le tableau ci-dessus montre que la surpopulation carcérale reste un sujet de grande préoccupation du gouvernement et des acteurs du système de justice pénale au Cameroun. À l'unanimité, tous s'accordent que des efforts supplémentaires sont attendus des acteurs responsables de l'instruction, de l'information et du jugement pour que la détention ou l'emprisonnement demeurent l'exception et la liberté le principe. Toute chose qui pourrait infléchir le nombre anormalement élevé des personnes placées en détention provisoire (prévenus) au profit de celui des personnes condamnées.

Dans une optique apparentée M. Nono[496] avait observé attentivement le phénomène de surpopulation carcérale au Cameroun. Il en avait analysé ses

[496]Administrateur général de prison et délégué régional de l'A.P pour le Littoral. Il a présenté un exposé lors du séminaire sur « Les peines alternatives à l'emprisonnement au Cameroun »,

effets réels dans le système carcéral, malgré la récurrence des décrets présidentiels portant commutation et remise de peines d'emprisonnement. En présentant ce mécanisme juridique dans une approche définitionnelle qui met en outre en évidence ses enjeux politiques, il s'est évertué de tirer les leçons de l'impact de ce mécanisme dans le système carcéral, notamment en ce qui concerne la région pénitentiaire placée sous son autorité au moment de son analyse. À cet égard, il ressort de son exposé que la grâce pénale est une :

Prérogative reconnue au chef de l'État en vertu de l'article 8 alinéa 7 de la Constitution camerounaise du 18 janvier 1996 modifiée par la loi constitutionnelle du 14 avril 2008, qui dispose que : « le président de la République exerce le droit de grâce après avis du Conseil supérieur de la Magistrature ». La grâce est définie par le Code pénal en son article 66 comme : « la commutation ou la remise partielle ou totale, conditionnelle ou non, des peines, des mesures de sûreté et des obligations de la probation.

Poursuivant son effort de clarification sémantique, il souligne que:

Ainsi comprise, la grâce constitue l'acte par lequel le président de la République dispense un prisonnier condamné définitivement de l'exécution de tout ou partie de sa peine ». Prérogative personnelle du chef de l'État, les remises de peine rythment traditionnellement les grands évènements nationaux : fêtes de fin d'année, fête nationale de l'Unité, élection présidentielle... (...) Pour la période allant de 2006 à 2011, quatre remises de peine ont été accordées :- le décret n° 2006/483 du 29 décembre 2006 portant commutation et remise de peine ; - les décrets n° 2008/174 et 175 portant remise de peines aux personnes condamnées dans le cadre des mouvements d'humeur de février 2008 et commutation de peines ; -le décret n° 2010/158 du 20 mai 2010 portant commutation et remise de peine ; - le décret n° 2011/361 du 03 novembre 2011 portant commutation et remise de peines.

Les tableaux ci-dessous, élaborés par lui dans le cadre de sa communication intitulée « *Les répercussions des remises de peines du chef de l'État dans les prisons du ressort de la Cour d'appel du Littoral* », sont informatifs. Ils démontrent le faible impact de la politique de régulation de la surpopulation carcérale, par le biais des décrets présidentiels portant commutation et remise de peines, intervenant de façon cyclique et systématique.

---

co-organisé à Yaoundé les 27 et 28 mars 2012, respectivement par *The Catholic Relief Services*, l'ambassade des USA au Cameroun, le Barreau et les Commissions diocésaines « Justice et Paix » des archidiocèses de Yaoundé et Douala.

Tableau 19 : Impact des remises de peine sur la population carcérale dans les prisons du Littoral

Éléments / Établissements pénitentiaires	Commutation et remise de peines Années	Total bénéficiaires	Libérés d'office	Retenus pour contrainte par corps	Libération à échéance proche
Prison centrale de Douala	2006	873	347	/	526
	2010	272	76	**85**	111
	2011	461	107	**144**	210
Prison principale de Nkongsamba	2011	98	05	**15**	78
Prison principale d'Edéa	2006	129	41	/	88
	2010	43	26	**09**	08
	2011	50	03	**24**	23
Prison principale de Mbanga	2006	80	17	/	63
	2011	93	13	**33**	47
Prison principale de Yabassi	2011	25	04	**01**	20
Prison secondaire de Ngambè	2011	09	01	/	/

Source : Nono

Tableau 20 : Effets limités des remises de peine sur la surpopulation carcérale dans les prisons du Littoral

ETS PEN / EFFECTIFS	PC/ Douala	PP/ N'SAMBA	PP/ d'EDEA	PP/ MBANGA	PP/ YABASSI	Ps/ NGAMBE
Effectifs au 03/11/2011 avant l'application des remises de peine de 2011	2606	409	301	296	73	21
Effectifs au 1er/12/2011 après l'application des remises de peine de 2011	2495	404	297	283	69	20
Effectifs au 31/01/2012	2616	411	285	279	81	19

Source : Nono

De toute évidence, la lecture des tableaux qui précèdent nous amène à formuler les interrogations légitimes qui suivent :

- les commutations et remises de peines accordées de façon récurrente par le chef de l'État parviennent-elles à décongestionner les établissements pénitentiaires ?
- Peuvent-elles contribuer à raffermir l'observation des règles disciplinaires par les personnes détenues ?
- Et, peuvent-elles faciliter la consolidation des actions de resocialisation future des détenus, sous les auspices des personnels pénitentiaires et des autres professionnels provenant des secteurs public et privé ?

Hélas, la réalité des faits et des chiffres commande que l'on réponde par la négative. Car, un recensement comparatif de la population carcérale d'une prison quelconque au Cameroun, entre la période qui précède l'application du décret portant remise et commutation de peines et celle qui la suit immédiatement, révèle une bien curieuse stagnation des effectifs. C'est le lieu d'affirmer, sans jactance, que les résultats produits par la clémence présidentielle sont en deçà des attentes escomptés. Ce constat avait été intelligemment mis en exergue par l'exposant devant un auditoire médusé.

Tableau 21 : Effets limités des remises de peine sur la surpopulation carcérale dans les prisons du Littoral

Remises de peine en 2008 / Établissements pénitentiaires	Nombres de bénéficiaires	Nombres de libérés d'office	Rétention pour contrainte par corps	Libérables à échéance
Prison centrale de Douala	421	65	176	180
Prison principale d'Edéa	52	18	03	31
Prison principale de Nkongsamba	69	23	20	26
Prison principale de Mbanga	50	07	00	43

Source : Nono

En effet, il ressort des tableaux n° 17, 18, 19 et 20 qui précèdent que les décrets présidentiels portant commutation et remises de peines ont un impact mineur sur le décongestionnement des centres pénitentiaires et le renforcement du respect par les personnes détenues des règles disciplinaires. La faiblesse de cet impact est encore plus significative lorsqu'au terme de l'exécution de la peine privative de liberté, le prisonnier condamné au paiement d'une amende et des frais de justice est soumis à l'exigence impérieuse de leur paiement immédiat, faute de quoi il fait l'objet, conformément aux prescriptions du CPP, de la contrainte par corps. Le non-paiement de la contrainte par corps expose le détenu à l'exécution d'une nouvelle peine d'emprisonnement dont la durée est fixée à la hauteur du montant des sommes d'argent dues à la partie civile ou à l'État.

Depuis l'entrée en application du CPP, le 1er janvier 2007, force est de constater que près de cinquante pour cent (50%) des prisonniers sont maintenus en détention pour cause de non-paiement de la contrainte par corps (frais de justice et amendes). Cette situation se présente comme l'un des *talons d'Achille* du CPP par rapport au CIC.

Car, avant l'avènement du CPP, toute personne bénéficiaire de la remise de peine, ou de fait, ayant purgé la totalité de sa peine privative de liberté, n'était plus retenue dans les ``fers`` de l'emprisonnement. L'exécution de la peine pécuniaire relevant peu ou prou d'une autre procédure, cette personne devait faire l'objet d'un autre acte de détention, appelé dans ce contexte : *l'ordre d'incarcération.* Cet acte judiciaire était produit à la diligence du Parquet, matériellement et territorialement compétent, après que la police judiciaire ait recherché, retrouvé et interpellé le *contraint par corps.* À l'examen des articles faisant le contenu du titre III, intitulé : *Des condamnations pécuniaires*, il ressort de cela que la liaison automatique établie par le CPP entre la peine privative de liberté et la peine pécuniaire mérite d'être mise en exergue. Les jeux et enjeux de cette relation seraient dignes d'être analysés.

À la lumière de ce qui précède, il serait judicieux que des réflexions soient menées par les théoriciens et les professionnels de la justice et de l'emprisonnement, afin que la peine pécuniaire ou la peine privative de liberté, prononcée par le juge du jugement, ne puisse plus être convertie en peine privative de liberté, en cas d'insolvabilité ou d'incapacité immédiate avérée du malfaiteur de s'acquitter de ses dettes. C'est ici également que le recours au travail d'intérêt général (TIG) met en vitrine une bonne part de son importance. Car, son introduction récente dans le Code pénal, son introduction souhaitée dans le Code de procédure pénale et dans les textes majeurs régissant l'A.P., tels que le Régime pénitentiaire, etc., permettrait aux prisonniers faisant l'objet d'une condamnation pécuniaire, après avoir purgé totalement ou partiellement leurs peines d'emprisonnement, et n'ayant pas la possibilité de produire des ressources financières en établissement pénitentiaire, d'être placés selon leurs convenances, leurs qualifications et aptitudes auprès des établissements administratifs, financiers et industriels et des entreprises publiques ou privées, pendant une période déterminée, afin de produire un volume de travail équivalant à la hauteur du montant d'argent à payer.

Le placement des *contraignables* auprès des entreprises ou des établissements de production, en vue de les aider à s'acquitter de leurs dettes, avant de recouvrer totalement leur liberté, devrait être opéré respectivement à la diligence du Parquet, du juge de l'application des peines, de l'A.P. et des professionnels des organismes d'insertion et de probation opérant dans chaque département ou région administrative et pénitentiaire. Le réaménagement de l'exécution des peines pécuniaires dans les systèmes pénal et pénitentiaire camerounais, dans la perspective esquissée ci-dessus, conduirait la Justice, l'A.P. et la société civile, à se mobiliser pour donner plus de pertinence en milieu carcéral, aux effets immédiats attendus par le chef de l'État, de la signature par lui des actes relatifs à la commutation et aux remises de peines. Le désengorgement des prisons, le renforcement de la discipline des détenus et l'amélioration qualitative et quantitative des perspectives de reclassement social et professionnel offertes aux ex-détenus en constituent quelques-uns desdits effets. À titre comparatif, la législation en vigueur en Inde en matière d'insolvabilité de certaines personnes détenues est plus souple et de ce fait plus intéressante. *Express India*, dans sa livraison du 20 janvier 2009 nous informait que :

Un amendement du Code de procédure criminelle adopté en 2006 a permis de libérer environ 13.000 personnes de prison dans l'État d'Uttar Pradesh en Inde. La plupart de ces détenus avaient été condamnés pour des délits pouvant bénéficier d'une liberté sous caution, comme d'emprunter les transports sans billet ou des larcins. Mais comme personne ne pouvait payer leur caution, ils restaient en prison. L'amendement prévoit qu'une personne à qui on accorde une remise en liberté sous caution qui ne parvient pas à payer la caution doit être déclarée indigente et libérer de prison sur sa caution personnelle. Le Département des prisons a demandé aux 53 prisons de district de préparer des listes de détenus dont la situation tombait dans cette catégorie. Le département, avec l'aide de l'administration du district et des procureurs, a ensuite présenté des demandes aux tribunaux pour la libération des détenus.12.780 détenus ont été libérés.

La réorganisation de l'exécution de la peine pécuniaire ainsi préconisée est conforme au principe basique des droits de l'Homme défendu par le CPP, qui fait de la détention l'exception et la liberté la règle. En somme, cette proposition est en adéquation avec les attentes de la société civile, qui s'émeut régulièrement de constater pour le déplorer, que de nombreux citoyens sont privés de liberté pour cause de dettes, alors qu'il y a tant de possibilités hors établissement pénitentiaire de leur trouver du travail rémunéré pour payer lesdites dettes. Pour preuve, en marge des possibilités de travail rémunéré ou non rémunéré susceptibles d'être offertes aux personnes contraintes par corps, afin de s'acquitter de leurs dettes, d'autres mobilisations à caractère humanitaire sont faites par la société civile camerounaise, en vue de pallier les insuffisances du système actuel. Ces actions constituent, sans conteste, des plaidoyers à l'attention du gouvernement du Cameroun, en faveur d'un réaménagement urgent de l'exécution des peines pécuniaires. Sur ce sujet dont l'importance est admise par tous, M. Nono soutient qu':

On assiste à une intervention des partenaires tant nationaux qu'internationaux qui s'acquittent des sommes dues au Trésor public. Ainsi, lors des dernières remises de peine à la prison centrale de Douala, le Collectif d' anciens élèves du collège Liberman de Douala, les associations « Réfugiés sans Frontières », « ANACAV » (entendez : association nationale Cameroun Avenir, de monsieur Onana Marius), et la Communauté chrétienne catholique Sant'Egidio de l'archidiocèse de Douala, ont respectivement payé la contrainte par corps de douze, trente-trois, treize et vingt détenus, pour un montant global d'environ trois millions de francs CFA.

Il conclut avec une pointe de satisfaction en précisant que « grâce à leur action, un total de soixante-dix-huit détenus a ainsi regagné la société. Ces paiements effectués par les associations reconnues et les âmes de bonne volonté sont révélateurs du climat de solidarité existant dans la société camerounaise »[497].

Obnubilés par l'influence des statistiques, soulignons dans la mouvance qui précède que les statistiques résultant de l'application du décret n° 2014/058 du 18 février 2014 portant commutation et remises de peines signées par le président de la République, S.E. Paul Biya, à l'occasion de la commémoration du Cinquantenaire de la Réunification du Cameroun, ne sont guère plus éloquentes. Ledit décret, appliqué dans chacun des soixante-dix-sept (77) établissements pénitentiaires fonctionnels sur un total de quatre-vingt-dix (90) existants à la date de sa signature, a permis à une infime partie de la population carcérale, sans considération de la contrepartie éthique, de recouvrer immédiatement la liberté ou de voir se dessiner devant elle, avec plus de clarté, les chemins de la liberté. Le tableau ci-après met davantage en relief ce phénomène.

Tableau 22 : Impact du décret n° 2014/058 du 18 février 2014 portant commutation et remise de peine sur l'ensemble de la population carcérale au Cameroun

Pop. carcérale totale au 18/02/2014	**Pop. bénéficiaire**	**Pop. libérée d'office**	**Pop. libérable jusqu'en déc. 2014**
26.174	6249	451	2317

Source : l'auteur (DAPEN)

Nota : Pop. : Population ; Déc. : décembre.

En effet, ce haut cadre de l'AP nous révèle s'agissant des centres pénitentiaires de son ressort de compétence que la plupart du temps, seul un infime nombre de prisonniers obtient la libération d'office, au terme de l'application du décret dont l'objet a été sus énoncé. Généralement, sur un effectif de 1000 détenus, près de 400 pourraient être libérables immédiatement. Toutefois, en raison de la contrainte par corps qu'ils doivent payer, seulement un peu moins de 100 prisonniers sont élargis sur les 400. Les autres devraient attendre trois, six, neuf, douze voire dix-huit mois pour être libérés. Conclusion, l'objectif visé par cette clémence présidentielle, à savoir, réduire prestement la surpopulation carcérale n'est pas atteinte. Le tableau ci-dessus, dressé par M. Nono, pour corroborer son analyse, illustre à suffisance cet échec.

En revanche, il importe de noter que tandis que *la remise conditionnelle* est fondée sur les efforts d'amendement affichés pendant le séjour en détention et les perspectives de reclassement social et économique

---

[497]Idem

présentées par l'individu exécutant une peine privative de liberté ; *la remise occasionnelle* est exclusivement de l'initiative du « Prince » et il la fait bénéficier aux prisonniers selon sa magnanimité circonstancielle. Davantage, il ressort que la remise conditionnelle est de l'initiative du détenu lui-même, considéré (en amont) comme un acteur de la gestion de sa peine de réclusion, elle fait intervenir les personnels carcéraux engagés dans l'accomplissement du fragment le plus mal connu et le moins perçu de leur mission (dans l'intervalle), celui qui, pourtant valorise le plus leur métier, et le juge d'application des peines (en aval). Ce trio d'acteurs constitue le socle de cette mécanique.

4-2) La libération conditionnelle du détenu : il est ici question d'une mesure légale consistant à libérer par anticipation et sous certaines conditions, une personne condamnée à la privation de liberté, ou soumise à une mesure de sûreté produisant les effets similaires que ceux de la condamnation à une peine privative de liberté en établissement pénitentiaire. La libération conditionnelle est encadrée par certaines dispositions du Code pénal camerounais et celles n° 70-DF-602 du 14 décembre 1970 complétant le décret n° 66-DF-237 du 24 mai 1966 du décret fixant les modalités d'application du Livre I du Code pénal.

Exclusivement fondée sur la bonne conduite (efforts d'amendement, participation active au travail carcéral, perspectives de reclassement socio-économique…) en établissement pénitentiaire du prisonnier, la libération conditionnelle est octroyée au détenu qui en fait la demande, après les avis favorables d'une kyrielle d'acteurs, allant du régisseur de la prison d'incarcération (à la base) au garde des Sceaux ou au ministre chargé des forces armées[498]- s'agissant exclusivement des détenus relevant du tribunal militaire - (au niveau élevé du palier), au président de la République (au sommet), en passant tour à tour par les avis des membres du comité consultatif (au niveau intermédiaire) intervenant dans le ressort du département et de la région territorialement compétents. Curieusement, la libération conditionnelle[499] dont l'application pourrait impacter positivement la discipline pénitentiaire d'une part et la régulation de la démographie

[498]Il a compétence pour transmettre les dossiers des individus condamnés par les juridictions militaires.

[499]Historiquement, relevons que l'esprit et la lettre des dispositions de la section III du Code pénal camerounais, intitulée : de la libération conditionnelle, sont inspirés de la loi française du 14 août 1885 portant sur la libération conditionnelle et de l'arrêté du 09 janvier 1935 réglementant la libération conditionnelle, signé de M. Repiquet. Cf. Magloire Ondoa, *Textes et documents du Cameroun (1815-2012)*, Vol. XX : droit pénal, tome LXXVIII : peines et mesures de sûreté ; tome LXXVII : Code pénal et procédure pénale. Collection bibliothèque de législation et de jurisprudence africaines et malgaches, éditions le Kilimandjaro, Yaoundé, 2013.

carcérale d'autre part a été mise sous le boisseau au Cameroun depuis un peu plus de trois décennies[500].

Une fois encore, l'A.P. au Cameroun est mise en accusation par les autres acteurs intervenant dans ce processus. Il est en l'espèce reproché aux régisseurs de prison d'avoir perdu de vue cette modalité d'élargissement avant terme de « bons détenus », découlant exclusivement d'une prérogative dont la loi leur reconnaît la maîtrise et qui s'inscrit dans le cadre de l'accomplissement de la plénitude de la mission dévolue à leur corps de métier. Leur mission se déclinant élégamment en les termes : « participer à l'exécution des décisions et sentences pénales et au maintien de la sécurité publique, favoriser la réinsertion des personnes qui lui sont confiées par l'autorité judiciaire et assurer l'individualisation des peines »[501].

En tout état de cause, la méprise ou plutôt le non-recours à la libération conditionnelle par les régisseurs de prison confirme la tendance malheureusement observée dans l'A.P. au Cameroun, qui consiste à réduire hélas ! À la portion congrue, la fonction de reclassement socio-économique des détenus au profit de la fonction sécuritaire. Une lecture attentive des dispositions légales régissant la possibilité d'octroi des personnes détenues à la libération conditionnelle au Cameroun consolide l'incrimination faite aux responsables des établissements pénitentiaires. Celles-ci sont contenues dans le Code pénal camerounais[502] en l'occurrence la loi n° 2016/007 du 12 juillet 2016 portant Code pénal[503].

Par ailleurs, dans la section III du Code pénal camerounais, intitulée : « De la libération conditionnelle », qui comporte les articles 61, 62, 63 et 64 dont les dispositions sont complétées par celles du décret n° 70-DF-602 du 14 décembre 1970 complétant le décret n° 66-DF-237 du 24 mai 1966, le législateur a tour à tour mis en exergue la définition de la libération conditionnelle, a déterminé les étapes que doit suivre toute demande y relative, a précisé la composition dudit dossier, a délimité le champ d'intervention de chaque acteur interpellé, a énoncé la composition du comité consultatif (selon qu'on se trouve dans ce qu'il convient d'appeler

---

[500]Le dernier décret présidentiel octroyant la libération conditionnelle à un prisonnier au Cameroun remonterait à il y a trois décennies, précisément à 1984, suivant les recherches que nous avons menées.

[501]Ibidem, p.144.

[502]Les lois n°s 65-LF-24 du 12 novembre 1965 et 67-LF-1 du 12 juin 1967 ont fait l'objet d'une révision pendant la session parlementaire de juin 2016 à l'Assemblée nationale et au Sénat, celle-ci a conduit à l'adoption et à la promulgation d'une nouvelle loi portant Code pénal au Cameroun dont les références sont : loi n°2016/007 du 12 juillet 2016.Cette révision n'ayant pas touché les dispositions relatives à la libération conditionnelle, il y a lieu de constater pour le déplorer que nous faisons face à un *statu quo ante*.

[503] Cette loi a abrogé les lois n°s 65-LF-24 du 12 novembre 1965 et 67-LF-1 du 12 juin 1967 et toutes leurs modifications subséquentes, notamment les lois n°s 90/061 du 19 décembre 1990, 91/007 du 30 juillet 1991, 93/013 du 22 décembre 1993 et 97/009 du 10 janvier 1997.

l'ancien Cameroun oriental ou l'ancien Cameroun occidental), a fixé les mécanismes de fonctionnement dudit comité, a indiqué le délai pour l'octroi de la libération conditionnelle, a établi les obligations auxquelles est astreint le libéré conditionnel ainsi que les conditions de révocation du décret présidentiel l'octroyant.

Il ressort de ce qui précède que le régisseur de prison est le déclencheur principal de la procédure d'octroi de la libération conditionnelle en faveur des détenus particulièrement disciplinés, séjournant dans l'institution carcérale dont il a la charge, qui participent également du mieux qu'ils peuvent, aux efforts de développement économique de la nation, à travers le travail pénitentiaire, par lequel ils font sans cesse montre d'amendement, en présentant par ailleurs des gages éloquents d'insertion sociale et économique harmonieuse dans la société. Au regard de cela, posons-nous les questions suivantes :

- *Qu'est-ce qui empêcherait donc le responsable d'établissement pénitentiaire au Cameroun de se servir de la libération conditionnelle afin d'assurer l'effectivité de l'exigence légale d'individualisation des peines, en récompensant les « bons détenus » et en dissuadant les « mauvais détenus » ?*
- *La libération conditionnelle peut-elle servir d'instrument approprié pour asseoir la discipline pénitentiaire ?*
- *Quels éléments pertinents empêcheraient de ne répondre pourquoi pas ?*

Notre dessein est davantage de susciter un examen approfondi de la question par tous les acteurs du système de justice pénale et de la société civile, que de donner des réponses. À l'évidence, les raisons d'être de la peine d'emprisonnement étant de transmuer simultanément l'esprit du délinquant ou criminel du mal vers le bien, du vice vers la vertu, de la misère vers la splendeur ; d'assurer rigoureusement la punition qui lui est due en contrepartie du tort qu'il a causé à la victime et d'apaiser celui-ci, dans le but de dissuader tous ceux qui seraient tentés de lui emboîter le pas ; et de préserver sans faille la société contre la réitération *hic et nunc* ou à venir des actes similaires. Qu'est-ce qui empêcherait, à dire vrai, les acteurs du système de justice pénale, d'exploiter à fond les pistes qui s'ouvrent à eux ? Toutes les mesures ci-dessus présentées sont des passerelles judicieusement aménagées par la communauté, pour accompagner le détenu de façon à devenir l'acteur clé de la gestion de sa marginalité momentanée. La libération conditionnelle représente donc incontestablement la « main tendue » de la société envers certains de ses membres ayant fauté. Celle-ci est destinée à les tirer définitivement de l'exclusion sociale qu'ils ont subie, tel est en tout cas le souhait clairement affirmé, au terme du châtiment exécuté, faisant suite à la faute qui leur a été imputée, au terme d'un procès juste et équitable.

Considérant les fonctions de la prison qui sont : la punition du malfaiteur à travers sa neutralisation et sa mise hors d'état de nuire, la dissuasion de ceux qui seraient tentés de suivre le mauvais exemple, la réparation du préjudice ou l'apaisement de la victime, la rééducation et la réinsertion du détenu en vue de réduire les risques de récidive aux fins de protéger quasi définitivement la société ; l'A.P. au Cameroun devrait s'efforcer de s'approprier les bonnes pratiques, toutes celles qui permettraient de réaliser la complétude des missions qui lui sont dévolues. Cela demande impérativement un relèvement de son organisation et de son fonctionnement axé sur une orientation philosophique stratégique. Les efforts d'appropriation des bonnes pratiques par l'A.P. camerounaise faciliteraient à terme son ancrage graduel, mais surtout résolu aux standards internationaux.

En ce sens, l'A.P. camerounaise devrait avoir le courage et la détermination d'exploiter toutes les opportunités qui se présentent à elle, en matière de réinsertion sociale et économique des personnes détenues, quitte à susciter de la part des pouvoirs publics des réaménagements d'envergure de l'appareil administratif et du tissu social, afin de faciliter sa modernisation. La libération conditionnelle est la sœur aînée d'une autre forme de management de la sentence pénale, n'emportant pas privation de liberté en établissement pénitentiaire, désignée par le sigle TIG.

4-3) Le travail d'intérêt général (TIG) ou travail d'intérêt public (TIP) encore appelé travail d'intérêt commun (TIC). Cette sanction était inconnue du système pénal et pénitentiaire camerounais jusqu'à très récemment[504]. Elle est présentée comme une peine alternative à l'emprisonnement pour une catégorie de délinquants dont la privation de liberté ne saurait être profitable ni à eux-mêmes, ni à la victime ni à la société. Elle consiste en substance dans la pratique, à soumettre un délinquant consentant, à mettre sans rémunération, ses compétences professionnelles ou sa force de travail, pendant une durée bien déterminée, au service d'une collectivité ou d'une association, sous les auspices d'un organisme public agrée relevant de l'Administration pénitentiaire. La peine[505] consentie par le délinquant lors de

[504]L'article 18-1 du CPC dispose que : « les peines alternatives sont : -le travail d'intérêt général ; - la sanction-réparation ». À cet égard, soulignons que le TIG et la SR sont de nouvelles sanctions pénales qui viennent d'être incorporées dans le Code pénal camerounais. Cette loi a été adoptée après une seconde lecture en juin 2016 par les deux chambres du Parlement camerounais et a été promulguée le 12 juillet 2016 par le président de la République.

[505]L'article 26 du CPC dispose que : « (1) Le travail d'intérêt général est une peine applicable aux délits passibles d'un emprisonnement inférieur à deux (02) ans ou d'une peine d'amende. Cette peine est exécutée en faveur, soit d'une personne morale de droit public, soit d'une personne morale de droit privé chargée d'une mission de service public, soit encore d'un organisme habilité à mettre en œuvre des travaux d'intérêt général. (2) La peine prévue à l'alinéa 1 ci-dessus est prononcée par la juridiction de jugement à la place de l'emprisonnement ou de l'amende, après la déclaration de culpabilité et sur consentement

sa condamnation par le tribunal, qui consiste pour sa part à fournir volontairement des prestations non rémunérées, au profit de la communauté, représente la contrepartie de la peine d'emprisonnement prévue pour l'infraction qu'il a commise et pour laquelle il doit payer le tort qu'il a causé singulièrement à la victime et généralement à la société. En ce qui concerne l'expérience française, le JAP est compétent pour suivre l'exécution de la peine de TIG infligée à un individu tandis que l'A.P. assure l'exécution quotidienne de ladite peine par le condamné.

Naturellement, en cas de non-respect en cours d'exécution par le tigiste (la personne exécutant la peine de travail d'intérêt général) des conditions définies par le tribunal, l'A.P. qui est chargée de la mise en œuvre de la sanction de TIG fait un rapport au JAP. Et, dans cette foulée, la sanction de TIG est révoquée et le tigiste est immédiatement incarcéré. *Le travail d'intérêt général et la sanction-réparation* sont des peines alternatives ou substitutives à la détention carcérale. Si toutes les trois peines ont en commun la spécificité d'exempter celui qui en est l'objet de la privation de liberté en établissement pénitentiaire d'une part ; elles se distinguent d'autre part les unes des autres du fait des fondements philosophique, sociologique et juridique ainsi que des modalités d'application ou d'exécution qui les recouvrent.

M. Brice Tchouo[506] et M. Sabeng Oloumou[507], lors du séminaire co-organisé les 27 et 28 mars 2012 sur le thème générique: « Les peines alternatives à l'emprisonnement au Cameroun » par *The Catholic Relief Services*, l'ambassade des USA au Cameroun, l'Ordre des avocats et les Commissions diocésaines « Justice et Paix » des archidiocèses de Yaoundé et Douala, ont amplement développé, à la satisfaction des séminaristes, la problématique des peines alternatives à l'incarcération et examiné les conditions de possibilité de leur applicabilité au Cameroun. La pertinence de la sanction de TIG est admise à l'unanimité et son incorporation récente dans l'univers judiciaire et pénitentiaire camerounais par le biais de la loi n°2016/007 du 12 juillet 2016 portant Code pénal au Cameroun constitue une avancée significative.

---

préalable du prévenu. (3) La juridiction fixe la durée du travail d'intérêt général, qui ne peut être inférieure à deux cents (200) heures ou supérieure à deux cent quarante (240) heures, et le sursis ne peut être prononcé. (4) Le travail d'intérêt général n'est pas rémunéré. (5) La décision du juge prévoit la durée de l'emprisonnement encouru en cas d'inexécution de la peine de travail d'intérêt général ; cette peine d'emprisonnement ne peut être assortie de sursis. (6) La liste des travaux d'intérêt général est fixée par un texte particulier ».

[506]Conseiller d'insertion et de probation, il a exposé sur le sous-thème : « Les peines alternatives à l'incarcération et leur mise en œuvre au Cameroun ».

[507]Intendant principal de prison et Instructeur à l'ENAP de Buéa, il a exposé sur le sous-thème : « Le travail d'intérêt général (TIG), comme alternative à l'emprisonnement ».

En effet, pendant les périodes coloniales allemande puis franco-britannique au Cameroun, certaines études historiques révèlent que le TIG dans une forme peu ou prou archaïque, avait été utilisé à Douala, Eséka, Yaoundé, Betaré-Oya…, pour ne citer que ces centres administratifs. Nonobstant l'absence de formalisation et de codification de la pratique du TIG à cette époque particulière dans la vie politique du Cameroun, son apport à la création et au développement des infrastructures de toutes sortes dont avaient besoin les colonisateurs pour mener à bien « la mission civilisatrice de l'homme blanc » avait été déterminant, comme en témoigne cet extrait s'y rapportant, spécialement relatif à la ville de Douala, faute de mieux : « *C'est en 1940-1941 que Bertaut créa ce camp qui était destiné à deux usages. Sa première fonction était de servir de caserne pour la police municipale afin que leur sécurité y soit plus efficiente et leur mobilisation facile. La seconde était d'accueillir les délinquants qu'il ne voulait pas envoyer à la prison de New-Bell afin que ces repris de l'indigénat payent leurs impôts par des travaux d'intérêt commun, tel le creusage des caniveaux* »[508].

À titre d'analyse comparée, une étude faite en France en 1997 renseigne que le recours à la sanction pénale de TIG par les magistrats participe de la volonté réelle de la société de faire usage de la composante insertion sociale immédiate que revêt la condamnation à cette peine, par rapport à toutes les autres peines pénales dites principales[509] ou accessoires[510]. Vue sous cet angle, la peine de TIG est prise au profit d'une catégorie particulière de délinquants. Sa spécificité peut tenir du fait de l'âge du candidat, de la familiarité du candidat avec la délinquance et de la nature de l'infraction commise. Au plan pratique, il importe de souligner que la peine de TIG infligée au délinquant comme peine alternative à l'incarcération requiert la mise en œuvre d'une batterie de moyens (financiers, matériels et logistiques) d'abord; d'un ensemble d'organes (chargés d'en assurer l'exécution, le contrôle, le suivi et l'évaluation) ensuite; et d'une palette

---

[508]Jean Philémon Megopé Foondé, in *Douala : toponymes, histoire et cultures*, Yaoundé, éd. Ifrikiya, Coll. Interlignes, p.137, 2011.

[509]L'article 18 du CPC dispose que : « les peines principales sont : a) pour les personnes physiques : - la peine de mort ; - l'emprisonnement ; - l'amende ; b) pour les personnes morales : - la dissolution ; - la fermeture temporaire ou définitive de l'établissement ; - l'amende ».

[510]L'article 19 du CPC dispose que : « les peines accessoires sont : a) pour les personnes physiques : - les déchéances ; - la publication de la décision ; - la fermeture de l'établissement ; - la confiscation ; pour les personnes morales : l'interdiction, pour une durée déterminée, de s'investir directement ou indirectement dans l'une ou plusieurs des activités prévues par son objet social ; - le placement sous surveillance judiciaire pendant une durée déterminée ; - la fermeture, pour une durée déterminée, des établissements ou succursales ayant servi à la commission des faits incriminés ; - la publication de la décision ou sa diffusion par voie de médias ;- toutes autres peines accessoires prévues par des textes spéciaux ».

d'acteurs (relevant des secteurs d'activités différents, mais apparentés et complémentaires) enfin. De la mobilisation de tous ces facteurs sus-désignés, dépendra la réussite de l'implémentation de la nouvelle sanction pénale qu'est le TIG et dont la société camerounaise devrait tirer le meilleur profit.

Restant dans la même veine, il importe d'insister en convergence avec Mme Élise Haman[511], que la mise en œuvre du TIG fait appel aux acteurs divers intervenant dans le cadre d'organes spécialisés couvrant respectivement les ressorts d'un département, d'une région et même d'une nation, appelés comités de probation et d'insertion. Ces derniers sont déterminants notamment pour la prise en charge, l'orientation, le suivi et l'accompagnement des condamnés au TIG dans les établissements et centres d'accueil, dont le choix devrait être dicté par la pertinence des programmes qu'ils développent, du fait qu'ils correspondent aux profils divers des condamnés, à leur personnalité, à leurs qualifications, à leur adaptabilité, etc. En outre, les pouvoirs publics devraient œuvrer à créer une plate-forme qui permettent aux activités des établissements et centres d'accueil d'être en adéquation avec la politique publique nationale en vigueur en matière de répression et de prévention de la délinquance et de la criminalité.

Parallèlement, relevons qu'il conviendrait de mettre en étude, pour l'heure tant s'en faut, dans le sillage du TIG, pour des raisons d'opportunité et de rentabilité, compte tenu du niveau de développement vers lequel s'oriente le Cameroun, l'usage d'autres mesures ou sanctions rangées dans la palette des peines dites aménagées, exécutées hors établissements pénitentiaires - c'est-à-dire en milieu ouvert - à la diligence de l'A.P., épaulée circonstanciellement par diverses compétences émanant d'autres administrations publiques et privées, dans le cadre des conventions de partenariats public-public d'une part et ; public-privé d'autre part. Il s'agit dans le cas précis: du bracelet électronique et de la surveillance judiciaire.

[511]Inspecteur général de l'A.P. au ministère de la Justice, dans son exposé intitulé : « quelles réflexions appellent de la part de l'A.P. les peines alternatives », présenté lors de la réunion des chefs de cours d'appel et des délégués régionaux de l'A.P. les 18 et 19 août 2016, sous la présidence du garde des Sceaux.

Tableau 23 : récapitulatif de certaines pratiques courantes au sein de l'A.P., mais éludées par le CPP, et propositions relatives à leur codification en vue d'une exploitation judicieuse de celles-ci.

Désignation des pratiques / **Acteurs proposés**	**01 Transfère-ment**	**02 Évacuation sanitaire**	**03 Extradition**	**04 Permission de sortie avec /sans escorte**	**05 Admission à la semi-liberté**	**06 Placement à l'extérieur ou à domicile**	**07 Réduction de peine**	**08 Libération conditionnelle**	**09 Travail d'intérêt général**
01 **Pers. A.P. et détenus**	X								
02 **Pers. A.P., JAPE et autorité médicale**		X							
03 **Pers. A.P., JAPE, Chancel. et MINREX**			X						
04 **Pers. A.P., org. d'insert. et de probat., JAPE**				X					

05 **Pers. A.P., org. d'insert. et de probat., JAPE, Chancel.**					**X**				
06 **Pers. A.P., org. d'insert. et de probat., JAPE, Chancel.**						**X**			
07 **Pers. A.P., org. d'insert. et de probat., JAPE, Chancel.**							**X**		
08 **Pers. A.P., org. d'insert. et de probat., JAPE, Chancel.**								**X**	
09 **Pers. A.P., org. d'insert. et de probat., JAPE, Chancel.**									**X**

Source : l'auteur.

Nota :-**Pers. A.P. :** Personnels de l'Administration pénitentiaire ; - **JAPE :** Juge d'application des peines d'emprisonnement ; - **Chancel. :** Chancellerie ; - **MINREX :** ministère de Relations extérieures ; - **Org. d'insert. et de probat. :** Organismes d'insertion et de probation.

Il conviendrait à ce niveau de se réjouir des efforts fournis par le Cameroun pour s'arrimer à la modernité, au travers des études pertinentes relatives à la refonte du Code pénal et ayant abouti à l'incorporation du TIG comme peine pénale non-privative de liberté pour une catégorie d'infractions (mineures) commises par une catégorie de délinquants (primaires). Cette réelle et louable volonté du gouvernement devrait se prolonger par un substantiel effort additionnel, destiné à moderniser l'organisation et le fonctionnement des structures administratives publiques en charge de la prévention et de la lutte contre la délinquance et la criminalité d'une part; et d'autre part de la promotion des valeurs citoyennes au Cameroun.

Dans le même ordre, cet effort devrait se consacrer à consolider la structuration, en secteurs d'activités spécialisés, de la société civile ainsi qu'à son accompagnement institutionnel, de façon à rendre son action efficace et efficiente dans le secteur en présence. La mise en œuvre réussie du TIG requiert, pour conclure sur ce point, la mobilisation d'une pluralité d'acteurs (relevant de la justice pénale, de l'Administration pénitentiaire, des collectivités territoriales décentralisées, de la société civile, etc.) travaillant dans une logique d'équipe, sur la base de conventions de partenariat d'une part, et de concertation interministérielle d'autre part. En outre, il faudrait que chacun des acteurs s'occupe d'un aspect essentiel de l'opération, concourant obligatoirement, à l'atteinte du résultat final escompté par la nation tout entière.

4-4) Le Fractionnement ou la suspension de l'emprisonnement : prise par le juge de jugement et par le JAP lorsque le détenu doit exécuter une peine d'emprisonnement supérieure ou égale à un an, et lorsque la durée de la peine d'emprisonnement restante (après une longue condamnation) est inférieure à un an, cette mesure peut être décidée pour divers motifs graves tels que : l'internement en milieu hospitalier pour raison de santé, les contraintes sociales d'ordre familial et professionnel, etc. Cette mesure est soumise à des obligations et est mise en œuvre suivant des modalités particulières

Quelles sont les considérations philosophique, juridique, sociologique, économique et politique permettant de donner un sens à la peine d'emprisonnement ? Quels profits le détenu et la société peuvent-ils tirer de la peine privative de liberté prévue en réaction au comportement asocial dont il est l'auteur ? Que faire pour édulcorer le besoin grandissant de sécurité - le plus souvent revêtu de la propension à l'insensibilité à l'égard de la souffrance d'autrui - qui caractérise nos sociétés démocratiques, afin de favoriser l'avènement d'une institution pénitentiaire qui n'aggrave pas le mal qu'elle est censée combattre ? Ces interrogations pour le moins pertinentes et d'actualité nous rapprochent, un tant soit peu, d'Antoine Garapon, lorsqu'il soutient que « notre prison est le fruit de siècles de combats politiques et philosophiques pour une institution plus digne ».

Dans cet élan, le plan d'exécution de la peine d'emprisonnement (PEPE) que nous proposons au niveau culminant où est rendue cette réflexion, s'inscrit dans la dynamique d'éclairer les jeux et les enjeux de la fonction pénitentiaire. La mise en œuvre de ce plan devrait contribuer à rendre efficaces et efficients l'organisation, le fonctionnement et la finalité de la politique carcérale au Cameroun. Celle-ci est articulée sur deux piliers cardinaux qui sont la prévention et la répression, dont il est difficile de déterminer, avec exactitude, les frontières du fait du caractère évanescent des limites qui les séparent. Dès lors, le recours en milieu carcéral au tandem prévention-répression, en vue de refréner la déviance sociale, témoigne à suffisance de ce que l'A.P. en particulier et les juridictions pénales en général, manœuvrent sur un terrain instable et sur lequel l'abondance des marges boueuses rend complexe, à tous les niveaux, les objectifs recherchés dans la lutte contre la délinquance et la criminalité.

La gestion de la peine d'emprisonnement est donc une activité complexe, qui requiert de l'intelligente et le sens du réalisme. Elle mérite d'entrer dans un projet solidement structuré ayant un chronogramme. Car, pour conduire jusqu'à bon terme les travaux de construction d'un édifice public ou privé, l'ingénieur de génie civil a besoin, non seulement du plan de celui-ci produit par un architecte, mais en outre, il doit réaliser et suivre le plan de déroulement des travaux qu'il va conduire. En aéronautique, se souvient-on aussi, le pilote a impérativement besoin d'un plan de vol, avant d'entrer dans le cockpit, en vue d'amorcer les manœuvres de décollage de l'aéronef pour faire un vol utile. En management, il est établi la nécessité pour le manager, d'avoir une feuille de route qui détermine clairement les objectifs à atteindre dans un délai précis et les moyens adéquats mis à disposition, pour réaliser la mission qui lui est assignée dans une organisation. Les trois exemples ci-dessus, du reste non exhaustifs, suffisent pour mettre en évidence l'importance de premier ordre que revêt l'élaboration et la mise en œuvre d'un **plan directeur d'exécution de la peine d'emprisonnement**[512] au Cameroun.

---

[512] Le PEPE ainsi élaboré est une synthèse des perceptions entrevoyant la prison d'une part comme une institution totale et d'autre part comme une institution disciplinaire dont les descriptions de l'une et l'autre sont faites respectivement par Erving Goffman, in *Asylums : Essays on the social situation on mental patients and other inmates*, 1961 et Michel Foucauld, in *Surveiller et punir : naissance de la prison*, 1975. En effet, la prison doit cesser dans notre microcosme d'être une institution totalement close. La prison camerounaise doit être

Pour tout dire, dans une démarche dialectique où se côtoient les risques et les récompenses, les erreurs et les gains, les succès et les insuccès, il est indéniable que ledit plan permettrait de dynamiser les missions de l'Administration pénitentiaire qui, dans une logique de répartition juste des charges entre les divers acteurs intervenant dans le système de justice pénale, verrait son rôle social plus ennobli, à travers l'inscription réfléchie du prisonnier dans un programme de rachat, de réinsertion sociale et professionnelle. Point n'est plus besoin, puisque cela a été prouvé, que le prisonnier, l'Administration pénitentiaire et la société tirent chacun à leur niveau, le plus grand profit de l'existence et du suivi d'un tel plan dont le travail pénitentiaire constitue l'un des organes vitaux.

---

républicaine, pour reprendre Robert Badinter. La prison camerounaise doit être une institution ouverte vers l'extérieur et vers l'intérieur, dans une parfaite relation dialectique au sein de laquelle et perpétuellement, les forces du dehors fécondent celles du dedans et réciproquement, afin d'accorder à la personne détenue et soucieuse de s'amender, l'attention qu'elle mérite et de reconnaître au gardien de prison l'importance qui est la sienne dans une société démocratique. Toute chose qui lui permettra de remplir véritablement sa mission de sécurité publique en assumant pleinement ses fonctions de correction et de réinsertion.

CONSIDÉRATIONS CONCLUSIVES

« La vie des grands hommes nous rappelle que nous aussi nous pouvons rendre notre vie sublime, et laisser derrière nous, après la mort des empreintes sur le sable du temps. »

Longfellow

Parvenu au terme de notre réflexion, force est d'effectuer les constats majeurs ci-après qui s'imposent à notre modeste entendement. La loi n° 2005/007 du 27 juillet 2005 portant Code de procédure pénale au Cameroun et dont l'entrée en vigueur est effective depuis le 1er janvier 2007, a variablement modernisé au plan normatif, les prestations de service des personnels pénitentiaires, ainsi que le statut des personnes privées de liberté en établissement pénitentiaire. Au même titre, cette loi a renforcé les missions et a clarifié le rôle de l'A.P., non seulement dans le système de justice pénale, mais également dans la chaîne de sécurité publique. Le mérite de cette loi réside en ce qu'elle est parvenue à combler certaines grandes attentes qui étaient hors de portée du Code d'instruction criminelle français de 1808, appliqué dans la partie francophone du Cameroun d'une part, et the *Criminal Procédure Ordinance*, extrait du texte désigné « *Laws of Nigeria of 1958* », appliqué dans la partie anglophone du Cameroun d'autre part. commente M. Étienne Taneke, dans un article de presse bien nourri qu'

après les diverses mutations qui ont secoué la quasi-totalité des domaines telles que le vent de la démocratisation et la mondialisation, le maintien de la dualité des sources de la procédure pénale est apparu anachronique et injustifié au Cameroun, un État dont l'unification politique est réalisée depuis 1972. Pour remédier à cette situation, les pouvoirs publics ont décidé de procéder à la finalisation de la procédure pénale en chantier depuis 1973[513].

Et il conclut avec force que :

En effet, c'est depuis cette année que le Cameroun a mis sur pied les commissions de réformes législatives en vue de le doter, entre autres lois, d'un Code de procédure pénale. La loi n° 2005/007 du 27 juillet 2005

---

513 Étienne Taneke, « chronique législative », in *Justitia* n° 001 de décembre 2007, op cit, p. 19.

portant Code de procédure pénale est donc l'aboutissement d'une réflexion en gestation depuis plus de trente ans. Ce document dit révolutionnaire est une parfaite symbiose entre le système anglo-saxon et le système romano-germanique hérités respectivement de la double tutelle britannique et française[514].

En ce sens, à travers le changement de terminologie apportée par la loi en étude, s'agissant entre autres, de la désignation plus calquée sur la modernité des actes judiciaires destinés aux responsables des établissements pénitentiaires, il a été démontré que la loi sus-référencée et énoncée a introduit un changement d'orientation, voire une philosophie pénale et pénitentiaire nouvelle[515] devant éclairer désormais la gestion quotidienne des personnes se trouvant en détention carcérale au Cameroun. À cet égard, la volonté manifeste du législateur camerounais exprimée en faveur du renforcement des droits humains et de la protection des libertés individuelles et collectives en matière pénale et pénitentiaire, transparaît de façon lumineuse par l'option de substituer la locution *détention préventive* par celle *détention provisoire*. Dans le même souci, l'épithète provisoire a été extirpée de la locution d'alors très en vogue *liberté provisoire* pour revêtir toute sa splendeur majestueuse dans celle *mise en liberté*[516].

L'A.P., représentant selon un ordre logique organisationnel le troisième maillon de la chaîne pénale, devrait nécessairement épouser les mutations conceptuelle et pratique insufflées par cette loi, au même titre que la Police judiciaire et la Justice, respectivement deuxième et premier maillon de ladite chaîne, en vue de prendre activement part à la synergie d'actions attendues, gage de leur efficacité[517] collective. La réussite de la mue attendue de l'A.P. devrait s'accompagner de moyens de travail conséquents, tant sur les plans humain, matériel que financier, susceptibles de favoriser la mise en œuvre effective des changements philosophiques formulés par le législateur camerounais dans la nouvelle loi. La mise en application du CPP dans l'espace et le temps que nous considérons opportunément dans le sillage d'Emmanuel Kant, comme *les cadres a priori de notre perception*[518], doit reposer sur une évaluation récurrente et sans complaisance du

---

[514]Étienne Taneke, « chronique législative », in *Justitia* n° 001 de décembre 2007, op cit, p. 19.

[515] Non seulement le sacro-saint principe de la présomption d'innocence revêt maintenant toute sa pertinence, mais surtout, la liberté est érigée en principe et la détention est devenue l'exception.

[516]Il serait même juste de parler de ''mise en liberté immédiate'' concernant les actes de retrait du mandat de détention provisoire débouchant sur « les ordonnances de mise en liberté ». Ce d'autant plus que si la nouvelle loi en son article 28 dispose que les mandats de justice peuvent être exécutoires, à la diligence des OPJ, tous les jours y compris le dimanche et les jours fériés et chômés. Quid des chefs d'établissement pénitentiaire ?

[517]Michel Gabriel Ngoo-Djob Litet, Les relations entre les institutions judiciaire et pénitentiaire dans le système de justice pénale camerounais, op cit.

[518]Emmanuel Kant, *La critique de la raison pure*, Paris, Garnier-Flammarion, 1987.

fonctionnement des maillons de la chaîne pénale dont l'A.P. est partie intégrante, toute chose qui permettrait d'identifier par ci des problèmes qui pourrait se poser, et par là d'engager la recherche des solutions appropriées[519].

Soucieux de mettre un terme au confusionnisme intellectuel qui a souvent régné, ici et là, sur les pans entiers du secteur administratif d'activités méconnu qu'est l'A.P. au Cameroun, nous avons tenté de dévoiler le travail du personnel de ce corps qui regorge une diversité de métiers, ainsi que le régime juridique auquel il est assujetti, en éclairant les zones d'ombre réelles ou virtuelles qui l'entoure, tout ceci au regard de la loi ayant servi de matrice principale à cette étude. Et chaque fois que cela a été indispensable, d'autres lois et décrets ont été convoqués. Le déficit de collaboration, le conflit de compétences, le trafic d'influence, l'ingérence, le débordement de zèle, le clientélisme, l'incompétence, la partialité, l'enfermement professionnel et même par moment, le narcissisme professionnel, etc.- n'ayons pas peur de coller les mots à la réalité -, représentent le faisceau d'entraves préjudiciables au bon management du service public en général. Ces fléaux, observables au Cameroun ont été épinglés, dans le but de prévenir et de limiter leur irruption et même de circonscrire leurs effets dans les relations de travail entre les responsables des établissements pénitentiaires et ceux des juridictions civiles et militaires - qu'ils soient du Siège ou du Parquet - au même titre que ceux appartenant au commandement civil territorial et au commandement militaire.

La détention provisoire, expressément circonscrite dans le temps, met plus en labeur aujourd'hui les chefs d'établissements pénitentiaires en leur qualité d'auxiliaires de justice, en ce sens que ceux-ci participent plus activement, au regard de la nouvelle loi, en collaboration avec les chefs de juridictions pénales de leurs ressorts, au suivi[520] de la durée légale des mesures et des décisions emportant privation de liberté dans les centres carcéraux. Cette innovation normative d'envergure astreint chaque chef d'établissement pénitentiaire, journellement, hebdomadairement et dans une moindre mesure mensuellement, à tenir judicieusement le fichier carcéral du centre dont il a la charge. Bien plus, la loi camerounaise étudiée fait obligation au chef d'établissement pénitentiaire, en l'absence d'un Conseil

---

[519]Lors de la rencontre semestrielle du 16 au 19 octobre 2007 entre les chefs de cour d'appel et le GDS à Yaoundé, l'évaluation de l'application du CPP a fait l'objet d'un document de synthèse recensant les difficultés d'ordre générale et technique ainsi que les propositions de solutions. Lire : Georges Gwanmesia, « Application du Code de procédure pénale : le Garde des Sceaux règle la pendule », in *Justitia* n° 001 de décembre 2007, op cit, pp. 11-12. Cette œuvre a été prescrite à nouveau par le GDS lors de la dernière rencontre des chefs de juridictions tenue à Yaoundé, les 28,29,30 et 31 octobre 2008.

[520]Les états statistiques mensuels de la détention dans chaque prison peuvent servir de tableau de bord au J.I et au P.R pour conduire à bien leurs missions.

commis par la personne détenue dont il assure obligatoirement[521] la garde et éventuellement[522] la réinsertion sociale, de transmettre son dossier auprès des juridictions compétentes pour connaître les appels[523] interjetés contre des jugements rendus par les juridictions d'instance. La légalisation de cette activité qui était laissée autrefois à la convenance de chacun renforce davantage le rôle et la place des personnels pénitentiaires dans la chaîne de distribution de la justice pénale.

Pour ajouter un élément déterminant, s'agissant du redimensionnement des missions de l'A.P. au Cameroun, relevons que la loi mise en étude revêt la particularité de placer celle-ci en orbite, du fait que la conception et la mise en œuvre des activités de réinsertion sociale des personnes détenues lui sont expressément confiées aux termes de celle-ci. Car cette loi rompt radicalement avec le décret n° 92/252 du 27 mars 1992 portant régime pénitentiaire au Cameroun toujours en vigueur, qui confiait ladite mission au

---

[521]L'A.P. doit assurer automatiquement la sécurité intra et extra-muros du détenu, celle du public et celle de l'établissement pénitentiaire.

[522]L'A.P. doit assurer dépendamment du bon vouloir du détenu sa réinsertion sociale. C'est en cela le point d'inflexion entre la mission sécuritaire et celle de préparation à la réinsertion sociale. Car si la première mission repose sur une contrainte juridique stable, la seconde mission est une contrainte juridique instable qui ne revêt le poids de la contrainte juridique stable que lorsque le détenu a fait montre de sa volonté de suivre un programme socio-éducatif et professionnel destiné à l'accompagner harmonieusement à la libération. Ce programme doit prémunir le détenu de la récidive qui est le plus grand mal du système de justice pénale.

[523]Certains détenus dans nos prisons ayant rompu faute de moyens financiers tout contact avec leurs avocats perdent les traces de leurs dossiers entre la période qui sépare le jugement en instance et l'appel d'une part, ou la saisine de la Cour suprême d'autre part. Ce phénomène a eu pour conséquence immédiate les détentions anormalement longues dont l'un des cas atypiques a inspiré à la journaliste camerounaise Oswalde Lewat, le film documentaire paru en 2003, intitulé *Au-delà de la peine.* Il s'agit d'un reportage consacré à la description de la vie en détention du nommé. Pierre Ewono Mvondo, alias Leppé, qui séjourna pendant trente-trois (33) ans à la Prison centrale de Yaoundé-Kondengui pour une infraction de droit commun (faux et usage de faux), faits commis en 1969. On peut également lire concernant cette affaire, le magazine people international mensuel *Ici les gens du Cameroun*, n° 001 de janvier 2004, pp.58-61

Les régisseurs de prison et les chefs de juridictions sont appelés utilement à jouer maintenant un rôle important à ce niveau, du fait de la synergie qui les met au labeur à travers l'établissement des états statistiques par les premiers et leur exploitation par les seconds.

Fort de cet état de choses, l'un des volets de la convention de partenariat entre le Cameroun et l'Union européenne dénommée PACDET phases I et II (Programme d'amélioration des conditions de détention et de respect des droits de l'Homme), œuvre depuis 2002 par l'apport d'une assistance judiciaire aux détenus des prisons camerounaises, victimes des désagréments occasionnés par les procédures judiciaires allongées pour faute de moyens financiers. Les résultats de cette entreprise, bien qu'insuffisants à ce stade sont encourageants. Lire : Marie Noëlle Ndemo, « *Grands chantiers du MINJUSTICE : Axes de la nouvelle impulsion* » *in Justitia*, N° 001 de décembre 2007, pp. 40-44.

ministère des Affaires sociales[524] en collaboration avec l'A.P. Il est donc indéniable que la dernière volonté de l'autorité habilitée à exercer le pouvoir législatif, et qui s'est opérée en faveur de l'A.P., est considérée comme un enrichissement à capitaliser. Car, cette dernière volonté mérite d'être prise comme un levier important susceptible de porter haut la voix de l'Administration pénitentiaire et de soigner son image au double plan national et international. Elle devrait objectivement en outre et en conséquence, provoquer une réflexion devant conduire à la modernisation du profil des ressources humaines pénitentiaires existantes et au recrutement.

La segmentation du statut professionnel des personnels de l'A.P. au Cameroun en deux pôles, constitués d'un côté du personnel pénitentiaire de sécurité et de l'autre du personnel pénitentiaire d'insertion et de probation, semble être une option pertinente. Les dispositions du CPP se rapportant à la répression et à la prévention de la criminalité en milieu carcéral laissent transparaître en filigrane une totale convergence de vue entre le législateur camerounais et cette analyse. C'est dans le même sillage qu'il nous apparaît que le décret n° 2010/365 du 29 novembre 2010 portant statut spécial du corps des fonctionnaires de l'Administration pénitentiaire, parachève l'œuvre amorcée par le CPP, concernant notamment la valorisation des missions de l'A.P. Ce décret procède *in limine* à la consécration des modules d'actions dévolues à l'A.P. et qu'il définit en des termes suivants : - *la rééducation des personnes placées sous la main de la Justice* ; - *la préparation à leur réinsertion sociale* ; - *la capitalisation par le travail du potentiel humain en détention.*

En somme, afin de passer de la beauté des textes à la réalité concrète des faits dont ils parlent ou font sans équivoque allusion, il nous apparaît comme une nécessité de premier ordre qu'un travail bien construit, portant d'une part sur la formation des ressources humaines pénitentiaires à venir, le développement itératif de leurs capacités ; et d'autre part sur leur utilisation optimale suivie de la mise à disposition des moyens matériels et financiers adéquats, ce travail donc devrait être réalisé par toutes les parties ayant voix au chapitre. Au demeurant, en faisant nôtres les connaissances historiques disponibles sur les questions pénitentiaires à travers le monde, nous avons essayé d'élucider en relation avec la loi qui a servi de ferment à cette réflexion, la question *à quoi sert la prison et quel est le sens de la peine ?*

[524]L'article 64 du décret n° 92-052 du 27 mars 1992 portant régime pénitentiaire dispose que : « l'assistance sociale aux détenus est assurée sous l'autorité du régisseur par les services spécialisés du ministère chargé des Affaires sociales. Elle a notamment pour objet de contribuer au relèvement moral des détenus et à leur réinsertion sociale après libération ». Et l'article 65 dispose que : « A la fin de chaque trimestre, les assistants sociaux en fonction dans les établissements pénitentiaires adressent au ministre chargé de l'Administration pénitentiaire et au ministre chargé des Affaires sociales, un rapport de leurs activités ».

Toutes proportions gardées, cette question nous a servi de soubassement pour la présente réflexion.

Pour mémoire, cette interrogation a servi de fil conducteur à la Commission parlementaire mise sur pied par Laurent Fabius en 1999 et conduite par Cathérine Tasca, Présidente de la commission des Lois au Parlement français, et dont la mission fut de visiter l'ensemble des établissements pénitentiaires en France, en vue de s'enquérir des conditions de détention et, d'en formuler des propositions de solutions tendant à l'amélioration de celles-ci. Nous devons à cette commission, qui a su capitaliser cette interrogation pour le compte de son microcosme, l'orientation capitale ci-après :

L'Administration pénitentiaire doit être reconnue comme un des grands services de la République, qu'aucun citoyen ne doit ignorer son existence ni méconnaître son fonctionnement ; qu'aucun parlementaire, lorsqu'il aura à décider d'une réforme du Code pénal ou du Code de procédure pénale, ne s'interroge : quelle protection pour la société, quelle réparation pour la victime, quelle application de la sanction pour ceux qui ont manqué à la loi?[525]

Dans une interpellation aux relents de sensibilisation, les auteurs de ce document soulignent qu'« aucun magistrat chargé de dire le droit et de déterminer dans l'échelle des peines la plus juste ne se désintéresse du devenir de sa décision et de celle qui la subit »[526]

Au regard de qui précède, il serait bénéfique pour chaque magistrat, greffier, avocat, travailleur social, OPJ, administrateur, intendant, gardien-chef et gardien de prison, détenu et homme de culture, acteur de la société civile, etc. de continuer *hic et nunc* à scruter les zones d'ombre qui auraient résisté à cette exploration, en dépit de la sagacité des réponses que nous avons proposées. Le niveau de compréhensibilité des questions que nous avons soulevées ne saurait être en reste. C'est peut-être en voulant encourager cet effort intellectuel auquel tout esprit sensible devrait se livrer, afin de découvrir les choses dans leur nature immuable, par-delà leur manifestation fluctuante, que Jaurès a pensé qu'*aller à l'idéal, c'est comprendre le réel.* Cette belle formule faisant écho à celle de Gaston Bachelard dont la contribution à la constitution de l'esprit scientifique a été

---

[525]La France face à ses prisons, Tome I, Rapport de la commission d'enquête des députés Louis Mermaz (Président) et Jacques Floch (Rapporteur). Documentation d'information de l'Assemblée nationale, 2000, n°2521, 11e législature.

[526]La France face à ses prisons, Tome I, Rapport de la commission d'enquête des députés Louis Mermaz (Président) et Jacques Floch (Rapporteur). Documentation d'information de l'Assemblée nationale, 2000, n°2521, 11e législature.

remarquable : « le réel n'est jamais ce qu'on pourrait croire, mais ce qu'on aurait pu penser »[527].

Ainsi, que les lecteurs de tout bord scientifique ou professionnel, aussi nombreux qu'ils pourraient être, qui trouveraient ces réflexions en deçà de leurs attentes, acceptent de les considérer comme un aiguillon. Car cette attitude louable donne corps et consistance à cette pensée d'Aristote qui résonne toujours et encore comme une maxime : « *l'ignorant affirme, le sage interroge et le savant doute* »[528]. Pour tout dire, c'est du foisonnement des idées qui se choquent et s'entrechoquent, c'est sur la cendre produite par le feu de la dialectique scientifique dont se nourrit allégrement l'esprit humain, que germent naturellement diverses thèses, antithèses et des contre thèses, toutes celles-ci ambitionnant de traquer la vérité jusque-là où elle se cache. La Vérité, cet idéal toujours en conquête, mais jamais totalement apprivoisé, impose cependant à notre conscience d'asseoir ses convictions sur certaines de ses facettes qu'elle a bien voulu lui présenter dépendamment des circonstances : vérité conjoncturelle, vérité négociée, vérité construite, vérité vraie, quoi qu'il en soit, chacune des facettes de ce qu'on doit appeler la Vérité, constituent une étape importante dans le cheminement escarpé qui doit être emprunté, en toute chose et partout, par l'intelligence libératrice permanemment à l'œuvre pour faire reculer à l'infini, les frontières de l'ignorance humaine.

Au total, vous nous permettrez de sacrifier au devoir d'inviter tous ceux qui ressentiraient une insatisfaction devant cette *réflexion* ambitionnant de contribuer à la vulgarisation des dispositions relatives à l'A.P. contenues dans le CPP, de se lancer courageusement dans l'entreprise de remblayage des lacunes qu'ils y décèleront. Ce n'est qu'ainsi qu'ils pourraient, au grand bonheur de la science et de la société, contribuer à leur tour à cette nécessaire vulgarisation, susceptible de réorienter, de recadrer et d'éclairer davantage les problématiques traitées ainsi que les jeux et enjeux du CPP dans le domaine pertinent choisi. Car l'entreprise de vulgarisation, sous-entendue ici comme la critique constructive, contrairement à Kant[529] qui recommandait sa nécessité pour *tout ouvrage de philosophie*, afin de l'empêcher de *dissimuler probablement des absurdités sous un brouillard d'apparente sophistication*, s'impose pour notre part, à toute œuvre de l'esprit./.

---

[527]Madeleine Grawitz, *Méthodes des sciences sociales*, Paris, Dalloz, sixième édition, 1984.

[528] Bachelard cité par Madeleine Grawitz se place dans le même sillage lorsqu'il soutient que : « (…) La vérité est une conquête et le savant n'est plus celui qui sait, mais celui qui cherche (…) ». op cit, p.53.

[529]Dans la lettre qu'il a écrite à Garve, le 7 août 1783, Emmanuel Kant relevait que : « Tout ouvrage de philosophie doit être susceptible de vulgarisation ; sinon il dissimule probablement des absurdités sous un brouillard d'apparente sophistication ».

ANNEXES

« Trop ou trop peu d'instruction abêtissent l'esprit ».

Pascal

GLOSSAIRE

Pour faciliter la compréhension des fonctions, des rôles des institutions et des acteurs concourant à l'exécution des peines privatives de liberté.

- **L'accusé** désigne un individu traduit devant le tribunal de grande instance pour avoir commis un crime.

- **L'acquitté** renvoie à un individu traduit devant le tribunal de grande instance pour répondre des faits de crime et contre lequel il n'a été retenu aucune charge.

- **L'Administration pénitentiaire** désigne l'ensemble des moyens matériels, logistiques et humains constituant un service public dont le rôle est d'assurer l'exécution des condamnations pénales, dans un but d'individualisation de la peine et de reclassement social et dans le respect de la sécurité publique.

En ce sens, l'Administration pénitentiaire a deux missions principales :

- Garantir la sécurité publique en assurant la surveillance des personnes placées sous la main de la justice. Dans l'accomplissement de cette mission, elle met en œuvre l'exécution des condamnations pénales par la prise en charge des personnes qui en font l'objet (en milieu fermé ou en milieu ouvert).

- Favoriser l'individualisation des peines et la réinsertion sociale, dans le but de prévenir la récidive. Dans l'exécution de cette mission, elle organise et participe à de nombreux dispositifs d'insertion proposés aux condamnés en partenariat avec d'autres acteurs publics ou associatifs, afin de préparer ou d'accompagner la fin de la peine.

- **L'appelant** est un détenu ayant introduit un pourvoi en appel (Cour d'appel) après une condamnation en instance (Tribunal d'instance).

- **Le cassationnaire** est un détenu ayant introduit un pourvoi en cassation (Cour suprême) après une condamnation en appel (Cour d'appel).

- **La citation directe** désigne un acte par lequel une personne est invitée, par le procureur de la République ou la partie civile, à se présenter devant le tribunal correctionnel ou le tribunal de police pour répondre de l'infraction qu'il a commise.

- **Le comité de probation** fait référence à tout organisme composé de magistrats (P.R et J.I), de représentants de l'Administration pénitentiaire, d'éducateurs et d'assistants sociaux chargés de l'accueil des sortants de prison. Cet organisme contrôle les libérés conditionnels et les condamnés faisant l'objet de mesures de sursis avec mise à l'épreuve ou travail d'intérêt général. Ce comité est présidé par le juge de l'application des peines. (Cette institution n'existe pas encore au Cameroun et sa non-existence se présente comme « un caillou dans la chaussure » de l'A.P) d'une part et d'autre part, de la justice camerounaise.

- **La comparution** renvoie généralement à l'action de se présenter après convocation devant un juge ou un tribunal.

- **La Cour d'appel** est une juridiction qui est compétente pour connaître les appels interjetés à l'encontre des décisions rendues par les juridictions autres que la Cour suprême et la Cour d'appel elle-même, les appels formés contre les ordonnances du juge d'instruction, de tout autre cas prévus par la loi.

- **La décision de justice ou décision judiciaire** représente la solution donnée par le juge au litige qui lui a été soumis. Les décisions des tribunaux d'instance ou de grande instance s'appellent « jugements », les décisions des cours d'appel et de la Cour suprême sont les « arrêts ».

- **La détention provisoire** est la décision prise par le PR ou le JI en vue d'emprisonner une personne suspectée d'avoir commis un crime ou un délit, en attendant qu'elle soit jugée, lorsque les circonstances et la gravité des faits justifient cette mesure. Avant le 1er janvier 2007, date d'entrée en vigueur du CPP, on parlait de détention préventive.

- **La personne détenue** désigne au sens générique toute personne privée de liberté en principe dans un établissement pénitentiaire. Par extension, ce terme peut également être étendu bien que cela soit discutable, aux personnes gardées à vue dans les locaux de la P.J ; celles en instance ou en cours de présentation à l'autorité judiciaire à l'issue de la période de la garde à vue ou en exécution d'un mandat d'amener ou d'arrêt.

- **L'enquête sociale** est une recherche destinée à connaître les conditions de vie dans les familles concernant certaines personnes placées sous main de justice.

- **Le flagrant délit** est une infraction qualifiée de délit qui est en train de se commettre ou venait d'être commise par une personne dont la culpabilité est presque incontestable. C'est également une procédure qui permet dans les conditions précises de juger immédiatement un suspect par la procédure de « comparution immédiate » qui a remplacé l'ancienne procédure de flagrants délits.

- **Former un pourvoi** c'est engager un recours en justice.

- **Le foyer d'accueil** désigne un établissement prenant en charge des « jeunes en danger » ne pouvant plus rester dans leur famille... Il n'est pas à confondre avec un orphelinat. Les foyers d'accueil des sortants de prison n'existent pas encore au Cameroun.

- **La garde à vue (policière)** est une mesure restrictive de liberté permettant de maintenir dans les locaux de la police pendant 24 à 48 heures toute personne suspectée de délit ou de crime qui doit rester à la disposition de la justice pour les nécessités d'enquête de police judiciaire.
- **La garde à vue (administrative)** est une mesure privative de liberté limitée dans le temps et exécutée dans un établissement pénitentiaire, ordonnée par une autorité administrative à l'encontre d'une personne ayant porté ou tenté de porter atteinte à l'ordre public.
- **La garde à vue (judiciaire)** est une mesure privative de liberté limitée dans le temps et exécutée dans un établissement pénitentiaire, ordonnée par un magistrat militaire à l'encontre d'une personne poursuivie par le tribunal militaire.
- **L'incarcération** est l'action de priver de liberté en établissement pénitentiaire toute personne suspectée ou ayant commis une infraction à la loi pénale.
- **L'inculpé** désigne toute personne contre laquelle le juge d'instruction retient des charges pour avoir commis une infraction.
- **L'information judiciaire** est la recherche menée par le juge d'instruction en vue de déterminer si l'infraction a bien été commise par un individu mis en cause.
- **L'infraction** est un terme générique qui désigne toute action ou comportement contraire à la loi et passible de sanctions pénales.
- **L'instruction judiciaire** désigne en général la phase de la procédure pénale pendant laquelle sont mis en œuvre, par le juge d'instruction, les moyens permettant de réunir tous les éléments nécessaires à la manifestation de la vérité, afin que le juge du jugement se prononce en totale connaissance de cause sur l'affaire qui lui est soumise.
- **Instruire** renvoie à l'opération consistant à réunir tous les éléments préalables et nécessaires permettant de juger une affaire au tribunal.
- **Le juge de l'application des peines** désigne le magistrat qui intervient après le jugement pour suivre l'exécution des peines des détenus pendant leur incarcération, et avec l'aide du comité de probation après leur sortie. Il suit les condamnés exécutant soit une peine de sursis avec mise à l'épreuve, soit de travail d'intérêt général et les libérés conditionnels. (Cette fonction n'existe pas pour l'heure dans l'organisation judiciaire camerounaise et par conséquent, le CPP camerounais l'ayant ignoré, son absence plombe les actions de réinsertion sociale des détenus organisées *extra-muros* par l'A.P. au Cameroun. Du fait de la mise en œuvre du TIG, l'avènement de cet acteur paraît inéluctable dans le système de justice pénale afin de ne pas laisser l'AP seule se mouvoir dans cette lagune susceptible de se transformer, contre elle, en marécage).

- **Le juge d'instance** désigne un magistrat du tribunal d'instance compétent pour les litiges qui ne sont pas expressément réservés au tribunal de grande instance.

- **Le juge d'instruction** renvoie au magistrat chargé de rassembler tous les éléments nécessaires à la manifestation de la vérité quand une personne se voit reprocher une infraction grave ou complexe.

- **Le jugement** signifie toute décision rendue par les tribunaux d'instance, les tribunaux de grande instance, les conseils de prud'hommes et les tribunaux de commerce.

- **La juridiction** est un terme général pour désigner l'un quelconque des tribunaux chargés de rendre la justice.

- **La juridiction civile** est un tribunal chargé de juger les affaires dans lesquelles les intérêts privés sont en jeu (tribunal d'instance, tribunal de grande instance).

- **La juridiction pénale** désigne un tribunal chargé de juger les trois catégories d'infractions :

- les contraventions : (jugées par les tribunaux de police) ;

- les délits : jugés par les tribunaux correctionnels et le TPI ;

- les crimes : jugés par les cours d'appel et les TGI.

- **La liberté surveillée** indique toute mesure à caractère éducatif qui peut être prononcée par une juridiction pour mineurs, à l'égard des mineurs délinquants.

- **Le magistrat** est une personne qui rend la justice (magistrat du siège) ou qui poursuit les atteintes à l'ordre public (magistrat du parquet).

- **La maison d'arrêt** désigne une prison qui reçoit les personnes avant leur jugement (prévenus) et les condamnés à une peine inférieure à un an. (Cette définition s'adapte fort peu au contexte camerounais. Car la nomenclature des centres pénitentiaires spécifiée par le décret n° 92/052 du 27 mars 1992 portant régime pénitentiaire s'écarte de cet esprit).

- **Le mandat** renvoie à un ordre ou un pouvoir donné par le mandant à un mandataire d'agir ou d'accomplir un acte à sa place. Exemples : le mandat d'arrêt et le mandat de perquisition par lesquels le PR ordonne à la PJ d'accomplir certaines opérations en vue de favoriser et de permettre l'application de la loi.

- **Les mesures alternatives à l'emprisonnement** désignent l'ensemble des mécanismes judiciaires en vigueur permettant à un magistrat du siège et du parquet de poursuivre un prévenu sans le priver de sa liberté après qu'il ait préalablement obtenu de celui-ci des garanties tangibles de sa représentation en justice. Cf. liberté sous caution, liberté surveillée….

- **Le parquet ou ministère public** se dit du service du TPI, TGI, de la C.A et de la C.S dirigé par le procureur de la République pour les deux premiers nommés, par le procureur général pour les deux derniers nommés. Par extension, c'est l'ensemble des magistrats chargés de réclamer l'application de la loi au nom de la société dans les juridictions.

- **Le pécule de libération** désigne le 1/3 env. (33 %) des rémunérations pécuniaires obtenues par le prisonnier ayant effectué des travaux au profit des particuliers pendant son séjour carcéral. Celles-ci sont mises en réserve par l'Administration pénitentiaire et lui sont remises au moment de sa libération.

- **La peine** désigne une sanction infligée à l'auteur d'une infraction. Le Code pénal camerounais distingue trois catégories de peines.

- Les peines principales : (pour les personnes physiques : la condamnation à mort, la condamnation à la privation de liberté en établissement carcéral, la condamnation pécuniaire) ; (pour les personnes morales : la dissolution, la fermeture temporaire ou définitive de l'établissement, l'amende) d'une part.

- Les peines alternatives : (le travail d'intérêt général et la sanction réparation) d'autre part.

- Les peines accessoires : (pour les personnes physiques : les déchéances, la publication de la décision, la fermeture de l'établissement, la confiscation) ; (pour les personnes morales : l'interdiction, pour une durée déterminée, de s'investir directement ou indirectement dans l'une ou plusieurs des activités prévues par son objet social ; le placement sous surveillance judiciaire pendant une durée déterminée ; la fermeture, pour une durée déterminée, des établissements ou succursales ayant servi à la commission des faits incriminés ; la publication de la décision ou sa diffusion par voie de médias ; toutes autres peines accessoires prévues par des textes spéciaux),enfin.

Tout au voisinage des peines, se trouvent les **mesures de sûreté** que désigne l'ensemble des dispositions pouvant être prises par l'autorité judiciaire afin d'empêcher la commission à nouveau ou répétée d'une infraction par un même individu ou un groupe d'individus en se servant des mêmes conditions et circonstances. Pour les personnes physiques, sont prévus : l'interdiction de l'exercice de la profession, la relégation, les mesures de surveillance et d'assistance postpénales, l'internement dans une maison de santé et la confiscation. Pour les personnes morales, sont prévus : l'interdiction de s'investir dans une activité précise pour une durée déterminée, la confiscation, le placement sous surveillance judiciaire pour une durée déterminée.

- **Les peines alternatives à l'emprisonnement** désignent une sanction prononcée par le tribunal pénal à l'encontre d'un délinquant et qui consiste à lui faire exécuter une peine sans être privé de liberté. La refonte du Code pénal camerounais engagée en 2005 et ayant abouti à la promulgation de la loi n° 2016/007 du 12 juillet 2016 portant Code pénal au Cameroun y a introduit : le travail d'intérêt général ou commun et la sanction-réparation.

- **Le plaignant** se dit d'une personne qui dépose une plainte pour dénoncer le préjudice qu'elle a subi.

- **La plainte** renvoie à un document écrit et signé par une personne qui se prétend victime d'une infraction et qui porte celle-ci à la connaissance de la police, de la gendarmerie ou du procureur de la République en vue d'obtenir réparation.

- **La police judiciaire** désigne l'ensemble des personnels de police et de gendarmerie chargés de poursuivre, rechercher et arrêter les auteurs d'infractions.

- **La poursuite pénale** est une expression utilisée pour désigner le pouvoir que détient le procureur de la République de renvoyer devant une juridiction pénale, la personne suspectée d'avoir commis une infraction.

- **Le pourvoi en cassation** désigne toute procédure visant à faire confirmer ou annuler par la Cour suprême une décision rendue par une juridiction inférieure (cour d'appel, TGI).

- **Le prévenu** désigne au sens générique tout individu comparaissant devant un tribunal d'instance pour avoir commis un délit ou une contravention. Au sens pénitentiaire, cette expression désigne tout détenu n'ayant pas encore fait l'objet d'une condamnation définitive pour délit ou crime.

- **Le privilège** est un avantage accordé par la loi à certaines personnes suivant certaines circonstances et en fonction de leur statut.

- **La procédure** désigne l'ensemble des formalités à accomplir pour agir devant le tribunal avant, pendant et jusqu'à la fin du procès.

- **Le procès civil** renvoie à un différend porté par les parties devant les juridictions civiles et traité suivant les règles du Code de procédure civile.

- **Le procès pénal** renvoie à un différend porté par la partie civile devant les juridictions pénales et traité suivant les règles du Code de procédure pénale.

- **Le procureur de la République** désigne la fonction exercée par un magistrat à la tête du parquet d'un tribunal de première ou de grande instance. Sa mission est de veiller à l'application de la loi lors du procès pénal ; il dirige les agents et officiers de police judiciaire pendant les enquêtes ; il veille au respect des droits des détenus et des citoyens, etc.

- **Le procureur général** désigne la fonction exercée par un magistrat à la tête du parquet d'une cour d'appel ou de la Cour suprême. Sa mission est de veiller à l'application de la loi lors du procès, etc.

- **Le prononcé du jugement** est la lecture d'une décision de justice, tout au moins, de sa partie finale, à l'audience publique.
- **La récidive** est le fait pour un délinquant ou criminel de commettre une nouvelle infraction après une première condamnation définitive.
- **La réclusion criminelle** désigne la peine infligée à un accusé consistant en une privation de liberté.
- **Le recours** renvoie à une procédure permettant d'obtenir un nouvel examen d'une décision prise par une juridiction. Constituent des voies de recours : le pourvoi en cassation et la requête en révision, l'appel, l'opposition, la tierce opposition.
- **Le recours en grâce** est une demande écrite adressée au président de la République en vue de la suppression ou la réduction d'une peine. (C'est à travers cette procédure que la peine de mort, toujours prononcée par les juridictions au Cameroun n'est plus exécutée, depuis la fin de la décennie 1980. En effet, après le prononcé de la peine de mort, le condamné par le biais de son conseil, saisit le président de la République, président du Conseil supérieur de la magistrature, pour solliciter sa clémence et la révision de celle-ci et de façon systématique depuis la période ci-dessus indiquée, la clémence présidentielle est acquise d'office. On peut donc conclure que le Cameroun a fait une utilisation astucieuse du recours en grâce, pour mettre en veilleuse l'exécution de la peine de mort et non son abolition. Rappelons que c'est un terrain sur lequel les abolitionnistes et les non-abolitionnistes s'affrontent à grands coups d'arguments d'égale valeur.
- **Le relaxé** renvoie à un individu traduit devant le tribunal de première instance pour répondre des faits de délit et contre qui il n'a été retenu aucune charge.
- **La relaxe** désigne la décision rendue par un tribunal correctionnel ou un tribunal de police déclarant un prévenu non coupable
- **Rejeter (un pourvoi)** cette expression est utilisée par la Cour suprême pour déclarer non fondé en droit le dossier pour lequel elle est saisie.
- **Rendre (une décision)** c'est lorsqu'une juridiction se prononce sur une affaire dont elle a été saisie.
- **La réquisition** est une demande écrite faite à l'audience par le représentant du ministère public pour réclamer l'application de la loi pénale ou par le juge d'instruction pour l'accompagnement de certains actes.
- **Le réquisitoire** désigne l'ensemble des arguments développés oralement ou par écrit par lesquels le ministère public demande au juge d'appliquer la loi pénale à un inculpé.
- **Le ressort** renvoie à l'étendue de la compétence d'une juridiction soit du point de vue territorial, soit du point de vue du montant du litige. On dit aussi

qu'un jugement est rendu en premier ressort lorsqu'il peut en être fait appel et qu'il est rendu en dernier ressort lorsqu'il n'est pas susceptible d'appel.

- **La sanction pénale** est une peine prévue par le Code pénal et appliquée aux personnes reconnues coupables d'une infraction.

- **Les scellés** ce sont les bandes de papier ou de toile fixées par un cachet de cire par le juge d'instance sur les portes et ouvertures de meubles ou de locaux, dans la perspective d'éviter leur disparition ou leur utilisation abusive. Par extension, on admet que les objets illicites en prison retrouvés sur les détenus ou dans leurs locaux lors des fouilles, sont mis sous scellé par le régisseur de prison et sont susceptibles d'être présentés aux OPJ en cas de poursuite judiciaire déclenchée à l'encontre des détenus se trouvant en conflit avec la discipline pénitentiaire.

- **Le siège (juge du, magistrat du)** permet de distinguer les juges qui tranchent les conflits qui leur sont soumis, par opposition aux magistrats du parquet qui eux, réclament l'application de la loi.

- **Le statut** désigne un ensemble construit de règles destinées à régir un groupe de personnes. Celles-ci sont organisées en deux parties principales: les droits et les obligations.

- **Le système de justice pénale** désigne l'ensemble interdépendant des organes et des acteurs participant à leur animation et chacun chargé en ce qui le concerne, de donner une ou des réponses différentes, mais complémentaires aux comportements que la société a reconnus comme nuisibles à sa paix, à sa cohésion et à son développement dont se rendraient coupables ses membres.

- **Le travail carcéral** désigne toute activité rémunérée organisée par l'Administration pénitentiaire au profit des détenus et consistant pour chacun d'eux à mettre son savoir-faire et son potentiel au service des particuliers et de l'Administration dans les conditions prévues par la réglementation en vigueur.

- **Le travail d'intérêt général** désigne une peine prononcée par un tribunal correctionnel consistant pour le délinquant à effectuer volontairement un travail non rémunéré au profit d'une collectivité (personne morale de droit public) ou d'une association (personne morale de droit privé investie d'une mission de service public) sous la surveillance du comité de probation.

- **Le tribunal administratif** est une juridiction distincte des tribunaux judiciaires chargée de juger l'ensemble des litiges soulevés par l'activité de l'administration.

- **Le tribunal civil** est une juridiction qui statue sur les litiges de nature civile.

- **Le tribunal correctionnel** est une des formations du tribunal de grande instance chargé de juger les délits et éventuellement de se prononcer sur les demandes d'indemnisation des parties civiles (c'est-à-dire des personnes qui se considèrent comme étant des victimes).
- **Le tribunal de grande instance** est une juridiction chargée en matière pénale de statuer sur les crimes et délits connexes, des demandes de mise en liberté formées par toute personne détenue et poursuivie devant lui pour une infraction de sa compétence. Dans sa section civile, commerciale et sociale, il juge les litiges qui portent sur des sommes supérieures à 10.000.000 F.CFA.
- **Le tribunal de Première instance** est une juridiction à juge unique qui a pour vocation en matière pénale de régler rapidement les litiges simples qualifiés de délits et de contraventions, des demandes de mise en liberté formées par toute personne détenue et poursuivie devant lui pour une infraction de sa compétence, des crimes commis par les mineurs sans coauteurs ou complices majeurs ; en matière civile, commerciale et sociale, il a vocation de régler les différents dont le montant de la demande est inférieur ou égal à 10.000.000 de Francs. CFA.
- **Le tribunal de police** est une juridiction chargée de juger les contraventions et de se prononcer, s'il y a lieu, sur les demandes d'indemnisation des parties civiles, c'est-à-dire des personnes qui se considèrent comme étant des victimes.
- **La voie de recours** est une action permettant un nouvel examen d'une décision de justice rendue sur une affaire.
- **Le vol qualifié** est un vol aggravé par certaines circonstances. Le vol commis la nuit avec ou sans violence est considéré comme vol qualifié et réprimer comme tel.

Sources :

- *Guide pratique de la Justice*, préface de Robert Badinter, garde des Sceaux (ministère de la Justice), Gallimard, Paris, 1984, pp.219-234 ;

- Jean-Marie Tchakoua, *Introduction générale au droit camerounais*, Yaoundé, PUCAC(Coll. Apprendre),2008, pp.227-288 ;

- Emmanuel Ndjere, *La Justice, la Vérité et le Bonheur*, PUCAC, Yaoundé (Coll. Question de Justice), 2005, pp. 43-51 ;

- Document conclusif du séminaire organisé les 28 et 29 mars 2012 à Yaoundé par la *Catholic Relief Services,* sur le thème : « Les peines alternatives à l'incarcération et leur mise en œuvre au Cameroun » ;

- Site Internet : www.vie publique.fr

BIBLIOGRAPHIE

Journaux et magazines

Cahiers 1- Ici les gens du Cameroun, n° 01 de janvier 2004.

2- Jeune Afrique, n° 2420 du 27 mai 2007.

3- Justitia, n° 001 de décembre 2007 ; n° 006 janvier juin 2011

4- Les de mutations, n° 038 du juillet 2006.

A/ Documents

I/ Science pénitentiaire/ droit pénitentiaire

1- *Administration pénitentiaire,* Rapport annuel d'activité 1997, ministère de la Justice, France.

2- *Justice et opinion publique 2.* Champs libres (Études interdisciplinaires), Centre d'études et de recherche sur les contentieux, Université de Toulon et du Var, Paris, L'Harmattan, 2002.

3- *La France face à ses prisons, tome I.* Rapport des députés Louis Mermaz (président) et Jacques Floch (rapporteur), Commission d'enquête parlementaire, n°2521, 11e législature, 2000.

4- *La libération conditionnelle : Pour la sécurité du public.* Commission nationale des libertés conditionnelles. Canada, février 1998.

5- *Les Droits de l'Homme et les prisons : guide du formateur aux droits de l'Homme à l'intention du personnel pénitentiaire.* Série sur la formation professionnelle n° 11 add. 2, une publication du Haut-commissariat des Nations unies aux droits de l'Homme.

6- Les essentielles du greffe de la prison camerounaise. Buéa, 1994.

7- *Protection des droits des détenus*. École Nationale d'Administration et de magistrature (Centre de recherche et de documentation), séminaire à l'intention des responsables du ministère de la Justice, Yaoundé, avril 2011.

8- *Guide pratique de la Justice*, Paris, Gallimard, 1984 (Préface de Robert Badinter, garde des Sceaux).

9- *Guide des greffes pénitentiaires*, Médard Voho, réalisé et publié dans le cadre du Programme d'appui à la consolidation du processus démocratique, l'État de droit et la bonne gouvernance (PADEG), ministère de la Justice, Burkina Faso (préface de Léger Kinda).

10- *National statistics. UK 2003. The official yearbook of the United Kingdom of Great Britain and Northern Ireland.*

11- *Gérer les prisons dans le souci du respect des droits de l'homme.* International Centre for Prison Studies. King's College, London. 2009.

II/ Droit pénal

1- Code d'instruction criminelle. Justice militaire. Code pénal. Annexes. Éditions Minos, Yaoundé-Cameroun, 1997.

2- Code de procédure pénale de la République du Cameroun, Yaoundé, SOPECAM, 2005.

3- Magloire Ondoa, *Textes et documents du Cameroun (1815-2010)*, volume XX :Droit pénal, tome LXXVII : Code pénal et Procédure pénale, collection bibliothèque de législation et de jurisprudence africaines et malgaches, EDLK, Yaoundé, 2013.

4- Magloire Ondoa, *Textes et documents du Cameroun (1815-2010)*, volume XLIII : Organisation judiciaire, tome CLXXIII: justice judiciaire (1960-2010), collection bibliothèque de législation et de jurisprudence africaines et malgaches, EDLK, Yaoundé, 2013.

III/ Droit de l'Homme

1- Rapport du ministère de la Justice sur l'état des droits de l'Homme au Cameroun en 2005. Yaoundé, octobre 2006.

2- Rapport du ministère de la Justice sur l'état des droits de l'Homme au Cameroun en 2006.Yaoundé, octobre 2007.

3- Rapport du ministère de la Justice sur l'état des droits de l'Homme au Cameroun en 2007. Yaoundé, octobre 2008.

4- Rapport du ministère de la Justice sur l'état des droits de l'Homme au Cameroun en 2008. Yaoundé, octobre 2009.

5- Rapport du ministère de la Justice sur l'état des droits de l'Homme au Cameroun en 2009. Yaoundé, novembre 2010.

6- Rapport du ministère de la Justice sur l'état des droits de l'Homme au Cameroun en 2010. Yaoundé, décembre 2011.

7- Rapport du ministère de la Justice sur l'état des droits de l'Homme au Cameroun en 2014. Yaoundé, octobre 2015.

8- Plan d'action national de promotion et de protection des droits de l'homme au Cameroun (2015-2019), Yaoundé, décembre 2015.

9- Magloire Ondoa, *Textes et documents du Cameroun (1815-2010)*, volume XVII : Droits de l'Homme, tome LXXI: Droits de l'Homme, collection bibliothèque de législation et de jurisprudence africaines et malgaches, EDLK, Yaoundé, 2013.

IV/ Communication

1- Fréquence Sud. Revue de recherche en communication, numéro 15-avril 2000, Yaoundé, ESSTIC, Université de Yaoundé II, Cameroun.

2- *Voix multiples un seul monde : communication et société aujourd'hui et demain*, Sean Mac Bride. Documentation française. Nouvelles éditions africaines (UNESCO), Paris, 1980. Rapport de la Commission internationale d'étude des problèmes de communication.

V/ Culture générale

1- *Catéchisme de l'Église catholique*, Paris, Mame/Plon, 1992.

2- *Terrorisme, pouvoirs publics et sociétés.* Études polémologiques n° 49-1/89, 25 mai 1989 (revue trimestrielle publiée par l'Institut français de polémologie).

VI/ Défense et sécurité

1- Magloire Ondoa, *Textes et documents du Cameroun (1815-2010)*, volume XIII : Défense, tome XXXIX : Forces de défense, collection bibliothèque de législation et de jurisprudence africaines et malgaches, EDLK, Yaoundé, 2013.

2- Magloire Ondoa, *Textes et documents du Cameroun (1815-2010)*, volume LVI : Sûreté nationale, tome CCVI: Sûreté nationale, collection bibliothèque de législation et de jurisprudence africaines et malgaches, EDLK, Yaoundé, 2013.

B/ Thèse et Mémoires

1- Ngono Bounoungou (Régine), La réforme du système pénitentiaire camerounais : entre héritage colonial et traditions culturelles, Université de Grenoble, 2012, 656 pages.

2- Ngoo-Djob Litet (Michel Gabriel), Les relations entre les institutions judiciaire et pénitentiaire dans le système de justice pénale camerounais, ENAP, Buea, 1999, 60 pages.

3- Ngoo-Djob Litet (Michel Gabriel), Le traitement de l'information carcérale dans la presse quotidienne camerounaise de 2003 à 2004 : le cas de *Cameroon tribune*, *Le Messager* et *Mutations*, ESSTIC, Université de Yaoundé II-Soa, 2006, 100 pages.

4- Yana Ekelle (Paul Alain), Connaissance du comportement du détenu en milieu carcéral camerounais : cas de la prison centrale de Yaoundé, ENAP, Buea, 2010, 80 pages.

C/ Ouvrages

I/ Science pénitentiaire / droit pénitentiaire

1- Atabong (Jacqueline, SST), *Ouvrir de nouvelles portes : l'œuvre pastorale dans les prisons*, Douala, Éditions Wacha business, 2007.

2- Badinter (Robert), *La Prison républicaine (1871-1914)*, Paris, Fayard, 1992.

3- Bernault(Florence), (sous la direction de), *Enfermement, prison et châtiments en Afrique. Du XIXe siècle à nos jours,* Ed. Karthala, Paris, 1999.

4- Ceré (Jean-Paul), *Droit disciplinaire en prison*, Paris, L'Harmattan, 2001.

5- Combessie (Philippe), *Sociologie de la prison*, Paris, La découverte, (Coll Repères), 2004.

6- Coninck (Gérard), *La formation des surveillants de prison : mission impossible ?* Paris, L'Harmattan (Coll. Technologie de l'action sociale), 2001.

7- Dollé (Nathalie), *Faut-il emprisonner les mineurs ?*, Évreux, Larousse (coll. À dire vrai), 2009.

8- Foucault (Michel), *Surveiller et punir (Naissance de la prison)*, Paris, Gallimard, 1970.

9- Froment (Jean-Charles), *Les surveillants de prison*, Paris, L'Harmattan, 2003.

10- Gallardo (Eudoxie), *Le statut du mineur détenu*, Paris, L'Harmattan, 2008.

11- Gras (Laurent), *Le sport en prison*, Paris, L'Harmattan, 2004.

12- Herzog-Evans (Martine), *La gestion du comportement du détenu (Essai de droit pénitentiaire)*, (coll. Logiques juridiques), Paris, L'Harmattan, 1998.

13- Larguier (Jean), *Criminologie et science pénitentiaire*, 10e éd., mémentos, Paris, Dalloz, 2005.

14- Meney (Patrick), *La kleptocratie (la délinquance en URSS)*, Paris, La table ronde, 1982.

15- Mbanzoulou (Paul), *La réinsertion sociale des détenus : de l'apport des surveillants de prison et des autres professionnels pénitentiaires*, préface de Robert Cario, coll. Sciences criminelles, Paris, L'Harmattan, 2000.

16- Picca (Georges), *Pour une politique du crime*, Paris, Seuil, 1964.

17- Soljénitsyne (Alexandre), *L'archipel du goulag (1918-1956) : Essai d'investigation littéraire*, Tome 1, Paris, Seuil, 1974.

II/ Droit pénal

1- Cornu (Gérard), *Vocabulaire juridique*, Paris, PUF, 2004.

2- Fontaine (M), Cavalerie (R), Hassenforder (J.A) et Schneider (M.P), *Dictionnaire de droit*, France, Foucher, 2004.

3- Perrot (Roger), *Institutions judiciaires*, Paris, Montchrestien, (coll. Domat droit privé), 6e édition, 1994.

4- Ndjeré (Emmanuel), *Du juge d'instruction... au juge d'instruction : quel cheminement pour quel résultat ?* Yaoundé, UCAC, 2006.

5- Ndjodo (Luc), *Les Enfants de la transition : une génération en danger ?* Yaoundé, 2000, éd. Yonga § Partners.

6- Stefani (Gaston), Levasseur (Georges) et Bouloc (Bernard), *Procédure pénale*, Paris, Dalloz, 1987.

7- Tchakoua (Jean-Marie), *Introduction générale au droit camerounais (*Coll. Apprendre), Yaoundé, PUCAC, 2008.

III/ Communication

1- Chindji-Kouleu (Ferdinand), *Journaliste sans journal*, Yaoundé, Éditions Saagraph, 2005.

2- Minc (Alain), *Le média-choc*, Paris, édition Grasset & Fasquelle, 1993.

3- Virieu de (François-Henri), *La Médiacratie*, Paris, Flammarion, 1990.

4- Volkoff (Vladimir), *Petite histoire de la désinformation (du cheval de Troie à Internet)*, Monaco, éditions du Rocher, 1998.

IV/ Histoire

1- Eyelom (Franklin), *Le partage du Cameroun entre la France et l'Angleterre*, Paris, L'Harmattan, 2003.

2- Megopé Foondé (Jean Philémon), *Douala : toponymes, histoire et cultures*, Yaoundé, éd. Ifrikiya, 2011.

3- Ngoh (Victor Julius), *Cameroun 1884-1985. Cent ans d'histoire*, Yaoundé, CEPER, 1990.

4- Paul Pondi, *La Police au Cameroun (naissance et évolution)*, Yaoundé, CLE, 1988.

5- Thomas Deltombe, Manuel Domergue et Jacob Tatsitsa, *Kamerun ! Une guerre cachée aux origines de la Françafrique (1948-1971)*, Yaoundé, éd. Ifrikiya, 2012.

V/ Philosophie/Épistémologie/Sociologie.

1- Alain Pascal, *La Guerre des gnoses (Islam et kabbale contre l'occident chrétien)*, Paris, L'Ancre, 2001.

2- Bachelard (Gaston), *La Formation de l'esprit scientifique. Contribution à une psychanalyse de la connaissance,* Paris, Vrin, 1938.

3- Bertaux (Roger), *Pauvres et marginaux dans la société française*, Paris, L'Harmattan, 1996.

4- Descartes (René), *Le Discours de la méthode*, Paris, Garnier-Flammarion, 1966.

5- Dipanda Mouelle (Alexis), *La Torture, cette barbarie de l'humanité*, Yaoundé, Saint Paul, 1998.

6- Donnadieu (Gérard), *Les Religions au risque des sciences humaines*, Paris, Parole et silence, 2006.

7- Ferry (Luc), Qu'est-ce qu'une vie réussie ? (Essai), Paris, Éditions Grasset & Fasquelle, 2002.

8- Grawitz (Madeleine), *Méthodes des sciences sociales*, Paris, Dalloz, 6e édition, 1984.

9- Guitton (Jean), *Mon testament philosophique*, Paris, presses de la Renaissance, 1997.

10- Lalande (André), *Dictionnaire technique et critique de la philosophie*, Paris (coll. Quadrige Dicos poche), 2010.

11- Mucchielli (Roger), *Philosophie de la connaissance (I. Psychologie et métaphysique. II. Logique générale et logique appliquée)*, Guides pratiques Bordas, 1968.

12- Morin (Edgar), *La Connaissance de la connaissance, Tome 3* (*La Méthode*), Le Seuil, Nouvelle édition, coll. Points, 1992.

13- Ndjeré (Emmanuel), *La Justice, la Vérité et le Bonheur*, Yaoundé, UCAC, 2005.

14- N'krumah (Kwame), *Le Consciencisme*, Paris, Présence africaine, 1964.

15- Kant (Emmanuel), *La Critique de la raison pure*, Paris, Garnier Flammarion, 1987.

16- Popper (Karl), *La Connaissance objective (*coll. Champs), Flammarion, Paris, 1984.

17- Servan-Schreiber (David), *Guérir le stress, l'anxiété et la dépression sans médicaments ni psychanalyse*, Robert Laffont, Paris, 2003.

VI/ Culture générale

1- Allainmat (Henry) - Lecavelier (Gilbert), *Affaires d'État : des dossiers très spéciaux, 1981-1987*, Paris, Albin Michel, 1987.

2- Breathnach Ban (Sarah), *L'Abondance dans la simplicité (la gratitude au fil des jours)*, Montréal, éditions du Roseau, 1999 (pour la traduction française).

3- Fokam K. (Paul), *Et si l'Afrique se réveillait ?*, Paris, Les éditions du Jaguar, 2000.

4- Mongo Beti, *Trop de soleil tue l'amour (roman)*, préface d'Odile Tobner, Terres solidaires, Tunis, 2011.

VII/ Économie/Management

1- Christian Henriot et Shi Lu, *La Réforme des entreprises en Chine (Les entreprises shanghaiennes entre État et marché)*, France, L'Harmattan (coll. Dynamiques d'entreprises), 1996.

2- Marx (Karl), *Morceaux choisis*, Paris, Gallimard, 1934.

3- Mandeng Nyobè (Jules Marcel), *Économie et entreprenariat social (de nouveaux repères)*, Paris, L'Harmattan, 2009.

3- McCormack (Mark H.), *Tout ce que vous n'apprendrez jamais à Harvard : notes d'un homme de terrain*, traduit de l'Américain par Monique Lebailly, Paris, Rivages/Les Échos, 1985.

VIII/ Théologie

1- Djomhoué (Priscille), *Exégèse du Nouveau Testament (historique et orientations nouvelles)*, Yaoundé, CLE, 2012.

2- Kabasele Mukeng (André), Loba - Mkole (Jean-Claude) et Aroga Bessong (Dieudonné P.), *Cultural readings of the Bible in Africa*, Yaoundé, éd.CLE, 2007.

3- Lustiger (Jean Marie), *Le choix de Dieu (entretiens avec Jean-Louis Missika et Domique Wolton)*, Paris, Éditions de Fallois, 1987.

4- Ravi (Zacharias), *L'Homme peut-il vivre sans Dieu ?*, France, Éditions du Farel, 1997.

IX/ Sécurité et défense

1- Gleizal (Jean-Jacques), *La police en France (*Coll. QSJ), Paris, PUF, 1993.

2- Pondi (Paul), *La Police au Cameroun (naissance et évolution)*, Yaoundé, CLE, 1988.

3- Mbida (Dieudonné), *La Pratique des renseignements généraux tome II,* Yaoundé, CLE, 2009.

TABLE DES ILLUSTRATIONS

I. Tableaux

II. Encadrés

III. Figures

IV. Spécimens d'actes de justice destinés à l'Administration pénitentiaire

V. Spécimens d'actes de jsutice émis ou établis par l'Administration pénitentiaire

TABLE DES MATIÈRES

CAMEROUN
AUX ÉDITIONS L'HARMATTAN

Dernières parutions

NUANCES
Poèmes
Luc Roger Awa Noa
Nuances est un moment poétique et critique. Au travers des trente-huit poèmes qui le compose, ce recueil offre une balade réflexive et contemporaine sur des thèmes variés. Le regard qu'il porte sur le Cameroun, l'Afrique et le monde est une invite à la réflexion, au dépassement des connaissances établies, une perspective nouvelle orientée vers les coulisses de nos existences, loin de la scène principale balayée par les feux des projecteurs.
(Coll. Harmattan Cameroun, 86 p., 12 euros)
ISBN : 978-2-343-17504-1, EAN EBOOK : 9782140121135

LES MUTATIONS RÉCENTES DE LA JUSTICE ADMINISTRATIVE EN AFRIQUE FRANCOPHONE
Etude critique à partir du modèle camerounais
Olivier Fandjip
En Afrique francophone, on observe ces dernières années des réformes qui tendent, d'une part, à consolider les différents modèles de justice administrative en vigueur et, d'autre part, à améliorer la qualité de la justice. Ces évolutions renouvellent les interrogations sur la déconcentration et l'autonomie des juridictions administratives. À travers une analyse critique et prospective, cet ouvrage montre que, malgré l'importance de ces mutations, les problématiques de l'accès et de l'autonomie de la justice administrative se posent encore avec acuité.
(Coll. Études africaines, 254 p., 25 euros)
ISBN : 978-2-343-16510-3, EAN EBOOK : 9782140120657

LES OPÉRATIONS DE MAINTIEN DE LA PAIX EN AFRIQUE
L'AMISOM et la MINUSMA
Rémy Mbida Mbida
Préface de Marcellin Nguele Abada
Le maintien de la paix est un champ de recherche déterminant dans les études internationales. Cet ouvrage offre une lecture des opérations de paix dans les contextes terroristes à travers la MINUSMA et l'AMISOM et une réflexion originale sur la place de la lutte antiterroriste dans les opérations de paix et l'influence du terrorisme sur l'évolution, l'histoire du maintien de la paix onusien en particulier. On y trouvera une comparaison de l'approche de l'ONU et de l'UA dans les théâtres terroristes et l'influence tant de la MINUSMA que de l'AMISOM dans la construction théorique des opérations de paix d'une part et la pratique de celles-ci d'autre part.
(Coll. Emergences africaines, 150 p., 16,5 euros)
ISBN : 978-2-343-15695-8, EAN EBOOK : 9782140120572

LES OBJECTIFS DU MILLÉNAIRE POUR LE DÉVELOPPEMENT (OMD) FACE À LA RÉALITÉ CAMEROUNAISE
Joseph-Eric Nnomenko'o
Préface d'Alain François
Lorsque les États membres des Nations Unies se réunissent en septembre 2010 à New York aux États-Unis, c'est pour mettre sur pied des politiques de réduction de la pauvreté dans plusieurs pays,

notamment en Afrique et donner lieu à la "Déclaration du millénaire pour le développement », déclinée en huit objectifs principaux. Ce travail, qui a comme cadre territorial d'analyse le Cameroun, par son approche triangulaire entre théorie, terrain et recherche, est une interpellation adressée aux décideurs publics dans la perspective de l'amélioration de la conduite des politiques publiques de développement.

(124 p., 14 euros)

ISBN : 978-2-343-17491-4, EAN EBOOK : 9782140120428

WHAT ETHICS FOR TRANSHUMANISM ?

"Enhanced Men" and "Posthumans" soon in Africa ?

Ebénézer Njoh Mouelle

Translated by Denis-Ghislain Mbessa

Njoh Mouelle deploys an analysis intended to clarify his position on various aspects of this movement. He analyses ethical notions and highlights unsuspected issues, on the difficult question of regulating the exploitation of the results of convergent NBIC research, many of which prove to be advantageous for every man. While he emphasises on the regulation designed to protect and save the human species from vanishing in Cyborgs, the Cameroonian philosopher also cares for the uncertain fate that could be reserved for the economically weaker categories in the face of enhancing capacities of all kinds on other continents.

(Coll. Harmattan Cameroun, 94 p., 12 euros)

ISBN : 978-2-343-17483-9, EAN EBOOK : 9782140119644

GOUVERNANCE FONCIÈRE ET JEUX D'ACTEURS AU CAMEROUN

L'exemple des concessions foncières agro-industrielles

Joseph-Eric Nnomenko'o

Le vaste patrimoine foncier camerounais constitue plus que jamais une source de convoitise. Quelles que soient les régions, des compagnies agro-industrielles étrangères exploitent de vastes superficies de terres arables. Les élites locales ne sont pas en reste. En effet, celles-ci se livrent également à des achats compulsifs des terres rurales. Cet ouvrage questionne la gouvernance foncière au Cameroun, à l'aune des jeux et enjeux d'acteurs qui structurent l'écosystème des transactions foncières agro-industrielles dans ce pays.

(Coll. Études africaines, 292 p., 29 euros)

ISBN : 978-2-343-16464-9, EAN EBOOK : 9782140118463

VERS UN DROIT FISCAL DE DÉVELOPPEMENT DE L'AFRIQUE

Analyse sous le prisme de la fiscalité camerounaise à partir de l'espace OHADA

Eric Romuald Lipop

Préface de Jean Gatsi

En 1993, l'OHADA voyait le jour avec pour objectif principal l'attractivité des investisseurs et le développement de l'activité économique dans un contexte africain. Mais à l'évidence, les budgets restent encore fortement tributaires des emprunts ; d'où la nécessité d'envisager une fiscalité d'attractivité efficace gage du développement, d'une mobilisation optimale, rationnelle et pertinente des recettes fiscales adéquates pour le financement des politiques publiques de développement.

(Coll. Harmattan Cameroun, 280 p., 29 euros)

ISBN : 978-2-343-17089-3, EAN EBOOK : 9782140117718

REVUE AFRICAINE D'ÉTUDES POLITIQUES & STRATÉGIQUES

African journal of political and strategic studies

N° spécial / 2018 publié en hommage à Fabien Eboussi Boulaga et Jacques Zylberberg

Au sommaire de ce numéro, entre autres : Gestion étatique de la question ethnique et instrumentalisation politique de l'ethnicité de Fabien Nkot; Les droits humains de l'indigène sous l'étau du « droit » de l'ordre colonial ? Gérard Amougou; Les minorités bororo et pygmées et l'instrumentalisation du droit au Cameroun de Daniel Bombela Bombela; Jouer avec les règles en politique. Usages et mésusages de la non application de la loi au Cameroun de Nicolas Junior Yebega

Ndjana; Géopolitique et aménagement du territoire au Cameroun. Le poids des ruses juridiques dans l'échec de la relocalisation du sanctuaire marial de Nsimalen de Issekin Yvan...

(Coll. Radeps, 246 p., 26 euros)

ISBN : 978-2-343-17207-1, EAN EBOOK : 9782140116667

LES MËBARAKÒNÒ

Organisation socioculturelle bêti, pratiques des rites et renaissance du Mboman

Claude Bertin Okala Etoga

Préface de Zachée Denis Bitjaa Kody - Postface de François-Xavier Etoa

Dans cet ouvrage, l'auteur présente les traits fondamentaux de la culture bëti : ses coutumes, ses traditions, son évolution, sa dégénérescence et ses mutations actuelles. Son originalité se perçoit sur le groupe retenu : les Mëbarkònò et surtout sur la pratique du rite Mboman. Ce rite a été rétabli par les Mëbarkònò dont l'objectif était de rétablir le rayonnement de la société. Ce rite trouve sa pertinence dans le souci de ce peuple de relancer le débat sur l'héritage culturel d'un peuple qui tend à se complaire dans le chaos culturel.

(Coll. Harmattan Cameroun, 290 p., 30 euros)

ISBN : 978-2-343-16769-5, EAN EBOOK : 9782140117329

TRAITÉ DE DROIT ADMINISTRATIF DU CAMEROUN

Théorie générale et droit administratif spécial

Patrick E. Abane Engolo

L'administration est soumise à un droit qui régit son organisation, son activité et ses rapports avec les administrés. Ce droit se compose par couches successives faites d'une jurisprudence sinueuse et de textes révélant la quête d'équilibre entre la fragilité des administrés et la puissance publique d'une part ; et les aspirations des administrés couplées à l'intérêt général d'autre part. Ce livre tend ainsi à systématiser les règles de ce droit. Il aborde la théorie générale du droit administratif, et traite de la décentralisation territoriale, des biens de l'administration et des travaux publics, des marchés publics et enfin de la fonction publique.

(554 p., 45 euros)

ISBN : 978-2-343-17070-1, EAN EBOOK : 9782140116490

TRAITÉ DE CONTENTIEUX ADMINISTRATIF AU CAMEROUN

Patrick E. Abane Engolo

Le contentieux administratif fait son apparition au Cameroun au lendemain de l'implantation de l'administration « coloniale » française. On comprend dès lors les similitudes qui peuvent exister avec la justice administrative française. Cependant, à travers une jurisprudence remarquable et originale, le juge camerounais va se démarquer en plusieurs points de son homologue. D'où l'importance de cet ouvrage qui propose une grille nouvelle de lecture du contentieux administratif au Cameroun, en mettant l'emphase sur l'originalité des solutions du juge national.

(402 p., 39 euros)

ISBN : 978-2-343-17053-4, EAN EBOOK : 9782140116506

LE DÉSESPOIR D'HARRY DEATH

Roman

Jean Valéry Tchiégue

Parcourant la planète, Harry éprouve un certain plaisir à répandre la mort sur la terre, jusqu'au jour où il entendra des cris. Cette situation nouvelle, terrifiante et douloureuse va inéluctablement l'amener à chercher à comprendre ce qui lui arrive. Dans sa quête de réponse naîtra un lien étrange entre Jessie Evans et lui. Harry se rendra compte que la jeune Jessie est la seule solution à son mal. Pour la protéger d'un malheur dont elle ne se remettra jamais et pour ne plus souffrir de ces cris qui le dévastent, il décidera de ne plus répandre la mort. Une décision dont il ne mesure pas les conséquences.

(Coll. Lettres camerounaises, 138 p., 15 euros)

ISBN : 978-2-343-16979-8, EAN EBOOK : 9782140115578

MUTATIONS DANS LES MIGRATIONS, CONFLICTUALITÉS DANS LES PRATIQUES

Sariette Batibonak, Jean-Fidèle Simba, Hawa Coulibaly

Cet ouvrage se fonde sur des recherches entreprises dans une douzaine de pays (Cameroun, Côte-d'Ivoire, Allemagne, Belgique, Espagne, France, Italie, Liban, Maroc, Portugal, Turquie). Les chercheurs, dont la plupart des réflexions ont été inspirées du 4e Séminaire Annuel du Réseau Migrations tenu à l'Université de Poitiers en 2017, décortiquent les divers aspects des migrations, prenant notamment en compte le mariage, l'éducation, la santé, l'économie, ou encore le statut des réfugiés, les femmes et les mineurs. Ces thématiques migratoires dénouent des conflictualités révélées dans les itinéraires des acteurs toujours très engagés dans leur projet migratoire.

(296 p., 31 euros)

ISBN : 978-2-343-16190-7, EAN EBOOK : 9782140115110

LA CUISINE CAMEROUNAISE

Mots, pratiques et patrimoine

Téguia Bogni

Sous la direction de - Préface de Bruno Gain (ancien ambassadeur de France au Cameroun)

Cet ouvrage est une compilation de sept travaux de chercheurs se réclamant des disciplines ci-après : linguistique, sociologie, histoire, didactique et littérature. Certains travaux abordent des questions épistémologiques et théoriques, lesquelles ouvrent des pistes sur des sentiers encore inexplorés de la recherche en food studies au Cameroun. Toutes les études présentent la cuisine camerounaise comme une richesse méconnue dont les peuples qui la possèdent devraient, en premier, tirer profit. Ces travaux traitent donc des questions relatives à l'alimentation en sciences sociales

(Coll. Études Eurafricaines, 210 p., 22,5 euros)

ISBN : 978-2-343-16708-4, EAN EBOOK : 9782140115066

LA DIPLOMATIE MILITAIRE CAMEROUNAISE

Lionel Messia Ngong

Préface de Joseph Vincent Ntuda Ebode

Cet ouvrage, qui reflète le dynamisme de la diplomatie militaire camerounaise, contribue au développement et à la promotion de la recherche dans le domaine des études politiques et stratégiques. Il fait état de la diplomatie militaire camerounaise, tout en analysant la fondation et la formation des cadres d'orientation, d'organisation et de mobilisation des régimes organiques et coopératifs de cette diplomatie militaire.

(Coll. Emergences africaines, 248 p., 26 euros)

ISBN : 978-2-343-15011-6, EAN EBOOK : 9782140114694

ANGES ET MÉSANGES

Le temps ailé

Nouchka CAUWET

Un ange assiste à l'enterrement d'un jeune homme retrouvé mort dans le train d'atterrissage d'un avion en provenance du Cameroun. Il saisit, avant la fermeture du cercueil, la feuille d'arbre que le jeune homme gardait roulée dans la main. Sur cette feuille, une écriture. L'ange va partir à la recherche d'indices qui permettront de faire revivre L'Inconnu de Roissy. Une femme présente à l'enterrement va suivre l'ange dans sa quête. Pour comprendre l'histoire de L'inconnu de Roissy, l'ange et sa compagne devront emprunter différentes passerelles de mots, celles du présent, du passé, du rite, de la mythologie. À la fin du périple, les deux voyageurs s'interrogent sur les liens qui se tissent ou se rompent, entre mémoire et oubli.

(146 p., 15,5 euros)

ISBN : 978-2-343-16836-4, EAN EBOOK : 9782140114236

Structures éditoriales du groupe L'Harmattan

L'Harmattan Italie
Via degli Artisti, 15
10124 Torino
harmattan.italia@gmail.com

L'Harmattan Hongrie
Kossuth l. u. 14-16.
1053 Budapest
harmattan@harmattan.hu

L'Harmattan Sénégal
10 VDN en face Mermoz
BP 45034 Dakar-Fann
senharmattan@gmail.com

L'Harmattan Cameroun
TSINGA/FECAFOOT
BP 11486 Yaoundé
inkoukam@gmail.com

L'Harmattan Burkina Faso
Achille Somé – tengnule@hotmail.fr

L'Harmattan Guinée
Almamya, rue KA 028 OKB Agency
BP 3470 Conakry
harmattanguinee@yahoo.fr

L'Harmattan RDC
185, avenue Nyangwe
Commune de Lingwala – Kinshasa
matangilamusadila@yahoo.fr

L'Harmattan Congo
67, boulevard Denis-Sassou-N'Guesso
BP 2874 Brazzaville
harmattan.congo@yahoo.fr

L'Harmattan Mali
Sirakoro-Meguetana V31
Bamako
syllaka@yahoo.fr

L'Harmattan Togo
Djidjole – Lomé
Maison Amela
face EPP BATOME
ddamela@aol.com

L'Harmattan Côte d'Ivoire
Résidence Karl – Cité des Arts
Abidjan-Cocody
03 BP 1588 Abidjan
espace_harmattan.ci@hotmail.fr

L'Harmattan Algérie
22, rue Moulay-Mohamed
31000 Oran
info2@harmattan-algerie.com

L'Harmattan Maroc
5, rue Ferrane-Kouicha, Talaâ-Elkbira
Chrableyine, Fès-Médine
30000 Fès
harmattan.maroc@gmail.com

Nos librairies en France

Librairie internationale
16, rue des Écoles – 75005 Paris
librairie.internationale@harmattan.fr
01 40 46 79 11
www.librairieharmattan.com

Librairie l'Espace Harmattan
21 bis, rue des Écoles – 75005 Paris
librairie.espace@harmattan.fr
01 43 29 49 42

Lib. sciences humaines & histoire
21, rue des Écoles – 75005 Paris
librairie.sh@harmattan.fr
01 46 34 13 71
www.librairieharmattansh.com

Lib. Méditerranée & Moyen-Orient
7, rue des Carmes – 75005 Paris
librairie.mediterranee@harmattan.fr
01 43 29 71 15

Librairie Le Lucernaire
53, rue Notre-Dame-des-Champs – 75006 Paris
librairie@lucernaire.fr
01 42 22 67 13

www.ingramcontent.com/pod-product-compliance
Lightning Source LLC
LaVergne TN
LVHW021152061026
849535LV00002B/440